华为傻创新

持续成功创新企业的中国典范

成海清 ◎ 著

management customer
hungry goal
products foolish
technology
research development
consistent successful innovation

企业管理出版社
ENTERPRISE MANAGEMENT PUBLISHING HOUSE

图书在版编目（CIP）数据

华为傻创新：持续成功创新企业的中国典范 / 成海清著. -- 北京：企业管理出版社，2016.7

ISBN 978-7-5164-1315-9

Ⅰ.①华… Ⅱ.①成… Ⅲ.①通信-邮电企业-企业创新-经验-深圳市 Ⅳ.①F632.765.3

中国版本图书馆 CIP 数据核字（2016）第 171716 号

书　　名：	华为傻创新——持续成功创新企业的中国典范
作　　者：	成海清
责任编辑：	尤　颖　徐金凤　段　琼
书　　号：	ISBN 978-7-5164-1315-9
出版发行：	企业管理出版社
地　　址：	北京市海淀区紫竹院南路 17 号　邮编：100048
网　　址：	http://www.emph.cn
电　　话：	总编室（010）68701719　发行部（010）68701816　编辑部（010）68701638
电子信箱：	80147@sina.com
印　　刷：	北京宝昌彩色印刷有限公司
经　　销：	新华书店
规　　格：	185 毫米×260 毫米　16 开本　30.5 印张　390 千字
版　　次：	2016 年 7 月第 1 版　2017 年 10 月第 3 次印刷
定　　价：	78.00 元

版权所有　翻印必究·印装有误　负责调换

名家推荐

科技创新，方法先行！华为近30年的创新实践做法和经验非常值得各级领导干部、创新型企业领导者和广大创业者研究、学习和借鉴。期待通过学习华为"傻"创新，在各个省市、各行各业涌现出无数大大小小的"华为"！

刘燕华教授

国务院参事，中国创新方法研究会理事长，原科技部副部长

成海清博士的新作为研究华为提供了一个新的视角。通过系统研究任正非1987—2015年的两百多篇讲话稿，作者对华为的经营哲学体系进行了独到的剖析，提炼出了华为在四大发展阶段的经营理念、企业文化、战略思想和管理举措的动态性，总结出了华为创新"十傻"实践经验，值得企业创新领导者学习与借鉴，也值得对华为创新感兴趣的研究者研读。

吴晓波教授

浙江大学管理学院院长，浙江大学睿华创新管理研究所联席所长

华为是企业持续成功创新的典范。通过采取"针尖战略",华为数十年如一日始终对准一个"城墙口"(通信市场)持续实施饱和攻击,不受其他非战略机会的诱惑,终于走向了世界前列。华为在战略决策和执行上的"傻"尤其值得创新领导者学习和借鉴。

陈劲教授
清华大学技术创新研究中心主任

华为是全球商业史上少有的持续成功创新、持续快速成长的科技企业。成海清博士及其创新研究团队历时4年完成的《华为傻创新》一书,依据时间和内容两个维度,从道与术、知与行、理念与举措、经验与教训等多个侧面剖析了任正非的文章和华为的发展历程,有利于读者理性、客观、全面地深入了解华为,系统学习华为。

孙玉麟博士
中国科学院大学特聘教授,原富士康集团总裁特别助理,原赛格集团董事长

学习华为傻创新
（代序）

随着近年华为在全球市场的快速崛起，关注华为的企业家越来越多，研究华为的学者也越来越多。从1995年到2015年年底，写华为的书籍有将近100本。微信上几乎每天都能看到关于华为的文章。中国乃至全球正在出现一股研究华为、学习华为的热潮，华为正在成为众多企业，特别是科技创新型企业学习的标杆。

笔者从2012年开始带一些企业家团到华为参访、学习，听华为高管介绍华为的"持续成功创新"之道。一些企业家参访了华为的展厅及办公区域后感到非常震撼，对华为及其创始人任正非充满崇拜之情，希望从华为取到"真经"。也有些企业家觉得华为规模太大了，华为是电信设备企业，不同行业的中小企业很难学习华为，或者认为不能学习华为。

为了帮助中小科技创新型企业的企业家系统、深入、完整地了解华为，从而有效学习华为，笔者从2012年起在知行信创新咨询内部组建了一个"华为创新研究团队"，开始系统收集、整理和研究关于华为的资料。知行信研究团队4年来购买和研读了国内所有关于华为的书籍80多本，收集和反复研读了任正非及华为其他高管的讲话稿200多篇共计100余万字，收集和研读了网络及微信上关于华为的文章500余篇，参加了多场关于华为创新的论坛、研讨会，与华为多名在职或离职的员工进行了深度交流。经过近3年的反复酝酿和艰苦写作，给大家呈现了这本《华为傻创新》。我们希望本书能成为广大创新型企业家不可或缺的良师益友，能成为激发企业家精神的常读常新的"励志读本"，能成为广大创新企业家解决企业实际创新管理难题的"百科全书"！

华为很傻，很成功

1987年，华为公司在深圳市南山区创立，6个发起股东东拼西凑了2.1万元注册资本金。2015年，华为营业收入608亿美元（人民币3950亿元），超越美国思科、瑞典爱立信成为世界规模最大的通信设备制造企业，也成为中国本土最大的民营科技企业。

在华为公司28年的创业与发展历程中，只有2002年互联网危机时营业收入比上一年有所下降，华为公司整体上实现了持续、健康、快速成长。

2015年，华为公司员工人数达17万余人，其中约8万人是研发人员，70%的员工在海外工作，约70%的收入来自海外。

华为公司是世界500强中唯一一家没有上市的企业，华为公司也没有引进风险投资。华为公司的股东全是公司员工，有超过8万名员工是华为公司股东。

华为公司没有"空降高管"，没有聘请大牌职业经理人，华为公司的高管团队都是从员工中自己培养出来的。华为公司2015年的董事长（孙亚芳）、总裁（任正非）、3位轮值CEO（郭平、徐直军、胡厚崑）、核心管理团队（17名董事会成员）均是1998年前即加入华为，都具有近20年的华为公司工作经历。

华为创始人任正非44岁创业，年逾七旬仍在为公司的发展艰苦奋斗。任正非在华为公司的持股比例只有1.4%左右！以任正非的个人财富他进不了中国富豪榜，但任正非创建和领导的华为公司的实力和成就令国内绝大多数富豪难以望其项背！

展望未来，华为公司的战略目标是：在通信设备领域继续保持全球领先，在手机领域超越苹果和三星，在大数据和云计算等领域超越谷歌和思科……

华为用了不到30年的时间白手起家成就了一家全球领先的科技创新型企业，华为的实践值得中国绝大部分企业特别是科技创新型企业学习。要想成为第一，就该学习第一，要学就学最好的！

即使华为公司在明天倒下，华为公司在昨天和今天走过的路也非常值得我们学习和借鉴！

任正非说，华为没那么伟大，华为的成功也没有什么秘密！华为的成功就一个字：傻！华为就像阿甘一样，认准方向，朝着目标，傻干、傻付出、傻投入！作者总结了华为"十傻"，与大家分享：

"**傻理想**"：要成为世界级大公司，赚钱不是最重要的。任正非说，中国5000年没出过大公司，华为希望成为大公司，希望在通信领域全球"三分天下有其一"。任正非认为，只有成为大公司才能与大公司竞争。华为坚守理想和目标，不把钱看成中心，认为钱不是最重要的，理想才是最重要的！因而，华为不以"利润最大化"作为企业经营目标，拒绝短视和机会主义，只抓战略机遇，对非战略机遇或短期捞钱机会主动放弃。这是资本和股东做不到的，只有理想主义者可以做得到。

"**傻干**"：持之以恒专注执着地做好一件事。28年来，华为始终对准通信领域这个"城墙口"，聚焦资源，采用密集炮火，实施饱和攻击，终于走向了全球引领地位。华为不盲目多元化，没炒过股票，也没做过房地产，对前进道路两边的各种"鲜花"诱惑视而不见。

"**傻付出**"：长期坚持艰苦奋斗。自创立以来，华为就始终坚持将"以奋斗者为本，长期坚持艰苦奋斗"作为公司的核心价值观。华为今天的成功是全体华为人"用命搏来的"。华为人付出了节假日，付出了青春和身体健康，华为成功靠的是常人难以理解和忍受的长期艰苦奋斗。

"**傻投入**"：在研发与创新方面持续坚持高强度投入，连续投、长期投。华为长期坚持将年营业收入10%以上的费用和公司40%以上的人员投入研发，将研发投入的10%（即年营业收入的1%）以上投入基础研究。2015年，华为研发投入596亿元，研发人数近8万人（占总人数比例45%）。截至2015年，华为近十年研发总投入超过2400亿元。

"**傻分享**"：主动稀释个人股权。任正非将个人持有的100%华为股份与员工分享，个人至今持股只有1.4%左右，全公司有8万多人持有公司股份。华为强调每年要将利润全部分掉，要将公司现有的优势"耗散"掉，形成新的优势，避免怠惰。

"**傻管理**"：花巨资全面向西方大公司学习管理方法。华为从1998年开始系统向IBM公司学习管理方法，先后导入IPD（集成产品开发）、ISC（集成供应链管理）和IFS（集成财经管理）等管理体系，以打通端到端全流程，提升内部运作效率。除了IBM这个大师级老师，华为还先后与Hay、KPMG、PWC、FhG、

Mercer、盖洛普、埃森哲、波士顿等国际知名管理咨询公司进行深度合作，全面构筑客户需求驱动的流程和管理体系，有效支撑了公司的全球化发展。任正非要求华为人慎谈"华为式管理"，慎谈"中国式管理"。截至2015年，华为累计管理咨询投入超过300亿元。

"傻融资"：不上市，不圈钱。华为是目前世界500强企业中唯一一家没有上市的企业。任正非认为，与其让不创造价值的"资本家"分享公司的盈利，不如让直接的价值创造者——员工分享公司的盈利。华为故意远离资本力量的诱惑与控制，以便能坚守理想，实现企业战略目标。华为不愿意通过股票市场制造成千上万的"一夜暴富"的华为员工，以免员工产生怠惰，瓦解华为的凝聚力和战斗力，不再能坚守"上甘岭"，坚守理想。

"傻授权"：实施轮值CEO制度。任正非多次强调，其家族成员永不接班。任正非不希望"企业家的生命成为企业的生命"。任正非将董事长的位置让出来，将CEO的位置也让出来，只担任不怎么管事的总裁一职。公司的日常运作由3位轮值CEO负责。任正非主要通过思想、通过讲话对公司进行管理。任正非个人低调务实，不作秀，不宣传个人，很少面对媒体。

"傻服务"：一定要对给我们钱的人最好。华为认为，客户是企业的衣食父母，客户给企业钱，所以一定要对客户最好。华为坚持以客户为中心、以客户需求为导向进行组织管理，以优质、低成本的产品服务客户。任正非要求全体华为人面向客户，屁股对着老板，要认认真真、踏踏实实、真心诚意为客户服务。

"傻合作"：建立共赢的生态系统。在国际市场竞争中，华为主动采取"以土地换和平"策略，不低价竞争，不将竞争对手赶尽杀绝，主动建立和维护良好的产业生态系统。华为主动与客户、友商合作创新。华为善待"同盟军"，在经济危机时确保让同盟军能活下去。

华为很傻，很成功。相反，很多企业很"聪明"，但非常短命。真可谓"傻人有傻福""聪明反被聪明误"！

华为的傻创新非常值得科技创新型企业学习

华为公司是一家技术领先的科技创新型企业，科技创新型企业通常具有以下特点：

① **需要持续跟踪和研发前沿技术，技术领先是企业的立足之本**。科技创新型企业必须掌握核心技术，从而开发出领先的、有市场竞争力的创新产品，以满足客户需求，甚至超出客户期望。前沿技术通常开发难度大、开发周期长、开发投入大、开发风险高、成功不确定性高。很多企业需要进入算法、材料和芯片等基础研究领域。技术开发方向错误或者关键技术问题迟迟不能解决，很可能导致一家科技公司走向衰败或倒闭。华为公司从创立开始坚持以不低于10%销售收入比例的经费投入研发，10%的10%即1%的销售收入比例经费投入基础研究。

② **高素质、多专业的研发人员多，研发人员占员工总数比例高**。对于科技创新型企业而言，研发人员通常是企业里最贵的、最难管理的，也最难创造效益的一群人。一些科技创新型企业的创始人感叹：不投研发没有未来，投了研发看不到未来。华为公司研发人员比例超过公司人数的40%，华为研发队伍既包括直接为产品开发服务的研发工程师，也包括一大批数学家、材料学家、美学家在内的科学家。华为研发与创新队伍已经发展为"科学家+工程师"模式。

③ **客户需求变化快，市场竞争激烈**。手机等很多高科技行业越来越像"时装业"，客户需求变化速度快，产品更新换代周期越来越短，定制化需求越来越强烈，利润越来越薄。这些行业的市场竞争非常激烈，不成为行业"数一数二"基本上没有活下去的机会，进入了行业"数一数二"不能始终保持在领先位置也不会活得很好。科技创新型企业的生存法则：要么持续成功创新，要么死亡，没有第三条路可走。

如果您的企业与华为公司一样符合以上三个特点，那学习和借鉴华为公司的创新实践将帮助您的企业"少走不必要的弯路、少犯不必要的错误、少冒不必要的风险、少交不必要的学费"，尽快穿越创业的死亡之谷，从活下来走向国内领先，从国内领先走向国际先进，从国际先进走向全球引领！

其实，无论企业处于什么发展环境、处于什么发展阶段、从事什么行业、创始人有何个性或特点，企业经营管理的方法90%以上都是相同的。每个企业要做的关键事项都是做出好卖的产品，将好卖的产品卖出去，把钱收回来。也就是说，华为的创新实践做法对不同规模、不同行业、处于不同发展阶段的企业都具有普适性，都值得各类企业学习和借鉴。运用之妙，存乎一心！

对标学习华为傻创新

学习标杆企业忌讳走两个极端：一种看法是华为无法学，理由是华为太大了、我们所在的行业与华为不同、现在时代不同了等；另一种看法是"拿来主义"，华为是怎么干的，我们也怎么干，这样很可能会产生东施效颦的不良后果。有效的学习方法应该是：去伪存真、去粗取精、由表及里、由此及彼。

华为是一家持续成功创新的企业，华为最值得大家学习的是其"创新实践"，而华为的创新实践归根结底就体现在一个字——傻。所以，笔者建议大家重点学习华为是如何傻创新的。正如任正非自己总结华为及其个人的成功时所说，华为及其个人的成功没有什么秘密，就是傻、执着，就是阿甘精神！

在浮躁、功利、"工匠精神"匮乏的年代，很多企业不愿意做"板凳要坐十年冷"的事情，非常渴望"赚快钱"，急功近利。这与华为的"傻""憨""痴"形成了鲜明的对比。正是由于华为始终坚持傻创新，才成就了今天世界级的华为。而很多"聪明"的企业，往往是各领风骚三五年，最终都灰飞烟灭了！

以下，笔者结合本书的写作思路与大家分享华为学习方法，供参考。

系统了解华为

要学习一个标杆企业，首先应该对该公司有系统的了解，要了解该公司在什么背景和情境下做出了什么决策，或者采取了什么管理举措。概括地说，就是要知其然，更要知其所以然。简单化地照搬照抄，效果可能会适得其反。比如说，华为不上市、不引进风险投资，我们也这样做？

本书从时间和内容两个维度帮助读者系统了解华为。

时间维度方面，根据华为发展取得的行业地位，将华为创新历程分为四大阶段（见图1）。

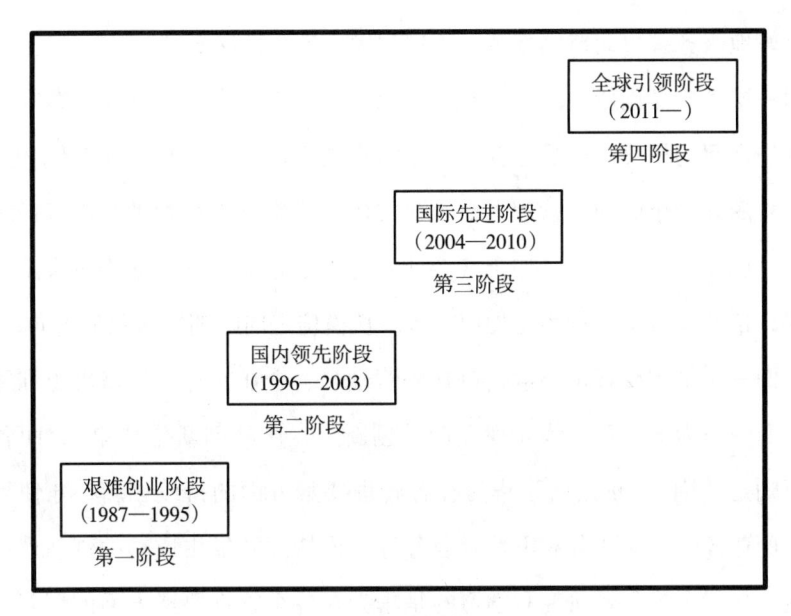

```
┌─────────────────────────────────────────────┐
│                                             │
│                         全球引领阶段          │
│                         （2011—）            │
│                           第四阶段            │
│                                             │
│               国际先进阶段                    │
│              （2004—2010）                   │
│                第三阶段                       │
│                                             │
│       国内领先阶段                            │
│      （1996—2003）                           │
│        第二阶段                               │
│                                             │
│ 艰难创业阶段                                  │
│ （1987—1995）                                │
│  第一阶段                                     │
└─────────────────────────────────────────────┘
```

图 1　华为公司发展阶段划分

目前，中国的绝大部分小微企业处于华为发展的第一阶段，部分中型企业（比如一些上市企业）处于华为发展的第二阶段，极少数百亿级企业可能处于华为发展的第三阶段，个别千亿级企业可能处于华为发展的第四阶段。处于不同发展阶段的企业可以重点学习和借鉴华为相应发展阶段的有效做法。

内容维度方面，每个发展阶段从 5 个方面帮助读者系统了解华为创新（见图 2）。

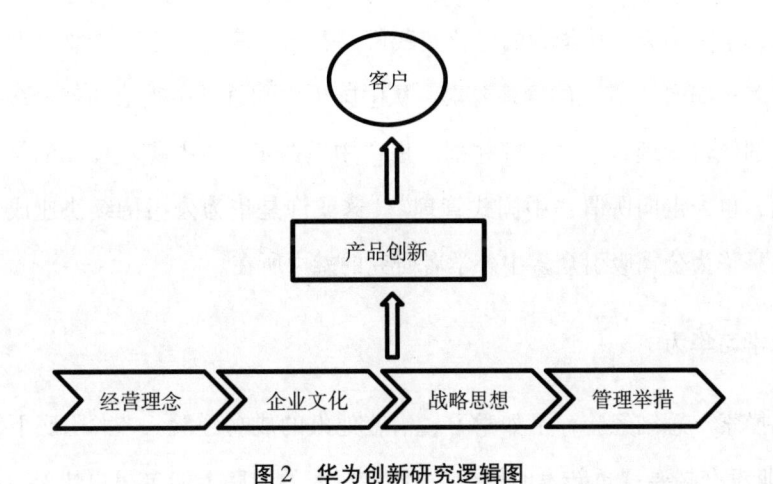

```
              ⬭ 客户
              ⬆
         ┌─────────┐
         │ 产品创新  │
         └─────────┘
              ⬆
  ▷ 经营理念 ▷ 企业文化 ▷ 战略思想 ▷ 管理举措 ▷
```

图 2　华为创新研究逻辑图

华为创新研究逻辑分为三层。最上面一层是客户。华为的核心价值观强调以客户为中心，基于客户需求导向进行产品创新，基于客户需求导向进行企业管理。任正非说，为客户服务是华为存在的唯一理由。企业所有的管理要素最终都是指向客

7

户，为更好地服务客户而持续变革、改进和优化各个管理要素。

中间一层是产品创新。产品（包括实物产品、无形服务和解决方案等）是联系企业与客户之间的桥梁。产品是客户满足需求的手段，产品是企业赚钱的工具，产品好才是真的好。企业的经营理念、企业文化、战略思想和管理举措等最终都体现在产品中。产品如人品，产品如企（企业）品！通过简要介绍华为每个阶段的产品创新实践，帮助读者了解华为是如何一步步从模仿走向跟随，从跟随走向领先的。

最下面一层是主要管理要素，包括经营理念、企业文化、战略思想和管理举措等四个方面。华为的创新最终体现在产品创新上，产品创新是"果"，而各管理要素的创新则是"因"。正是由于华为在各管理要素方面的持续创新，才使得华为能够在运营商业务、企业业务和消费者业务等方面持续开发出成功的创新产品，从胜利走向胜利！读者最需要研究和学习的是华为在各个管理要素方面的创新。读者可以从各个管理要素方面看到华为的与众不同，看到华为的傻。正是由于华为的经营理念、企业文化、战略思想和管理举措与时下很多"聪明"企业的做法格格不入，也不符合很多中外商学院"正统"的管理思想，才成就了与众不同的华为，成就了世界级的华为！

相对而言，经营理念、企业文化是"道"；战略思想、管理举措是"术"。经营理念和企业文化指导企业战略思想和管理举措。企业经营管理就是要"道术结合"，明道优术，不可偏废。从华为的经营实践可以看出，偏向"术"的管理要素，向西方学习的多；偏向"道"的管理要素，从中国历史和哲学中吸取的养分多。总体来说，华为的经营管理是中西兼容并蓄，是"中道西术""中魂西智"的结合，既未全盘西化，也未走向所谓"中国式管理"。这或许是华为公司持续快速成长的根本原因，也是华为公司吸引众多中外学者研究的魅力所在。

对标学习华为

自己摸索、总结经验，不如学习、借鉴他人的成功经验。"太阳底下没有新鲜事"，企业没有必要"重新发明轮子"，站在巨人的肩膀上能走得更快、更稳、更持久。对标学习（Benchmarking Study）是一种借鉴成功企业的最佳实践（Best Practice）的有效的学习方法。标杆学习是一个闭环流程，可分为五个步骤，如图3所示。

```
        （1）
       明确学习目标

 （5）              （2）
检查学习成果        研究最佳实践


  （4）             （3）
采取学习行动        制订学习方案
```

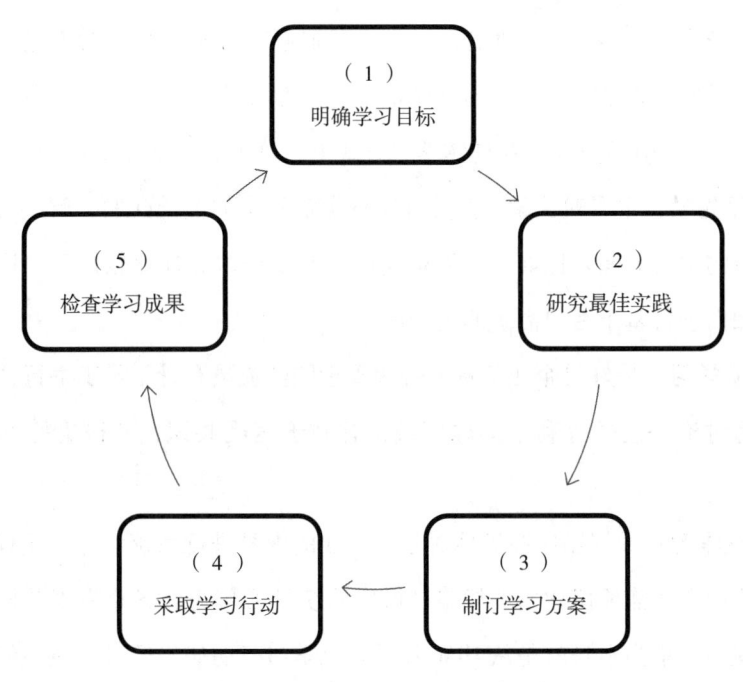

图3 知行信标杆学习五步流程

① **明确学习目标**：首先要明确企业需要解决的关键问题是什么，要明确通过对标学习达到什么目的，达成什么目标。

② **研究最佳实践**：基于需要解决的关键问题，深入、系统地研究标杆企业的最佳实践做法，特别要了解标杆企业这么做的背景、情境以及动因。

③ **制订学习方案**：在明确企业需要解决的关键问题，了解标杆企业最佳实践做法的基础上，企业要结合本身实际情况，制订针对性强、实操性好的标杆学习方案。

④ **采取学习行动**：依据标杆学习方案采取学习行动，学习过程中可能需要进一步明确问题、进一步研究标杆企业的最佳实践，也可能需要修订标杆学习方案。

⑤ **检查学习成果**：对照第一步制订的标杆学习目标检查学习成果，达成了学习目标，则说明标杆学习活动是有效的。未达成学习目标则需反思学习过程，决定是否需要进行下一轮标杆学习活动。

力争赶超华为

学习是为了改变！改变经营理念、改善管理方法，达成战略目标，实现企业持续、健康、快速成长。笔者写作本书的核心目的是期望企业经营者从华为公司的创新实践中得到启示，在企业中借鉴和应用华为公司的最佳实践做法，在一个或者多个方面赶超华为。"赶超"有两层含义：一是追赶；二是超越。对于绝大部分中小微企业而言需要先追赶，在追赶的基础上力争超越华为，成为各行各业大大小小的"华为"——全球引领企业。在具体学习方式上，笔者有如下建议：

① **急用先学**：重点对标学习企业面临的急需解决的关键问题，解决企业的主要矛盾和矛盾的主要方面。比如，如果企业产品开发技术导向比较严重，则可重点学习华为是如何进行基于客户需求的创新的。

② **团队学习**：最好是企业负责人带领管理团队成员和骨干员工举行"读书会"，边阅读、边讨论，这样有利于集思广益，有利于达成共识，取得更好的标杆学习效果。

③ **系统学习**：最好循序渐进地对某个方面的内容进行系统学习，这样的收获往往更大。比如企业需要优化发展战略，可以系统学习华为在各个发展阶段是如何进行战略管理的。华为本身就是从IBM公司系统学习产品研发管理、供应链管理、财经管理和IT管理等最佳实践做法。华为经过近20年持续学习IBM，正在逐步缩小与IBM这个"老师"的差距，并有望超越IBM这位"老师"。正可谓"青出于蓝而胜于蓝"！

系统了解华为，对标学习华为，力争赶超华为，期待各行各业持续涌现出千千万万、大大小小的下一个华为——全球引领企业！对标学习是知、行、信的结合，需要知行合一，需要下傻功夫。

知而不行，不是真知；

行而无信，不是真行！

2016年7月

目 录

第一篇 艰难创业阶段（1987—1995） ... 1

第1章 产品创新：从代理走向自主研发 ... 5
1988年—1990年：代理销售用户交换机 ... 5
1989年—1991年：散件组装低端用户交换机 ... 6
1990年—1992年：仿制研发用户交换机 ... 6
1992年—1995年：自主研发高水平局用程控交换机 ... 8
1994年—1995年：进入多个通信产品领域 ... 13
本章小结 ... 16

第2章 经营理念：科技企业发展主要靠人 ... 17
要成为大公司，才能与大公司竞争 ... 17
科技企业发展主要靠人，而不是资源 ... 18
内部机制对企业发展起决定性作用 ... 18
一个不善于总结的公司是不会有什么前途的 ... 19
本章小结 ... 20

第3章 企业文化：坚持"先生产，后生活" ... 21
酝酿起草《华为基本法》，统一干部员工思想认识 ... 21
坚持艰苦奋斗，坚持"先生产，后生活" ... 21
奋勇拼搏，形成研发团队"床垫文化" ... 22
本章小结 ... 23

第4章 战略管理：实行大公司战略 ... 24
战略思想：将所有鸡蛋放在一个篮子里，确保活下去 ... 24
战略分析：站在国家和产业高度分析行业市场 ... 26
战略决策：实行大公司战略，赶超国际巨头 ... 28
本章小结 ... 31

第5章 管理举措：向国际著名公司看齐 ... 32
研发与创新投入：投入有风险，不投入风险更大 ... 33

1

客户需求管理：创新源于客户需求洞察 34
研发组织建设：采用矩阵式组织模式 36
研发人员招募与培养：四处搜罗优秀人才 39
研发团队薪酬与激励：让绩效优秀的人先富起来 43
公司治理：简政放权，充分发挥员工潜能 45
研发管理体系建设：要建立与国际接轨的研发管理体系 47
转让技术，拍卖产品代理权，缓解公司资金压力 49
知识产权管理：成立知识产权部，发布知识产权管理制度 50
友商兴衰：国内国际冰火两重天 51
本章小结 54
本篇总结 55
附录：华为艰难创业阶段大事记 56

第二篇 国内领先阶段（1996—2003） 57

第6章 产品创新：由模仿追随走向国际先进 61
运营商用户产品研发：从模仿追随走向部分领先 62
企业用户产品研发：持续高强度研发投入，抢占思科市场份额 76
消费者用户产品研发：被动进入，积累经验 78
本章小结 81

第7章 经营理念：要么领先，要么灭亡 83
对企业生死的看法：要么领先，要么灭亡，没有第三条路可走 83
对企业成长的看法：不追求企业利润最大化，追求成为世界级领先企业 89
对企业成败的看法：由于优秀，所以死亡 94
对困难与危机的看法：危机来临时，要想办法活下去 96
对研发与创新的看法：研发体系要对产品成功负责 99
对人才的看法：知识经济时代是知识雇佣资本 102
对公司治理的看法：将管理与服务作为生死攸关的问题抓 104
本章小结 111

第8章 企业文化：提高"自我净化"自觉性 112
通过核心价值观的有效传承，实现各个层面的自然交接班 113
艰苦奋斗文化：坚决反对富裕起来以后的道德滑坡 115
群体奋斗文化：不要个人包打天下 116
愈挫愈勇文化：烧不死的鸟就是凤凰 117

英雄文化：要人人争做英雄 ······118
屡败屡战文化：败多胜少，逐渐有胜 ······118
自我批判文化：不能自我批判的干部将全部免职 ······119
服务文化：只有服务才能换来商业利益 ······121
高绩效文化：要持续提升人均效益 ······121
向以色列学创新：敢于走别人没有走过的路 ······122
本章小结 ······124

第9章 战略管理：最高纲领是超过IBM ······125
战略思想：最低纲领是活下去 ······125
产品线规划与管理：要敢于走别人没有走过的路 ······128
战略并购与合作：适当并购，外包非战略环节 ······129
本章小结 ······131

第10章 管理举措：全面构建与国际接轨的管理体系 ······132
客户需求管理：坚持理性的客户需求导向开发新产品 ······133
研发投入与研发资源利用：年度研发费用用不完相关领导要问责 ······135
研发组织模式：产品线经理对产品成功负责，跨职能团队对项目成功负责 ······140
研发团队管理：要考核项目目标和成果，而不是加班多少 ······144
研发人才培养：要成为科学家商人 ······146
对员工的要求：新人要脚踏实地地从基层做起 ······150
投巨资向咨询机构学习研发与创新管理最佳实践 ······156
产品质量管理：持续提供符合质量标准和顾客满意的产品 ······166
合作研发：掌握核心，开放周边 ······168
IT与知识管理：摆脱对重复劳动的依赖 ······171
友商兴衰：互联网泡沫破灭，几家欢喜几家愁 ······172
本章小结 ······175
本篇总结 ······177
附录：华为国内领先阶段发展大事记 ······179

第三篇 国际先进阶段（2004—2010） ······181
第11章 产品创新：从国内领先走向国际先进 ······184
运营商用户产品研发：强力投入，抢占先机 ······185
企业用户产品研发：基于平台提供端到端的解决方案 ······192
消费者用户产品研发：手机由客户定制走向自主品牌 ······194

本章小结 197
第12章　经营理念：深淘滩、低作堰 198
　　对企业生存与发展的看法：在过剩时代，要努力争取活下去 198
　　研发与创新理念：坚持商业成功导向的持续创新 202
　　对竞争的看法：不要把竞争对手赶尽杀绝 205
　　对管理变革的看法：变革不要走极端，要有灰度 207
　　任正非个人自评：我的优点是善于反省、反思 213
　　本章小结 216

第13章　企业文化：开放、妥协、灰度是华为文化的精髓 ... 217
　　诚信文化：诚信是华为最宝贵的财富 217
　　服务文化：虔诚地服务客户是华为存在的唯一理由 217
　　奋斗文化：除了艰苦奋斗还是艰苦奋斗 220
　　自我批判文化：从泥坑里爬出来的人就是圣人 225
　　合作文化：胜则举杯相庆，败则拼死相救 227
　　开放、妥协、灰度文化：华为文化的精髓 228
　　本章小结 232

第14章　战略管理：要成为世界通信产业领路人 233
　　战略思想：坚持"鲜花插在牛粪上" 233
　　系统解读华为愿景、使命和战略 238
　　全球化战略：东方不亮西方亮，黑了北方有南方 240
　　合作、竞争与并购：要让同盟军活过冬天 241
　　本章小结 244

第15章　管理举措：基于客户需求导向的企业管理 245
　　客户需求管理：把握住客户的关键需求 245
　　基于客户需求导向的企业管理 251
　　研发组织模式：建立跨职能团队，全球同步研发 253
　　研发团队管理：以责任结果导向考核研发人员 255
　　员工培养：向新员工灌输"奋斗文化" 256
　　对员工的要求：所有奋斗的员工都是我们的英雄 260
　　薪酬与绩效管理：对奋斗者与劳动者实行差别待遇 267
　　平台与基础技术研发：提高重用与共享 269
　　技术并购与合作研发：缩短差距，构筑领先 271
　　IT与知识管理：要把公司建设成一流而非把IT建成一流 274
　　知识产权管理：未来的企业之争就是IPR之争 278

友商兴衰：巨头陨落，中华崛起 ·· 281
本章小结 ·· 284
本篇总结 ·· 285
附录：华为国际先进阶段发展大事记 ··· 287

第四篇　全球引领阶段（2011—）　289

第16章　产品创新：从国际先进走向全球引领 ··············· 292
运营商用户产品研发：营业收入超越爱立信 ····························· 292
企业用户产品研发：部分领域超越思科 ···································· 297
消费者用户产品研发：智能手机跻身全球前三 ························· 302
本章小结 ·· 305

第17章　经营理念：追赶容易，领队不容易 ··············· 307
华为成功的关键要素：在正确的时点做正确的事 ····················· 307
关于管理哲学：需要辩证看问题，不能走极端 ························· 310
关于管理变革：变革就是要做时代的企业 ································ 312
如何领先：敢于打破既得优势，敢于拥抱新事物 ····················· 315
关于创新：越敢于投入，越有可能获得更大的回报 ················· 316
关于开放与合作：推进"全球本土化"运营 ······························ 320
关于竞争：要进攻自己，逼自己改进 ·· 321
企业生存与发展辩证观：公司越强大会越困难 ························ 323
任正非谈与媒体关系：我一贯不是一个低调的人 ····················· 327
任正非谈个人与生活：我最大的问题就是傻、执着 ················· 329
任正非谈教育：要让最优秀的人才培养更优秀的人 ················· 331
本章小结 ·· 333

第18章　企业文化：让华为文化生生不息 ··············· 334
服务文化：以客户利益为核心价值观 ·· 335
奋斗文化：华为给员工的好处就是"苦" ·································· 337
自我批判文化：勇敢地去拥抱颠覆性创新 ································ 338
开放、妥协、灰度文化：以自己为中心迟早是要灭亡的 ·········· 340
宽容失败：需要包容合理的试错成本 ·· 341
工匠精神：精益求精，精雕细琢 ··· 341
本章小结 ·· 343

第19章　战略管理：始终对准一个城墙口持续冲锋 ··············· 344
战略思想：全体员工始终对准一个城墙口持续冲锋 ················· 344

战略目标：要在多个领域做世界第一 …… 349
　　战略要点：坚持主航道的针尖战略 …… 352
　　运营商BG战略：高水平地把管道平台做大做强 …… 359
　　企业业务BG战略：对于未来的战略制高点要敢于投入 …… 360
　　消费者BG战略：在大机会时代，千万不要机会主义 …… 363
　　本章小结 …… 367

第20章　管理举措：由国际化走向全球化 …… 368
　　事业部管理：不同业务采用不同管理方法 …… 369
　　轮值CEO制度：是一种团队接班形式 …… 373
　　接班人是为理想接班 …… 377
　　创新管理心得：市场成功是对创新的终极奖励 …… 379
　　客户需求管理：客户需求驱动产品研发 …… 384
　　基础研究：聚焦在应用层面 …… 387
　　合作研发：贴近客户需求，加快研发速度 …… 388
　　研发组织建设：吸纳全球高端人才，实现前沿科学技术突破 …… 390
　　人力资源政策：吸引优秀人才共同奋斗，防止怠惰 …… 396
　　薪酬政策：利益分配机制从授予制改为获取分享制 …… 399
　　员工培养：鼓励基层员工"干一行、爱一行、专一行" …… 406
　　员工考核：对基层员工实行绝对考核 …… 409
　　非物质激励：应该让多数人变成先进 …… 412
　　IT与知识管理：面向未来构建IT架构 …… 414
　　知识产权管理：依法保护知识产权，创新才会低成本 …… 416
　　友商兴衰：强者恒强，弱者恒弱 …… 418
　　本章小结 …… 422
　　本篇总结 …… 424
　　附录：华为全球引领阶段发展大事记 …… 427

结语　华为会不会一直傻下去？ …… 429
　　向华为学什么 …… 430
　　华为友商兴衰启示 …… 441
　　华为会不会一直傻下去？ …… 444

附　录 …… 447
　附录1　创立华为前的任正非 …… 449
　　任正非的父亲母亲 …… 449

  青少年时代的任正非 ………………………………………… 452
  大学时代的任正非 …………………………………………… 453
  任正非的军旅生涯 …………………………………………… 454
  部队转业后的任正非 ………………………………………… 455
  创立华为 ……………………………………………………… 456
 附录2 以创新为核心竞争力 为祖国百年科技振兴而奋斗 … 460
  一、大机会时代，一定要有战略耐性 ……………………… 460
  二、用最优秀的人去培养更优秀的人 ……………………… 461

致 谢 …………………………………………………………… 463
主要参考文献 …………………………………………………………… 464

第一篇 艰难创业阶段（1987—1995）

公司成立之初，那时社会上刚刚开始市场经济，倒买倒卖是主要的一种经济方式，在倒买倒卖的一片风声中，我们不合时宜地走向科研，自己做产品，自己做货源，这就是我走向创业时的初衷。确实是逆流而上，逆水行舟的困难有多少，只有自己心中清楚。

——任正非（2008年）

华为艰难创业阶段要点扫描

◇ **时间阶段**：1987年—1995年
◇ **任正非年龄**：43—51岁
◇ **公司人数**：从1987年的6个发起股东到1995年1750人，其中1400多人受过本科以上教育，有800多名博士、硕士。人员比例：研究开发人员40%，市场营销人员33%，生产人员15%，管理人员12%
◇ **营业收入**：从6个发起股东东拼西凑的2.1万元注册资金起步，到1995年实现销售收入15亿元
◇ **客户与市场**：企业用户、县级邮电局为主，逐步向地市级邮电局发展
◇ **产品与服务**：从代销、组装企业用户小交换机，走向自主开发电信级2000门、万门数字程控交换机
◇ **关键词**：自主研发、农村包围城市、活下去、管理与国际接轨
◇ **核心管理团队**：任正非（1987年），郭平（1989年）、郑宝用（1989年）、胡厚崑(1990年)、徐文伟(1991年)、孙亚芳(1992年)、毛生江（1992年）、刘平（1993年）、李一男（1993年）、费敏（1993年）、洪天峰（1993年）、徐直军（1993年）、余承东（1993年）等相继加盟（括号内为入职年份）

本篇阅读思考

◇ 华为为什么能活下来？哪些外部因素和内部做法促成了华为的成功存活？
◇ 哪些问题处理不好华为的创业就可能夭折？
◇ 华为为什么要由代理走向自主研发产品？
◇ 任正非在企业创业阶段体现了哪些企业家精神？

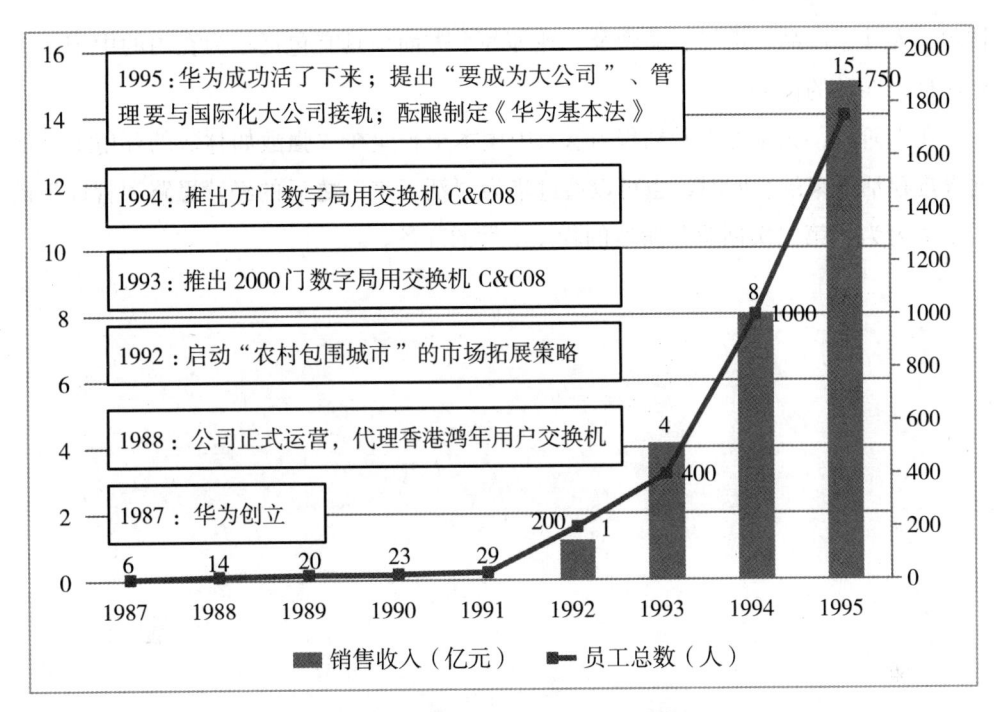

华为艰难创业阶段发展概况及关键事件

图中关键事件：
- 1987：华为创立
- 1988：公司正式运营，代理香港鸿年用户交换机
- 1992：启动"农村包围城市"的市场拓展策略
- 1993：推出2000门数字局用交换机C&C08
- 1994：推出万门数字局用交换机C&C08
- 1995：华为成功活了下来；提出"要成为大公司"、管理要与国际化大公司接轨；酝酿制定《华为基本法》

销售收入（亿元）与员工总数（人）数据：
- 1987：员工6
- 1988：员工14
- 1989：员工20
- 1990：员工23
- 1991：员工29
- 1992：销售1亿元，员工200
- 1993：销售4亿元，员工400
- 1994：销售8亿元，员工1000
- 1995：销售15亿元，员工1750

华为创业阶段，正值中国电信业语音业务由起步走向爆炸式发展阶段。华为抓住了这一市场机遇，经过8年的艰苦创业，成功地活了下来。

华为从代理销售用户交换机起步，逐步开始散件组装和仿制用户交换机，然后自主研制高水平的电信级局用数字程控交换机。8年时间，华为走完了由代理走向模仿，由模仿走向自主研发具有自主知识产权的复杂产品的历程。C&C08万门数字程控交换机发展成为华为的"拳头产品"，持续销售近20年。在万门程控交换机成功开发的基础上，华为开始进入光传输、无线通信、智能网和移动通信等相关领域，为未来的快速成长奠定了基础。

在市场拓展方面，华为避开国际通信巨头的锋芒，采取"农村包围城市"的策略，通过"人海战术"占领了交换机设备的广大县乡市场。华为及时、周到、亲和的服务弥补了创业期产品质量不稳定、品牌知名度不高等不足，赢得了诸多用户的信任。在广大县乡市场积累的市场拓展和服务经验，为华为后来进入中国电信业城市市场奠定了良好的基础。

华为在创业阶段的内部管理是以能人的"经验式"管理为主，在成功"活下来"后开始主动考虑管理要向国际化大公司看齐，要与国际接轨。为了统一全公司干部员工的认识，华为开始酝酿起草《华为基本法》。

在此阶段，"巨大中华"等中国本土通信企业刚刚起步，国际通信巨头在资金、技术、人才、产品、市场、品牌及管理等各个方面均具有包括华为在内的中国本土企业难以匹敌的优势。

在本阶段，大家可以看到华为这家中国本土企业在"强敌如林"的环境下是如何艰难存活下来的。同时，也可以通过华为"活下来"之后的经营思路和管理举措看出华为为"第二次创业"阶段的腾飞所做的准备。

第1章　产品创新：从代理走向自主研发

> 如果这次研发失败了，我就从楼上跳下去，你们还可以另谋出路。
>
> ——任正非（1993年）

20世纪80年代，中国还不能自主生产程控交换机，因西方限制高技术出口也无法通过引进获得该项技术。与此同时，国内的电话需求却每年翻倍增长，因此交换机价格很高且供不应求，很多公司通过代理港台程控交换机或者贴牌生产获利颇丰。

经过前期创业方向的多次探索，华为开始代理香港鸿年公司的交换机。由于原厂商经常无法及时发货、售后维修不及时等因素，华为的代理业务陷入困境，于是从国营单位购买散件自己组装交换机销售。产品投放市场后大受欢迎，散件货源经常得不到保障，华为只得走上了自主研发的道路。

华为产品研发从散件组装用户小交换机到仿制研发小交换机，到自主研发2000门数字局用交换机，再到成功研发出拳头产品C&C08万门数字局用交换机，历时7年。C&C08万门数字局用交换机的热销，使华为实现了快速增长，成功"活了下来"。

华为在研发C&C08交换机的同时，开始进入光传输、无线通信、智能网、数据通信以及移动通信等相关通信领域，为后续的规模扩张奠定了初步的基础。

1988年—1990年：代理销售用户交换机

1988年，华为正式营业后，代理香港鸿年公司的HAX模拟交换机，通过赚取差价获利。由于产品供不应求，原厂商经常不能及时发货，产品出了问题也无法及时维修，备板、备件也不能及时提供给代理商，这让华为非常被动。

当时的用户小交换机市场很火爆，代理的门槛也很低，仅深圳一地一个月就涌现出几百家代理商，市场竞争越来越激烈。到1989年，全国共有200多家国营单位生产销售用户小交换机。为了支持国产交换机的发展，国家通过限制信贷控制设备进口，华为的代理业务难以为继，要想活下来就必须走自主研发之路。

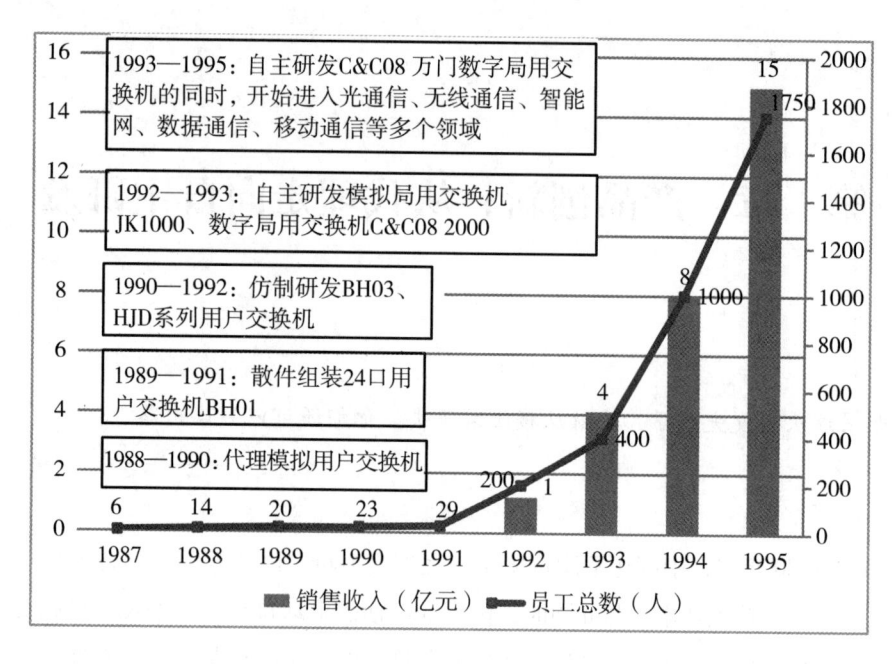

图 1-1 华为 1987—1995 产品创新路径图

1989年—1991年：散件组装低端用户交换机

1989年，华为开始研制第一款用户交换机产品BH01，从国营单位买来散件自行组装，然后做包装、写说明书、打华为的品牌，再到全国找代理商销售。华为拥有自己的品牌后，一方面可以凭借优质服务扩大市场，另一方面不用花钱买代理权，可以提前半年收定金，而且还可以收代理费，缓解资金流的紧张。

BH01是一款24口的低端用户交换机，只能在小型的矿山、医院使用。凭借低廉的价格、快速的技术响应和优质的服务质量，BH01投入市场后很快就供不应求。生产散件的厂家自己也销售交换机产品，因此华为的散件货源常常得不到保障。收了客户的钱却无法供货，导致很多客户非常不满。如果不能尽快突破核心部件的自主研发，华为公司很快就会面临倒闭的危险。

1990年—1992年：仿制研发用户交换机

仿制研发BH03用户交换机

20世纪90年代初，中国的交换机市场基本上被外国厂商垄断。跨国厂商通过技术垄断，高价获取巨额利润：欧美厂商的交换机价格一般是每线 300 美元～400 美元，日本厂商每线 180 美元。当时，国内一部电话要收 5000 元初装费，而且还要排队等几个月甚至一年以上，要请客送礼找关系才能装上。

1990 年后，中国邮电行业投资巨大。仅 1993 年，有账可查的投资就达 400 亿元，其中大量投资于通信设备。巨大的市场机会，促使珠三角等地区诞生了几百家交换机企业，主要生产技术含量较低的小容量用户交换机。当时，西方国家已经开始规模应用计算机程序控制的数字交换机（时分交换，无线路阻塞，适合大容量），因技术复杂，只有美国、德国和法国等少数几个国家能够生产。对于一个刚进电信行业只代理过用户交换机的华为，选择了较为低端的技术——相对不太复杂的模拟交换机（空分交换，通话线路有容量限制）进行自主开发，从 24 口的小容量用户机入手，再进入较大容量的局用交换机。

1990 年，华为任命莫军为项目经理，带领团队仿照 BH01 产品的电路和软件，自主研发 24 口的第一款交换机产品 BH03，主要客户是酒店与小企业。项目组六个人，连续几个月起早贪黑加班加点，吃住睡在公司，华为自主研发的第一款产品 BH03 终于成功面市。

当时的工作条件很艰苦，楼里没有空调只有风扇，员工们白天在机器的高温下挥汗如雨，设计制作电路板、话务台，编写软件，反复调试、修改，夜里继续工作，实在困了就趴在桌上或在地铺上睡会儿，醒来接着干，有时半夜来货，立即起床卸完设备再睡。夜里蚊子多，值班员工就用套机柜的塑料包装把自己从头到脚套起来，然后在脸上挖几个洞呼吸。

资金的短缺是华为当时最大的困难，借贷又四处碰壁，随时可能面临资金链断裂的压力，曾连续 6 个月发不出工资，华为公司不得不借年利率 24% 的高利贷发工资。

由于缺乏专业的交换机测试设备，技术人员用放大镜一个个地检查电路板上成千上万的焊点，并且把全公司的人叫到一起，每人同时拿起两部话机话筒来测试交换机的性能指标。

经过项目组近一年的全力投入，1991 年 12 月 BH03 交换机终于通过了邮电部的测试，电话打出接入畅通、音质良好，获得了正式的入网许可证，首批 3 台价值数十万的交换机发货出厂。任正非谈及当时的迫切形势时说："公司在 1991 年收到的订货预付款也用完，公司账上已经没有资金，再不发货，公司就要破产了。"

1991 年 12 月 31 日，华为全体员工举行了庆功会，用简单自助餐形式隆重庆祝第一个具有华为自主知识产权和品牌的产品出厂。第一款产品 BH03 推出市场后，由于性能稳定，没有出现较大的质量问题，知名度越来越高，产品供不应求。

仿制研发 HJD 系列用户交换机

第一款产品 BH03 模仿研发出来后，产品性能单一，与国外交换机相比有较大的差距。客户的需求在不断变化，华为要想持续发展，不能走"简单模仿"的道路，必须真正掌握交换机的核心技术，研发具有自主知识产权的产品，这就需要网罗一大批高端的技术创新人才。于是，任正非到华中科技大学（原华中理工大学）和清华大学等各大高校，广泛邀请教授带着老师和学生到华为参观访问。

郭平刚刚研究生毕业不久留在学校当老师，参观华为后被任正非的企业家抱负所吸引加入华为，担任第二款自主产品 HJD48 小型模拟空分用户交换机的项目经理，该产品可以带 48 个用户。

1989 年，郭平加盟华为不久，盛情邀请母校同学郑宝用加入华为。郑宝用加入 HJD48 项目负责软硬件开发。项目结束后，郑宝用成为华为的副总经理兼第一位总工程师，负责公司产品的战略规划和新产品开发。技术天才郑宝用的到来，大大提升了华为的技术水平。HJD48 可以带 48 个用户，产品的集成度大大提高，因质优价廉深受市场欢迎。

在郑宝用的带领下，100 门、200 门、400 门、500 门等系列化的用户交换机相继开发出来，极大地填补了市场空白。其中，256 门用户机的产品性能与引进的香港鸿年公司交换机不相上下，而且外壳更加美观。

1991 年，郑宝用主导开发了 500 门的 HJD–04 用户交换机，主要客户是事业单位和企业等电信网络的终端，最多可支持 1000 个用户。HJD–04 机采用了光电电路和高集成器件，被邮电部评为国产同类产品质量可靠用户机。后续的拳头产品 C&C08 数字交换机等多个产品的成功开发，郑宝用贡献很大。任正非曾这样评价他："阿宝（郑宝用在华为内部的绰号）是一千年才出一个的天才""郑宝用，一个人能顶 10000 个"。

1992 年，HJD 系列用户交换机在市场上大批销售，销售额突破 1.2 亿元，利润超过 1000 万元，员工 270 多人。在年终总结大会上，任正非郑重宣称："我们活下来了！"为了纪念华为成功活下来，任正非还特地到香港定制了 100 枚金牌，以表彰在公司艰难时刻不离不弃、共同努力的 100 位优秀员工及合作伙伴香港鸿年公司。

1992 年—1995 年：自主研发高水平局用程控交换机

1992 年—1993 年：投入巨资研发 JK1000 局用模拟交换机失败

用户交换机销售面广，但是单次销售量少，而局用交换机的客户是各级电信局，客户虽少但销量大，一个局用交换机的用户数相当于几十家用户交换机的总和。为了长远发展，1992年华为决定进军局用交换机市场。由于局用交换机比用户交换机的技术要复杂很多，因此国内的大型局用交换机基本上被美国的AT&T、日本的NEC、法国的阿尔卡特以及瑞典的爱立信等国外厂商垄断。

当时，数字交换机技术已经成熟并在欧美规模商用，模拟交换机则处于淘汰边缘。但是，华为没有开发局用交换机的经验与数字技术的积累，对数字交换机市场快速发展的估计也过于保守。当时，中国的固定电话普及率仅为1.1%，西方发达国家已经高达90%以上，华为预估2000年国内的固定电话普及率将达到6%左右（实际上，2000年国内的固话普及率已达50%），模拟交换机不会被迅速淘汰。因此，华为选择开发技术难度相对较低的模拟空分局用交换机。

在郑宝用的带领下，经过项目组近一年的艰苦努力，1993年成功推出JK1000，当年5月份获得邮电部的入网许可证。1993年7月4日，江西乐安县邮电局公溪支局首次开通了JK1000局用机。随后，又有多家邮电局开通了华为的JK1000局用机。由于这是华为第一次开发局用交换机，JK1000产品在开局后发生了很多问题。最严重的是电源和防雷问题，有几台使用中的JK1000在打雷时起火，差点把机房烧掉。

采用计算机控制的数字交换机，在功能、性能和成本上都具有明显优势。JK1000刚推出市场就遭到跨国厂商的夹击，面临着被淘汰的困境。凭借着华为人锲而不舍的努力，JK1000最终销售了200多套。1993年底，JK1000还没来得及改进和稳定就被淘汰了。此时公司资金流极为紧张，再次濒临破产边缘。

JK1000的失败，使华为人明白了通信技术更新换代非常快，技术领先非常重要，以及必须遵循国际标准。因此华为专门组织优秀研发骨干成立了相应部门，即时追踪最新技术趋势来规划产品。从1995年开始，华为每年都组团到国外参加通信技术展和国际标准会议，以了解国际同行最新技术动态与标准的进展。而且，从JK1000项目中成长起来的开发团队，成为日后研发技术复杂的数字局用交换机的骨干力量。

1993年：成功研发C&C08 2000门局用数字交换机

20世纪90年代初，在经济全球化和我国改革开放的环境下，人们对通信需求的激增与我国通信基础设施的落后形成强烈反差。当时，国内局用数字交换机市场基本被国外垄断。一批包括华为在内的有识企业与高校等全国上百个单位开始了数字程控局用交换机的研制，为我国拥有自主知识产权与品牌的局用交换机日夜奋斗。毕竟数字交换机技术复杂，不少单位中途退出。经过市场博弈，最终只有巨龙、大唐、中兴和华为为代表的少数几家国内厂商成功研制出数字交换机。这四家代表企业简称"巨大中华",华为排名最后,是唯一一家全民营的科技企业。

1992年,在开始研发JK1000不久,生产线工人曹贻安多次向任正非建议开发数字交换机。最终任正非被他的执着所感动,华为同时启动了2000门数字程控交换机的研发,曹贻安担任数字机的项目经理。JK1000失败后,公司把全部希望押在数字交换机上。

1993年初,华为投入所有力量开发2000门数字交换机。郑宝用为总工程师,从邮电系统挖过来的专家毛生江担任项目经理,刘平担任软件经理。近300个研发人员分为50个子项目组,同步逐一攻克数字交换机的各个技术难题。

1993年3月,2000门数字交换机还未开发出来时,销售人员已经找好了第一个试验局——浙江义乌局佛堂支局,计划当年5月或6月开局。但是,由于技术难度大,产品迟迟未能出来。

1993年4月19日,为了激发大家必胜的信念,任正非在研发动员大会时平静地说:"如果这次研发失败了,我就从楼上跳下去,你们还可以另谋出路。"此时,华为正处于即将破产的边缘,任正非承受着巨大的心理压力。

2000门数字交换机研发成功之际,华为模拟当时电信业老大AT&T的格式采用了C&C08这个名字。C&C有两个含义:一是Country & City,体现了华为从农村走向城市的战略诉求;二是Computer & Communication,说明数字交换机结合了计算机和通信技术。08则是中国的吉利数字之一。

1993年10月,尽管产品还没有完全测试,华为的第一台C&C08 2000门数字交换机在义乌佛堂开局。产品极不稳定,出现很多问题:呼损大、断线、死机、电话打不通或者电话中断掉线等。总工郑宝用亲自到现场指挥,任正非也多次到义乌给大家加油鼓励。开发组的大部分同事都在义乌,24小时两班倒,逐一解决现场问题,开局足足花了两个多月才结束。后续还是经常出现问题,直到几年后换成新版本的数字交换机才稳定。

C&C08 2000门数字交换机不仅技术定位高,还具有话务统计、终端操作和计费等多项附属功能,当时国外的交换机都没有如此多的附属功能。C&C08 2000还支持全中文菜单和鼠标操作,并设计有热键帮助系统。华为优质的产品和员工的敬业精神,赢得了义乌局的高度认可,在验收时客户方如此评价:界面清晰美观,操作方便,简单易学。终端软件的安全性考虑十分充分,计费可靠性强,准确率高,维护测试及话务统计功能丰富而实用。

图 1-2 C&C08 数字交换机

凭借这款具有竞争力的数字交换机产品，华为发展非常迅猛。从 1993 年的 400 人、销售额 4.1 亿元，增长到 1994 年的 1000 人、销售额 8 亿元，年增长率近 100%。C&C08 2000 门数字交换机在 1994 年—1995 年大规模商用，由于功能比国外进口交换机多，价格却只有同类产品的一半，在较短时间迅速占领一大半的农村市场。

1993 年—1995 年：成功研发拳头产品 C&C08 万门局用数字交换机

C&C08 2000 门交换机最多只支持 2000 个用户，主要面向单位用户和农村市场，无法适应城市市场的需求，因此华为计划研发 C&C08 万门机。万门交换机是局用数字交换机，不仅容量大、处理能力高，而且维护功能强，世界上只有少数国家能生产。

数字交换机从 2000 门过渡到万门机，上海贝尔 S1240 和富士通等跨国厂商的交换机采用的做法是内部高速总线将 2000 门交换模块连接在一起。但是经过几个月的讨论，大家发现这个方案不是最优的。李一男凭借自己的专业灵感，查阅了相关书籍后，提出了采用准 SDH（同步数字系列）技术（当时是业界比较先进的光纤传输技术，后来广泛应用于通信传输网络）的设想。

1993 年初，C&C08 万门交换机正式进入开发阶段，李一男担任项目经理，刘平负责软件，余厚林负责硬件。软件项目主要成员有：洪天峰、周元、李海波、陈辉、伍能鹏；硬件项目组成员有：黄耀旭、朱天文、张裕、李建国。当时华为的销售市场主要在农村，很多人担心万门机卖不出去。为了鼓舞士气，李一男请来了郑宝用给大家开会，郑总说："你们尽管开发，开发出来，我保证帮你们卖掉十台。"没想到，后来万门机成为国内电话网中的主流交换机，卖了上万台。

万门交换机的研发过程也经历了挫折。为了保证万门机的速度，李一男决定采用当时速度最快的英特尔公司MultibusII总线，并一次性订购了20万美元的开发板和工具。结果发现：以华为当时的技术实力，根本无法实现如此快的总线速度，20万美元的投入白白浪费。幸好，任正非对他给予了足够的信任与宽容。

当时，华为的资金极为紧张，许多急需的元器件因没有资金而无法马上进货，公司穷得发不出工资。但是任正非对产品开发的投入十分重视，投入大量资金购买了上百万元的逻辑分析仪、数字示波器、模拟呼叫器等开发大容量数字交换机所必需的最新开发工具。

为了尽快研制出万门交换机，研发小组每周六天从早到晚都扑在机器上，只有星期天才能好好休息下。1994年8月，万门机系统基本试验都未通过，第一个超万门的C&C08交换机就在江苏邳州开局。邳州之前采购的是上海贝尔S1240交换机，因用户装电话的需求快速增长需要扩容，想再买上海贝尔的交换机，但是订货已经排到了第二年。邳州局实在等不及，再加上华为南京办事处做了很多工作，最后答应让华为的交换机试一下。

开局过程中出现了很多问题，如调试时打不了跨局长途电话，经多次检查发现是交换机接地没有接好；交换机时隙资源无法释放，只得设置软件在半夜2点半重启（当时形象称为"半夜鸡叫"），维持大半年后经过多次版本升级才彻底解决这个问题。开局工作持续到10月中旬才结束，11月顺利通过了鉴定。

1995年，凭借良好的客户关系、团结一致的狼性销售团队、高质低价的产品和良好的售后服务，华为C&C08数字局用交换机赢得了市场的广泛肯定，其销售量和市场占有率在"巨大中华"中独占鳌头。华为公司也迅速发展壮大，当年销售额增长到15亿元，员工增长到1750人。

随着华为C&C08局用数字交换机在市场上的大规模应用，竞争日益激烈，国内程控交换机价格急剧下降，从最初的300美元/线～500美元/线下降到50美元/线，结束了跨国厂商赚取高额利润的历史。从此电话初装免费而且不用排队，老百姓真正享受到了廉价的通信服务。

C&C08项目是华为发展的基石。C&C08项目培养了一大批干部，华为的大部分副总裁都产生于这个项目组，如郑宝用、毛生江、李一男、洪天峰、徐直军、费敏等。而且C&C08还为后续的产品创新开发打下了坚实的基础，光传输、无线通信、智能网、数据通信、移动通信等多条产品线都是在这个平台上发展起来的。

1994 年—1995 年：进入多个通信产品领域

从 1993 年 C&C08 2000 门数字交换机成功研制开始，华为陆续进入了多个产品领域。1995 年，华为逐渐形成了交换机业务（C&C08）、无线业务、智能平台业务（C&C08 智能平台），以及数据通信、多媒体和传输等新业务。

光传输：开始研发 SDH 设备

20 世纪 90 年代初，任正非通过广泛的客户调研，发现了光传输的巨大需求，决定进入光传输领域。1993 年，华为开始进行光传输技术的预研。1995 年第一台国产 SDH 设备开发出来后，华为以高于市场平均工资 5 倍以上高薪招聘优秀的光通信人才，为本公司 SDH 设备的成功研制打下了良好的战略基础。

无线通信：研发 CT2 技术，推出村村通 ETS 系统

1994 年初，华为开始组建 CT2（无线通信的一种制式，俗称二哥大，区别于 GSM 的大哥大）项目组，项目组成员花了几个月时间学习全新的 CT2 技术，于 1994 年 6 月基本调通了协议软件。1994 年 8 月，华为与广州电信局签订 CT2 公众网络的合作协议，在无线 RF 射频方面遇到技术瓶颈。1995 年 5 月，市场上传来了对 CT2 不利的消息。随着 GSM 公众网的发展，由于 CT2 技术本身存在缺陷，最终没有发展起来，导致公司损失很大，近两年的努力付诸东流。

1994 年初，国家开始在农村推"村村通"工程，在农村各地接入电话。华为此时正在大力拓展农村市场，8 月成立了 10 余人的项目组开始研发 ETS450/150 系统，首次涉足无线通信领域。ETS 的优点是一个基站可覆盖方圆 7000 平方公里的面积，而且能够绕过重重障碍，非常适合农村通信的实际需求。

为了缩短开发周期，尽早推出满足市场需求的产品，华为一开始与深圳市某公司合作，第一代 ETS 采用华为交换机软件和某公司的基站与手机。

1995 年下半年，第一代 ETS 快速推向市场，但是发生严重的质量问题：设备故障频繁，无法维持正常运行，无线通话接续速度慢；电话接通率低；电话话音质量差，杂音较大，断线现象较严重，断线率约为 20%。华为开发部到全国各地到处救火，公司的产品形象大受影响，造成了上亿元的损失。

智能网：购买北邮技术研发智能网系统

为了满足市场日益多样化的业务需求，国内外电信企业都在设法提高自身的业务提供能力，智能网系统由此成为研究和应用的焦点之一。美、法、德等国在智能网的研发与应用方面走在前列。

华为的智能网技术来源于北京邮电大学。1992年，北京邮电大学申请了国家的863项目，进行智能网领域的研究工作。两年后，项目成功攻关并通过专家组的鉴定。

1994年，智能网技术在中国还没有起步，市场前景并不明朗，华为以100万价格购买了该项技术的许可。1995年，国家开始建设固定电信网智能网项目。由于华为最先进入这个市场，产品研发领先于国内其他友商。

数据通信：成立北京研究所，推出国内首台数据通信交换机

思科是数据通信领域的领导者，占有全球市场80%以上的份额，中国市场更是占据了90%以上的数据通信骨干网。1994年，思科在北京设立了办事处进一步拓展中国数据通信市场。西门子、朗讯等国际著名厂商都曾进入数据通信领域未获成功，华为进入该领域的挑战非常大。但是，随着互联网技术的发展，数据通信产品的市场空间非常广阔，因此华为决定进入数据通信产品领域。

1994年，华为开始数据通信领域的技术跟踪和产品预研，并于当年推出国内第一台数据通信产品交换机 S2403。1995年，华为成立了北京研究所，正式开始数据通信产品的自主研究、开发和制造。

移动通信：开发 2G GSM 产品

20世纪70年代末80年代初，欧美发达国家第一代蜂窝网络移动通信系统诞生，其代表是美国的 AMPS 和欧洲的 NMT。第一代移动通信系统的缺点是体积大、能耗大且加密困难。1987年11月，中国首次在广东省引入了第一代移动通信，采用英国的 TACS 系统。

20世纪80年代中期至20世纪末，第二代移动通信技术渐趋成熟，以美国 CDMA 和欧洲 GSM 为代表。1992年1月，全球首个 GSM 网络在芬兰商用。GSM 推出后，移动通信迅速普及，用户数持续增长。到1995年，GSM 的全球用户已经达到1千万以上。

移动通信市场的广阔前景，吸引华为1995年决定进入 2G 移动通信领域。公司内部对进入 CDMA 还是 GSM 领域的争论较为激烈。但是由于资金和人才的限制，华为不可能两个方向都进入，因为每个产品方向都需要投入几十亿元。

时任中研部总裁李一男基于以下分析，主张选择进入 GSM 领域：一是 CDMA 技术来源于美国军方，已经被美国高通公司所垄断，华为要想突破很难；但是 GSM 专利限制较少,而且已在全球多个国家商用,所以 GSM 更加成熟开放;二是从中国电信发展历史来看,欧洲制式一直是中国市场的首选,考虑到政治因素美国制式不太可能成为中国的主流。

最终,综合考虑技术因素、发展前景与公司投入等因素,华为选择 GSM 产品进行研发。

本章小结

通过8年的艰难创业，华为从一个小交换机代理商发展成为有一定规模的通信产品研发、制造和销售企业，成功地"活了下来"。如果不进行产品自主研发，华为不可能发展到1995年年销售收入15亿元的规模，也不可能在此基础上持续快速增长。产品研发是企业持续、快速、健康"有机"成长的"发动机"。

综观华为艰难创业阶段产品研发历程，有如下启示供大家参考：

① **不满足于只做一家代理商**。如果华为满足于做一家代理商，由于"货源"掌握在供应商手里，企业的发展就会受制于人，最后很可能与当年几百家小交换机代理商一样灰飞烟灭、不知所踪。

② **有自主品牌的同时掌握关键部件**。散件组装比代理进了一步，企业可以提供有自主品牌的成品给客户，但是如果关键部件控制在供应商手里，企业还是会受制于人，成品交付、产品成本以及产品功能创新都会受到制约。

③ **在竞争对手现有产品基础上做"逆向工程"，进行模仿、仿制是大多数处于起步阶段的企业的"务实"选择**。这样可以大大降低企业自主创新风险，缩短新产品上市周期，快速积累产品研发经验。但是，企业要避免侵犯别人的知识产权。华为在进入相关通信领域时主要是采取模仿追随的开发策略。

④ **挑战更有创新难度的"拳头"产品**。不满足于简单模仿和追随，敢于基于客户需求自主开发出更有创新性的高难度"拳头"产品，是华为在国内众多竞争对手中快速崛起，逐步缩小与国际通信巨头差距的关键举措。

⑤ **在一条产品线取得突破性进展的同时，快速将技术能力向多条产品线延伸，获取更多的市场增长机会**。但是，产品线不能进行无序的、不相关的多元化扩展。华为在相当长的时间内都是聚焦电信运营商这一类客户的通信产品需求，从来没有进行无关多元化。

第2章 经营理念：科技企业发展主要靠人

要成为大公司，才能与大公司竞争。

——任正非（1995年）

对于企业而言，理念决定决策，决策决定行动，行动决定结果。因此经营理念对于一家公司的生存和发展具有决定性的作用。正确的经营理念会指导一家企业由胜利走向胜利，而错误的经营理念则会导致公司走向衰败或消亡。经营理念也可以理解为企业"经营哲学"，是企业经营的最高指导思想，是企业经营的"道"，最终决定企业走向何方，能走多远、能走多久。企业家要学习华为创新的"术"（管理举措），更要学习华为创新的"道"（经营理念）。

一部企业经营史，很大程度上是企业家和管理团队的"创新思想史"。从本章及后续各篇的经营理念章节介绍可以看出，正是由于以任正非为灵魂人物的华为高管团队的经营理念能够与时俱进，高管团队能够始终坚持自我批判，才使得华为公司能够适应不同发展阶段的实际情境，能够积小胜为大胜，能够从胜利走向胜利，能够"除了胜利已经无路可走"！华为公司的很多经营理念与我们的经营管理常识、与许多西方管理教科书的"经典"论断是"相反"的，是"离经叛道"的。任正非的高明之处或许主要在于其在经营理念、经营哲学和经营思想上的"创新"，经营理念的创新指引华为"不走寻常路"，走出了一条中国企业没有走过的路，走出了一条很多西方企业也没有走过的路！

虽然没有太多的文献资料可供参考，华为在创业期实际上已经形成了一些经营理念，这些经营理念有效指导了华为艰难创业阶段的经营实践，确保华为活了下来，并且对华为快速成长阶段也产生了很大的指导作用。

要成为大公司，才能与大公司竞争

在艰难创业阶段，任正非带领华为公司在与国际通信巨头的惨烈竞争过程中深刻领悟到，小公司与大公司进行的不是一个数量级的竞争，小公司要在与大公司的竞争中存活下来，小公司必须成为大公司。任正非曾说，中国五千年历史上没有出过真正意义上的大公司，希望华为能够成为中国历史上的大公司。基于这种认识，任正非在1994年、1995年即有意识朝成为大公司开始采取行动：

① 立志发展为大公司，喊出了"10年之后通信市场三分天下有其一"的口号。

② 公司以高技术为起点，面向大市场。只有大市场才有可能成就大公司。

③ 持续高强度投入研发，在技术和产品上追赶大公司。

④ 对标爱立信、朗讯、阿尔卡特等国际通信巨头，向这些国际通信巨头学习，将这些国际通信巨头作为追赶目标。

⑤ 提出在研发与创新管理、营销与客服管理、运营与交付管理、财经管理和行政管理等多个方面要与国际接轨，要达到世界一流水平。

科技企业发展主要靠人，而不是资源

任正非认为，由于信息产业的迅猛发展，许多产业不是靠占用国家资源，而是靠人才、靠技术、靠信息，主要领先的是人，而不是资源，因此民营化有利于加速发展。

高科技企业主要靠人的智力投入创造价值，而不是靠资本或其他实物资源，因此华为认为人力资本应该分享企业的成长。华为日常开支中最大的一项是人员费用，华为公司有将近一半的人享有公司股权，分享公司成长收益。华为将人力资本、企业家和资金资本作为公司增长的资本要素，并且认为人力资本远远比资金资本更为重要，因此华为一直没有引进外部资本，一直没有非员工股东，而是将公司成长的收益与广大奋斗者分享。

内部机制对企业发展起决定性作用

任正非说："从来就没有什么救世主，也没有神仙皇帝，中国要富强，必须靠自己。"任正非认为，外部环境能够给企业提供发展机会，但是能不能抓住机会则主要取决于企业自身，内部机制对企业发展起决定性作用。这也就是哲学上说的"外因是条件，内因是根本，外因通过内因起作用"。

外部环境对企业的生存发展只能提供一个土壤，真正要有所作为，关键还在企业自身。我们看到，在同样的客观环境下，企业的发展也是不平衡的。一些靠国家政策取得较好的生存条件的企业,其发展道路上也遇到来自企业内部的重重阻碍,而华为作为民营高科技企业,能够在行业政策并不完全有利于我们的情况下,以势不可当的发展速度走到今天,真正起作用的还是我们的内部机制。(1995年)

胜人者以力,自胜者强。从华为公司将近30年的发展历程可以看出,华为公司的崛起不是由于打败了其他主要竞争对手,而是通过自身持续艰苦奋斗走到了世界领先地位。朗讯、阿尔卡特等公司也不是被华为打败的,是他们自己打败了自己。因此,市场竞争根本上不是企业之间的竞争,而是企业自己与自己的竞争。

一个不善于总结的公司是不会有什么前途的

1994年,任正非在《致新员工书》中谈到企业和个人都要在实践基础上进行总结,只有在实践基础上善于用理论去归纳总结,企业和个人才会有飞跃的提高。一个不善于总结的公司是不会有什么前途的。任正非认为,没有记录的公司,迟早是要垮掉的。

任正非说,自己主要是通过讲话对公司进行管理的。从1995年至今的20余年中,任正非的公开讲话有300多篇,累计100多万字,平均每年讲话稿超过10篇,其中1997年的讲话达到52篇之多。任正非的讲话稿都是自己写的,都是自己管理思想的总结和呈现,并且多次精心修改。在任正非讲话的基础上,公司管理层将讲话精神落实到日常工作之中。任正非的讲话既有对公司发展过程中的经验和教训的总结,也指出当前及未来一段时间亟需解决的问题或者需要开展的重点工作,有时还会预警公司的风险和危机。可见,概括、总结和提炼能力是企业家的重要能力。

任正非的讲话通常都能抓住问题的本质,能够抓住主要矛盾和矛盾的主要方面,并且详略得当。本书的管理举措和经营理念章节主要来源于对任正非200多篇典型讲话稿的研究和总结,有部分章节直接引用任正非的讲话原文,目的是帮助读者直观感受任正非讲话的精髓。

本章小结

华为处于艰难创业阶段时，作为创始人的任正非还没有太多"闲情逸致"总结经营理念。不能半途而废，一定要想尽办法"活下去"是华为创业期最重要的经营理念。换句话说，企业还处于生死未卜阶段，企业创始人给员工讲太多的经营理念也不会有多少人会真正相信你。但是，这并不是说在创业阶段经营理念不重要。相反，在创业阶段正确的经营理念能够给创业者自己以鼓舞，能够牵引公司朝未来迈进。企业管理团队特别是创始人的经营理念能够在很大程度上决定一个企业会走向何方，能走多远。

从1994年、1995年任正非的几篇讲话稿中，我们将华为创业阶段任正非的经营理念总结为如下几条：

① **只有自己成为大公司，才能与大公司竞争**。正是基于这样的经营理念，任正非主动对标大公司，积极向大公司学习，在研发投入、管理提升等多个方面力争与国际化大公司接轨。

② **科技企业发展主要靠人，而不是资源**。因此，华为想尽办法延揽、吸引和留住优秀人才，不太注重通过资本市场"变现"，而是通过员工持股将公司发展的收益与员工进行分享。至今，华为的股东全是员工，没有只投钱的"投资者"。

③ **内部机制对企业发展起决定性作用**。华为不谋求通过竞争手段"打败"竞争对手，而是通过吸引优秀人才、规范内部管理等提升自身能力，通过高品质的产品和良好的服务获取客户，实现持续增长。

④ **一个不善于总结的公司是不会有什么前途的**。华为能够及时、主动地发现公司管理中存在的问题，通过聘请外部顾问或者组织内部团队攻关的方式制度化地加以解决。任正非每年通过多次讲话总结公司发展的成功经验和失败教训，指出公司存在的问题，指明公司未来发展的方向与重点。通过多次讲话，任正非不但让公司干部员工统一了认识，而且是对自己的思考和认识的阶段性总结。通过持续总结和实践，企业领导者变得越来越睿智，企业经营也越来越稳健。

第3章　企业文化：坚持"先生产，后生活"

> 正是老一代华为人"先生产，后生活"的奉献，才挺过了公司最困难的岁月，支撑了公司的生存、发展，才有了今天的华为。
>
> ——任正非（2006年）

在公司创业期，任正非即强调华为要加强企业文化建设，加强集体奋斗的引导，团结全体员工，以加快企业的发展。

华为在创业期开始酝酿起草《华为基本法》，以统一员工思想认识。华为在创业期即强调艰苦奋斗，坚持"先生产，后生活"，研发团队长期日夜加班工作，形成了"床垫文化"。

酝酿起草《华为基本法》，统一干部员工思想认识

1995年1月，华为邀请中国人民大学5位教授讲授人力资源课程。课后，任正非觉得教授们提出的二次创业问题正是华为后续高速发展必须思考的问题。

1995年9月，华为发起了"华为兴亡，我的责任"企业文化大讨论。最初设想是总结企业文化，但是任正非发现自己的观点与大多数人都无法达成共识。因此，任正非决定邀请中国人民大学几位教授系统梳理华为的企业文化，起草《华为公司基本法》，以统一公司的价值观和企业文化。

坚持艰苦奋斗，坚持"先生产，后生活"

华为在创业之初，公司快速成长，资金极度缺乏，发工资经常打白条，任正非号召员工艰苦创业，"先生产，后生活"。1995年华为98%的员工还住在农民房中。2006年，任正非回顾了创业之初的艰苦奋斗情形：

公司创业之初，我们没有资金，是创业者们把自己的工资、奖金投入到公司。

每个人只能拿到很微薄的报酬，发工资经常打白条，绝大部分员工长年租住在农民房，用有限的资金购买原材料、购买实验测试用的示波器，正是老一代华为人"先生产，后生活"的奉献，才挺过了公司最困难的岁月，支撑了公司的生存、发展，才有了今天的华为。一直到2001年，我们才拿出了所获得的利润的一部分来改善我们员工的生活，让我们的部分员工解除了基本生活上的后顾之忧。（2006年）

奋勇拼搏，形成研发团队"床垫文化"

在创业期，华为的每位研发人员都有一张床垫，午休时席地而卧，晚上加班整月不回宿舍，累了就睡会，醒了继续起来干。第一款产品BH03就是项目组成员连续在公司加班几个月攻克一个个技术难题研发出来的。

加班工作已经成为华为员工的常态，床垫也成为每位员工的必备用品。正是全体人员这种拼搏奋斗的精神，华为在创业早期成功活了下来，并发展成为通信设备领域国内乃至国际的领导厂商，不断地创造着新的辉煌。

2005年，"过劳死"事件后，华为加大了对加班的约束，员工加班必须经过批准才行，床垫已经仅仅是员工午休的工具。但是，这并不是说华为不需要艰苦奋斗，而是适当控制员工的加班时间，尤其是严禁通宵加班，以保证员工的身体健康。

本章小结

华为在艰难创业阶段还没有正式提炼企业文化，但是实际经营过程中已经在践行"艰苦奋斗"的企业文化，"先生产、后生活""床垫文化"正是艰苦奋斗的真实写照。任正非及华为创始团队成员深刻认识到，只有坚持艰苦奋斗才有可能在艰难创业过程中克服一个又一个困难，才有可能直面强大的竞争对手，才有可能"活下来"。从此以后，艰苦奋斗成为了华为最核心的企业文化"基因"，成为了华为持续成功的"关键成功要素"。如果哪天华为不傻了，不坚持艰苦奋斗了，华为离走向衰亡也就不远了！

在艰难创业阶段，随着员工数量的增多，任正非认识到统一干部员工思想认识的重要性，产生了提炼"企业文化"的想法。由于自己在企业内部组织讨论无法达成共识，任正非萌发了借助外脑起草《华为公司基本法》的想法。从该举措可以看出，任正非作为企业创始人具有非凡的"借力能力"和"学习能力"。自己不专业而又必须做好的事情借助外部专业机构完成，这种"借力"思路直接成就了后来与IBM、Hay 等国际咨询机构的长期、深度合作。

第4章　战略管理：实行大公司战略

华为会有胜利的一天，失败不属于华为人。

——任正非（1995年）

战略管理决定公司发展的目标、方向和重点。如果企业犯了方向性的错误，那么再怎么努力也很难实现预设的战略目标，甚至会导致企业走向衰败和消亡。比如诺基亚在苹果公司智能手机面世时反应迟钝，还固守其一度领先的功能手机市场，最终由行业领导者沦落为被微软收购的命运。华为公司之所以能够持续、稳健、快速成长，与以任正非为首的领导团队的战略预见能力、战略决策能力密不可分。华为基本上在每个发展阶段都踩准了节奏，把握住了大的市场机会。

战略思想：将所有鸡蛋放在一个篮子里，确保活下去

怀揣远大理想和抱负：三分天下有其一

1994年10月，华为首个C&C08万门机在江苏邳州开局验收时，任正非亲临现场给大家鼓气，与工程师聊到兴起之处激昂地说，10年后，华为要和AT&T（朗讯前身）、阿尔卡特三足鼎立，华为要三分天下有其一！当时，华为还是一个技术实力非常弱小的创业公司，而AT&T、阿尔卡特、爱立信等都是世界级通信设备商，华为与它们的实力相差悬殊。

1994年12月，任正非在《致新员工书》中谈到："我们总有一天，会在世界通信的舞台上，占据一席位子。"

在1995年年度总结大会上，任正非提出"在本世纪末，我们要达到一个国际中型公司的规模与水平。高高兴兴、愉愉快快地跨出本世纪"的目标。

任正非坚信：华为会有胜利的一天，失败不属于华为人。

经过持续二十年的发展，华为终于实现了当初的理想。2013年，华为不但三分

天下有其一，而且销售收入（约395亿美元）超越爱立信（353亿美元）、跃居全球最大的通信设备商（思科为网络设备商），成为全球通信市场的领导者。昔日的AT&T（1995年分拆为朗讯）和阿尔卡特在2006年合并为一家，2013年销售收入仅为173亿美元，净利润亏损17.8亿美元。

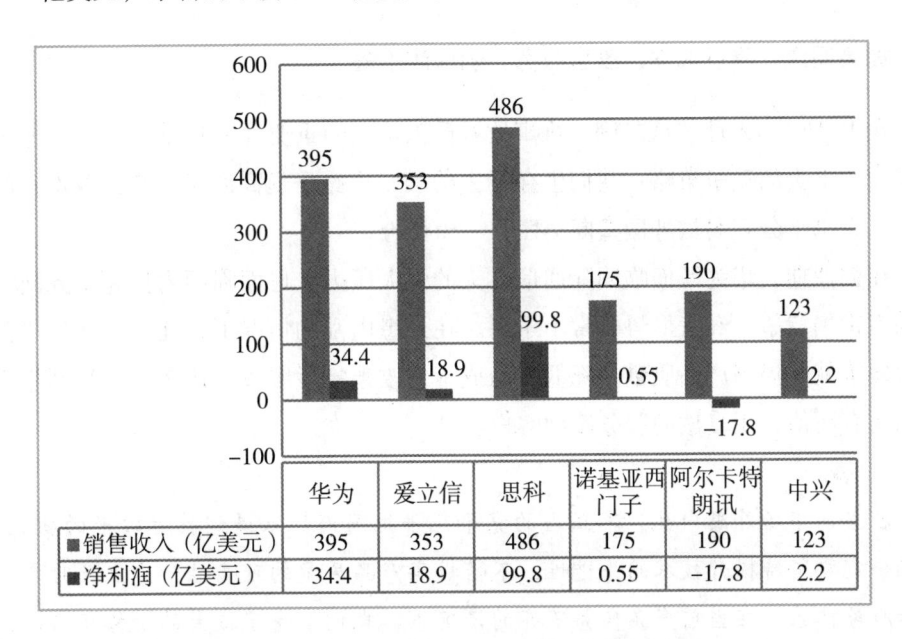

	华为	爱立信	思科	诺基亚西门子	阿尔卡特朗讯	中兴
销售收入（亿美元）	395	353	486	175	190	123
净利润（亿美元）	34.4	18.9	99.8	0.55	-17.8	2.2

图4-1　2013年全球主要通信设备厂商营收情况

坚持"压强原则"，聚焦资源，突破一点，实现局部领先

在创业期，华为坚定不移地坚持"钉子精神"，采取"压强原则"，集中一切可以集中的力量，突破一点，局部领先，使华为渡过了起步的艰难期。任正非认为，在华为创业初期，除了智慧、热情、干劲，华为几乎一无所有。从创建到2000年华为只做了一件事，专注于通信核心网络技术的研究与开发，始终不为其他机会所诱惑。华为敢于将所有鸡蛋放在一个篮子里，把活下去的希望全部集中到一点上。

华为坚持"压强原则"，在成功关键因素和选定的战略生长点上，以超过主要竞争对手的强度配置资源，要么不做，要做就极大地集中人力、物力和财力，实现重点突破。

华为从创业一开始就把它的使命锁定在通信核心网络技术的研究与开发上。我们把代理销售取得的点滴利润几乎全部集中到研究小型交换机上，利用"压强原则"，形成局部的突破，逐渐取得技术的领先和利润空间的扩大。技术的领先带来了机会窗利润，我们再将积累的利润又投入到升级换代产品的研究开发中，如此周而复始，不断地改进和创新。今天尽管华为的实力大大地增强了，但我们仍然坚持"压强原则"，集中力量只投入核心网络的研发，从而形成自己的核心技术，使华为一步一步前进，逐步积累到今天的世界先进水平。（2000年）

提高质量、降低成本、改善服务，确保活下去

在1994年12月《从二则空难事故看员工培训的重要性》讲话中，任正非强调了华为活下去的竞争策略：我们生存下去的唯一出路是提高质量，降低成本，改善服务。否则十分容易被外国垄断集团，一棒打垮。

在创业期，华为既面临国际通信巨头的强大压力，也面临国内良莠不齐同行厂商的不正当竞争，经营形势非常不乐观。在外患内乱的情况下，任正非认为华为的应对之策就是提高产品质量、降低产品成本、改善售后服务，让客户感受到华为的产品物有所值，用真诚的服务感动客户。

在当前市场外患内乱、不正当的竞争几乎把国内厂家逼到临近破产的状况下，我们一定要坚持提升技术的先进性，不惜提高产品质量的可靠性，建立及时良好的售后服务体系。在当前产品良莠不齐的情况下，我们承受了较大的价格压力，但我们真诚为用户服务的心一定会感动"上帝"，一定会让"上帝"理解物有所值，逐步地缓解我们的困难。（1994年）

战略分析：站在国家和产业高度分析行业市场

站在行业全局看市场

1994年，任正非对华为公司正在积极进入的中国农话网与交换机产业的现状与问题进行了富有高度的、比较系统全面的思考和分析。正是由于华为公司能够站在国家和产业高度分析行业市场，华为公司才能看得更远、更准和更透，才敢于在交换机产业进行强力投入。

经过几年的发展，国产交换机的技术发展已达到了比较高的水准，达到国外先进交换机的水平，生产也有相当规模，可以满足国内市场的需求；但也存在着以下几个问题：

第一，内乱外患。由于通信发展迅速，市场大，国外、国内的厂家都想抢占这个市场，出现了目前市场混乱的现象。品种多，产品质量差异很大，一些低质量产品推到市场，影响了农话网通信质量，全程全网的服务指标下降。由于这些低质产品，影响了国产交换机的声誉。

第二，农话网建设资金短缺。很多国外已淘汰的国内生产/仿造交换机和低档低质低价交换机，虽解决了部分地区通信扩容的暂时问题，但造成制式杂乱，增加了建网复杂程度，造成了设备重复投资。

第三，作为高技术产品的程控交换机，同时也是高投入的，厂家只有紧跟世界先进技术水平，在开发上大量投入，才能保证设备具有世界一流的技术水平。只有在市场、培训、服务投入，才能保证设备在交换网运转良好，适应高质量通信网建设。但目前市场并没有体现"优质优价"，做长线产品技术与设备大量投入，负担重，发展遇到重重困难，而短期行为投入少，利润却颇为不错。如果国内厂家几年之内，仍无资金进行更新改造，加速科研投入的话，几年后将被外国企业一扫而空。

第四，内外政策不平等。许多国外整机进口产品实行免税、减增值税政策，国产产品纳全税，同时国外厂家利用雄厚的资金和本国政府的支持打进中国市场，非常不利于民族工业的发展。以市场换技术是中国的目标。现在市场丢失了，技术没有拿到手。上星期天（1994年6月19日），江泽民总书记在深圳接见了我，多次谈及通信产业的政策。中央财经领导小组的领导也述说了，国家要有主力机型，要逐步以国产为主。(1994年)

知己知彼，积极向国际优秀标杆企业学习

1994年，任正非赴美考察，参观了达拉斯的德州仪器总部、拉斯维加斯的国际电脑展以及硅谷等地。在考察游记中，任正非写道："华为在技术上要向美国学习，在管理上要向日本学习。"

美国人民绝大多数是勤劳的、好学的。我们应该学习他们的不屈不挠、一丝不苟的奋斗精神。我们中华民族唯有踏踏实实、面对自己的弱点，才有可能振兴。我们要在技术上向美国学习，在管理上向日本学习。(1994年)

从1995年开始，华为每年都要选派一些骨干开发人员到国外参观一些技术展。当年，第一批赴美参观的队伍包括郑宝用、李一男、毛生江、黎键、徐文伟、刘启武、杨汉超等近十人，主要访问了摩托罗拉、德州仪器以及AT&T等公司，以了解国际最新的产品与技术趋势。

信息灵敏，快速决策

任正非认为高科技产业的本质是变化快，一日千里，瞬息万变，技术、产品更新换代的频率越来越高。它必须信息灵、决策快、行动迅速。特别是电子产业，世界平均3个月被刷新一次。

任正非认为，民营企业的核心是自主决策，自己承担全部责任。自主决策带来的是决策快、行动快、掉头快。自主承担全部责任带来的是求生存、求发展的源源不断的推动力。国营企业为了安全必须实行规范化管理，管理决策程序较多，这必然牺牲了效率。

战略决策：实行大公司战略，赶超国际巨头

公司定位：以高技术为起点，面向大市场

1993年，华为在JK1000研发失败后陷入资金困境，投入所有力量开发数字交换机C&C08。在数字交换机定位上，华为吸取JK1000的教训，大胆瞄准当时全球顶尖的美国AT&T五号机技术。在2000门交换机进入研发阶段时，华为同时启动了万门机的技术预研。万门机采用业界领先的准SDH（同步数字系列）技术。正因为选择了高技术起点，华为避免了C&C08因技术落后而被市场淘汰的危险。

在1995年年度总结大会上，任正非总结了华为在"大市场、大科研、大系统、大结构"方面的建设成绩：

华为这6年的发展，以大市场、大科研、大系统、大结构为目标，建立了一个运作良好的组织体系和服务网络。现有1750人中，1400多人受过本科以上教育，其中有800多名博士、硕士。研究开发人员占总人员的40%，市场营销33%，生产15%，管理12%，这是一个良好的倒角型，明年华为将发展到2500～2600人。以此，形成了覆盖全中国的营销网络及延伸到美国的采购网络。从而为1996年销售21亿～25亿元打下了基础。同时，在近几年市场销售的激烈竞争中，靠拼力渗透，我们培养了一批久经考验的人才，形成了一支高素质、高水平的企业管理队伍。（1995年）

实行大公司战略，应对未来竞争和风险

1995年11月，在第四届国际电子通信展华为庆祝酒会上，任正非预测未来三年将是中国通信市场的激烈竞争时期。任正非认为华为必须实行大公司战略，以应对未来的竞争和风险。任正非认为，由于全世界厂家都寄希望于中国这块当前世界最大、发展最快的市场，而拼死争夺，形成了中、外产品撞车，市场严重过剩，形成巨大危机。大家拼命降价，投入恶性竞争。外国厂家有着巨大的经济实力，已占领了大部分中国市场。中国厂家仍然维持现在的分散式经营，将会困难重重，是形势迫使必须进行大公司战略。

在1995年年度总结报告中，任正非谈到了公司未来几年可能遇到的陷阱与风险，并提出了应对策略：

中国通信网持续高速发展了十年，而中国的管理与计划并没有到达极高的水平，总可能会出现一个调整的时期。这时通信网的任务是加强内部调整，对于我们单一产品的公司，可能一下子没有了订单，就会十分艰难，我们一定要密切重视这一动态，保持准确的分析判断。在这时期未到来之前，加快成熟产品的技术升级、系统化、成套化；加快产品多元化；逐步增强对起动较晚的省、市市场的开发力量，在市场不景气的时候，这些地区反而可能在局部上成长；加快国际市场的开发；全面开展增产节约，努力降低成本；优化管理、简化程序，精简人员、提高效率。除此之外别无出路。（1995年）

主动实施产品多元化策略，降低公司发展风险

从1993年开始，华为就开始涉足交换机以外的多个新业务。到1995年，除了在交换机领域获得巨大成功外，华为陆续进入了光传输、无线通信、智能网、数据通信、移动通信、多媒体等多个产品领域。

在1995年年度总结大会上，任正非对未来的产品开发方向与重点进行了阐述：

到本世纪末，通讯技术的飞速发展急剧改变我们每一个人的生活，华为公司将全方位地发展骨干支撑网核心技术，开发个人通信、多媒体、数据通信等多方面技术，给千家万户带来科技进步的享受。

交换局、长途交换局、大型信令转接点（STP），基于UNIX的大型电信网络管理系统，国际长途交换，以智能网为中心发展各种电信技术，开发大量智能网软件，

全力配合改善中国电信网的服务质量,加大力度开发622M、2.5G以上的SDH传输设备,融交换、交叉连接、传输系统和管理于一体。

开拓无线通信和个人通信领域在数字微蜂窝、无线本地环路上首先突破,进而发展无线通讯的主流市场。

进入欣欣向荣的多媒体领域,发展视像技术和CATV技术,为千家万户带来科技的享受。

未来的计算是基于网络的计算,数据通信和ATM宽带交换技术是实现信息高速公路的基石,华为公司将成长为信息高速公路建设的主力军。(1995年)

本章小结

1995年是华为公司发展的一个重要节点，华为自主研发的首款"拳头产品"C&C08数字交换机在国内电信运营商市场上取得了巨大的成功，华为成功地"活了下来"。取得初步成功的华为并没有陶醉于眼前的成功，而是直面残酷的竞争现实，提出要实行大公司战略，赶超国际巨头。在1995年的年终总结报告中，华为创始人对艰难创业阶段进行了总结与回顾，并指明了未来发展之路。

在艰难创业阶段，华为在战略管理方面的以下做法值得我们学习和借鉴：

① 胸怀远大理想和抱负；

② 以高技术为起点，面向大市场；

③ 坚持压强原则，聚焦资源，突破一点，实现局部领先；

④ 对标国际领先企业，寻求赶超机会。

第5章 管理举措：向国际著名公司看齐

> 历史把我们推到一个不进则退、不进则亡的处境。我们只有坚定不移地向国际著名公司看齐，努力实现全面接轨，否则随时都有破产的危险。
>
> ——任正非（1995年）

从第1章的描述大家可以看出，华为搞研发是被迫进行的，并不是创业时的主动想法。当然，在华为刚创业时，无资金、无人才，也没有产品研发的明确方向，谈不上主动研发。华为是由代理、组装、模仿走向自主研发之路，这也是很多科技型企业的成长路径。遗憾的是很多企业的研发停留在模仿阶段，没有持续投入，没有形成突破，在激烈的市场竞争中未能与时俱进，导致企业不能实现持续成长，最终走向衰败和消亡。

比如，中国的手机产业在过去的二十年有过阶段性的辉煌，涌现出了多家几十亿元、甚至几百亿元的手机企业，但都是以模仿为主，缺乏前瞻的设计理念、缺乏核心技术。随着苹果、三星和华为的崛起，绝大部分以深圳为大本营的山寨手机厂商已经消亡，少数几家品牌手机厂商正在艰难求生存。从手机产业的发展可以看出，在市场需求旺盛时，很多企业都可以分一杯羹，而当产能严重过剩、市场竞争白热化时，就可以看出谁在"裸泳"，没有持续创新能力的企业最终将被市场抛弃！

华为创业期的产品研发也是一个屡战屡败、屡败屡战的过程，缺乏规范、有效的管理，主要靠团队的艰苦拼搏。但是，任正非从几年的研发历程中认识到了产品研发的重要性，认识到了研发体系规范管理的重要性，这在很大程度上决定了华为将走上一条持续创新的宽广大道！

在今天看来，华为二十多年前的研发与创新管理理念及做法仍然值得大多数科技创新型企业学习和借鉴。

研发与创新投入：投入有风险，不投入风险更大

在艰难创业阶段，华为既强调要坚持研发高投入，紧跟世界先进技术水平，也强调要聚焦，不要涉及太多领域，要敢于"将鸡蛋放在一个篮子里"。

坚持研发高投入，紧跟世界先进技术水平

自成立以来，华为对研发就非常重视。1992年华为赚到了"第一桶金"，利润有上千万，华为没有将这些利润分光用于改善员工生活，而是全部投入新产品研发中。持续高强度投入研发是华为公司持续成功创新的关键要素之一。任正非曾说，投入有风险，不投入风险更大。华为从创业期赚到第一桶金后就开始持续投入研发，每年10%以上的销售收入和40%以上的人员投入研发，即使在网络泡沫和金融危机期间也从未减少对研发的投入。

任正非认为，只有持续高强度投入研发，才有可能在与国际巨头的竞争中不被淘汰，才有可能对国际巨头进行追赶，才有可能"活下去"。研发与创新如同逆水行舟，不进则退，进步慢了也会被淘汰。这就是高科技企业的生存法则！

1994年7月，任正非结合华为交换机产品阐述了研发要持续强投入的原因：

作为高技术产品的程控交换机，同时也是高投入的，厂家只有紧跟世界先进技术水平，在开发上大量投入，才能保证设备具有世界一流的技术水平；只有在市场、培训、服务投入，才能保证设备在交换网运转良好，适应高质量通信网建设。但目前市场并没有体现"优质优价"，做长线产品技术与设备大量投入，负担重，发展遇到重重困难，而短期行为投入少，利润却颇为不错。如果国内厂家几年之内，仍无资金进行更新改造，加速科研投入的话，几年后将被外国企业一扫而空。（1994年）

利用"压强原则"，集中资源开发一款产品

在过剩的时代，企业开发产品应该"少而精"，而非"多而杂"。企业应该追求"精品"，不能再玩依靠低成本、产能进行竞争的低层次游戏了。现代社会产品开发原则：少就是多，相反多就是少。苹果公司正是通过少数几款精品产品成为富可敌国的全球领先企业的。

对于创业期的企业而言，资金、技术和人才等资源都非常有限，企业应该将极其有限的资源聚焦一款或者一个系列的最有市场"钱景"的产品方面，通过一款或

者一个系列产品的商业化成功，让公司"活下来"。只有"活下来"，才有条件谈理想、谈情怀、谈发展！创业期的企业如果资源分散，很可能一事无成，导致创业失败。即使是做到了几个亿，有一定规模的企业，也应该将有限的创新资源聚焦在少数几个领域做出精品，让公司快速走向细分市场的领先地位。有些企业不到3个亿的销售规模，就成立"集团公司"，向产业链上下游延伸，或者涉足多个不相关领域，开始多元化，美其名曰"分散风险"，其结果是哪块都没有竞争优势，公司最终走向衰败。还有些企业虽然没有多元化，但是同类产品品类过多，美其名曰"满足不同细分市场的个性化需求"，其结果是绝大部分产品不赚钱，公司效益低下。比如某LED灯具企业，年营业收入不到1亿元，产品品类超过3000种。

在创业期，资金、人才和技术都非常匮乏，华为采取"压强原理"，将"鸡蛋放在一个篮子里"，将有限的资源聚焦在最有市场前景的数字程控交换机产品开发上，通过一个产品系列的突破让公司"活下来"。华为的C&C08机不但让华为公司活了下来，而且作为"拳头"产品使得华为公司在20世纪90年代中后期迅速占领了国内市场，成为国内领先的通信企业。在此基础上，华为才有可能开发更多的系列产品，才有可能走出国门、走向国际市场。

经历20世纪90年代初艰难的日子，在资金技术各方面都匮乏的条件下，我们咬牙把鸡蛋放在一个篮子里，紧紧依靠集体奋斗，群策群力，日夜攻关，利用"压强原则"，重点投入、重点突破，终于研制出了第一台通讯设备——数字程控交换机。（2006年）

客户需求管理：创新源于客户需求洞察

基于市场需求进行产品开发

"技术导向"是科技型企业的通病，是"常见病"。笔者在创新咨询服务实践中，经常有一些技术出身的科技企业创始人向笔者倾诉："我们的产品技术真的很先进、功能也很多，但是客户怎么就不买呢？"一些科技企业创始人的技术导向甚至到了走火入魔的程度，走向了偏执，走向了创业失败，走向了企业破产，令人惋惜。创业需要执着，但是不能偏执，一定不能技术导向，一定要客户需求导向！技术驱动的创新有成功的概率，但是基于客户需求的创新成功概率要大得多。对于绝大多数处于创业期的科技企业而言，是没有资金、没有人才，也没有时间可以浪费在"技术创新"上的。

华为的很多工程师甚至一些研发部门的领导也都很有技术情结，也犯过很多技术导向导致产品开发失败的错误。但是华为创始人任正非一直非常强调产品开发要需求导向，不要技术导向，强调技术是为产品服务的。如果技术很先进，开发出的产品功能很多，但是不是客户真正需要的，这样的开发实际上是巨大的浪费，实际上是失败的。任正非曾说过，领先一步是先驱，领先三步成先烈。这说明技术研发要以满足客户需求为导向，追求适度领先即可。如果过度超前研发，技术过度领先而忽略了客户的现实需求，企业不但成不了先驱，很可能会成为先烈！

下面我们以任正非对中国农话网与交换机产业的分析，来说明华为是如何坚持客户需求导向进行产品研发的。1994年，任正非亲自系统总结了农话通信网的特点：

① 发展不平衡，传输手段复杂多样，交换设备层次多，接口复杂。
② 标准、非标准并存，网络复杂，计费方式多样。
③ 话音通信为主，兼容数据业务。
④ 维护力量有限，对交换机防护要求高。
⑤ 环境差，供电系统要求高。（1994年）

基于对农话通信网特点的洞察与总结，任正非提出了交换机产品开发的需求，用以指导公司交换机产品开发，以开发出适合市场需求的新产品。

农话网作为本地网的一部分，首先必须遵从《邮电部电话交换设备总技术规范书》要求，同时应考虑以下几点：

① 集中维护、集中计费和集中网管农话本地网的突出需求，应建立规范的接口要求和组网标准。母局带远端模块，远端模块带远端用户单元方式是农话本地网的良好选择。
② 应具有简便的中文菜单设定、维护、计费等操作，应具备信令跟踪监视功能。
③ 容量系列、交换机能力、话务负荷应有明确严格的要求。
④ 对雷击、过压防护，包括电源防护应有严格要求，至少做到220V碰线和4000V雷击自动恢复。
⑤ 由于农话经营管理的特点，计费方式多样，应扩充计费建议标准做到规范化。
⑥ 减少机型品种，减少过渡型机器入网。对已入网机型要加强质量管理及技术提升规划。
⑦ 对传输网建设要考虑到数据业务。
⑧ 对机器功耗应有要求，功耗和机器对环境的要求是实现无人值守是很关键的

一个内容。只有电源和空调也无人值守，才能做到真正集中维护，从根本上解决农话维护技术力量薄弱的问题。

⑨ 体积、安装等工艺水平要求。（1994年）

基于客户需求洞察开发出在"思想上"有创新的产品

创新源于洞察，源于对客户需求的洞察！越是创新性高的产品，越是在思想上有创新的产品，越是由于企业洞察到了客户的隐性需求。客户的隐性需求包括：客户没有说出来的需求、客户没有想到的需求、客户没有预期的需求。比如苹果iPhone手机就是在洞察用户隐性需求基础上开发出的突破性创新产品。

华为在创业阶段的产品开发虽然主要以模仿为主，但是任正非非常期待华为能够开发出在思想上有创新的产品，非常期待能够开发出能创造巨大市场价值的创新产品。任正非坚持突破性创新的理念，指引华为公司的产品研发从模仿走向国内领先，从国内领先走向国际先进，从国际先进走向全球引领。也正是任正非坚持突破性创新的理念，华为从创立之初即坚持在研发与创新方面的持续强投入，并将研发资金的10%投入基础研究和前沿技术研究。

1995年6月，任正非在上海电话信息技术和业务管理研讨会致谢词上谈到只有基于对客户需求的洞察才能开发出在思想上有创新的产品。

现在C&C08即使达到国际先进水平，也没什么了不起。因为您的产品是已有的产品，思想上仍是仿造的。唯有思想上的创造，才会有巨大的价值，例如首先发明光纤通信。为使公司摆脱低层次上搏杀，唯有从技术创造走向思想创造。杂志、资料不能产生思想创造，只有用户需要才能产生。所以我们动员公司有才干、有能力的英雄豪杰站出来，到市场前线去了解用户的需求。（1995年）

研发组织建设：采用矩阵式组织模式

华为在研发人员仅有几百人时开始设立中央研究部、设立中试部，在美国硅谷设立研究所，采用矩阵式组织模式，研发团队逐步有意识地由无序的"游击队"走向规范的"正规军"。任正非在1995年年底明确提出要建立与国际接轨的研发与创新管理体系。

在美国硅谷设立芯片研究所，充分利用国际优秀技术与人才

1993年，华为在美国硅谷设立芯片研究所，开始自主研发芯片。硅谷是全球顶尖高科技技术与人才的集聚地。华为在此设立研究所，有助于紧跟国际最新的芯片技术，并招聘到全球最优秀的芯片技术人才，以实现芯片技术的快速突破。

成立中央研究部，研发队伍从"游击队"走向"正规军"

1994年—1995年，华为同时开展的研发项目有近10个。为了合理统筹安排各个研发项目，华为于1995年3月成立了中央研究部，当时开发人员不到100人。其主要任务是全力以赴地攻坚、实现产品研发目标。华为中央研究部第一任总裁是郑宝用。中央研究部下设交换业务部、智能业务部、无线业务部和新业务部等四个产品线研发部门，设总体办、基础研究部、软件工程部等三个公共研究部门，设干部处和计划处等两个管理部门。干部处负责研发干部的培养、调配和管理，计划处负责项目资源的调度和项目管理。

中央研究部的成立，标志着华为研发队伍开始从"游击队"走向"正规军"，标志着华为研发与创新开始走向规范管理。

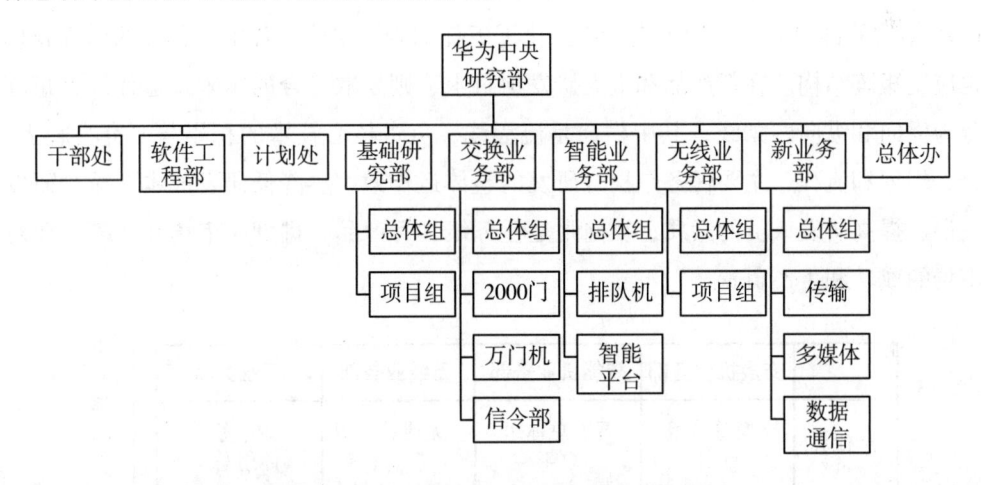

图 5-1 华为第一代中央研究部的组织架构

成立中试部，提升产品研发质量

1994年，随着华为自主研发的产品越来越多，产品质量问题比较严重，生产和安装也出现了很多问题。因此，1995年华为成立了30人左右的中试部，下设试制部和测试中心（包括硬件和软件）。通过强化试制和测试工作，产品质量得到了显著的改善。

在1995年年度总结大会上，任正非对中试部的建设提出"解放开发，指导生产，支援市场"的职责定位。

我们要十分重视新产品、器件及工艺的品质论证和中间试验环节。要把中试部提高到中央研究部的目标和定位来建设，要尽快地建立一个装备精良、员工经过全面培训、具有百折不挠的作风、有较高素质与丰富经验的优秀专家组成的大型试验中心。要通过不断地品质论证，提高产品的可靠性，长年累月地开展容差设计试验和改进工艺降低产品成本，提高产品的使用性能和工程指标，通过不断地进行器件和工艺实验，缩短产品进入商品化的周期，抢占市场先机。（1995年）

采用矩阵式管理架构，快速提升新产品研发能力

华为早期的研发采用传统的直线式管理模式，一个项目经理带几个工程师干活，项目经理负责所有的技术和项目管理工作。这对项目经理的综合素养要求非常高，容易带来较大的项目风险。

郑宝用在数字机项目组时，已经开始在单产品研发中采用矩阵式管理架构。1995年中研部成立后，华为进一步强化了矩阵式研发架构，各个业务部的内部管理也应用矩阵结构。在新产品和重大研发项目上，则采取综合的矩阵式运作。大矩阵分为横向和纵向两条线，其中横向是流程线，负责核心技术的积累与研究，管人、物、规划和流程，主要任务是提升研发的整体运作效率、降低研发成本、减少研发失误、提高研发人员的素质；纵向则是业务线，管产品、进度、市场和业务，要对市场的成功和生产负责。

	交换机业务部	智能机业务部	无线业务部	新业务部
总体办	交换总体组总工	智能总体组总工	无线总体组总工	新业务总体组总工
干部部	干部交换部经理	智能交换部经理	无线交换部经理	新业务交换部经理
计划处	交换计划处经理	智能计划处经理	无线计划处经理	新业务计划处经理
硬件部	交换硬件组硬件经理	智能硬件组硬件经理	无线硬件组硬件经理	新业务硬件组硬件经理

业务线：管产品、管进度、管市场、管业务

流程线：管人、管物、管规划、管流程

图5-2 华为中研部层面的"大矩阵"管理模式

任正非从华为08机的特点得到启示,提出华为要建立矩阵式管理架构,要建立组织结构扁平、研发资源能充分运用、项目运转快捷顺畅的研发组织模式。

多年的发展已使我们初步建立了较为合理的、以矩阵管理为基础、灵活有效的管理体系。我们建立了分层分级的顺向管理体系,严格有序民主的决策体系,合理有效的有限授权体系,使日常运行大权落在基层干部手里,使用权管理、制约、平衡大权握在大部门手里,使重大决策权在充分听取反映后,握在高层手里。与此同时,我们已逐步启动管理改革工作,我们正在建立矩阵式的逆向控制体系,使公司管理形成一个简单快捷的网络结构,使需要指导者以最简单、最快捷、最直达的方式获得支援,公司内每一件事、每一种内容仅有一个管理控制中心,大大压缩了组织平面,提高了效益。就有如我们的08机一样,均匀分配负荷,配置合理的中继,利用公共资源,各自完成各自的程序,内存映射式的传递,极大的吞吐话务量。(1995年)

这种矩阵式管理架构,有利于提高工作效率,降低技术实现成本,强化组织应变能力,新员工可快速上手开始研发项目,是华为能快速突破新产品研发的关键因素之一。任正非指出,矩阵管理是一个求助系统,是一个充分利用公司资源,开展群体奋斗的好形式。

不会使用求助系统的人,实质上还是在个人奋斗。求助没有什么不光彩的,做不好事才不光彩。积极主动、有效地进行求助,是调动资源、利用资源、实现目标的动力。积极、有效、无私的支援是低成本实现目标的最优管理。使资源充分发挥效能,需要文化氛围来启发人们共同奋斗的信念,并约束人们按规定支援。不能良好服务的部门的主管,必须辞职。(1997年)

研发人员招募与培养:四处搜罗优秀人才

从创业阶段开始,华为公司就非常重视人才的吸引、培养、使用和激励。华为从各同行企业或研究院所高薪聘请技术专家,从北京邮电大学、华中科技大学、中国科技大学等知名高校大规模招聘大学生、研究生。华为采用高薪、奖金和股权等多种激励方式吸引和留住人才,以充分发挥人才的优势和潜力,提升人均产值和利润。华为通过发布《致新员工书》对员工提出要求与期望,通过从难从严培训提升员工技能，通过实施末位淘汰激发组织活力。作为一家知识密集型的高科技企业，人才的数量、质量和能力的充分发挥，对企业的竞争力提升和持续成长具有决定性的作用，可谓得人才者得天下！

求贤若渴，四处搜罗、储备优秀人才

华为最早的程控交换机开发人员很多是来自西安邮电十所（大唐前身），刚开始华为与十所合作开发交换机，后来把合作人员都聘请过来了。除了十所，华为还积极从其他相关企业找寻人才。邮电部在西安举办一个程控交换机学习班，全国从事交换机开发的单位都派技术骨干参加。华为派去的人，白天学习，晚上就到各个宿舍去招人。毛生江就是在那次会议上被华为从长春电信设备厂聘请过来的。徐文伟也是华为从深圳亿利达公司聘请过来的。

华为的另一个人才来源是和高校合作。当时合作较多的是北京邮电大学、华中工学院（现华中科技大学）和中国科技大学。与高校合作，既可以获得一些技术，又可以培养后续人才。早期的研发主要领导郭平、郑宝用、李一男、洪天峰和余承东，以及主管市场的胡厚崑等都是从高校招聘的。

发布《致新员工书》，对员工提出要求与期望

华为公司通过《致新员工书》对员工提出要求与期望，《致新员工书》的内容随着公司的发展持续更新和优化。《致新员工书》由任正非亲自撰写和更新，1994年12月（艰难创业阶段）发布第一版，2005年5月（国际先进阶段）更新第二版，2014年12月（全球引领阶段）更新第三版，平均10年左右更新一个版本。综合三个版本的《致新员工书》，我们将任正非对新员工提出的要求和期望归纳为以下19条，各企业可以参考借鉴：

① 在相互尊重、相互理解和共同信任的基础上一起工作，这种尊重、理解和信任是愉快地进行共同奋斗的桥梁与纽带。

② 公司的企业文化是开放的、包容的，不断吸纳世界上好的优良文化和管理。这个企业文化黏合全体员工团结合作，走群体奋斗的道路。有了这个平台，您的聪明才智方能很好发挥，并有所成就。没有责任心，缺乏自我批判精神，不善于合作，不能群体奋斗的人，等于丧失了在华为进步的机会，那样您会空耗了宝贵的光阴。

③ 新员工进入华为并不意味着高待遇，公司以贡献定报酬，凭责任定待遇。

④ 新员工要保持开放心态，要善于吸取别人的经验，善于与人合作，善于借助别人提供的基础，加速自己的进步。如果自我封闭，进步就会比较慢。如果要花费很长时间才能做好一件事的话，到完成工作任务时，工作成果可能已经没有什么意

义了。公司管理是一个矩阵系统，运作起来就是一个求助网。希望您成为这个大系统中一个开放的子系统，积极、有效地既求助于他人，同时又给予他人支援，这样您就能充分地利用公司资源，您就能借助别人提供的基础，吸取别人的经验，很快进入角色，很快进步。求助没有什么不光彩的，做不好事才不光彩，求助是参与群体奋斗的最好形式。

⑤ 实践是您水平提高的基础，它充分地检验了您的不足，只有暴露出来，您才会有进步。实践再实践，尤其对青年学生十分重要。只有实践后善于用理论去归纳总结，才会有飞跃的提高。要摆正自己的位置，不怕做小角色，才有可能做大角色。实践改造了人，也造就了一代华为人。

⑥ "您想做专家吗？一律从基层做起"。进入公司一周以后，博士、硕士、学士，以及在以前的工作经历中取得的地位均消失，一切凭实际能力与责任心定位。对您个人的评价以及应得到的回报主要取决于您的贡献度。在华为，您给公司添上一块砖，公司给您提供走向成功的阶梯。希望您接受命运的挑战，不屈不挠地前进，您也许会碰得头破血流，但不经磨难，何以成才！在华为改变自己命运的方法，只有两个：第一，努力奋斗；第二，做出良好的贡献。

⑦ 公司要求每一个员工，要热爱自己的祖国，热爱自己的民族。只有背负着民族的希望，才有可能进行艰苦的搏击而无怨无悔。无论任何时候、无论任何地点都不要做对不起祖国、对不起民族的事情。不要做对不起家人、对不起同事、对不起您奋斗的事业的人。

⑧ 要模范遵守所在国家法规和社会公德，要严格遵守公司的各项制度与管理规范。对不合理的制度，只有修改以后才可以不遵守。任何人不能超越法律与制度，不贪污、不盗窃、不腐化。

⑨ 要坚持真理，要严于律己，要善于利用批评和自我批评的方法，提高自己，帮助别人。

⑩ 不要期待公司有绝对的公平和公正，但在努力者面前，机会总是均等的，要能承受得起做好事反受委屈。"烧不死的鸟就是凤凰"，这是华为人对待委屈和挫折的态度和挑选干部的准则。没有一定的承受能力，今后如何能做大梁。其实一个人的命运，就掌握在自己手上。生活的评价，是会有误差的，但决不至于黑白颠倒，差之千里。要深信，是太阳总会升起，哪怕暂时还在地平线下。您有可能不理解公司而暂时离开，我们欢迎您回来。

⑪ "欲速则不达"，要丢掉速成的幻想，要学习日本人的踏踏实实、德国人的一丝不苟的敬业精神。现实生活中能精通某一项业务是十分难的，您不必面面俱到地去努力，那样更难。干一行，爱一行，行行出状元。您想提高效益、待遇，只有

把精力集中在一个有限的工作面上，不然就很难熟能生巧。您什么都想会、什么都想做，就意味着什么都不精通，做任何一件事对您都是一个学习和提高的机会，都不是多余的，努力钻进去兴趣自然在。我们要造就一批业精于勤、行成于思，有真正动手能力和管理能力的干部。机遇偏爱踏踏实实的工作者。

⑫为帮助员工不断超越自我，公司建立了各种培训中心，培训很重要，它是贯彻公司战略意图、推动管理进步和培训干部的重要手段，是华为公司通向未来、通向明天的重要阶梯。您要充分利用这个"大平台"，努力学习先进的科学技术、管理技能、科学的思维方法和工作方法，培训也是您走向成功的阶梯。当然您想获得培训，并不是没有条件的。

⑬华为多年来铸就的成就只有两个字——诚信，诚信是生存之本、发展之源，诚信文化是公司最重要的无形资产。诚信也是每一个员工最宝贵的财富。信息安全关系着公司的生死存亡。员工在参与公司产品研发、生产、销售等过程中，一是不要侵犯了别人的知识产权，二是不要将公司的智力资产泄漏出去甚至据为己有。诚信和信息安全作为对每个员工的最基本要求，任何人只要违反，都必将受到处罚。

⑭公司永远不会提拔一个没有基层经验的人做高层管理者。遵循循序渐进的原则，每一个环节对您的人生都有巨大的意义，您要十分认真地去对待现在手中的任何一件工作，十分认真地走好职业生涯的每一个台阶。

⑮要尊重您的直接领导，尽管您也有能力，甚至更强，否则将来您的部下也不会尊重您。长江后浪总在推前浪。

⑯您要有系统、有分析地提出您的建议，您是一个有文化者，草率的提议，对您是不负责任，也浪费了别人的时间。特别是新来者，不要下车伊始，动不动就哇啦哇啦。要深入、透彻地分析，找出一个环节的问题，找到解决的办法，踏踏实实地一点一点地去做，不要哗众取宠。

⑰业余时间可安排一些休闲，但还是要有计划地读些书，不要搞不正当的娱乐活动，为了您成为一个高尚的人，望您自律。

⑱华为文化的特征就是服务文化，谁为谁服务的问题一定要解决。服务的含义是很广的，总的是为用户服务，但具体来讲，下一道工序就是用户，就是您的"上帝"。您必须认真地对待每一道工序和每一个用户。任何时间，任何地点，华为都意味着高品质。希望您时刻牢记。

⑲要关心时事，关心国家与民族的前途命运。提高自己的觉悟。但不要卷入任何"政治旋涡"，我们不赞成您去指点江山，激扬文字。公司不支持您，也不会保护您。（1994年，2005年，2014年）

实施末位淘汰制，提升组织活力

在1995年年度总结大会上，任正非提出了末位淘汰的思想，华为每年要保持5%的自然淘汰率和10%的合理流动率，以激发员工的积极性。

历史把我们推到一个不进则退、不进则亡的处境。我们只有坚定不移地向国际著名公司看齐，努力实现全面接轨，否则随时都有破产的危险。山羊为了不被狮子吃掉，必须跑得比狮子快；狮子为了不饿肚子，必须比山羊跑得快。各个部门各个环节都必须优化自己，将懒羊、不学习上进的"羊"、没有责任心的"羊"吃掉。不愿意重新分配工作的员工，可以劝退，劝退的员工要注意他们的合理利益。每年华为要保持5%的自然淘汰率与10%的合理流动率。（1995年）

研发团队薪酬与激励：让绩效优秀的人先富起来

高薪激励核心员工，坚决不让优秀员工吃亏

为了提高华为的技术实力，任正非采用各种激励方法吸引优秀人才，初期的研发团队大部分都是通过高薪待遇从其他地方挖过来的专家。

虽然一直资金很紧张，但是对于研发人员华为绝对是大手笔，给予高薪待遇。即使在1993年资金极为紧张的时候，任正非对员工也极为慷慨。不过，当时工资是发一半，另一半打白条，这一定程度上减轻了华为早期的资金困境。1994年华为销售额达到8亿元，成功渡过生存期后再也没有打过白条。以下是技术专家刘平加盟华为前后工资的变化情况：

1993年初，刘平已经在上海交通大学当了八年教师，每月工资400元。2月加盟华为，工资是1500元，比当时上海交大校长工资还高；而且只上了一天班，结果却拿了半个月工资。3月，工资已经涨到2600元；到1993年底，刘平的工资已涨到6000元，每个月工资都会上涨。1993年，刘平年薪为4.8万元，相当于在上海交大工作15年的工资总和。

实施员工持股制度，凝聚公司人心

除了给予优秀员工高薪待遇，从1990年开始华为还实施了股权激励计划。华为内部股票的分红收入很可观，过去有"1+1+1"的说法，即员工的收入中，工资、奖金和股票分红的收入比例相当，各占1/3。这种风险共担、利润分享的机制，将人人都视为创业者，让每位华为人都成为公司的股东，给予高额的劳动报酬，极大调动了员工的积极性，有力地凝聚了公司人心。任正非后来回顾了华为员工持股制度出台的过程及其对公司发展的价值：

我创建公司时设计了员工持股制度，通过利益分享，把员工团结起来。那时我还不懂期权制度，更不知道西方在这方面很发达，有多种形式的激励机制。仅凭自己过去的人生挫折，感悟到与员工分担责任，分享利益。创立之初我与我父亲相商过这种做法，结果得到他的大力支持，他在20世纪30年代学过经济学。这种无意中插的花，竟然今天开放到如此鲜艳，成就华为的大事业。（2011年）

在创业期，华为的员工持股制度经过了两次优化，具体如下：

（1）白条变股份。

1990年，华为成立刚三年，当时公司资金极为紧张，一半工资是以打白条的形式发放的，公司启动了"白条变股份"的员工持股计划进行内部集资。以每股10元的价格购入公司股票，合资公司员工也享有认购资格，以税后利润的15%作为股权分红。每个营业年度按照员工的工作年限、级别等指标确定每个人可购买的股权数，公司备案存档员工股权数，但不发放持股凭证。员工离职后，公司按照购股之初的原价对其所持的股份进行回购，员工没有股票的议价权。

（2）发放"员工股金情况书"。

1995年，为了规范股权发放，华为给员工发放"员工股金情况书"，上面记载着工号、姓名和拥有股金数目等内容，公司注册资本7005万元。员工的股票只享有分红权，并没有股东所享有的其他权利。股价改为1元/股，员工还可以通过公司贷款购买股票。1992年—1996年公司几乎以翻番速度增长，持股员工的分红收入每年高达100%，1997年为70%，之后递减到2002年的20%。公司一年发一次红利，红利自动滚入本金。

拉开收入差距，让绩效优秀的人先富起来，使千百人争做绩效优秀的人

1995年，华为就提出了人均产值的绩效指标，以期充分发挥人才潜能。同时提出要拉开收入分配差距，让绩效优秀的人先富起来，并带动更多的人富起来。任正非强调，华为要通过拉开收入分配差距，充分调动全体员工的积极性，最大限度地发挥大家的优势和潜能，不断提高公司的人均产值。

工资改革使企业的分配逐步步入合理化，调动全体职工的积极性，进一步提高了劳动生产率。1996年我们要真正达到人均产值100万，并以每年提升10%的比例使公司人力资源利用达到最佳优化状态，最大限度地去发挥他们的优势与潜能。我们将逐步拉开差距，提高优秀人员的待遇，让绩效优秀的人先富起来，使千百人争做绩效优秀的人。（1995年）

公司治理：简政放权，充分发挥员工潜能

公司治理主要是指组织和管控公司的基本组织原则和决策原则。公司治理不能走极端，过于松懈的管控可能会导致公司成为一盘散沙，走向分裂或崩溃；过于严苛的管控会导致公司缺乏活力和创造力，走向僵化和官僚。企业在不同发展时期、不同人员规模时的治理模式应该有所不同。华为正是由于与时俱进地采取了相应的公司治理模式，才在将近30年的发展历程中由几个人走向几十人、几百人、几千人、几万人，十几万人。华为在发展历程中没有出现大的分裂，管理层也保持相对稳定，而且公司始终保持强大的活力和创造力。这些都是有效的公司治理的表现。

华为在创业阶段的公司治理主要表现在三个方面：首先是采取了基于民主集中制的组织模式；其次是建设起了强有力的领导班子；再次是简政放权，充分发挥员工潜能。

基于民主集中制原则设计公司组织模式

华为在创业期基于民主集中制设计公司的组织模式，由专业协调委员会进行决策，由各部门总经理组织执行，决策权与执行权适当分离。各专业协调委员会议事不管事，各部门总经理组织执行专业协调委员会做出的决议。

公司建立了以各部门总经理为首的首长负责制，它隶属于各个以民主集中制建立起来的专业协调委员会。各专业委员会委员来自相关的部门，组成少数服从多数的民主管理。有了决议后由各部门总经理去执行。这种民主原则，防止在一长制中的片面性，在重大问题上，发挥了集体智慧。这是公司六年来没有摔大跟头的因素

之一。民主管理还会进一步扩展，权威作用也会进一步加强，这种大民主、大集中的管理，还需长期探索。（1994年）

建设强有力的领导班子

任正非强调，一个高度团结、能展开批评与自我批评的领导班子是企业胜利的保证。任正非认为创业期的领导班子有资格领导公司，也能领导公司走向成功，原因如下：

① 这是一个不谋私利的班子；
② 是一个以身作则、奋力工作的班子；
③ 是一个经济上说得明白、政治上清清楚楚的班子；
④ 是一个勇于批评与自我批评、有自我的约束机制的班子；
⑤ 是一个目光远大、不畏艰难的班子；
⑥ 是一个坚持各尽所能、按劳分配的原则，关怀职工利益的班子。

事实表明，华为创业期的领导班子成员经受住了考验，能够随着公司的发展不断提升自己，持续领导公司从起步阶段走向全球领先。任正非、孙亚芳、郭平、胡厚崑、徐直军、余承东、徐文伟等华为公司2015年的现任高管，都是在1995年前加入华为公司的。

简政放权，充分发挥员工潜能

任正非认为，在创业期很可能是自己没有事必躬亲，实行简政放权，充分尊重大家的意见，使各路诸侯能充分发挥自己的聪明才智，从而成就了华为。任正非说，在华为成立之初，自己是听任各地"游击队长"们自由发挥的。任正非认为，其实自己也领导不了他们。

任正非意识到，在日新月异的新时代，自己越来越不懂技术、越来越不懂财务、半懂不懂管理，如果不能民主地善待团体，充分发挥各路英雄的作用，自己将一事无成。因此，任正非放弃了自己去做专家的梦想，而是做企业组织者。组织起千军万马共同奋斗，成为了任正非的追求。任正非后来回顾了华为创业期"甩手掌柜"式的非常"放任自流"的管理情形：

前十年几乎没有开过办公会类似的会议，总是飞到各地去，听取他们的汇报，他们说怎么办就怎么办，理解他们，支持他们；听听研发人员的发散思维，乱成一团的所谓研发,当时简直不可能有清晰的方向,像玻璃窗上的苍蝇,乱碰乱撞,听客户一点点改进的要求,就奋力去找机会……更谈不上如何去管财务了,我根本就不懂财务,这与我后来没有处理好与财务的关系也有关联,他们被提拔少,责任在我。

也许是我无能、傻,才如此放权,使各路诸侯的聪明才智大发挥,成就了华为。我那时被称作甩手掌柜,不是我甩手,而是我真不知道如何管。今天的接班人们,个个都是人中精英,他们还会不会像我那么愚钝,继续放权,发挥全体的积极性,继往开来,承前启后呢?他们担任的事业更大,责任更重,会不会被事务压昏了,没时间听下面唠叨了呢……相信华为的惯性,相信接班人们的智慧。(2011年)

研发管理体系建设:要建立与国际接轨的研发管理体系

1987年—1995年,华为用了不到10年的时间,员工人数从6人增加到1750人,销售收入从零增长到15亿元,成功地活了下来。

华为创业期的成长主要依赖创始人任正非个人的经验、能力与胆识,管理方面主要是救火式的"逢山开路、遇水架桥",谈不上多少规范和前瞻性,"活下去"才是唯一重要的目标。

为了实现更大的目标,为了在2000年左右成长为一家国际中型公司,也为了更加有效地与各大跨国巨头进行正面竞争,任正非在1995年底明确提出公司管理要全面与国际接轨。

我们未来3—5年的主要任务是国际接轨。在产品研究系统上,在市场营销上,在生产工艺装备及管理上,在整个公司的企业文化及经营管理上,全面与国际接轨。(1995年)

对于华为公司为什么要与国际接轨,任正非也进行了明确阐述:

历史把我们推到一个不进则退、不进则亡的处境。我们只有坚定不移地向国际著名公司看齐,努力实现全面接轨,否则随时都有破产的危险。(1995年)

任正非认为,只有研发管理体系与国际接轨,才能开发出能与国际巨头进行竞争的有竞争力的产品,华为才能实现快速追赶,才能不断缩小与国际巨头之间的差距。任正非在创业期即认识到了管理的重要性,认识到了只有通过大幅提升管理水平，在管理水平上向业界最佳看齐，才有可能成为业界最佳。任正非认为，企业之间的竞争最终不是市场拓展能力的竞争、不是产品研发能力的竞争，而是管理水平的竞争。基于这种认识，才有华为公司在第二个发展阶段花费巨资系统引进IBM等国际一流咨询公司的最佳实践做法，系统提升企业在各个方面的管理水平。大家可以试想一下，如果华为公司不在第二个发展阶段进行与国际接轨的管理体系建设，那么会有国际化的华为、全球化的华为吗？华为公司会不会早就分崩离析，不复存在？或者只是苟延残喘，艰难地活着？

在1995年年度总结大会上，任正非明确提出华为的研发体系要在7个方面与国际接轨。

① 要建立一个产品战略发展研究体系，产品中央系统规划与集成研究系统、中间试验系统互相平行的，符合大公司战略的三大研究体系。

② 要按不低于销售额10%比例投入研发：公司要保证按销售额10%拨付研究经费，而且在年成好时还要加大这种拨付。坚定不移发展十年，初步建成具有世界先进水平的科研体系。

③ 产品战略研究要站在时代的高度，要高瞻远瞩，脚踏实地。要在基础研究上，公共资源的研究与管理上，人才的战略培养上，博导、硕导的支助预研上，在对有创意尚不成熟的半成品研究成果的收购上，先进的产品技术的引进上，进行大胆而精密的系统工程研究。要造就和培养一批优秀分子，要培养一批目光远大、思想敏锐、没有失败的压力和包袱，有着充足的资金"浪费"，不干绝对有把握成功的项目，敢于打破常规，敢于走别人没有走过的道路的一代"科学疯子""技术怪人"，把华为从技术创造引上思想创造。

④ 中央产品研究系统，要集中精力在确定的近期目标上组织会战。要加快加大分层结构建设、目标考核管理，要用08机均匀分担话务负荷、内存映射等技术借鉴，来建设自己的科研组织，机器能做到的，人也一定可以做到。只有分层管理软件的开发，才能加快新品开发的速度和提高软件的质量，要扩大研究骨干的培养，不断地选择和保留研究的种子，不断地输送人才，部分科研人员要随项目一起流动，要培养一批只精通很窄一段技术的专家。只要合理地安排分布这类专家，整个公司就是有很高振幅的宽频带。我们只要拥有这批学术带头人，我们冲击的力量会有多强！你们的目标，要瞄准爱立信，要在产品的水平，研究的手段、人员的数量与质量上，逐步与之靠拢。为了活下去，20世纪末，我们将达到3000～4000名研究人员。中研部永远是会战的战场，永远是富有创造力的年轻人的天下，我们要注意研究他们、爱护他们。要使功臣有归宿，有很好的人才输送和晋升的机会，要使年轻人源源不断地争相拥入。

⑤ 要十分重视新产品、器件及工艺的品质论证和中间试验环节。要把中试部提高到中央研究部的目标和定位来建设，要尽快建立一个装备精良、员工经过全面培训、具有百折不挠的作风、有较高素质与丰富经验的优秀专家组成的大型试验中心。要通过不断的品质论证，提高产品的可靠性，长年累月地开展容差设计试验和改进工艺降低产品成本，提高产品的使用性能和工程指标，通过不断地进行器件和工艺实验，缩短产品进入商品化的周期，抢占市场先机。我们在进行产品中试的同时，连同它生产必需使用的专用设备的研制一同中试完成。"解放开发，指导生产，支援市场"是中试部的最好描述。

⑥ 中央研究部与中试部的分工与人员选拔。我们将开放科研，将产品优化的一部分内容，转入中试进行，并跟踪。中央研究部将大量使用窄带专家，他们大量起用年轻人，大胆地创造性地、敏锐地在参数设计上突破，中试部大量容纳的是宽带专家，有极丰富的知识、极广泛的经验，有一把什么产品都能试验的大筛子，帮助年轻不足的产品走向商品化。他们大量起用的是老一些的年轻人。中试产品，不要中试人，它将担负起向中央研究部、市场部、生产质量管理系统输送骨干的使命，它将是继"西乡军校"之后，成为华为的将校学院。

⑦ 公司的每一位员工都应像保护自己眼睛一样保护公司的知识产权。作为一个直接和国外著名厂商竞争的高科技公司，没有世界领先的技术就没有生存的余地，在奋力发展各种尖端科技之时，应加强知识产权的保护工作。（1995年）

这次讲话可以看出任正非远大的理想和战略眼光。华为将自己定位为直接与国外著名厂商竞争的高科技公司，将追赶目标直接定位为爱立信，在研发人员几百人的时候即在为5年之后研发人员达到3000～4000人做管理准备（华为2000年时研发人员实际上已经达到了将近8000人，公司总人数超过16000人，5年人员规模增长了将近10倍）。通过后续阶段华为研发与创新管理做法的介绍，大家将会看到，任正非此次讲话奠定了华为研发与创新管理的思想基础，此次讲话精神直接指引了后续10年以上的华为研发与创新实践。比如华为一直坚持每年拨付超过10%的销售收入用于研发，华为一直坚持开发具有自主知识产权的产品等。

转让技术，拍卖产品代理权，缓解公司资金压力

转让技术，缓解资金压力与扩大市场并举

1993年下半年，C&C08数字交换机处于研发关键时期，华为的现金流极度紧

张。迫于资金压力,许多急需的物料都没钱买入。为此,华为以优惠的价格与条件向社会转让电源技术,每种电源技术转让费20万元,还可代为培训技术人员。通过转让电源技术,与当地的电信局合资生产,华为的电源设备很快渗透到全国各地。1994年10月,华为还将单位用户交换机同样处理。这不仅缓解了当时的资金压力,也通过技术转让方式趁机扩大了市场。

拍卖产品代理权,弥补资金不足

1994年10月,华为拿出起家的单位用户小交换机产品进行代理权拍卖,找代理商经销,主要包括HJD48和EAST8000数字交换机,一个地区的代理权拍卖金额高达100万元。后来生意太火,华为除了按地区,还按行业用户拍卖代理权。最后,用户小交换机,针对行业用户的交换机(如电力、石油、煤炭等),以及交换机以外的产品(如传输、会议电视、数据通信等)都发展为代理商销售。由于前景好,代理商最高甚至要支付1000万元,才能获取某个行业某个产品的独家销售代理权。通过拍卖产品代理权收取费用,一定程度上缓解了华为当时极大的资金压力。

知识产权管理:成立知识产权部,发布知识产权管理制度

1994年,华为在国内率先开发出C&C08语音平台。该系统可以自动接起电话,播放用户所需的最新资讯,并且具备语音邮箱功能,一推向市场就受到各地电信局的欢迎。1994年底,C&C08语音平台被多家竞争对手模仿抄袭,后来经过多方验证才证明华为拥有该系统的产品版权。

1995年,华为正式成立知识产权部,制定了《华为知识产权管理办法》,解决企业与员工之间的知识产权问题。同年,华为还制定颁布了《华为公司科研成果奖励条例(试行)》,以鼓励研发人员多申请专利。这些知识产权管理制度颁布之后,华为的新产品立项时加入了知识产权评审,一方面是评审该产品技术是否具有专利申请点,加强对公司知识产权的保护;另一方面是评审该产品技术是否侵犯了国内外其他公司的知识产权,以避免日后出现的知识产权纠纷。当时,国内的知识产权还处于萌芽阶段,华为重视知识产权建设在国内企业中无疑是比较超前的。

在1995年年度总结大会上,任正非指出华为每一位员工要像保护自己的眼睛一样保护公司的知识产权。

未来的蓝图是美好的,作为一个直接和国外著名厂商竞争的高科技公司,没有世界领先的技术就没有生存的余地,在奋力发展各种尖端科技之时,应加强知识产

权的保护工作，公司的每一位员工都应像保护自己眼睛一样保护公司的知识产权。（1995年）

友商兴衰：国内国际冰火两重天

20世纪八九十年代，西方发达国家的通信网完成了数字化和程控化的改造，我国的改革开放也带来了通信网改造的巨大需求。跨国厂商凭借先发技术优势和通信网改造经验，纷纷来华淘金。

国际上，思科作为后起之秀，通过技术并购快速形成了数据通信领域的全面产品系列，并进入交换机市场，到1994年销售收入超过10亿美元。爱立信、诺基亚、西门子、阿尔卡特、AT&T和北电等跨国厂商都有近百年发展历史，在20世纪中后期相继推出了纵横制模拟交换机、数字交换机和移动通信系统等通信产品。部分跨国厂商早在18世纪末就进入中国市场，20世纪90年代纷纷来华投资建厂销售交换机等产品，成功占领了中国绝大部分城市市场。

国内通信厂商普遍成立时间较晚，技术实力非常薄弱，无法与跨国厂商相抗衡，只能走"农村包围城市"的道路，逐渐占领了国内广大的农村市场。以"巨大中华"为代表的国内厂商成功研发出数字交换机，尤其是巨龙1991年研制的万门交换机，大幅缩小了中国大容量数字交换机与西方的技术差距。

1995年，华为及其国内外友商的发展概况详见表5-1。

表5-1　全球主要通信厂商1995年发展概况

厂商	销售收入（亿美元）	员工总数	研发人数（占比）	关键事件
华为	约1.8（15亿元）	1750	700（40%）	C&C08万门数字交换机成为公司"拳头产品"；进入光通信、无线通信、数据通信等多个领域，开发GSM产品；从农村走向城市市场；成立中研部与中试部、北京研究所和知识产权部；发起制定华为基本法
思科	22.32	3827	—	钱伯斯加入思科；推出Catalyst 5000系列、第一款多千兆（GB）级背板路由器Cisco 7500系列以及Cisco 750系列综合服务数字网（ISDN）路由器解决方案；完成4次技术并购；在北卡罗来纳州和中国上海设立办事处
爱立信	约130	8万多	16600（21%）	业务进入全球100多个国家，有五大产品领域；在广州成立分公司
诺基亚	—	—	—	手机订单剧增，开始辉煌时期；设立上海办事处，建立首家大规模生产GSM系统设备的合资企业

续表

厂商	销售收入（亿美元）	员工总数	研发人数（占比）	关键事件
西门子	——	——	——	获得上海至广州，北京至沈阳、哈尔滨的 SDH 传输项目
阿尔卡特	——	——	占比 45%	公司账面亏损 60 亿欧元，谢瑞克临危受命担任全球董事长兼 CEO，大刀阔斧进行改革，聚焦于电信领域
AT&T	——	——	——	AT&T 解体后 1994 年收购 McCaw 蜂窝通信公司，朗讯 1996 年正式成立
北电	——	——	——	创立 100 周年，北方电讯更名为北电网络，罗世杰担任 CEO；12 月北网（中国）公司成立
中兴	约 1.7（14 亿元）	1000	——	成功推出 17 万线大容量局用数字程控交换机 ZXJ10，开始 CDMA 技术预研；参加日内瓦国际电信展
大唐	——	——	——	容量 10 万以上的超级程控机 SP30 在宝鸡试验局成功开局
巨龙	——	——	——	巨龙通信在北京正式成立
长虹	——	——	——	脱离国内主流的通信厂商阵营

古语云："夫以铜为镜，可以正衣冠；以古为镜，可以知兴替；以人为镜，可以明得失。"本书对华为各个发展阶段的主要友商进行简要介绍，目的是让读者从相关企业的兴衰交替中更深刻地认识企业成长规律。为什么具有百年历史的巨无霸企业会瞬间轰然倒下？为什么名不见经传的草根企业能在二十多年的时间内崛起为业界翘楚？我们希望与大家一起探索和思考。

在华为艰难创业阶段，笔者总结了如下友商兴衰的观点，供大家参考：

① **领先型企业具有强大的先发优势**。爱立信、诺基亚、西门子、阿尔卡特和 AT&T 等企业都有几十年甚至上百年的发展史，在通信领域与中国的"巨大中华"等本土企业相比，无论在品牌、人才、资金、技术、产品和管理等各个方面均具有无与伦比的优势。因此，这些企业在进入中国等新兴市场时都具有强大的先发优势，能够快速抢占利润率最高的市场。比如 1995 年阿尔卡特参股的合资公司上海贝尔已经占据当年中国程控交换机市场 90% 以上的份额。

② **小微企业只有具备在某个细分领域的技术和产品的比较优势才有可能存活下来**。中国本土的"巨大中华"之所以能够在国际通信巨头的重压之下获得一定的生存空间，都是由于在数字程控交换机等产品的性能、质量、成本和服务等方面与国际通信巨头相比具有"比较优势"，才能获取一定份额的电信运营商的订单。

③ **无关多元化发展容易导致企业亏损和衰败，聚焦核心业务才能持续增长**。比如诺基亚 20 世纪 80 年代的盲目多元化导致企业严重亏损，总裁自杀，聚焦手机和

通信业务后创造辉煌。

④ **思科引入风险投资并上市、引入职业经理管理，创始人退出，公司仍能持续快速发展，这是西方企业成长的普遍模式。** 这种模式与华为模式正好相反。华为成立至今没有引入风险投资、没有上市、没有空降职业经理（自己培养高层管理者）、创始人始终身居一线管理。可以看出，企业成长的模式不止一种，以上这些方面不是企业持续成长的关键成功要素。这也是大家对华为的成长很感兴趣的原因，也是笔者深入研究华为的主要目的所在。

⑤ **缺乏企业家精神的企业是很难持续成长的。** 长虹通信、巨龙通信与大唐电信渐渐脱离国内通信厂商第一阵营，表面上看有体制机制的原因，从根本上说这些企业缺乏像华为任正非这样具有企业家精神的企业家。一个企业如果没有一个人（或者一群人）将企业的生命视同自己的生命，为企业的发展殚精竭虑，那么这样的企业终将会成为一盘散沙，走向衰败和消亡。西方职业经理"控制"的企业同样由于企业家精神的缺失而走向衰落，朗讯、北电等就是这样的典型。

在华为的成长过程中，思科、爱立信、中兴始终相伴随行，大家可在后续的章节中重点关注这些企业的持续成功之道。阿尔卡特、朗讯和北电等曾经的通信巨头经历一段时间的辉煌后走向合并甚至消亡，大家可以重点关注他们为何会轰然倒下。

本章小结

华为在创业阶段的一切管理都是围绕"活下来"展开的,主要以任正非及管理团队的"经验式"管理为主。这也是处于创业阶段的绝大部分企业的无奈的、必然的选择。创业阶段引入有企业管理经验的人才比导入系统、规范的管理体系更能保证企业"活下来"。但是在企业已经渡过生存期、开始步入快速发展期时,导入系统、完整、科学、有效的管理体系就尤为必要。在企业快速成长期非常重视管理,在多方面花巨资引入与国际接轨的管理体系是华为在众多友商中胜出的关键原因。这充分体现了华为创始人任正非的睿智和"成为大公司"的远大抱负。一些科技型企业成长到年营业收入几亿元甚至几十亿元时出现增长瓶颈,其中一个重要原因就是企业没有建立起规范的管理体系,企业不能授权职业经理团队进行有效管理,企业日常管理过度依赖创始人,企业创始人的理念、能力和精力局限成为了企业持续增长的"瓶颈"。"国不可一日无君"的企业是不太可能实现持续、快速增长的。

综观华为创业阶段的管理举措,总结以下要点供相关企业借鉴:

① 研发与创新投入:投入有风险,不投入风险更大。坚持高研发投入,紧跟世界先进技术水平。利用压强原理,集中资源开发一款产品。

② 客户需求管理:基于市场需求进行产品开发;要开发出在"思想上"有创新的产品。

③ 研发组织建设:在美国硅谷设立芯片研究所,充分利用国际优秀技术和人才;成立中央研究部,研发队伍从"游击队"走向"正规军";成立中试部,提升产品研发质量;采用矩阵式管理架构,快速提升新产品研发能力。

④ 研发人员招募与培养:求贤若渴,从高校、研究所等四处搜罗优秀人才;发布《致新员工书》,对员工提出20条要求与期望;实施末位淘汰制,提升组织活力。

⑤ 研发团队薪酬与激励:高薪激励核心员工,坚决不让优秀员工吃亏;实施员工持股制度,凝聚公司人心。

⑥ 公司治理:基于民主集中制原则设计公司组织模式;建设强有力的领导班子;简政放权,充分发挥员工潜能。

⑦ 要建立与国际接轨的研发管理体系,对标学习国际知名公司。

⑧ 转让技术,拍卖部分产品代理权,缓解公司资金压力。

⑨ 成立知识产权部,发布知识产权管理制度;立项时加入知识产权评审,鼓励研发人员申请专利;强调员工要像保护自己的眼睛一样保护公司的知识产权。

本篇总结

华为创业阶段正是中国电信业语音业务从起步到爆炸式增长的阶段，华为有幸进入了一个持续周期长、市场空间广阔、发展潜力巨大的"大市场"。没有大市场，就不会有大企业；只有大市场，才会产生大企业。从根本意义上说，是通信这个大市场成就了华为这家大企业，成就了一代大企业家任正非！因此，对于创业企业而言，"入对行"是成长为大企业的必要条件。

从华为友商介绍可以看到，"入对行"的企业是非常多的，但是能够保持持续、稳健、快速增长的企业是非常少的。有的企业（如巨龙、长虹通信等）凭借一款产品赶上了一个市场机遇，呈现了昙花一现的繁荣与成功。有的企业（如诺基亚）在某个业务领域（功能手机）雄霸全球市场10余年，但最终却被以苹果为首的智能手机厂商打败。还有的企业（如AT&T、阿尔卡特、北电等）具有百年历史，最终也走向了合并和衰败。只有少数企业（如思科、爱立信）保持了数十年乃至上百年的持续增长，成为全球业界最佳。大家可以通过后续各章节的介绍，感悟这些企业的兴衰原因。

华为通过8年的艰难创业成功地活了下来，但是与当年的国际通信巨头相比还非常稚嫩，甚至根本没有进入这些国际巨头的友商视野，也没有进入国际、国内各大电信运营商供应商的"短名单"。1995年华为的销售额是思科的1/10，是爱立信的1/65。谁能想到20年后华为会超越这些巨无霸友商，成为全球通信业界的引领者。在随后的章节中，让我们一起去了解华为的崛起历程，一起去感悟华为的持续成功创新之道。

附录：华为艰难创业阶段大事记

年度	销售收入（亿元）	员工人数	华为	友商
1982	—	—	任正非部队转业到深圳南油公司工作	
1983				
1984	—	—	货款被骗，被迫离开南油公司；任正非创立一家电子公司	思科创立；阿尔卡特在上海设立合资企业；长虹通信创立
1985	—	—		侯为贵创立中兴；爱立信、诺基亚、AT&T 在北京设立办事处
1986			任正非首次创业失败	
1987	—	6	任正非再次创业，创立华为，注册资金 2.1 万元，6 个股东，租民房办公	
1988	—	14	代理香港公司用户交换机	北电在中国设立合资企业；诺基亚多元化经营严重亏损
1989	—	20多人	组装 24 口用户交换机 BH-01；郭平入职华为	
1990	—	23	仿制研发面向酒店与小企业的用户交换机；胡厚崑入职华为	西门子在中国设立合资企业；思科上市，创始人夫妇退出公司管理层
1991	—	29	首批 3 台价值数十万的用户交换机发货；徐文伟入职华为	钱伯斯加入思科
1992	1.2	200	HJD48 系列用户交换机批量上市；启动"农村包围城市"的市场拓展策略；孙亚芳入职华为	
1993	4.1	400	推出 2000 门 C&C08 局用数字交换机；李一男、徐直军、余承东入职华为	大唐成立
1994	8	1000	推出 C&C08 万门局用数字交换机，成为华为"拳头产品"，持续销售 20 年	长虹通信脱离国内通信厂商第一阵营
1995	15	1750	华为成功活了下来；进入光通信、无线通信、数据通信等多个领域；提出"要成为大公司"；提出管理要与国际化大公司接轨；酝酿制定《华为基本法》	巨龙成立；思科成为数据通信领域全球领导者，钱伯斯担任 CEO，年销售额 22 亿美元；爱立信成为移动通信领域全球领导者，年销售额 130 亿美元；诺基亚开启手机市场的黄金十年；阿尔卡特严重亏损

第二篇　国内领先阶段（1996—2003）

我们的对手实力太强大，除了进步，我们已无路可走。

——任正非（1996年）

华为国内领先阶段要点扫描

◇ **时间阶段**：1996年—2003年
◇ **任正非年龄**：52～59岁
◇ **公司人数**：从1995年的1750多人增长到2003年的2.2万人，8年增长了12倍
◇ **销售额**：从1995年的15亿元增长到2003年的317亿元，8年增长了21倍
◇ **客户与市场**：主要客户为国内各大电信运营商，东南亚、亚非拉等发展中国家国际市场有所拓展
◇ **产品与服务**：从单一程控交换机产品到信令网、接入网、光传输、数据通信、智能网、下一代网络和2G与3G移动通信等多个领域，产品研发由模仿走向快速追赶
◇ **关键词**：二次创业、基本法、从农村到城市、规范管理、核心价值观、互联网泡沫、过冬、国际化
◇ **核心管理团队**：创始人任正非（1987年），郭平（1989年）、郑宝用（1989年）、胡厚崑（1990年）、徐文伟（1991年）、孙亚芳（1992年）、毛生江（1992年）、李杰（1992年）、刘平（1993年）、李一男（1993年）、费敏（1993年）、洪天峰（1993年）、徐直军（1993年）、余承东（1993年）、丁耘（1996年）、万飚（1996年）、张平安（1996年）、何庭波（1996年）、李英涛（1997年）、王胜利（1997年）等相继加盟

本篇阅读思考

◇ 在此阶段华为为什么如此重视规范管理？为什么要引进国际一流管理咨询机构提升管理水平？如果不进行管理规范，华为能否实现持续快速成长？为什么？
◇ 华为为什么要积极拓展国际市场？
◇ 从本阶段华为"友商"的兴衰沉浮，我们可以得到哪些启示？

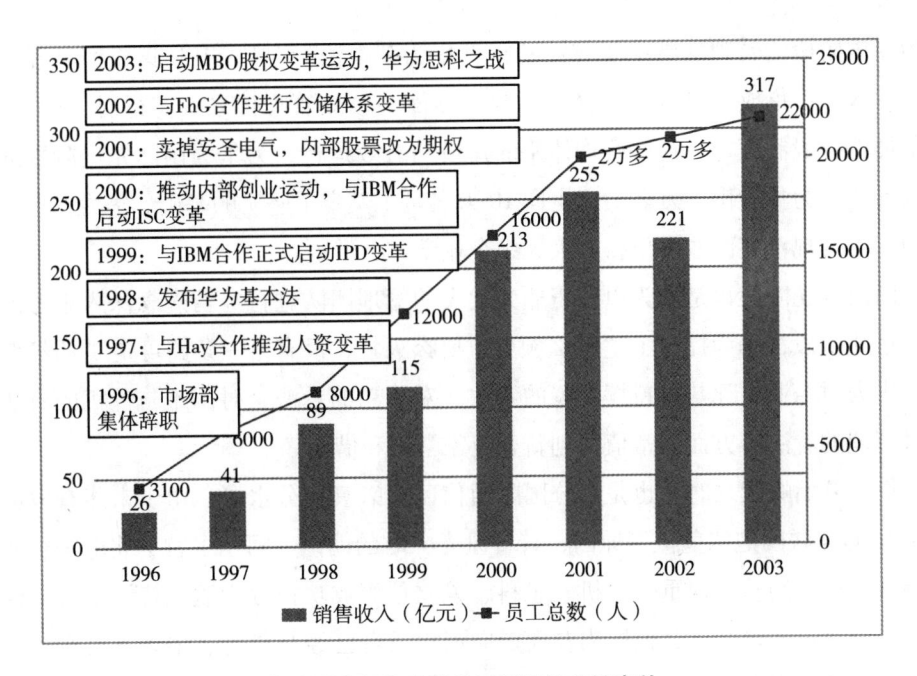

华为国内领先阶段发展概况及关键事件

在华为国内领先阶段，中国电信业固网业务蓬勃发展，移动业务和宽带业务快速成长。互联网行业的过度投机导致2000年底互联网泡沫破灭，部分国际通信巨头走向衰落，华为取得了国内通信设备供应商的领先地位。

在产品研发方面，华为以运营商用户产品研发为重点，涉及多个领域，部分产品技术水平和国内市场份额实现了业界领先。整体而言，华为产品研发正逐步由模仿追随走向部分领先。在企业用户产品方面，华为中低端路由器和以太网交换机产品正逐步抢占思科份额。在消费者用户产品方面，华为小灵通手机取得了较好的市场业绩，其他产品未带来明显收益。华为研发人员由1995年的不到1000人增长到2003年的将近10000人。1996年—2003年华为累计研发投入近100亿元人民币。华为研发的部分产品也逐步走向国际市场，开始经受世界级运营商的严苛考验。

凭借数字交换机和多个系列的通信产品，华为市场拓展的主战场开始由国内县乡市场走向省市一线市场。华为通过"狼性"销售和良好的服务成功成为国内通信设备的主要供应商。采取类似"农村包围城市"的市场拓展策略，华为从1996年开始积极走向国际市场，通过多年的艰苦奋斗和不懈坚守，华为在亚非拉市场站稳了脚跟，并且在多个欧洲发达国家市场"撕开了口子"。华为2003年国际市场收入为10亿美元，约占年度总体销售收入的20%左右。华为国内领先阶段的国际市场拓展，为国际先进阶段的全面国际市场拓展积累了经验，打下了基础。

国内领先阶段是华为系统规范管理，全面建设与国际接轨的管理体系的阶段。

华为在该阶段的管理举措主要有：发布《华为基本法》、导入 IPD 集成产品开发体系、导入 ISC 集成供应链管理体系、建设薪酬与绩效管理体系、实行财务四统一、规范员工持股制度等。这些管理体系的建设与有效运行，为华为国际先进阶段的全面国际化，为华为由 2 万名员工走向 10 万名员工奠定了坚实的基础。华为在快速成长期的管理规范实践非常值得广大大中企业学习、借鉴。

国内领先阶段也是华为以任正非为代表的管理团队进行经营理念深入思考的阶段。在此阶段，华为提出了"要么领先，要么灭亡，没有第三条路可走"的经营理念。华为对企业生死与可持续发展的看法、对成功的看法、对困难与危机的看法以及对管理的看法等方面非常值得创新企业家学习和借鉴。

华为开始崛起之时，也是部分国际通信巨头兴衰的分水岭。由于未能有效应对 2000 年的互联网泡沫危机等原因，昔日风光一时的朗讯、阿尔卡特、北电等企业陷入持续亏损，经营出现重大危机。思科、爱立信等成功扭亏为盈，持续增长。国内华为、中兴迅速崛起，其他国内友商走向消亡或者已经与华为、中兴不再在一个数量级上竞争。看看各通信企业阶段性的兴衰史，可以给我们带来诸多经营启示。

第6章　产品创新：由模仿追随走向国际先进

> 我们中短期经营方向集中在通信产品的技术与质量上，重点突破、系统领先，摆脱在低层次市场上角逐的被动局面，同时发展相关信息产品。
>
> ——任正非（1998年）

从1994年开始，华为就开始探索发展交换机以外的新业务，在光传输、无线通信、智能网、数据通信、移动通信等多个领域进行了初步的技术研究。

1996年到2003年是华为产品研发快速追赶国际巨头的8年。除了传统的交换机领域在国内外走向了领先地位外，华为"从点到面"在信令网、接入网、光网络、数据通信、智能网、下一代网络和2G与3G移动通信等多个领域不断取得技术突破，逐渐从追随者向国际先进者发展，部分产品已经达到国际领先水平。

在国内领先阶段，华为产品研发的重点是运营商用户产品，企业用户产品有较大突破，消费者用户产品被动进入，以积累经验为主。

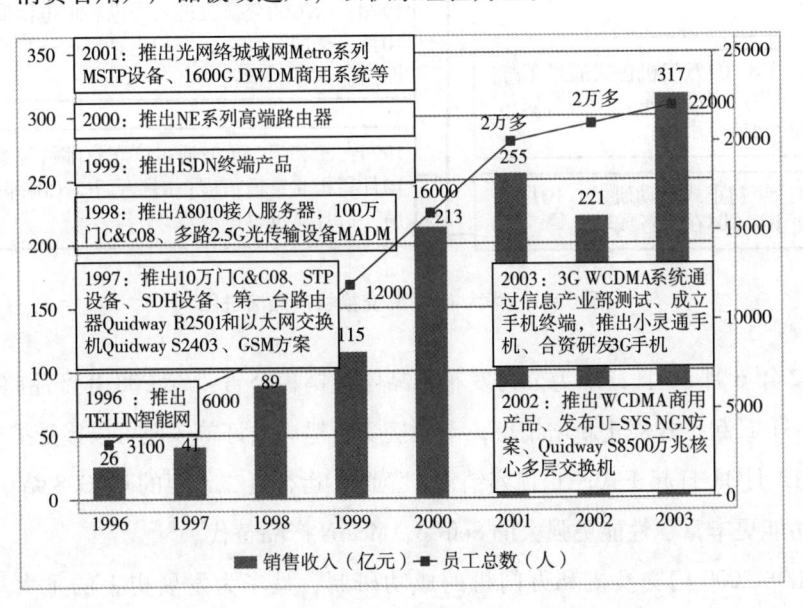

图6-1　华为1996年—2003年产品创新路径图

运营商用户产品研发：从模仿追随走向部分领先

从 1995 年开始，华为开始大力发展交换机以外的新业务，在信令网、接入网、光网络、数据通信、智能网、下一代网络和移动通信等多个领域不断取得重大的技术突破，逐渐从技术跟进做到了部分产品的国际领先。

数字交换机：C&C08 交换机系列产品持续优化 20 年

C&C08 数字交换机从 1993 年底成功研发到 2013 年 12 月正式退出市场，经过多次优化服务全球客户近二十年，其发展历程如图 6-2 所示。

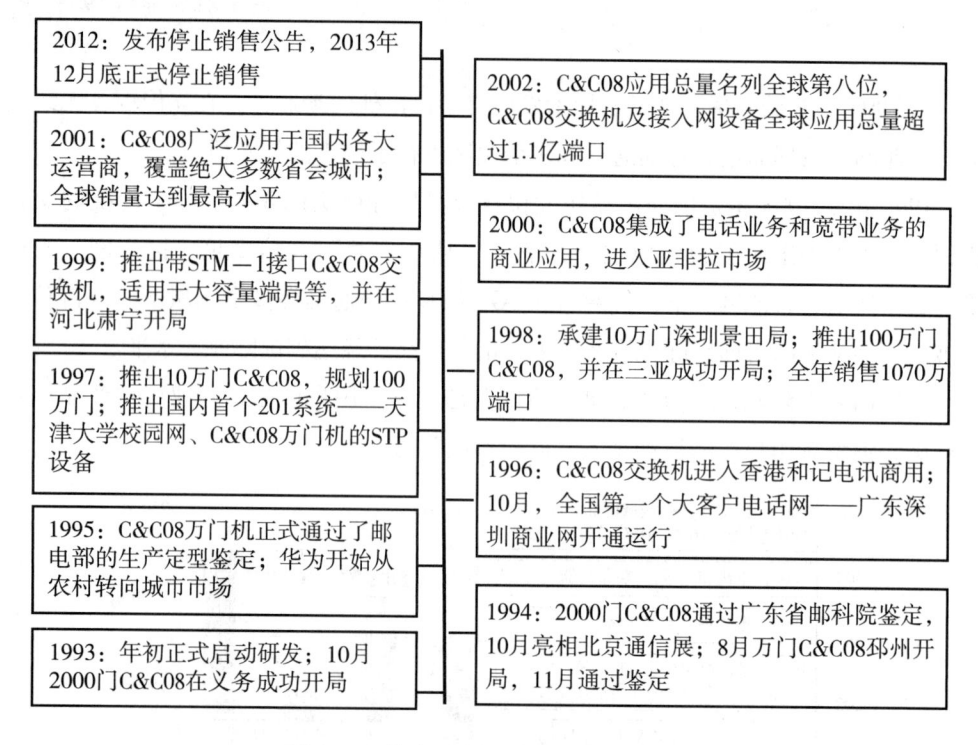

```
2012：发布停止销售公告，2013年12月底正式停止销售

2001：C&C08广泛应用于国内各大运营商，覆盖绝大多数省会城市；全球销量达到最高水平

1999：推出带STM—1接口C&C08交换机，适用于大容量端局等，并在河北肃宁开局

1997：推出10万门C&C08，规划100万门；推出国内首个201系统——天津大学校园网、C&C08万门机的STP设备

1995：C&C08万门机正式通过了邮电部的生产定型鉴定；华为开始从农村转向城市市场

1993：年初正式启动研发；10月2000门C&C08在义务成功开局

2002：C&C08应用总量名列全球第八位，C&C08交换机及接入网设备全球应用总量超过1.1亿端口

2000：C&C08集成了电话业务和宽带业务的商业应用，进入亚非拉市场

1998：承建10万门深圳景田局；推出100万门C&C08，并在三亚成功开局；全年销售1070万端口

1996：C&C08交换机进入香港和记电讯商用；10月，全国第一个大客户电话网——广东深圳商业网开通运行

1994：2000门C&C08通过广东省邮科院鉴定，10月亮相北京通信展；8月万门C&C08邳州开局，11月通过鉴定
```

图 6-2 华为 C&C08 交换机产品演进图

2012 年 6 月 30 日，华为公司发布产品停止销售公告：C&C08 B 产品将于 2012 年 12 月 31 日起正式停止新增销售，不再接受新建局点订单，但可以接受扩容订单，2013 年 12 月 31 日起正式停止扩容销售。至此，运行近二十年的 C&C08 结束历史使命，被功能更丰富、性能更强大的 SoftCo、MSAN 产品替代。

C&C08 2000 门交换机和万门机的成功研制，是华为发展史上的重大里程碑。1995 年，凭借质优价廉的极高性价比与良好的售后服务，华为 C&C08 系列交换机逐渐占领了广大农村市场,并开始从农村市场全面转向城市市场。到 2001 年,C&C08 交换机已经广泛应用于国内所有省会城市(除西藏、台湾、澳门)。

国际市场上,C&C08 交换机于 1996 年首次在香港和记电讯商用。到 2000 年,C&C08 交换机已经进入哈萨克斯坦、孟加拉国、巴基斯坦、埃及、津巴布韦等亚非拉国家。2002 年,据国际咨询机构 Ditterberner 公司报告,C&C08 交换机的应用总量名列全球第八位,C&C08 交换机及接入网设备全球应用总量超过 1.1 亿端口。

STP 设备:国内厂商中率先开发,获得中国信令网一半以上市场

窄带电话网包括电话网、信令网、同步网和管理网四个部分,其中信令网是最重要的,是整个电话网的指挥部与控制中心,其核心设备就是 STP(信令转发点)。由于信令网的稳定性要求很高,因此在 20 世纪 90 年代中期国内主要使用的是北电和上海贝尔的 STP 设备,国内骨干网上则指定用阿尔卡特的 STP 设备。

1996 年以前,华为的交换机主要安装在电信网的末端:C4 和 C5 端局。如果能有 STP 设备,就可以进入电信网的高端市场,其战略意义非常重大。因此,尽管 STP 技术难度相当高,而且用量很小,华为还是决定立项开发 STP。

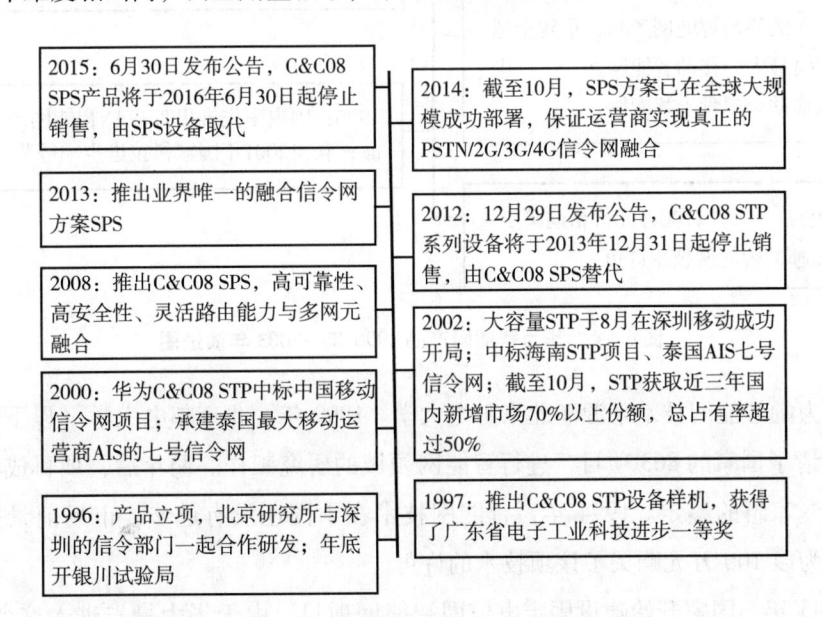

- 2015:6月30日发布公告,C&C08 SPS产品将于2016年6月30日起停止销售,由SPS设备取代
- 2014:截至10月,SPS方案已在全球大规模成功部署,保证运营商实现真正的PSTN/2G/3G/4G信令网融合
- 2013:推出业界唯一的融合信令网方案SPS
- 2012:12月29日发布公告,C&C08 STP系列设备将于2013年12月31日起停止销售,由C&C08 SPS替代
- 2008:推出C&C08 SPS,高可靠性、高安全性、灵活路由能力与多网元融合
- 2002:大容量STP于8月在深圳移动成功开局;中标海南STP项目、泰国AIS七号信令网;截至10月,STP获取近三年国内新增市场70%以上份额,总占有率超过50%
- 2000:华为C&C08 STP中标中国移动信令网项目;承建泰国最大移动运营商AIS的七号信令网
- 1997:推出C&C08 STP设备样机,获得了广东省电子工业科技进步一等奖
- 1996:产品立项,北京研究所与深圳的信令部门一起合作研发;年底开银川试验局

图 6-3 华为 C&C08STP 产品演进图

华为对信令网产品进行了持续投入和产品优化,相继推出了业界领先的大容量 STP 设备,高可靠性、高安全性、灵活路由能力与多网元融合(DRA/STP)的 C&C08 SPS,以及满足运营商 4G 时代的大数据、多媒体融合通信等需求的业界唯一的融合信令网方案 SPS。

STP 设备经过持续优化推出的融合信令网方案 SPS，截至 2014 年 10 月已在全球大规模成功部署，保证了运营商实现真正的 PSTN/2G/3G/4G 信令网融合，大幅降低了其资本支出和运营成本。

智能网：TELLIN 业界领先，服务全球 3 亿多用户

为了满足市场日益多样化的业务需求，国内外电信企业都在设法提高自身的业务提供能力，智能网系统由此成为研究和应用的焦点之一。美、法、德等国在智能网的研发与应用方面走在前列。华为智能网产品后来居上，到 2003 年 TELLIN 智能网产品已经规模服务于全球 3 亿多用户，其发展历程如图 6-4 所示。

```
2003：截至5月，TELLIN智能网
产品在中国市场占有率超过80%，
规模商用于亚洲、非洲、美洲和欧
洲的23个国家，服务全球3亿多用户

2001：综合智能网在上海、海南和内蒙
古等省区商用；推出全套自主知识产权
的TELLINCDMA无线智能网产品，并在
9月份中标中国联通CDMA无线智能网一
期工程项目

1999：率先推出具有完全自主知识
产权的移动智能网产品，承建全球
规模最大的移动智能网之一——中
国移动全国骨干智能网

1996：国内率先推出TELLIN智能网产
品；获得2001年国家科技进步一等奖

1994：华为以100万元价格购买了
北邮的智能网技术许可
```

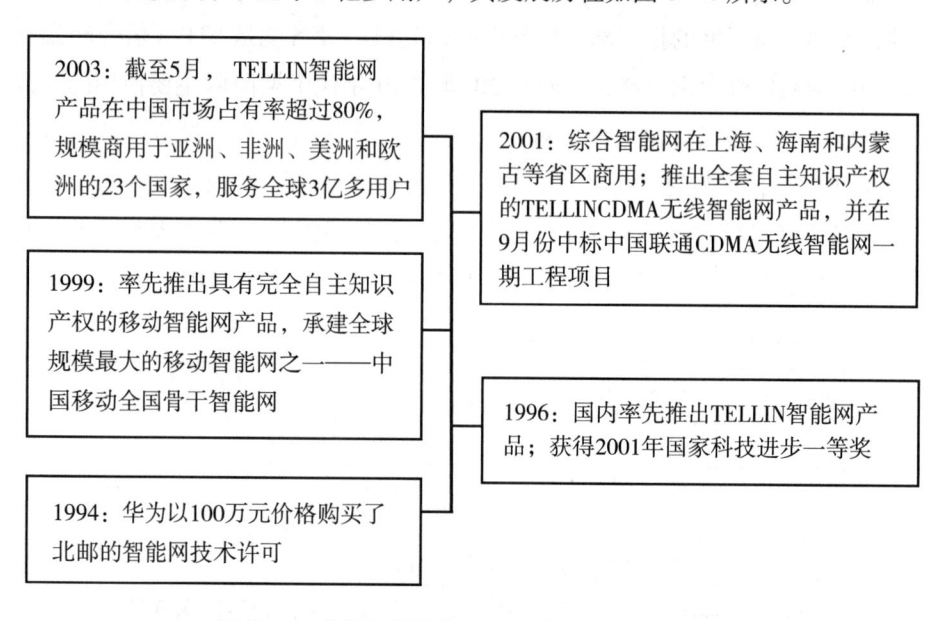

图 6-4 华为智能网产品 1996 年—2003 年演进图

华为的智能网技术来源于北京邮电大学。1992 年，北京邮电大学（以下简称北邮）申请了国家的 863 项目，进行智能网领域的研究工作。两年后，项目成功攻关并通过专家组的鉴定。1994 年，智能网技术在中国还没有起步，市场前景并不明朗，华为以 100 万元购买了该项技术的许可。

1995 年，国家开始建设固定电信网智能网项目，由于华为最先进入这个市场，1996 年就在国内率先推出 TELLIN 智能网产品，并获得 2001 年度国家科技进步一等奖。经过持续投入与产品的不断改进，华为于 1999 年、2001 年相继推出移动智能网产品和 TELLIN CDMA 无线智能网产品，逐步实现了对 PSTN/ISDN、PLMN、Internet 等领域智能业务的全方位覆盖。

截至 2003 年 5 月，华为 TELLIN 智能网产品在中国市场占有率超过 80%，规模商用

于亚洲、非洲、美洲和欧洲的 23 个国家的 33 个运营商，服务全球 3 亿多用户，其应用规模与技术先进性在业界都处于领先水平。

光传输：SDH 设备业界领先，成功进入欧洲市场

20 世纪 90 年代初，任正非通过广泛客户调研发现了光传输的巨大需求，于是决定进入光通信领域。早在 1993 年，华为就开始光网络技术的预研。1995 年，第一台国产 SDH 设备研制成功，华为迅速以高薪大规模招聘光通信人才，正式立项研发 SDH 设备。华为光传输产品的发展概况如图 6-5 所示。

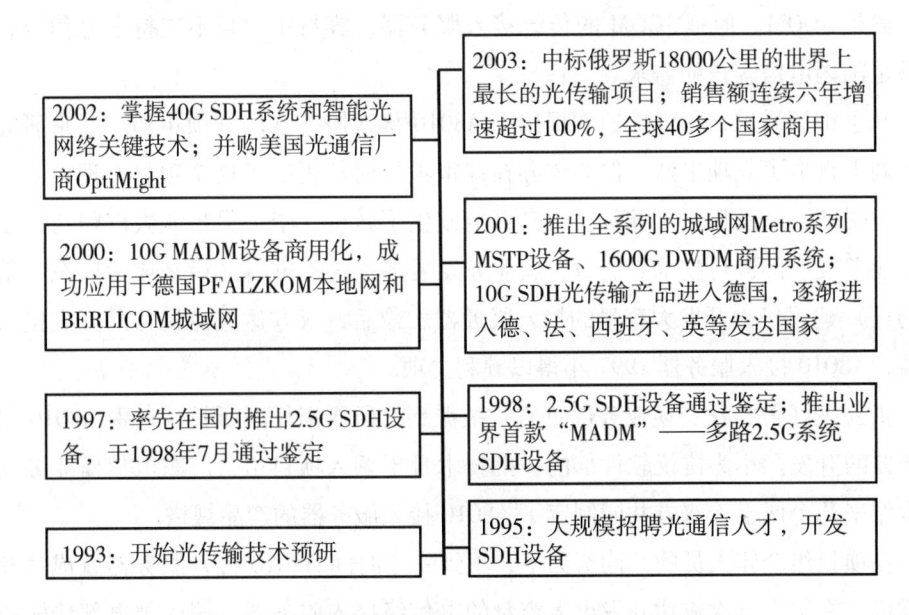

2003	中标俄罗斯18000公里的世界上最长的光传输项目；销售额连续六年增速超过100%，全球40多个国家商用
2002	掌握40G SDH系统和智能光网络关键技术；并购美国光通信厂商OptiMight
2001	推出全系列的城域网Metro系列MSTP设备、1600G DWDM商用系统；10G SDH光传输产品进入德国，逐渐进入德、法、西班牙、英等发达国家
2000	10G MADM设备商用化，成功应用于德国PFALZKOM本地网和BERLICOM城域网
1998	2.5G SDH设备通过鉴定；推出业界首款"MADM"——多路2.5G系统SDH设备
1997	率先在国内推出2.5G SDH设备，于1998年7月通过鉴定
1995	大规模招聘光通信人才，开发SDH设备
1993	开始光传输技术预研

图 6-5　华为光传输产品 1996 年—2003 年演进图

十余年来，华为对光网络核心技术的开发进行了持续投入，每年投入该产品销售额 10% 以上的资金用于研发，研发队伍达到 2000 多人，其中近 70% 具有硕士以上学历，并拥有长期从事光网络研究开发的丰富经验。加上采用 IPD（集成产品开发）、CMM（软件能力成熟度模型）等国际先进的研发管理模式，华为快速形成了全球一体化的光网络研发体系：美国研究所、印度研究所、深圳光网络研发总部、南京研究所、成都研究所。

在自主研发基础上，华为通过小规模的技术并购，进一步提升光传输领域的技术实力。2002 年初，华为以 400 万美元并购了在全球互联网危机中破产的美国光通信厂商 OptiMight。经过 9 个月的二次开发，成功研制出光传输在 4600 多公里范围内无需中继的技术，推向市场后迅速得到规模化应用。华为 2003 年承建的俄罗斯 3797 公里超长距离 30G 的国家传输网项目，就是得益于该技术。

国内市场上，华为的光网络产品销售额连续六年增速超过100%。产品技术的领先，使华为迅速成为世界光传输产品的主要供应商。截至2003年年底，华为的光传输产品已经在中国、法国、德国、西班牙、俄罗斯、巴西和新加坡等40多个国家或地区获得了规模应用。

接入服务器：A8010达到国际领先水平，获得中国市场90%的份额

接入服务器是实现用户通过电话网的拨号进入互联网的一种必需设备。1997年—1999年，中国互联网用户急剧增长，各地电信部门纷纷扩容接入服务器，当时主要厂商是3COM。但是3COM的传统接入服务器，容量小、且不支持七号信令，很难满足国内电信客户的需求。

基于市场需求，华为数通部提出了A8010接入服务器的立项申请。北京研究所所长刘平批准了立项申请，但总体办在评审项目时却否决了这个项目，理由是市场发展不明朗，产品规格不准确。后来事情发生了转机，李一男带队去广州与广东电信新业务发展部进行技术交流时，新业务发展部主任陈嫦娟（后来成为广东电信局副局长）建议华为开发大容量的接入服务器。最后，双方达成协议共同开发接入服务器，A8010接入服务器1997年得以顺利立项。

张云飞（曾担任交换业务部总监）被派到北研所担任副所长，负责A8010接入服务器的开发。华为协议软件部的一批技术骨干调入项目组，广东电信新业务发展部也派来几个博士，双方共同制定了A8010接入服务器的产品规格。

在项目组全体人员的共同努力下，不到一年时间A8010接入服务器就成功开发出样机，在国内首次成功开发出大容量的电信级接入服务器。国内邮电部传输所参照华为A8010的规格，制定了国家接入服务器标准。

华为QuidwayA8010接入服务器采用了分布式处理的结构，具备高可靠性、安全性、大容量（可同时接入最大11520个用户，国外产品接入端口1000以内）等特性，产品性能达到了国际先进水平，相继在北京、天津、重庆、上海、浙江、海南、山东等地的各类数据信息网上获得规模应用，并在香港电信网上获得应用。

由于A8010容量大、支持七号信令等，最终成功获取了中国接入服务器市场90%的份额。中兴在A8010全面进入市场一年后才开始开发接入服务器，由于缺乏数据通信方面的积累，这个领域的产品没有获得成功。A8010是华为当时市场占有率最高的产品，也是数据通信产品线第一个盈利的产品，更是中国最早的数据通信产品。

接入网：HONET 实现三网合一，助力华为开拓城市市场

交换机是通信网的心脏，谁掌握了交换机谁就能主导通信网的技术更新。1994年以前，中国的市话网设备主要被国外厂商垄断。为了打破垄断局面，中兴和华为选择了接入网作为突破点，解决了不同交换机制式之间的互联互通问题。

1996 年，邮电部电信总局颁布了以 V5.2 技术接口为基础的接入网标准，以实现不同厂商交换机之间的互通，并对用户网进行升级换代的改造。中国电信用户数量庞大，接入网市场出现了巨大商机。华为最初的接入网产品发展并不顺利，主要是与交换机业务部的远端模块相冲突，而交换机是华为当时最大的业务，因此研发进展较慢。接入网产品发展历程如图 6-6 所示。

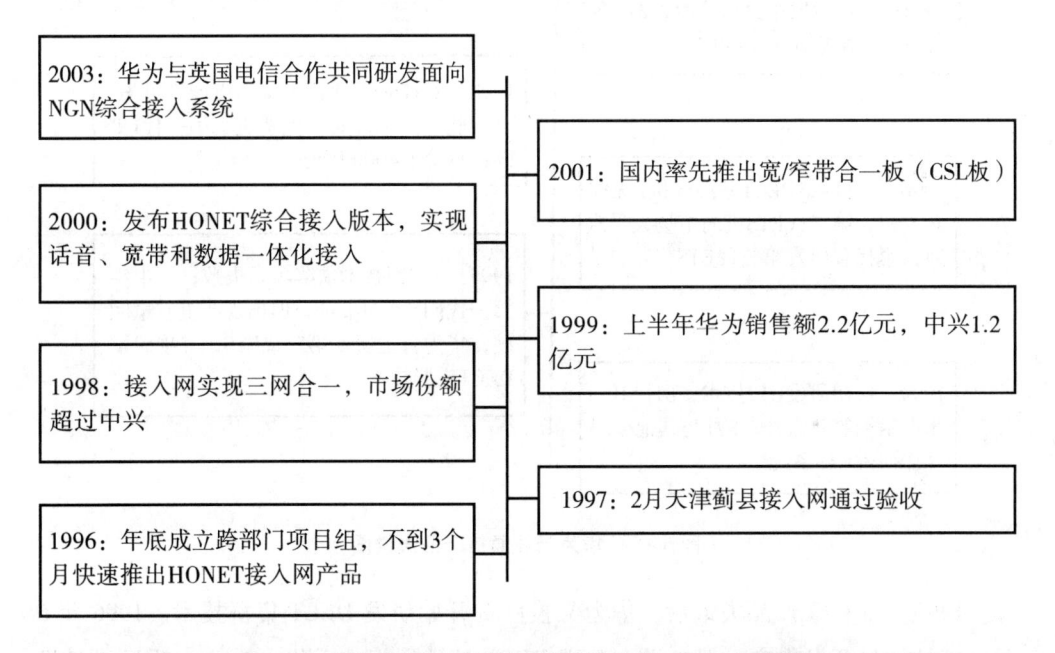

- 2003：华为与英国电信合作共同研发面向 NGN 综合接入系统
- 2000：发布HONET综合接入版本，实现话音、宽带和数据一体化接入
- 1998：接入网实现三网合一，市场份额超过中兴
- 1996：年底成立跨部门项目组，不到3个月快速推出HONET接入网产品

- 2001：国内率先推出宽/窄带合一板（CSL板）
- 1999：上半年华为销售额2.2亿元，中兴1.2亿元
- 1997：2月天津蓟县接入网通过验收

图 6-6 华为接入网 HONET 产品 1996 年—2003 年演进图

随着中兴的接入网在市场上占有率不断上升，华为加大了接入网产品的研发，1996 年年底成立了跨部门接入网新产品攻关项目组。不到 3 个月时间，华为就突破了新产品的关键技术问题，快速推出 HONET 接入网产品，支持语音、数据、视频（CATV）的接入，率先打破国外厂商的垄断，并且更加适合中国市场的特点。

凭借领先的多种业务功能、卓越的性能指标等，华为接入网产品在国内市场长达十年的市场份额位列第一，更重要的是大大提升了华为交换机的网络地位。在此之前，华为的 C&C08 交换机一直仅应用于县级及以下和少数不发达的地市级网络。接入网产品推出市场后，起初华为主动将产品免费送给客户使用，形成优势后将销售延伸到交换机产品,借此机会采用低价策略不断开拓地市和省会城市市场。1998年,华为成功取代上海贝尔,成为国内的通信领导厂商。

无线通信:发展不顺,浪费大量资金与人力

1994年,华为开始进入无线通信领域,相继开发了CT2(二哥大,区别于GSM的大哥大)、DECT集群技术、村村通ETS和小灵通系统等。但是整体上,这些产品发展不太顺利,给公司造成了较大的损失,发展概况如图6-7所示。

- 2002:年初研发小灵通系统,3月推出CDMA制式小灵通450M
- 2003:3月,450M因不属于"无线市话"被信息产业部紧急叫停,项目终止
- 1996:6月推出DECT基站样机,无配套手机;第二代ETS投向市场大受欢迎,紧接着研发第三代ETS
- 1997:8月DECT项目未拿到市场许可失败;截至11月月底,免费更新第一代ETS设备总价值4000万元
- 1994:年初研发CT2技术,8月与广州电信局签订合作;8月与其他公司合作研发ETS系统
- 1995:CT2因技术缺陷项目失败;下半年第一代ETS推向市场,但出现严重质量问题,华为自主研发第二代ETS;立项研发DECT集群技术

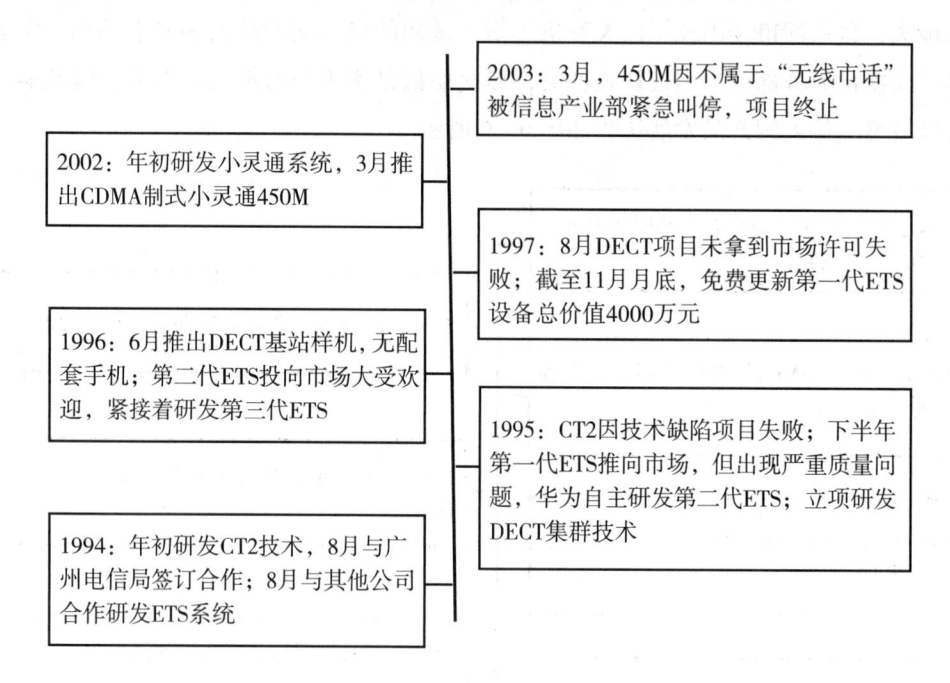

图6-7 华为无线通信产品演进图

1995年,CT2产品失败后,华为又投巨资开始研发DECT集群技术。1996年6月,基站样机开发出来,但是没有测试DECT基站的标准手机。为此,项目组又投入大量人力开发用于测试的手机卡和基站卡,但是并没有开发配套的手机,等待西门子、爱立信、诺基亚等公司推出符合标准的手机。由于没有采取有力措施解决配套手机问题,在市场上DECT迟迟打不开销售局面。1997年初,华为拿到欧洲标准的手机,中国无线管理委员会颁布的DECT中国工作频段与欧洲不匹配。1997年8月,DECT商用系统测试完毕准备大规模推向市场时,因频段不符没有拿到市场准入证,浪费了上千万的研发费用。

1995年下半年,华为与深圳市某公司合作开发的第一代ETS产品上市后出现严重的质量问题,给公司造成了上亿元的损失。经调查,华为发现合作公司的生产质量控制设施十分简陋,产品质量也迟迟得不到改善,于是决定自己开发ETS无线通

信产品。此后，华为对合作公司的管理建立起一整套规范，合作之前进行全面考察：包括合作公司的公司远景、价值观，以及质量体系、品质建设、售后处理机制、服务质量等各个方面，避免再次发生类似事件。华为先后从全国著名院校通信专业、国内国际各大公司，聘请了一大批在无线领域具有丰富经验的高级开发人才。开发人员夜以继日、全力突进，吸取上一代产品失败的教训，严控质量关。经过一年的艰苦奋斗，ETS第二代产品终于面世。产品稳定可靠，故障率极低，投放市场大受欢迎。紧接着，华为又在第二代产品基础上，采用最新技术推出更低成本、性能更高的第三代ETS产品，成为我国农村"村村通电话"的最优解决方案。华为自主研发的ETS第二、三代产品推向市场后，为了维护原有客户的利益，公司决定分步骤更换已投入运行的第一代ETS产品。截至1997年11月底，已换回基站、ETS手机等总价值4000万元的设备。ETS从华为公司最差的产品，发展成为最优秀的产品之一，为公司创造了几十亿元的利润并赢得了市场口碑，同时培养了一批技术骨干和技术管理人才。后续的3G、GSM、手机研发等不少技术干部就是从ETS项目组工程师成长起来的。

小灵通技术起源于日本，经过UT斯达康改进后引入中国，1998年1月首次在浙江余杭区正式开通。1999年，华为曾组织过研究无线市话技术，但当时高层认为这项技术落后且没有前景，最终撤掉了相关研究。在全球互联网的冬天，中兴和UT斯达康反而凭借小灵通快速发展。2001年，中兴小灵通销售额高达23.96亿元，利润占当年总利润的25.74%，中兴也凭借小灵通业务缩小了与华为的差距。UT斯达康从一家默默无闻的小企业一跃成为年收入超过100亿元的明星企业。2002年，国内的3G牌照迟迟未发，CDMA领域出现的判断失误以及全球互联网的冬天等因素，导致华为的经营出现严重困难。而UT斯达康和中兴等几家厂商瞄准机会瓜分了国内几乎所有的小灵通市场，尤其是前者在小灵通市场的占有率超过60%，终端产品市场占有率超过70%，成为国内电信设备商最大的赢家。2002年初，华为开始加大小灵通的研发，这也是缓解资金紧张的无奈之举。2002年3月，华为推出CDMA制式小灵通——450M，采用的是3G频段，实际上等于建设一张移动通信网，只要拿到移动牌照，即可直接进行全国联网，并顺利地过渡到3G。2003年3月，450M因不属于"无线市话"被信息产业部紧急叫停，华为的小灵通计划不得不暂时中止。小灵通市场经过2006年高峰期后迅速衰落。2009年，工信部发文明确要求小灵通系统于2011年年底前完成清频退网，以便为3G建设让路。从短期来看，华为放弃了小灵通确实给当时的经营带来一定的压力与困难，而且被竞争对手中兴借助小灵通趁势赶上。从长远看，提前布局3G让华为紧紧瞄准了国际最新技术并加速突破，推动了3G在中国市场的发展，缩短了中国与发达国家的差距。

移动通信：快速追赶 2G 技术，突破 3G 技术成为主流厂商

第一代移动通信商业系统诞生于 20 世纪 80 年代，其代表是美国的 AMPS 和欧洲的 NMT，体积大、能耗大且加密困难。第二代移动通信技术以美国 CDMA 和欧洲 GSM 为代表。CDMA 技术来源于美国军方，已经被美国高通公司所垄断。GSM 专利限制较少，而且已在全球 160 多个国家商用。综合考虑技术因素、发展前景与公司投入等因素，华为最终选择了第二代的 GSM 产品进行研发。

GSM 具有通话语音清晰、干扰小，且频率利用率高等优点，在中国发展十分迅猛，中国移动的全球通和神州行就是 GSM 制式。90 年代初全国移动用户只有几万，到 1998 年 5 月用户已突破 1000 万。当时，中国的 GSM 市场主要被爱立信、摩托罗拉、诺基亚、西门子和阿尔卡特等跨国厂商所垄断。

1995 年，华为进入移动通信领域，开始研发 GSM 产品方案，并追踪 3G 的技术趋势，其发展概况如图 6-8 所示。

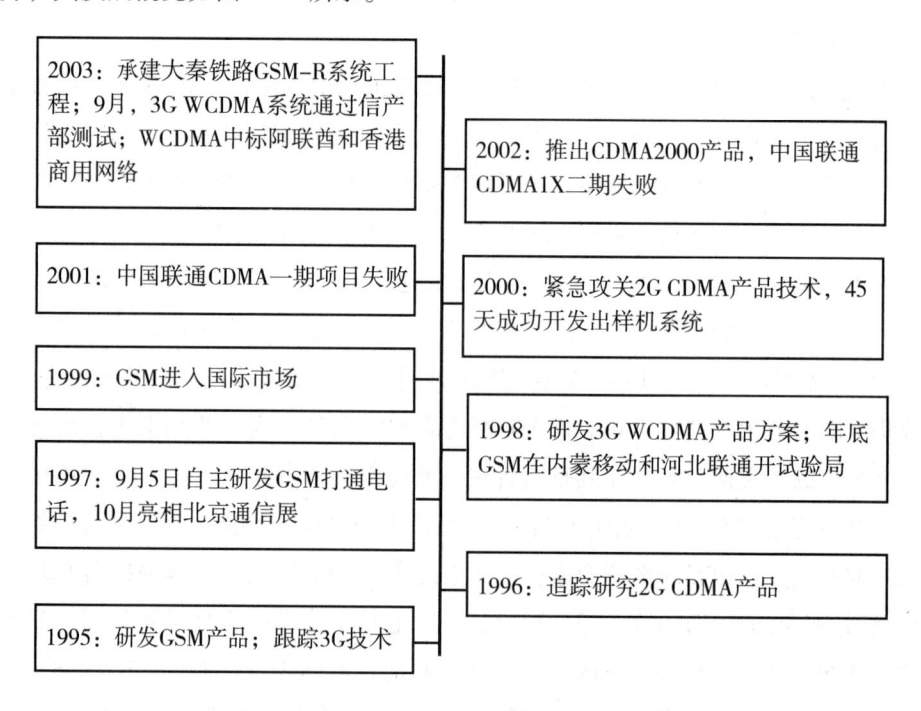

```
2003：承建大秦铁路GSM-R系统工程；9月，3G WCDMA系统通过信产部测试；WCDMA中标阿联酋和香港商用网络

2002：推出CDMA2000产品，中国联通CDMA1X二期失败

2001：中国联通CDMA一期项目失败

2000：紧急攻关2G CDMA产品技术，45天成功开发出样机系统

1999：GSM进入国际市场

1998：研发3G WCDMA产品方案；年底GSM在内蒙移动和河北联通开试验局

1997：9月5日自主研发GSM打通电话，10月亮相北京通信展

1996：追踪研究2G CDMA产品

1995：研发GSM产品；跟踪3G技术
```

图 6-8　华为移动通信产品 1996 年—2003 年演进图

2G GSM：升级产品适度领先，成功进入国内主流市场

1995 年，华为启动了 GSM 产品的研发，当时 GSM 网络在欧洲第一次商用已经 4 年。初期，华为仅投入 20 余名研发人员，几乎没有技术积累。后来，陆续投入了

数百名研发骨干，历时2年终于获得突破。1997年9月5日，华为自主研发的GSM系统成功打通第一个电话，10月GSM产品亮相北京通信展。

1998年上半年，华为GSM产品线已发展到投入600多名研发工程师，累计投入3亿多元进行技术研发。1998年下半年，全套商用GSM产品相继上网试验，即将量产上市。1998年年底，华为GSM首次在内蒙古自治区移动和河北联通以试验局的形式部署。从高层领导到市场一线人员再到远在深圳总部的研发人员，都付出了大量心血，GSM经受住了局方长时间、严格的验证，这两个局也从试验局变成了商用局。

1999年至2003年，GSM产品完成100多亿元销售收入，国内市场份额低于10%，没有达到预期的市场目标。在中国2G通信市场，GSM产品的主流通信厂商是爱立信、诺基亚、西门子、阿尔卡特等欧洲传统优势企业。

华为的GSM产品初战失利，其主要原因有以下三个：

（1）市场预估失误。

2001年，中国邮电分拆为中国电信、中国移动和中国联通。之前，华为一直认为联通或电信会选择GSM技术，结果却选择GSM和华为之前并不看好的CDMA技术两张网，中国电信选择应用PHS的小灵通，而中国移动的GSM和中国联通最早选择的GSM已被国际通信厂商所垄断。

（2）价格战应对不足。

爱立信、摩托罗拉、诺基亚等跨国厂商凭借技术领先优势，前期已经赚取了大量利润，为了扼杀华为主动发起价格战，在华为GSM产品刚上市时迅速大幅降价，让华为措手不及，不得不跟着大幅降价，产品利润率很低，前期巨额投入难以收回。

（3）对GSM产品的生命周期判断失误。

华为预计GSM产品在2000年左右会趋于成熟，由3G产品取代，但是GSM产品在2002年左右才趋于成熟，3G直到2009年才开始引进，2G慢慢开始由3G取代。直到2014年底，中国2G移动用户仍然占比54.7%，但是向3G和4G转化的速度在加快。

初战不利后，华为加大了对GSM更新换代产品的投入，并于1999年在国际市场上取得突破。GSM产品在海外市场遍地开花后，开始逐渐占据中国本土市场。2003年底，华为在与欧美电信厂商竞争中胜出，承建大秦铁路的GSM－R系统工程。这是中国第一个GSM－R项目，华为是全球极少数能够提供GSM－R系统的供应商。这标志着华为在该领域的技术实力，已经与西门子、北电网络等国际知名公司相媲美，在GSM技术上由模仿跟进开始走向适度领先。

2G CDMA：错估发展形势，联通两次招标失败

CDMA 的所有高端技术都被美国高通垄断，华为认为中国不会采用 CDMA 技术，因此从 1996 开始只投入几人进行追踪研究。1998 年年初，由于与高通公司的知识产权问题没有解决，中国联通第一次 CDMA95 招标项目半途中止，再次招标时间未定。

任正非认为，中国联通不会迅速启动 CDMA 项目，即使启动也不会选择相对落后的 CDMA95，于是撤掉了 CDMA95 项目小组，转而研究技术更为先进的 CDMA2000（3G 技术）。中兴则认为联通会很快启动 CDMA 项目，而且移动通信网络需要经过 CDMA95 的过渡才能顺利转向 3G CDMA2000。因此，中兴将研发重心放在 CDMA95 项目上，同时投入小部分资源跟踪研究 CDMA2000。

在中国加入 WTO 的大环境下，中国联通与美国高通解决了知识产权问题，于 2000 年 2 月签署了 CDMA 投资建设框架协议。得知消息后，华为紧急抽调了数百名研发骨干日夜攻关 45 天，成功开发出 CDMA 样机系统，但因时间有限全面突破 CDMA 技术非常困难。

2001 年 5 月 21 日，中国联通 CDMA 一期项目招标，投资高达 209 亿元，恰恰选了华为公司之前并不看好的 CDMA95 技术标准。结果，中兴获得 10 个省共计 7.5% 的份额，华为只得到了少部分的移动交换机订单。吸取教训奋战一年后，华为不仅突破了 CDMA 全套技术，还推出了更高版本的 CDMA2000 产品。经过一些省市的设备测试和技术评定，华为的这项技术已经达到国际领先水平。

2002 年 11 月，联通启动了 100 亿元的 CDMA1X 二期招标。在 CDMA 1X 的研发和设备测试等方面，华为投资了 10 亿元左右，但是再次失利、损失惨重。中兴凭借一期中标的优势等因素，再次获得了 12 个省份共计 15.7 亿元的合同，在 CDMA 市场上大幅领先华为。

3G WCDMA：推出全套方案并商用，成为全球 3G 主流厂商

国际主流的 3G 标准有三个：CDMA2000，WCDMA 和 TD–SCDMA。CDMA2000 由美国高通公司主导提出，WCDMA 是欧洲基于 GSM 网发展而来，TD–SCDMA 则由中国大唐通信和西门子联合提出。

早在 1995 年，华为就跟踪国际 3G 技术走向。1998 年 2 月，华为参加了在北京举办的 3G 国际会议。基于 3G 市场潜在的巨大需求，华为开始着手 WCDMA 商业系统的研发。华为对 3G 高度重视，累计投入研发资金超过 40 亿元，仅 2003 年的研发费用就近 10 亿元，占公司年度研发投入经费 1/3 以上。在 3G 研发上，公司不仅投入巨资，而且人力投入也很惊人：2003 年投入 3500 名研发人员，上海研

所上千人、北京和深圳研究所各几百人。为了跟踪欧洲技术,华为还在瑞典爱立信公司旁边设立了研究所,俄罗斯与美国的研究所也是为3G而设。

经过两年研发,华为完成了3G技术从公式到模型的仿真和关键技术验证。2001年中,上千人从深圳、北京集中到上海金茂大厦六层大楼,对WCDMA网络上八个全新的设备(终端、基站、控制器、MSC、SGSN、GGSN、HLR、OM)进行调试,在八个网元近千万行软件代码和几百万门逻辑中发现了成千上万的问题,不断成立攻关组,最多的时候有二十多个团队在轮番攻关。花了大半年,全网的解决方案终于打通,华为于2002年底推出了WCDMA商用产品。

2003年9月,华为WCDMA系统以优异的表现通过了信息产业部测试,全面掌握了WCDMA从系统到芯片的全套技术。基站系统的性能测试表明,无线性能优于3GPP协议规定的2dB—4dB,完全达到了商用的要求,部分性能处于业界领先地位。2004年,华为已经拥有包括WCDMA、CDMA2000和TD-SCDMA产品在内的全套移动通信解决方案。

WCDMA研发成功后,国内迟迟不发牌照,华为每等待一天,就要多支出300万元费用。同时,华为GSM产品竞争力弱、无法与爱立信和诺基亚等国外巨头相抗衡,CDMA联通招标失利,每年20多亿的销售还不够研发投入。直到2009年1月7日,国内才发放3张3G运营牌照,中国电信的CDMA2000,中国联通的WCDMA,中国移动的TD-SCDMA。

2003年,全球3G网络部署已经处于建设高峰期。为此,华为开始转而积极拓展海外3G市场。WCDMA在2003年圣诞前夜,高价中标拿下阿联酋ETISALAT和香港SUNDAY商用网络,实现WCDMA零的突破。2003年,华为无线产品实现了50亿元销售,在海外进军中活了下来,实现了第一个逆周期成长。

ATM交换机:通过技术合作研发ATM交换机,因以太网兴起被淘汰

20世纪80年代,宽带数字通信开始逐渐兴起。1988年,国际电联确定把综合业务数字网(B-ISDN)作为宽带数字通信的载体,ATM是进行数据传输和交换的核心技术。1993年6月,北京邮电大学的雷振明教授申请了国家863计划,在邮电部科技司的支持下,带领十几人的团队开始研发ATM交换机。1995年,ATM样机研制成功,课题通过了国家科委的验收。1996年,邮电部立项建设北京范围的ATM实验网。

1996年,华为与西安电子科技大学周代琪副教授的研究团队合作,投资数千万元研发ATM交换机。后来周教授留在华为,成为西安研究所的所长。1998年—1999年,我国ATM网络建设进入高峰期,主要厂商有北电、朗讯、阿尔卡特和上海贝尔等。华为、中兴和大唐等国内厂商的ATM交换机的性能与跨国厂商的不相上下，而且价格具有一定的优势。但是限于市场规模等因素，在高端产品上竞争十分激烈。

20世纪90年代末，随着IP技术的飞速发展，ATM交换机因价格高昂、技术复杂等原因，迅速被物美价廉的以太网交换机所淘汰。2000年以后，ATM交换机逐渐退出市场。

下一代网络方案（NGN）：产品全球领先，积极参与相关标准制定

20世纪初，我国电信网络发展迅速，取得了巨大成绩，综合通信能力明显增强。但是，随着产业界的融合趋势，电话网、计算机网、有线电视网趋于融合，网络面临的压力越来越大。网络负荷在不断增大，业务需求也趋于多样化，运营商必须提供越来越多的多媒体业务才能吸引住用户。而目前的PSTN（公共交换电话网络，固定电话语音通信）、PLMN（公共陆地移动网络，移动电话语音通信）网络难以提供这些新型的多样性业务。与此同时，飞速发展的数据网已经对PSTN、PLMN业务形成分流，并逐渐成为承载话音业务的基石。

在这一发展背景下，基于软交换技术的NGN网络应运而生。NGN又称为下一代网络，起源于美国，是全球电信史上的一块里程碑，它属于一种综合、开放的网络构架，提供话音、数据和多媒体等业务。

1998年，刘南杰加入华为，给公司带来新的理念——下一代网络（NGN）。当时下一代网络在国际上也没有明确定义，预示着未来世界领先的趋势，华为紧急从各产品线抽调优秀研发骨干成立预研项目组进行封闭研究。NGN产品方案的发展历程如图6-9所示。

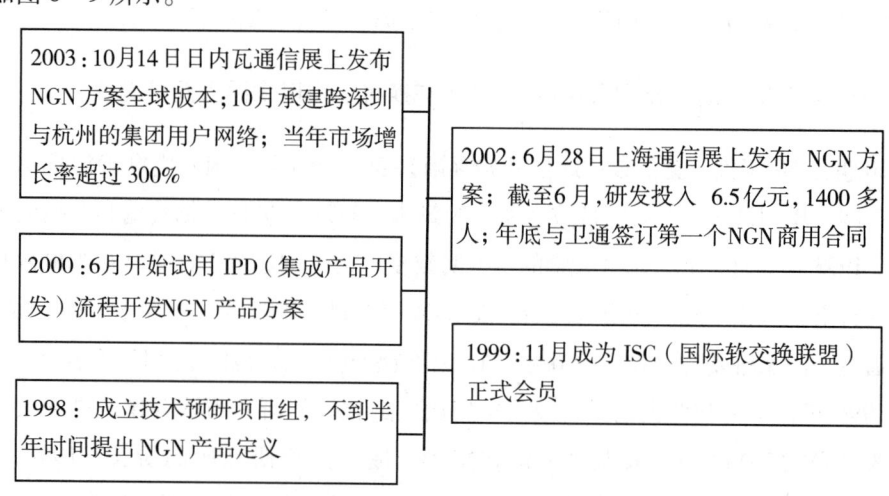

- 2003：10月14日日内瓦通信展上发布NGN方案全球版本；10月承建跨深圳与杭州的集团用户网络；当年市场增长率超过300%
- 2002：6月28日上海通信展上发布NGN方案；截至6月，研发投入6.5亿元，1400多人；年底与卫通签订第一个NGN商用合同
- 2000：6月开始试用IPD（集成产品开发）流程开发NGN产品方案
- 1999：11月成为ISC（国际软交换联盟）正式会员
- 1998：成立技术预研项目组，不到半年时间提出NGN产品定义

图6-9 华为NGN产品1996年—2003年演进图

通过国际合作与强力投入，顺利推出业界领先的 U-SYS 解决方案

预研项目组成立不到半年时间，将 NGN 产品定义为：由软交换、媒体网关、接入网关、MGCP（媒体网关控制协议）、SIP（会话启动协议）等组成。2000 年 6 月，华为试用 IPD（集成产品开发）流程进行 NGN 解决方案开发。截至 2002 年 6 月，U-SYS 解决方案共投入研发人员 1400 多人，NGN 研发累计投入 6.5 亿元。

在 NGN 的开发上，华为采取国际合作开发的策略。华为在美国达拉斯的研究所主要负责国际对外合作、跟踪最新技术动态和 NGN 总体系统分析设计；华为印度研究所主要进行产品模型设计和 NGN 的核心技术软交换的协议栈及软件开发实例。2001 印度研究所通过 CMM（软件能力成熟度模型）的四级认证，这是对华为印度研究所的软件开发实力的有力肯定。华为深圳总部和北京研究所则针对运营商网络特点进行客户化设计，将 NGN 解决方案产品化。

2002 年 6 月 28 日，在上海国际信息通信展期间，华为发布了 U-SYSNGN（下一代网络整体解决方案）。2003 年 10 月 14 日，在日内瓦世界电信展会上（ITU Telecom World 2003），华为发布了 U-SYS 下一代网络解决方案的全球版本，宣布具备面向全球提供 NGN 商用解决方案的能力。

华为 NGN 方案在产品设计、业务包装、产业链建设等方面一直走在业界前列，并且积极关注和推动 NGN 标准的建设工作，参与国际与国内的 NGN 标准制订。华为公司还是 ITU-T 标准活动的重要参与者和组织者。在 NGN 领域，华为共有 9 个课题报告人/联合课题报告人职位，8 个编辑人职位和 1 个专题组副主席职位。

U-SYSNGN 方案推向市场大受欢迎，全球份额位列第二

作为国内 NGN 商用建设的领头羊，早在 2002 年年底，华为和卫通就签订了 NGN 商用合同。依据该合同，华为 U-SYS 为卫通集团建设了覆盖全国近 200 个城市的 NGN。从 2003 年起，华为 U-SYS 全力支持中国网通南方各公司的 NGN 商用建设，先后开拓了西南、西北及广东等地区 NGN 市场。

2003 年 10 月，由深圳电信承建的国内首个 NGN 跨域集团用户网络正式启用，覆盖深圳和杭州两地，在网用户数超过 10 万。2003 年，华为 U-SYS 方案的市场增长率超过 300%。Dittberner 咨询公司的统计报告显示：2004 年第一季度华为的 U-SYSNGN 解决方案全球出货量超过北电网络，排名第一。截至 2004 年 7 月，华为的下一代网络 U-SYS 解决方案已在中国、英国、文莱、智利、巴西等 10 多个国家和地区的 20 多个运营商中成功商用，占有全球 13% 市场份额，排名全球第二。

企业用户产品研发：持续高强度研发投入，抢占思科市场份额

1994年，华为开始数据通信领域的技术跟踪和产品预研。1995年，华为正式成立北京研究所，负责数据通信产品的研发与生产。

为了快速追赶数据通信的领导厂商思科，华为对数据通信部门进行了持续的大量投资。1998年，华为投资1亿元给数据通信部门；1999年，华为拨给数据通信部门2亿元，这些投资主要用于开发人员的费用、购买各种仪器设备、对外合作（同高校、研究所合作开发一些软件和协议）和购买一些软件技术等。即使在2000年的全球互联网危机中，仍然坚持对北京研究所的持续大力投入。

持续的高强度投入，华为迅速缩小了与思科的技术差距，相继研发出高端路由器NE系列、接入服务器A8010以及ATM和以太网交换机、安全防火墙和业务系统在内的全套数据通信解决方案，成为业界领先的端到端的解决方案供应商。数据通信产品的发展概况如图6-10所示：

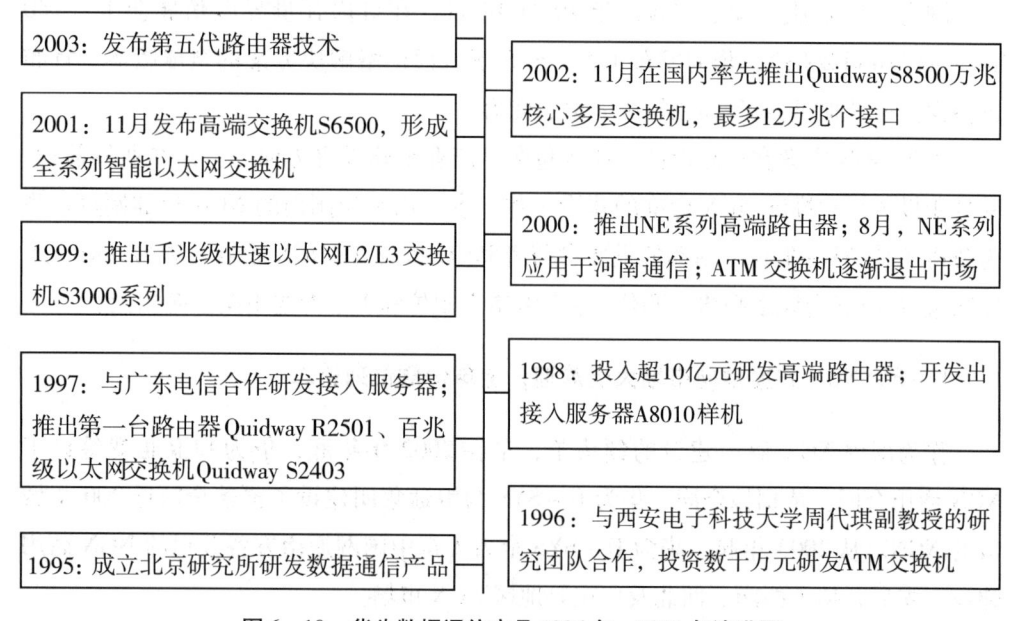

2003：发布第五代路由器技术	2002：11月在国内率先推出Quidway S8500万兆核心多层交换机，最多12万兆个接口
2001：11月发布高端交换机S6500，形成全系列智能以太网交换机	2000：推出NE系列高端路由器；8月，NE系列应用于河南通信；ATM交换机逐渐退出市场
1999：推出千兆级快速以太网L2/L3交换机S3000系列	1998：投入超10亿元研发高端路由器；开发出接入服务器A8010样机
1997：与广东电信合作研发接入服务器；推出第一台路由器Quidway R2501、百兆级以太网交换机Quidway S2403	1996：与西安电子科技大学周代琪副教授的研究团队合作，投资数千万元研发ATM交换机
1995：成立北京研究所研发数据通信产品	

图6-10 华为数据通信产品1996年—2003年演进图

路由器：低端路由器占据国内1/3市场，高端路由器进入全球60多个国家市场

路由器是互联网中使用的主要设备。国内路由器市场一直都被Cisco、Juniper等国外公司垄断，这些国际知名企业在中国建立了完善的代理分销体系，并掌握业界领先的技术，国内厂商很难进入路由器市场。

1997年，在项目组全体成员的拼搏奋斗下，华为成功推出第一台路由器Quidway R2501（主要针对思科的畅销产品 CISCO 2501）。1998 年，华为正式进入路由器市场后，公司成立了由徐国祥负责的数据通信行销部，尝试进行代理销售渠道的扩展。在路由器的销售过程中碰到一个麻烦的问题：由于思科的路由器成为全球数据通信的主流设备，华为路由器必须要与之兼容才能销售。为了解决这个问题，公司买来了各种型号的 Cisco 路由器进行对接试验，并从外部特征来分析 Cisco 的私有协议。但这种办法难度较大，开发进度很慢。后来华为买了一套 Cisco 的软件，解决了与思科路由器兼容的问题。到 2001 年，Quidway R2501 在中低端产品市场上占据了 35% 的份额。

20 世纪 90 年代末期，华为逐渐在中低端路由器市场打开局面。思科钱伯斯率先伸出了"橄榄枝"，希望与华为在路由器产品方面进行合作，将中国市场的中低端产品的生产制造交给华为，但是华为必须放弃高端产品的研发。华为拒绝了思科的要求，计划自主研发高端路由器。1998 年，华为投入 10 亿元以上用于研发高端路由器。虽然当时数据通信的人员很稀缺，但是该项目投入的高级工程师就超过 2000 人。华为先后突破了高端路由器领域的一系列核心技术，2000 年成功推出 NE 系列高端路由器，先后发布了 NE05/08/16 系列、NE40/80 系列、NE5000 系列高端路由器产品。NE 系列路由器采用分布式和可扩展性设计，具备海量交换容量和超高转发性能，全面满足新一代互联网对带宽性能、服务质量、业务提供能力的需求。华为的 NE 系列高端路由器推向市场后，逐渐发展成为国内数据网络建设的主流设备。2000 年 8 月，华为 Quidway NetEngine 16 规模应用于河南通信，第一次打破了国外厂商在高端路由器领域的垄断。2003 年，华为发布了基于网络处理器的第五代路由器技术。2004 年，华为占据了中国高端路由器市场 18.5% 的份额，NE5000E 与 NE80E 分别承担了中国电信 163 国家级骨干网络骨干节点及中国移动 IP 专用承载网络的建设，成为首个且唯一一个能为国家级骨干网络提供高端设备的国内厂商。在国际市场上，Quidway NE 系列也规模进入了 60 多个国家，承担了 14 个国家骨干网建设。截至 2004 年 12 月，Quidway NE 5000E/80/40 系列高端路由器的销量已超过 3700 台。

以太网交换机：快速突破核心技术，国内率先推出万兆级产品

以太网起源于 20 世纪 70 年代，是目前世界上应用最广泛的网络技术。早期的 IP 网络提供的语音和图像质量普遍较差。20 世纪 90 年代，以太网得到快速发展，先后出现了 100M、1000M 和 10000M 以及更高速的以太网技术。

1994 年，国内掀起了网络交换机技术的热潮。华为北京研究所 8 月份成立，主要负责开发路由器、交换机、接入服务器等数据通信产品。1995 年，快速以太网标准诞生后,华为开始研发以太网交换机。

1997年12月,华为推出第一台百兆级以太网交换机 Quidway S2403。经过几年的技术发展,华为于2002年11月在国内率先推出了 Quidway S8500 万兆核心多层交换机,具有容量大(最多12万兆个接口)、业务接口特性丰富、协议支持完备、系统稳定性高等优点,受到市场的大力欢迎。

消费者用户产品研发:被动进入,积累经验

早在1994年,华为就开始研发 C&C08 配套的电话机。1996年,华为成立了专门的终端事业部,陆续生产了电话机、ISDN终端、小灵通手机和3G手机等产品,其发展概况如图6-11所示。

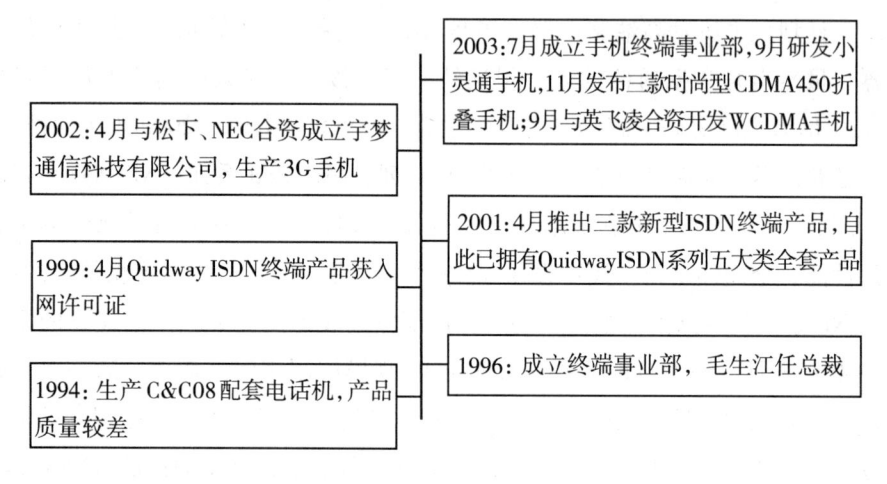

```
2003:7月成立手机终端事业部,9月研发小灵通手机,11月发布三款时尚型CDMA450折叠手机;9月与英飞凌合资开发WCDMA手机

2002:4月与松下、NEC合资成立宇梦通信科技有限公司,生产3G手机

2001:4月推出三款新型ISDN终端产品,自此已拥有QuidwayISDN系列五大类全套产品

1999:4月Quidway ISDN终端产品获入网许可证

1996:成立终端事业部,毛生江任总裁

1994:生产C&C08配套电话机,产品质量较差
```

图6-11 华为终端产品1996年—2003年演进图

电话机:质量差,送礼严重影响公司形象

1994年,C&C08交换机研制成功后,华为启动了配套电话机的开发、生产与销售。1996年,华为成立终端事业部,毛生江担任总裁。终端事业部开发出了各种各样的电话机:无绳的子母机,带录音功能的电话机,桌面电话机,以及挂在洗手间的壁挂式电话机等。

但是在电话机市场,由于技术含量低,很多小作坊加入竞争,采取各种手段将成本降到最低,华为并不具有成本优势。而且华为的电话机质量也不好,结果只能在公司内部使用,或者当礼品送给客户。北京办事处主任曾送一个子母机给一位客户试用,结果没用几天就坏了,严重影响了华为的产品形象和公司品牌。

ISDN 终端：与北邮合作开发 ISDN 技术，ADSL 被淘汰

ISDN 综合业务数字网（Integrated Services Digital Network）是一个数字电话网络国际标准。20 世纪 80 年代，ISDN 技术开始试验与使用，并在 1988 年趋于稳定。早在 1985 年—1995 年，我国就设立"七五""八五"国家重点科技攻关项目，进行 ISDN 实用化技术的研究，北京、上海和广州先后建立了小规模的商用 ISDN 试验网。

华为与北京邮电大学的程时瑞教授合作开发 ISDN 技术，ISDN 终端产品配合 C&C08 的 ISDN 功能在电信部门进行销售。1999 年 4 月，Quidway ISDN 终端产品通过信息产业部的测试和审查，获得入网许可证。ISDN 终端产品最大的一笔销售是广东东莞电信局，但在使用过程中出现了很多问题，最大的问题是防雷。由于打雷损坏的终端，华为免费给客户换新的产品。

1999 年，中国电信与上海贝尔联合推出"飓风行动"推广 ISDN 解决方案，在全国掀起了宣传、认识和利用 ISDN 的高潮。2000 年，由于芯片供应短缺，ISDN 终端脱销，国内许多地方出现了排队申请的场面。2001 年 4 月，华为推出三款新型 ISDN 终端产品，大幅提高了 ISDN 的易用性。至此，华为已拥有 Quidway ISDN 系列五大类全套产品，包括 ISDN 网络终端（NT1）、ISDN 终端适配器（TA）、ISDN 数字电话机、ISDN 接入适配卡、ISDN 路由器等。

由于 ISDN 终端设备的价格很高，缺乏切入市场的应用，随着 ADSL 技术的发展被淘汰，ISDN 终端项目也以亏损告终。

小灵通手机：与中兴、UT 斯达康位列国内三甲

由于其他终端项目上的失败，华为终端事业部亏损额高达 2 亿元以上。为此，华为主动放弃了手机终端业务。任正非曾经说过："华为以后再也不搞终端了。"随着移动通信的发展，中研部曾多次提出立项开发手机，都被他予以否决。

2002 年，中兴、UT 斯达康等国内厂商在小灵通手机市场获利颇丰，而且把手机终端和通信设备组合销售，给华为带来了很大的竞争压力。20 世纪初全球爆发了互联网危机，电信设备市场的需求大幅缩减。2002 年，华为的销售额 221 亿元，首次出现大幅下降（2001 年 255 亿元）。为了缓解资金压力、阻止友商有力竞争，华为决定进入手机终端市场。

2003 年 7 月，华为成立手机终端事业部。2003 年 9 月，华为进入小灵通手机市场，投入 2 亿元资金，并调集 300 多名经验丰富的软硬件人员进行开发。公司当时的要求是：不准高利润，也不准亏本，自己养活自己，滚动发展。

2003 年 11 月，华为正式发布了三款时尚型 CDMA450 折叠手机：A516、A616

和 A628。小灵通手机上市后，华为实施了"诺曼底"终端建设计划，专门组建了几百人的终端销售与服务队伍，覆盖全国 300 多个地市。在 2003 年短短的三个月时间，华为小灵通手机的销售额就突破了 2 亿元。

2004 年，华为推出高中低各个档次的 10 款小灵通新机，到 11 月销量已高达 300 万台，位列国内市场三甲。很快，华为小灵通手机的市场占有率从 5% 增长到 25%，小灵通的平均单价也从 1500 元直线降到 500 元。

在全球电信业的寒冬之际，华为经历了 CDMA、GSM 和小灵通市场的诸多失利，小灵通手机的利润一定程度上缓解了公司的资金困境，而且小灵通手机的渠道体系建设为后续终端产品的销售积累了宝贵的经验。

3G 手机：合资开发 3G 手机，国内率先推出 3G 双模手机

最初，华为没有考虑做 3G 手机。WCDMA 3G 产品研发出来后，没有配套的 3G 手机，导致运营商无法大规模启动 3G 网络的建设。2002 年 4 月，华为与松下、NEC 合资成立了宇梦通信科技有限公司，从事 3G 手机终端的研发生产。公司注册资金为 800 万美元，华为占股 6%，松下和 NEC 占股都是 47%。2003 年 9 月 17 日，华为又与欧洲著名的半导体公司英飞凌科技公司各投资 2000 万美元，合作开发低成本的 WCDMA 手机开发平台。

2004 年 2 月份，华为在戛纳 3GSM 大会上推出了中国第一款 WCDMA/GPRS 双模手机，丰富的业务演示引起了业内的广泛关注。2004 年 11 月 15 日，华为在香港 3G 大会（3G World Congress & Exhibition 2004）前夕，正式向全球发布三款成熟商用的 WCDMA 终端产品：U626（手机）、U326（手机）及 E600（数据卡），覆盖高、中、低端及商务用户等几个层面。截至 2004 年年底，华为无线终端产品已经在欧洲、非洲、东南亚等 40 多个国家和地区成功规模商用，并取得了优异的销售业绩。

本章小结

1996年—2003年，中国固定电话市场快速增长，同时移动和宽带市场也进入导入期和成长期。华为有效地抓住了这个快速发展期，以运营商用户为主，与时俱进地研发多种通信产品，成为了中国通信市场的主流厂商。相信大家通过阅读华为各个产品研发的成败"故事"，可以体会到诸多产品研发与创新管理的经验教训。

笔者总结华为国内领先阶段的产品创新有效做法如下，供大家参考。

① **开发一款"拳头产品"并且持续优化，奠定市场地位。** 华为凭借C&C08数字交换机一战成名，成功地在中国通信市场站稳了脚跟。通过持续20年的优化，C&C08数字交换机获得良好的投资回报，并且成功进入国际市场。

② **聚焦一类客户，基于市场需求及时开发多种产品，进行相关多元化，降低企业发展风险，保证企业持续快速增长。** 华为在国内领先阶段的8年中，由数字交换机进入了STP、智能网、光传输、接入网、无线通信、移动通信、NGN、路由器、以太网交换机等多个产品领域，在多个领域取得了市场成功，部分产品占据了国内主要的市场份额，技术业界领先。

③ **在决定进入一个产品领域后，快速集结研发资源，采用攻关方式，快速推出新产品，抢占市场先机。** STP设备、接入服务器等多类产品的开发都体现了这种速战速决的做法。

④ **在立足内部团队自主研发的基础上，适当采取并购技术和合作等方式快速开发新产品，取得先发优势。** 如以100万元购买北邮智能网技术许可，以400万美元并购美国光通信厂家，与客户广东电信合作开发接入服务器等。

⑤ **坚持自我批判，对决策失误及时反思，及时调整没有前景或者自身不具备优势的产品，不自负，不自满。** 比如华为一开始没有进入小灵通市场，在UT斯达康和中兴取得不错的业绩后奋起直追，市场业绩成功位列国内三甲。

⑥ **不局限于一类客户，基于市场需求及自身技术优势进入多类客户市场，扩展企业生存空间。** 华为在集中主要精力投入运营商用户产品研发的同时，也进入企业用户和消费者用户市场，路由器和以太网交换机等产品取得了良好的市场业绩。

⑦ **在相关研发人员比较集中的国内及国际城市设立多个研究所，充分利用全球研发资源。** 比如华为先后在北京、南京、成都等国内技术人员比较密集的城市设立研究所，在美国、印度、瑞典等设立国际研究所。

在国内领先阶段，华为的产品研发有胜有负，但胜多负少。华为快速、有效、多领域的产品研发保证了华为由十亿级企业向百亿级企业的跨越，取得了国内通信市场领先地位。人才优势、技术积累再加上 IPD 等管理体系的导入，为华为在国际先进阶段发展成为千亿级企业奠定了坚实的基础。

第7章　经营理念：要么领先，要么灭亡

> 欲生先置于死地，也许会把我们逼成一流的设备供应商。
>
> ——任正非（1998年）

经营理念也可以理解为经营哲学，是一个企业对企业经营的本质的认识。经营理念很大程度上决定了一个企业能走多远、能走多久、能发展到多大规模。本章从对企业生死、企业成长、企业成败以及困难与危机的看法等方面比较系统地总结了华为在国内领先阶段的经营理念，供各企业创始人和高层管理团队成员学习、借鉴。

对企业生死的看法：要么领先，要么灭亡，没有第三条路可走

华为认为，企业要持续生存下去，一是要有客户，二是要有具有竞争力的产品。要成为领先企业，企业要通过领先研发创造机会，引导消费，而不是等到机会出现时再想办法去抓住机会。要成为世界领先企业，必须有世界性的战略眼光，主动置之死地而后生，不要追求企业短期利润最大化，瞄准成为业界最佳这一目标。企业家的生命不应成为企业的生命，要通过诚信经营，引进并发挥一流人才的作用，规范管理，保持合理的增长速度使企业可持续发展。

生存下去的充分且必要条件是要拥有市场

任正非认为，企业首先得生存下去，生存下去的充分且必要条件是是否拥有市场。没有市场就没有规模，没有规模就没有低成本。没有低成本、高质量，企业就难以参与竞争，必然会衰落。

为了争取市场，八年来近千"游击队员"们，在通信低层网上推广着华为技术

并不高的产品，呕心沥血地维护这些产品的品牌效应，给我们的新产品进入通信网提供了资格证。我们产品产生了这么大的覆盖，是办事处人员用他们的青春铺筑的。（1996年）

除了进步，我们已无路可走

企业经营，如同逆水行舟，不进则退。企业要持续经营，就要持续发展，不断开发新产品、拓展新市场。

中国要发展，不仅要抢占国内市场，也需要国际市场。国际市场本来就是别人的，如果我们不够强大，像华为这样的公司要被消灭是极其容易的。

创业当初，我们因为幼稚无知而走上这条路，没想到这条路走得这么曲折艰辛。华为公司如果在两年前就停止发展，那我们今天就是收拾残局、准备破产的局面。我们今天若停止发展，两年后也会是那种局面，我们的对手实力太强大，除了进步，我们已无路可走。（1996年）

管理与服务的进步决定企业的生死存亡

企业竞争，通常是前有堵敌，后有追兵，进退两难。任正非认为，最大的敌人就是自己，能否战胜自己，是取得胜利的关键。"狭路相逢勇者胜"，一定要冲过自己的心理障碍，在管理与服务上狠下功夫，从一点一滴的小事做起。在市场洪流冲击华为的时候，不做"叶公好龙"的小人。在激烈的市场竞争面前，任正非要求全体员工手挽手、心连心，坚决与自己的错误缺点做斗争。为取得胜利，献出自己的青春、真诚和欢愉，为扎扎实实做好本职工作而奋斗。

在我们的前面是竞争对手，后面也是竞争对手，先行者的强大是我们年轻队伍不曾感受过的，后来者的生机蓬勃也是我们始料不及的。后退是没有出路的，落后只有死路一条。唯有狭路相逢勇者生，针对自身建设上的弱点，毫不遮掩地揭露和改正，使我们真正健康成长起来，强大到足以参加国际竞争。我们真正战胜竞争对手的重要因素是管理与服务，并不完全是人才、技术与资金，上述三个要素没有管理形不成力量，没有服务达不到目标。至少华为近两三年生死存亡的问题都是管理与服务的进步问题。（1998年）

要么领先，要么灭亡，没有第三条路可走

在任何一个细分行业，消费者通常只能记住1~2个品牌，因此，企业要追求成为细分行业里数一数二的领先型企业，否则很难有持续生存和发展的机会。华为致力于发展成为通信产业的全球业界最佳企业。任正非说，当华为公司占领全球的时候，我们才会真正感到光彩。

华为在一定利润率水平上追求成长的最大化。只有达到和保持高于行业平均的增长速度和行业中主要竞争对手的增长速度，才能增强公司的活力，吸引最优秀的人才，进而实现公司各种经营资源的最佳配置。

在电子信息产业要么领先，要么灭亡，没有第三条路可走。华为由于幼稚走上了这条路。当我们走上这条路，没有退路可走时，我们为此付出了高昂的代价，我们的高层领导为此牺牲了健康。后来的人也仍不断在消磨自己的生命，目的是为了达到业界最佳。沙特阿拉伯商务大臣来参观时，发现我们办公室的柜子上都是床垫，然后他把所有的随员都带进去听我们解释这床垫是干什么用的，他认为一个国家要富裕起来就要有奋斗精神。奋斗需一代一代的坚持不懈。（1998年）

欲生先置于死地，主动远离舒适区

华为主动提出不进入信息服务业，不做运营商，不在集团内部做交易，主动远离舒适区，置之死地而后生，以成就世界一流。华为希望通过破釜沉舟，把危机意识和压力传递给每一个员工。通过无依赖的市场压力传递，内部机制永远处于激活状态。

我们决心永不进入信息服务业，把自己的目标定位成一个设备供应商。这在讨论中争论很大的，最后被肯定下来，是因为只有这样一种方式，才能完成无依赖的压力传递，使队伍永远处在激活状态。进入信息服务业有什么坏处呢？自己的网络、卖自己产品时内部就没有压力，对优良服务是企业生命的理解也会淡化，有问题也会推诿，这样企业是必死无疑了。在国外我们经常碰到参与电信私营化这样的机会，我们均没有参加。当然我们不参加，以后卖设备会比现在还困难得多，这迫使企业必须把产品的性能做到最好、质量最高、成本最低、服务最优，否则就很难销售。任何一个环节做得不好，都会受到其他环节的批评，通过这种无依赖的市场压力传递，我们内部机制永远处于激活状态。这是欲生先置于死地，也许会把我们逼成一

流的设备供应商。(1998年)

只有瞄准业界最佳才有生存的余地

华为强调发展的思路就是瞄准业界最佳的竞争对手,跟随并超越他们,只有这样,公司才有生存的余地。

我们必须以客户的价值观为导向,以客户满意度为标准,公司的一切行为都是以客户的满意程度作为评价依据的。客户的价值观是通过统计、归纳、分析得出的,并通过与客户交流,最后得出确认结果,成为公司努力的方向。沿着这个方向我们就不会有大的错误,不会栽大的跟头。所以现在公司在产品发展方向和管理目标上,我们是瞄准成为业界最佳这一目标的,那么现在业界最佳是西门子、阿尔卡特、爱立信、诺基亚、朗讯、贝尔实验室等,我们制订的产品和管理规划都要向他们靠拢,而且要跟随并超越他们。如在智能网业务和一些新业务、新功能问题上,我们的交换机已领先于西门子,但在产品的稳定性、可靠性上我们和西门子还有差距。因此我们只有瞄准业界最佳才会有生存的余地。(1998年)

企业活下去的两个要素:一是客户,二是货源

对于企业而言,没有客户就不会有收入,也就无法支付员工报酬和日常经营费用,所以说客户是第一位的。此外,拥有了客户,但是没有满足客户需求的有竞争力的产品,企业也不能实现签约和收入,企业同样不能得到回报。企业的产品满足客户需求才有可能获得客户,企业的产品具有市场竞争力才是真正意义上的掌握货源。

华为矢志不渝地追求企业核心竞争力的不断提升,从未把利润最大化作为目标。核心竞争力不断提升的必然结果就是生存、发展能力不断被提升。我们认识到,作为一个商业群体必须至少拥有两个要素才能活下去:一是客户,二是货源。因此,首先,必须坚持以客户价值观为导向,持续不断地提高客户满意度。客户达到100%的满意,就没有了竞争对手,当然这是永远不可能的。企业唯一可以做到的,就是不断提高客户满意度。提升客户满意度是十分综合复杂的,要针对不同的客户群需求,提供实现其业务需要的解决方案,并根据这种解决方案,开发出相应的优质产品并提供良好的售后服务。只有客户的价值观,通过我们提供的低成本、高增值的解决方案而得到实现，客户才会源源不断购买我们的产品。归结起来是，企业必须管理与服务不断改进。其次，企业必须解决货源低成本、高增值的问题。解决货源这一问题的关键，必须有强大的研发能力，能及时、有效地提供新产品。由于IT业的技术换代周期越来越短，技术进步慢的公司市场占有率可能会很快萎缩。IT业每49天就刷新一次，这对从事这个行业的人来说，太残酷了。华为追赶世界著名公司最缺少的资源是时间，要在十年内走完他们几十年已走过的路程。华为已经有几种产品在世界领先，有4～5种产品为业界最佳之一，这是一代又一代的创业者以生命消逝换来的。（2000年）

企业要一直活下去，不要死掉

任正非说，企业要一直活下去，不要死掉。个人受自然规律约束，总有死亡的一天。企业如果能够掌握并遵循持续生存的规律，就有可能持久地活下去。

作为一个自然人，受自然规律制约，有其自然生命终结的时间；作为一个法人，虽然不受自然规律的约束，但同样受到社会逻辑的约束。

企业的经营管理必须求"法"（遵循）自然法则和社会法则，必须不断地求"是"（规律）。

对华为公司来讲，长期要研究的是如何活下去，寻找我们活下去的理由和活下去的价值。活下去的基础是不断提高核心竞争力，而提高企业竞争力的必然结果是利润的获得和企业的发展壮大。这是一个闭合循环。

对于个人来讲，我没有远大的理想，我思考的是这两三年要干什么、如何干才能活下去。我非常重视近期的管理进步，而不是远期的战略目标。活下去，永远是硬道理。

近期的管理进步，必须有一个长远的目标方向，这就是核心竞争力的提升。公司长远的发展方向是网络设备供应商，这是公司核心竞争力的重要体现。有了这个导向，我们抓近期的管理就不会迷失方向。朝着这个方向发展，我们的近期和远期发展就不会产生矛盾，我们的核心竞争力就会得到升华，我们也就有生存的理由和价值。

胜利的曙光是什么？胜利的曙光就是活下来，哪怕瘦一点，只要不要得肝硬化、不要得癌症，只要我们能活下来，我们就是胜利者。冬天的寒冷，也是社会净化的过程，大家想要躲掉这场社会的净化，是没有可能的。因为资源只有经过重新的配置，才可能解决市场过剩的冲突问题。（2002年）

诚信是企业最大的财富

任正非认为，诚信是华为最大的财富。诚信是华为的立身之本，是企业的核心竞争力，是企业最宝贵的无形资产。这个无形资产会给企业带来源源不断的财富。

华为这十几年来铸造的就是这两个字：诚信，对客户的诚信，对社会、政府的诚信，对员工的诚信。只要我们坚持下去，这种诚信创造的价值是取之不尽、用之不竭的。我们经过十年的时间，花大量的金钱和精力，在市场上塑造了两个字"诚信"，这是我们的立身之本，是我们的核心竞争力，这是华为公司对外的所有形象，这个无形资产是会给我们源源不断带来财富的。我们好不容易扩到现在这个规模，经过了这样一个循环，而且已经基本完成了内部磨合，形成能够运作的体系，内部的人事关系基本平稳，这些是难得的宝贵财富。(2002年)

企业的生命不应该成为企业家的生命

任正非强调，企业家在企业不起多大作用的时候才是企业最健康的时候。相反，如果一个企业"不可一日无君"，离开企业家个人就无法有效运转时，企业是非常危险的。企业要通过规范有效的管理逐步摆脱对企业家个人的依赖，要以服务客户为导向实现自运转。

西方已实现了企业家的更替不影响企业的发展。中国很多企业随着企业家生命结束，企业生命也结束了。就是说中国企业的生命就是企业家的生命，企业家死亡以后，这个企业就不再存在，因为他是企业之魂。一个企业的魂如果是企业家，这个企业就是最悲惨、最没有希望、最不可靠的企业。如果我是银行，绝不给他贷款。为什么呢？说不定明天他坐飞机回来就从天上掉下来了。因此我们一定要讲清楚企业的生命不是企业家的生命，为什么企业的生命不是企业家的生命？就是我们要建立一系列以客户为中心、以生存为底线的管理体系，而不是依赖于企业家个人的决策制度。这个管理体系在它进行规范运作的时候，企业之魂就不再是企业家，而变成了客户需求。客户是永远存在的，这个魂是永远存在的。我在十年前写过一篇文章，叫作《华为的红旗能打多久》，就引用孔子的一首诗"子在川上曰，逝者如斯夫"。我就讲管理就像长江一样，我们修好堤坝，让水在里面自由流、管它晚上流、白天流。晚上我睡觉，但水还自动流。水流到海里面，蒸发成空气，雪落在喜马拉雅山，又化成水，流到长江里，长江又流到海，海又蒸发。这样循环搞多了以后，它就忘了一个在岸上还喊"逝者如斯夫"的人，一个"圣者"，它忘了这个"圣者"，只管自己流。这个"圣者"是谁？就是企业家。企业家在这个企业没有太大作用的时候，就是这个企业最有生命的时候。所以企业家还具有很高威望，大家都很崇敬他的时候，就是企业最没有希望、最危险的时候。所以我认为华为的宏观商业模式，就是产品发展的路标是客户需求，企业管理的目标是流程化组织建设。同时，牢记客户永远是企业之魂。(2003年)

对企业成长的看法：不追求企业利润最大化，追求成为世界级领先企业

领先研发，创造机会，引导消费

华为强调，通过高投入研发创造机会，引导消费，赚取超额"机会窗"利润，形成强者恒强的良性循环。任正非说，寻找机会，抓住机会，是后进者的名言。创造机会，引导消费，是先驱者的座右铭。对于有志者来说，永远都有机会。任何时间晚了的悲叹，都是无为者的自我解嘲。

我们访问过的所有公司都十分重视研发，而且研发要对行销、技术支援、成本与质量负责任，与我国的研发人员仅注重研发有较大的区别。

IBM每年约投入60亿美元的研发经费。各个大公司的研发经费都在销售额的10%左右，以此创造机会。我国在这方面比较落后，对机会的认识往往在机会已经出现以后做出正确判断，抓住机会，取得了成功，华为就是这样的。已经走到前面的世界著名公司，他们是靠研发创造出机会，再引导消费。他们在短时间内席卷了"机会窗"的利润，又投入创造更大的机会，这是他们比我们发展快的根本原因。华为1998年的研发经费将超过8亿人民币，并正在开始搞战略预研与基础研究。由于不懂管理，也造成了内部的混乱，因此，这次访美我们重在学习管理，学习一个小公司向规模化转变，是怎么走出混沌的。(1997年)

一个企业需要有世界性的战略眼光才能奋发图强

企业的持续成长需要远大目标的牵引。只有树立远大的目标，公司的决策、行

动和资源才会向目标聚焦，公司团队才不会自满和裹足不前。正是由于华为希望成为通信领域的全球业界最佳企业，华为才会持续以销售收入的10%投入研发，花重金引进国际咨询机构，并对干部和员工提出高标准、严要求。

一个企业需要有世界性的战略眼光才能奋发图强；一个民族需要汲取世界性的精华才能繁荣昌盛；一个公司需要建立世界性的贸易生态系统才能生生息息；一个员工需要具备四海为家的胸怀和本领才能收获出类拔萃的职业生涯。

在21世纪的前几年，华为公司可能会向外国大公司进行一次挑战，从而占领国际市场（1998年）

不追求企业利润最大化，追求成为世界级领先企业

华为核心价值观的第一条是解决华为公司追求什么。与社会上最流行的企业目标就是追求利润最大化不同，华为不追求利润最大化，只将利润保持在一个较合理的尺度。华为的追求是在电子信息领域实现顾客的梦想，并依靠点点滴滴、锲而不舍的艰苦追求，使华为成为世界级领先企业。

也许大家觉得可笑，小小的华为公司竟提出这样狂的口号，特别是在前几年。但正因为这种目标导向，才使我们从昨天走到了今天。今年我们的产值在100亿元左右，年底员工人数将达8000人，我们和国际接轨的距离正逐渐减小。今年我们的研发经费是8.8亿元，相当于IBM的1/60，产值是它的1/65。和朗讯比，我们的研发经费是它的3.5%，产值是它的4%，这个差距还是很大的，但每年都在缩小。我们若不树立一个企业发展的目标和导向，就建立不起客户对我们的信赖，也建立不起员工远大的奋斗目标和脚踏实地的精神。对于电子网络产品，大家担心的是将来能否升级，有无新技术的发展，本次投资会不会在技术进步中被淘汰。华为公司若不想消亡，就一定要有世界领先的概念。我们最近制订了要在短期内将接入网产品达到世界级领先水平的计划，使我们成为第一流的接入网设备供应商。这是公司发展的一个战略转折点，就是经历了十年的卧薪尝胆，开始向高目标冲击。（1998年）

创新是华为发展的不竭动力，不创新才是最大的风险

华为认为，知识经济时代，企业生存和发展的方式，也发生了根本的变化，过去是靠正确地做事，现在更重要的是做正确的事。过去人们把创新看作是冒风险，现在不创新才是最大的风险。

社会上对我们有许多传闻，为我们的经营风险感到担忧，只有我们自己知道我们实际是不危险的，因为我们每年的科研和市场的投入是巨大的，蕴含的潜力远大于表现出来的实力，这是我们敢于前进的基础。公司十分注重内部管理的进步。我们把大量的有形资产变成科研成果和市场资源，虽然利润暂时下降了，但竞争力增强了。（1998年）

华为自始至终以实现客户的价值观为经营管理的理念，围绕这个中心，为了提升企业核心竞争力，进行不懈地技术创新与管理创新。任正非认为，不冒风险才是企业最大的风险。只有不断地创新，才能持续提高企业的核心竞争力，也只有提高核心竞争力，才能在技术日新月异、竞争日趋激烈的社会中生存下去。

回顾华为十年的发展历程，我们体会到，如果没有创新，要在高科技行业中生存下去几乎是不可能的。在这个领域，没有喘气的机会，哪怕只落后一点点，就意味着逐渐死亡。

在华为创业初期，除了智慧、热情、干劲，我们几乎一无所有。从创建到现在华为只做了一件事——专注于通信核心网络技术的研究与开发，始终不为其他机会所诱惑；敢于将鸡蛋放在一个篮子里，把活下去的希望全部集中到一点上。华为从创业一开始就把它的使命锁定在通信核心网络技术的研究与开发上。我们把代理销售取得的点滴利润几乎全部集中到研究小型交换机上，利用压强原则形成局部的突破，逐渐取得技术的领先和利润空间的扩大。技术的领先带来了"机会窗"利润，我们再将积累的利润又投入到升级换代产品的研究开发中，如此周而复始，不断地改进和创新。尽管今天华为的实力大大地增强了，但我们仍然坚持压强原则，集中力量只投入核心网络的研发，从而形成自己的核心技术。华为一步一步前进，积累到今天逐步达到世界先进水平。

有创新就有风险，但决不能因为有风险就不敢创新。回想起来，若不冒险，跟在别人后面，长期处于二三流，我们将无法与跨国公司竞争，也无法获得活下去的权利。若因循守旧，也不会取得这么快的发展速度。（2000年）

没有规模，就没有低成本

企业只有发展到一定的规模，才能摊薄各种费用，才能实现低成本，能够对付世界级的低成本竞争。但是，低成本不会自动产生，低成本要靠有效的管理实现。任正非系统论述了低成本经营的必要性以及实现方法。

（1）软件产品的可复制性，要求必须规模经营，以大幅度降低成本。

软件产品的复制成本很低，使得复制品越多，产品的成本越低，获取的利润越大；利润越大，就可获得更多的优秀人才，用更多的钱去建立良好的管理体系，来对付新的竞争对手的进入，从而保证自己在市场上的领先地位。

（2）规模经营的低成本是管理产生的，而不是自发产生的。

大规模不可能自动地带来低成本，低成本是管理产生的，盲目的规模化是不正确的，规模化以后没有良好的管理，同样也不能出现低成本。一个大公司最主要的问题是两条：一是管理的漏洞，二是官僚主义。因此我们在管理上要狠抓到底，我们不相信会自发地产生低成本。

（3）产品的覆盖率、占有率、增长率是考核企业发展的宏观经济指标。

产品最后体现出来的经济指标是产品的市场覆盖率、占有率、增长率。考察我们的管理是否有效，也就是这三个指标。因此我们现在制订的KPI指标要围绕公司的总目标来分解和贯彻，不能各部门孤立地去建立KPI指标。每个部门与产品的覆盖率、占有率、增长率都有一定的关系。在总目标引导下的管理与服务目标分解，才会起到综合治理的作用。（1998年）

各个层面的接班人深度认同企业核心价值观，并且具有自我批判能力的企业才能长治久安

长治久安是每个企业的永恒追求，没有哪个企业家愿意看到企业在自己手上夭折，或者走向衰亡。华为认为，企业长治久安的根本是要有源源不断的各个层面的接班人，这样企业才能代代相传，而不会由于企业家的消亡而消亡。同时各个层面的接班人必须深度认同企业核心价值观，并且具有自我批判能力。

一个企业怎样才能长治久安，这是古往今来最大的一个问题，包括华为的旗帜还能打多久，不仅社会友好人士关心，也是我们十分关心并研究的问题。华为在研究这个问题时，主要研究了推动华为前进的主要动力是什么，怎么使这些动力能长期稳定运行而又不断自我优化。大家越来越明白，一同努力的源动力是企业的核心价值观。这些核心价值观要被接班人所认同，同时接班人要有自我批判能力。接班

人是用核心价值观约束、塑造出来的，这样才能使企业长治久安。接班人是广义的，不是高层领导下台就产生一个接班人，而是每时每刻都在发生的过程，每件事、每个岗位、每条流程都有这种交替行为。改进、改良、不断优化的行为。我们要使各个岗位都有接班人，接班人都要承认这个核心价值观。(1998年)

机会、人才、技术和产品是公司成长的主要牵引力

华为认为，机会、人才、技术和产品是公司成长的主要牵引力。这四种力量之间存在着相互作用。机会牵引人才，人才牵引技术，技术牵引产品，产品牵引更多更大的机会。员工在企业成长圈中处于重要的主动位置。

落后者的名言是抓住机会，而发达国家是创造机会，引导消费。机会是由人去实现的，人实现机会必须有个工具，这就是技术，技术创造出产品就打开了市场，这又重新创造了机会，这是一个螺旋上升的循环。这四个因素中，最重要的还是人。(1998年)

只有保持合理的增长速度，才能永葆活力

企业只有保持合理的增长速度，才能有足够的利润支撑企业的发展，才能给员工提供更多的发展机会、吸引更多优秀的员工，并保持企业竞争力。任正非认为，只有保持合理的增长速度，才能永葆企业活力。只有靠管理和服务才能使企业保持较快的成长速度。没有管理就形不成力量，没有服务就失去方向。

(1) 没有合理的成长速度就没有足够的利润来支撑企业的发展。

我们的企业生存在信息社会里，由于信息的广泛传播，人们的智力得到更大的开发和更大的解放，能够创造出更多的新产品和新技术来服务于这个世界。由于信息网络的加速，所有新产品和新技术的生命周期越来越短。如果不能紧紧抓住机会窗短短开启的时间，获得规模效益，那么企业的发展会越来越困难。没有全球范围的巨大服务网络，也没有推动和支撑这种网络的规模化的管理体系，就不能获得足够利润来支撑它的存在和快速发展。因此对华为来说，失去"机会窗"的原因主要是服务和管理，这同时也是华为的战略转折点。

(2) 没有合理的成长速度，就没有足够的能力给员工提供更多的发展机会，从而吸引更多企业所需的优秀人才。

人才的发展是马太效应，当我们企业有很好的经济效益时，就能更多地支撑人才加入，有了更多的优秀人才进入华为，由于我们有较高的管理水平，使人才尽快地成长起来，创造更多的财富，从而以更多的财富支撑更多的人才来加入，使我们的企业管理更加优化。我们的企业就有了持续发展的基础。

（3）没有合理的成长速度，就会落后于竞争对手，最终将导致公司的死亡。（1998年）

要顺势而为，不要与趋势为敌

企业要具有战略远见，洞察市场发展趋势，顺势而为，保持企业与市场发展趋势同步，这样企业才能持续、健康、快速成长。

我们是世界上活得较好的公司之一，我们活得好是我们有本事吗？我认为不是，是我们的每一个发展阶段、每一项策略都刚好和世界的潮流合拍了。对未来，我们认为信息经济不可能再回复到狂热的年代。因此，信息产业只能重新走到传统产业的道路上来了，它不会长期是一个新兴产业。信息产业由于技术越来越简单，技术领先产生市场优势不再存在，反过来是客户关系和客户需求。市场部、研发部、公司的各部门都要认识到这一点，大家要团结起来一起为公司的生存而奋斗。（2002年）

对企业成败的看法：由于优秀，所以死亡

今天的成功可能是明天走向失败的原因，繁荣的背后充满危机。对成功要"视而不见"，充满危机感，须天天思考企业会如何失败。要知道成功背后是牺牲，成功都是消耗了无限的生命才创造了有限的成功。

繁荣的背后充满着危机

华为总结了成功的好处：成功使我们获得了前所未有的条件与能力；成功使我们有信心、有实力去系统地克服迅速成长中的弱点；成功使我们有勇气、有胆略去捕捉更大的战略机会，使我们从根本上摆脱过去，获得内在可持续成长的生命力。

但是，今天的成功，不是开启未来成功之门的钥匙。甚至，今天的成功是明天失败的原因。很多企业在繁荣时自信心膨胀，过度扩展，最终走向消亡。繁荣背后充满着危机。要在繁荣中看到危机，并充分做好应对危机的准备，这样企业才有可

能立于不败之地。最大的危机就是不认为有危机或者不知道危机在什么地方。如果知道危机是什么，公司就能稳操胜券。如果公司从上到下还没有真正认识到危机，那么当危机来临的时刻，可能措手不及。

任正非认为，对于企业而言只有生存是最本质最重要的目标，是永恒不变的自然法则。创业难，守业难，知难不难。高科技企业以往的成功，往往是失败之母，在瞬息万变的信息社会，唯有惶者才能生存。

成功是一个讨厌的教员，它诱使聪明人认为他们不会失败，它不是一位引导我们走向未来的可靠向导。华为已处在一个上升时期，它往往会使我们以为八年的艰苦奋战已经胜利。这是十分可怕的，我们与国内外企业的差距还较大，只有在思想上继续艰苦奋斗，长期保持进取、不甘落后的态势，才可能不会灭亡。

繁荣的背后都充满着危机。这个危机不是繁荣本身的必然特性，而是处在繁荣包围中的人的意识。艰苦奋斗必然带来繁荣，繁荣以后不再艰苦奋斗，必然丢失繁荣。"千古兴亡多少事，悠悠，不尽长江滚滚流。"历史是一面镜子，它给了我们多么深刻的启示。忘却过去的艰苦奋斗，就意味着背弃了华为文化。（1996年）

天天思考的都是失败，对成功视而不见

任正非说，十年来我天天思考的都是失败，对成功视而不见，也没有什么荣誉感、自豪感，而是危机感。也许是这样华为才存活了下去。任正非要求大家一起来想怎样才能活下去，也许才能存活得久一些。任正非认为失败这一天是一定会到来的，大家要准备迎接，这是他从不动摇的看法，因为这是历史规律。

世界上我最佩服的勇士是蜘蛛，不管狂风暴雨，不畏任何艰难困苦，不管网破碎多少次，它仍孜孜不倦地用它纤细的丝织补。数千年来没有人去赞美蜘蛛，它们仍然勤奋、不屈不挠、生生不息。我最欣赏的是蜜蜂，由于它给人们蜂蜜，尽管它多螫，人们都对它赞不绝口。不管如何称赞，蜜蜂仍孜孜不倦地酿蜜，天天埋头苦干，并不因为赞美产蜜就少一些。"胜不骄，败不馁"，从他们身上完全反映出来。在荣誉与失败面前，平静得像一湖水，这就是华为应具有的心胸与内涵。（1996年）

成功的背后是牺牲

任正非说"进了华为就是进了坟墓"。它说明要真真实实地做好一项工作，其艰难性是不可想象的。要突破艰难险阻才会有成就。任何做出努力、做出贡献的人，都是消耗其无限的生命才创造了有限的成功。

华为要想追上西方公司，无论从哪一方面条件都不具备优势条件，而且有些条件可能根本不会得到。因此，只能多付出去一些无限的生命。高层领导为此损害了健康，后来人又前仆后继、英勇无比。成功的背后是什么？就是牺牲。（1999年）

对困难与危机的看法：危机来临时，要想办法活下去

2000年的互联网危机中，华为的增长也出现了困难，一度人心不稳，大批人员离职，一些离职人员还带走了华为的核心技术和技术资料。任正非通过多次讲话，要求华为干部员工辩证地看待困难。要在困难时看到希望，看到光明的前途，想办法活下去，分析造成困难的原因，寻找对策，不断磨炼队伍意志和技能，为走出困难做准备。

越困难时越要看到希望

在2000年互联网泡沫破灭时，任正非在困难时看到了希望，并且就活下来后如何行动指明了方向。华为公司内部管理、现金流比较好，比其他同业公司更有活下去的希望。在其他公司死亡时，可以吸纳其他公司的人才，抢占他们的市场份额。

新的一年里，我们还会继续遇到困难，其实越困难时我们越有希望。因为我们自己内部的管理比较好，各种规章制度的建立也比较好。发生市场波折时，我们是最可能成功存活下来的公司，只要我们最有可能存活下来，别人就最有可能从这上面消亡。在人家走向消亡时，我们有两个原则，其一，我们应该吸纳别的公司好的员工，给他们以成长的机会。所以市场部的员工心胸要开阔，能包纳很多优秀员工进来。其二，同时，在座的及你们的部下，要选派一些好的到海外去。加强对中东及其他国家的增兵，增加能量。大家要有新思维、新方法和创造性的工作及思维方法去改善这种市场的状况。（2001年）

危机来临时，要想办法活下去

任正非认为，危机来临时，各个竞争对手都会很困难，这时候就看谁能坚持，

谁能争抢相对多的市场份额，这样谁就最有机会活下去，所谓"剩者为王"就是这个道理。

当市场出现困难时，我们怎么在市场上给人一种能保持我们非常好的印象，给人增强信心，是很重要的。好多人打电话跟我说合同少了，去年一做就两个亿，今年一个二千万的合同都没有了，难做了。其实，难做以后才方显英雄本色呀。好做，人人都好做；难做的时候，你多做一个合同，别人就少一个。就像下围棋，我们多了一个气眼，别人就少了一个气眼。就是多一口气嘛。市场竞争，我们讲多留点给别人，首先我们得自己先活下来，如果我们自己也活不下来，按市场法则本身就是优胜劣汰。国际上的市场竞争法则不是计划法则，是优胜劣汰。兄弟公司之间竞争的时候，我们要争取更大的市场份额和合同金额，这才是我们真实的出路。（2001年）

搞死自己是自杀，把大家都搞死了是杀人

任正非认为，在公司发展遇到困难时，要把困难真实地告诉大家，特别要告诉公司的核心团队。公司须团结和凝聚干部和员工共同面对困难，分析原因，寻找对策。如果企业没有预见未来困难的能力，企业陷入的困境就会更加严重。

我们走过了这十年道路，每一次我们看见、预见的困难，我们解决的措施都刚好和时代的发展同步了，同拍了，所以我们取得了成功，才会发展到今天。《华为基本法》上为什么提出了"三个顺应"？因为我们不能与规律抗衡，我们不能逆潮流而行，只有与潮流同步，才能极大地减少风险。因此，我们过去有能力预测我们的成功和胜利，今天我们有能力预测存在的困难和问题，那么渡过这场困难，我们的条件是比别人优越的，是有信心的。

这场生死存亡斗争的本质是质量、服务和成本的竞争。要看到我们的成本优势，并善于建立同盟军。

困难是客观存在的，在资源和生产过剩的情况下，竞争的要义是什么？就是看谁的质量好、服务好、成本低。这是传统企业竞争中颠扑不破的真理。价格和成本体系问题、优质服务体系问题、质量体系问题，是我们不可动摇、不可回避的三大问题。业界要走进成本竞争，我们应该怎么做？当然，我们决不能为了降低成本，忽略质量，否则那是自杀或杀人。搞死自己是自杀，把大家都搞死了，是杀人。（2002年）

越在困难时越要看到光明的前途

任正非认为，冬天对华为来说不一定是坏事，因为华为没有走到恶性化的边缘。正好，这使华为冷静下来，好好调整队伍和结构，抓住提高人均效益的好机会，确保春天到来时，公司的组织结构和战略队形保持不乱。

虽然受行业环境影响，整个市场销售下滑，但队伍的士气不能衰退，还要雄纠纠、气昂昂地奔赴前线，越在困难时越要看到光明的前途。

《战争论》中有一句很著名的话：要在茫茫的黑暗中，发出生命的微光，带领着队伍走向胜利。战争打到一塌糊涂的时候，高级将领的作用是什么？就是要在看不清的茫茫黑暗中，用自己发出微光，带着你的队伍前进，就像希腊神话中的丹科把心拿出来燃烧，照亮后人前进的道路。越是在困难的时候，我们的高级干部就越是要在黑暗中发出生命的微光，发挥主观能动性，鼓舞起队伍必胜的信心，引导队伍走向胜利。所有的领导们一定要像丹科等所形容的高级将领那样，在茫茫的黑暗中，鼓舞精神、激励斗志。大家鼓舞士气，高唱着歌向前，最后活下来的可能就是华为。（2002年）

越是困难时期，越要磨炼队伍

企业处于发展低速期和困难期时，队伍不能纪律涣散，反而要像挤泡沫一样，提高人均效益。困难时期多磨炼队伍，市场景气时才能冲得上去抓住机会。

队伍不能闲下来，一闲下来就会生锈，就像不能打仗时才去建设队伍一样，不打仗时也要建设队伍。不能因为现在合同少了，大家就坐在那里等合同，要用创造性的思维方式来加快发展。军队的方式是一日生活制度、一日养成教育，就是要通过平时的训练养成打仗的时候服从命令的习惯和纪律。我们虽然不是军队，但也要有这种日常练兵的教育，越是困难时期，越要锻炼我们的队伍、磨炼我们的队伍。处于市场下滑的时候，我们不加大对队伍的教育、管理和帮助，一旦将来有很多新的机会的时候，我们的员工怎么能雄纠纠、气昂昂地走向新的市场？（2002年）

越是艰难困苦的时候，越能检验和提升人的意志与技能

任正非认为，检验一个公司或部门是否具备良好的企业文化与组织氛围，不是在企业一帆风顺的时候，而是在遇到困难和挫折的时候。

最近，一些研发的部门提出来士气问题，市场部门也有人提出大家有劲使不出来。我们怎么看这个问题？士气在什么时候应该好？如果士气在市场大发展、红红火火的时候才好，艰难困苦时候就不好，那么谁来完成从艰难困苦到大发展的准备？我个人的看法是，越在最艰难、越在最困苦的时候，越能磨炼人的意志，越能检验人的道德与良知，越能锻炼人和提高人的技能，也越是我们建设队伍最重要的时候。（2002年）

对研发与创新的看法：研发体系要对产品成功负责

正确的创新理念才能指引企业开发出成功的创新产品。华为强调创新要导向商业成功，研发团队要对产品成功负责，开发出具有长期商业价值的精品产品。

要做都江堰这样具有高品质、长期价值的好产品

任正非认为，产品最终只有长久地得到人们的承认才是真正的商品，否则就不是。做产品，一定要做成高品质、具有长期价值的产品，就像都江堰水利工程一样，利泽千古。在1997年的一次讲话中，任正非详细阐述了如何做好一款产品：

在混沌中去寻找战略方向，抓住从混沌已凝结成机会点的战略机会，迅速转向预研的立项。逐步聚集资源、人力、物力进行项目研究，集中优势兵力一举完成参数研究，同时转入商品性能研究。在严格的中试阶段，紧紧抓住工艺设计、容差设计、测试能力，更加突出成果的商品特性。我们要以产品为中心、以商品化为导向，打破部门之间、专业之间的界限，组织技术、工艺、测试等各方面参与的一体化研发队伍中；优化人力、物力、财力配置，发挥团队集体攻关的优势，一举完成产品功能与性能的研究。紧紧抓住试生产的过程控制与管理，培养一大批工程专家。进一步强化产品的可生产性、可销售性研究试验。为产品研究人员进行中试提供多种筛子，使产品经理受到真枪实弹的考验。没有中试、生产与技术支援经验的人，将不能担任大型开发的管理职务。从难、从严、从实战出发，在百般挑剔中完成小批量试生产。在大批量的投入生产之后，严格跟踪用户服务，用一两年时间观察产品的质量与技术状况，完善一个新商品诞生的全过程。将来研究系统的高级干部，一定要经过全过程的锻炼成长。（1997年）

都江堰本身是一个具有长期价值的精品工程，因此都江堰能够福泽后世，既不产生大的水患，又能灌溉成都平原。同样，流程的质量很大程度上决定了产品的质量，精品的流程才能开发出精品产品。由以上描述可以看出，作为公司创始人的任正非对产品开发和上市全过程的关键节点非常清楚，对华为持续做出精品产品有强烈的期望与要求。华为持续推出满足客户需求、甚至超出客户期望的精品产品支撑公司的持续快速成长。各科技企业的管理层是否真正具有精品意识？是否真正清楚开发精品产品的关键环节和要素？是否建立起了支持公司持续推出精品产品的流程和制度？

要像对待儿子一样对待产品

任正非认为，那种刻意为创新而创新，为标新立异而创新，是华为公司幼稚病的表现。华为产品开发中最大的问题是简单的功能做不好，而复杂的东西做得很好。公司大力倡导创新，创新的目的在于所创新的产品的高技术、高质量、高效率、高效益。公司要做有商业价值的创新，而不要研究冷门技术。要将复杂的东西简单化，而不要将简单的东西复杂化。企业是功利性组织，必须拿出让客户满意的商品。以技能导向会造成这些不良倾向：重视产品的技术水平而忽视产品的稳定性；重视产品性能的创新而忽视产品的商品化、产业化。

任正非强调，从事新产品研发未必就是创新，从事老产品优化未必不能创新，关键在于我们一定要从对科研成果负责转变为对产品负责，要以全心全意对产品负责实现我们全心全意为顾客服务的华为企业宗旨，要像对待儿子一样对待产品。

后来我们到IBM等公司去考察，发现西方公司的产品经理也是深入到产品过程的每个环节中去，对产品负责。现在在座的所有的人都须对产品负责。一个产品能生存下来，最重要的可能不是它的功能，而只是一个螺丝钉、一根线条，甚至一个电阻。因此，只要你对待产品也像对待你的儿子一样，我想没有什么产品是做不好的。以前我们走了不少弯路，我们现在已采取了对产品负责的方针。（1998年）

华为在早期的研发过程中也走了不少弯路、犯了不少错误，为此交了不少学费。但是华为公司善于反思和学习，认识到技术创新是手段，产品创新才是目标，强调要像对待儿子一样对待产品，关注影响产品成功的方方面面。现实中很多科技企业有意无意地以技术为导向，研发人员对做出什么产品不感兴趣，对研究"高大上"的技术很投入，因为这能体现自己的"专业水平"，积累自己的专业经验。甚至有些技术出身的创业者对技术也非常迷恋，总是抱怨：我们产品的技术这么先进，怎么没有人愿意买呢？科技企业的管理者及研发团队一定要明白：技术是为产品服务的，客户买的是产品给自己带来的价值而不是技术。

客户的利益就是我们的利益

华为以客户满意度为企业标准，孜孜不倦努力去构建企业的优势，赢得客户的信任，对客户进行长远承诺，尊重优良供应商，与他们真诚合作。通过使客户的利益实现，进行客户、企业、供应商在利益链条上的合理分解，各得其所，形成利益共同体。

我们从产品设计开始，就考虑到将来产品的迭代演进。别的公司追求产品性能的价格比，我们追求产品终生效能的费用比。为了达到这个目标，我们宁肯在产品研制阶段多增加一些投入。只有帮助客户实现他们的利益，在利益链条上才有我们的位置。（1998年）

研发系统要"反幼稚"

2000年，华为研发系统召开了几千人的反幼稚批判大会，将大量呆滞物料等作为奖品发给相关同事，以深刻警醒开发人员要基于客户需求开发产品，要时刻牢记"从对科研成果负责转变为对产品负责"。任正非要求研发人员去拜访客户，听听客户是怎么骂公司的，是怎么骂公司产品的。研发团队要十分认真地对待客户的批评，要"闻过则改"，要认真听取批评意见，不断地自我批判，不断地改进，使自己变得更优秀。

今天研发系统召开几千人大会，将这些年由于工作不认真、BOM填写不清、测试不严格、盲目创新造成的大量废料作为奖品发给研发系统的几百名骨干，让他们牢记。之所以搞得这么隆重，是为了使大家刻骨铭记，并一代一代传下去。为造就下一代的领导人，进行一次很好的洗礼。我今天心里很高兴，对未来的交接班充满了信心。

研发系统这次彻底剖析自己的自我批判行动，也是公司建设史上的一次里程碑、分水岭。它告诉我们经历了十年奋斗，我们的研发人员开始成熟，他们真正认识到奋斗的真谛。未来的十年，是他们成熟发挥出作用的十年，而且这未来的十年，将会有大批更优秀的青年涌入我们公司，他们在这批导师的带领下，必将产生更大的成就，公司也一定会在未来十年得到发展。我建议得奖者将这些废品抱回家去，与亲人共享。今天是废品，它洗刷过我们的心灵，明天就会成为优秀的成果，作为奖品奉献给亲人。牢记这一教训，我们将享用永远。(2000年)

与华为早期一样，很多科技企业在研发过程中也存在着大量的浪费，有大量的呆滞物料和卖不出去的产品，也有一些企业将呆滞物料和没人要的产品作为年终奖发放给研发人员。其实，反复出现这些问题的根本原因不是研发人员工作马虎，而是企业缺乏科学有效的产品开发管理流程和制度。一个企业不从流程和制度的建设和优化上去寻找解决方案，只是反复强调研发人员要有责任心是不能从根本上解决类似问题的。"亡羊补牢"的故事告诉我们，羊老是跑出羊圈的根本原因不是羊不听话，而是羊圈有漏洞，明智的老板要做的不是成天盯着羊，而是要对羊圈查漏补缺，确保羊跑不出去。

对人才的看法：知识经济时代是知识雇佣资本

华为认为，知识经济时代，企业生存和发展的方式发生了根本的变化，过去是资本雇佣劳动，资本在价值创造要素中占有支配地位。而知识经济时代是知识雇佣资本。知识产权和技术诀窍的价值和支配力超过了资本，资本只有依附于知识，才能保值和增值。

人才的不同组织模式产生很大差异的价值

同样的一群人，采用不同的组织模式，产生不同的组织绩效。华为公司随着公司的不断发展壮大，持续优化组织模式，激发组织活力。

在21世纪初，我们公司有2万多员工，如果实现内耗小、活力大，那么我们就有非常强大的竞争实力。如果我们的管理改革，真能在十年内全面与国际接轨，这种潜力的巨大是令人鼓舞的。碳元素平行排列，可以构成石墨，非常松软；而若三角形排列，则可以构成金刚石，异常坚硬。为了建成这样一种人才和资源的配置结构，我们需要更多的富于自我牺牲精神的干部，他们的实践是我们的榜样，他们言行所产生的榜样的力量是无穷的。他们的精神像火凤凰一样永放光芒。(1997年)

通过知识而不是资源创造财富

资源总会枯竭，通过资源创造财富难以持续；知识越用越多，通过知识创造财富是大势所趋。因此,与资金相比,华为更看重奋斗者的"智力资本"。任正非认为,在知识经济时代,人类创造财富的方式和致富的方式都发生了根本的改变,创造财富的方式主要是由知识、管理产生的,也就是说人的因素是第一位的。

人类所占有的物质资源是有限的,总有一天石油、煤炭、森林、铁矿会被开采光,而唯有知识会越来越多。中国是一个资源贫乏的国家,人口众多,人均占有资源在世界上最少,国家提出"科教兴国",以此提高全民族的素质和基础,同时强调要深化管理,使知识产生价值,以创造民族的财富。以色列这个国家是我们学习的榜样,它说它什么都没有,只有一个脑袋。一个离散了二十个世纪的犹太民族,在重返家园后,他们在资源严重贫乏、严重缺水的荒漠上创造了令人难以相信的奇迹。他们的资源就是有聪明的脑袋,他们是靠精神和文化的力量,创造了世界奇迹。
(1997 年)

劳动、知识、企业家和资本创造了公司的全部价值

华为认为,企业的价值是由劳动、知识、企业家和资本共同创造的。华为实行知识资本化,让每个员工通过将一部分劳动所得转成资本,成为企业的主人。华为强调员工的敬业精神,选拔和培养全心全意高度投入工作的员工,实行正向激励推动。华为不忌讳公司处于的不利位置,公开公司当前存在的问题,使员工习惯受到压力,激发员工拼命努力的热情。

我们是用转化为资本这种形式,使劳动、知识以及企业家的管理和风险的累积贡献得到体现和报偿;利用股权的安排,形成公司的中坚力量和保持对公司的有效控制,使公司可持续成长。知识资本化与适应技术和社会变化的有活力的产权制度,是我们不断探索的方向。

我们实行员工持股制度。一方面,认同华为的模范员工,结成公司与员工的利益与命运共同体。另一方面,将不断地使最有责任心与才能的人进入公司的中坚层。
(1998 年)

华为唯一可以依存的是人

任正非认为,华为唯一可以依存的是人。当然是指奋斗的、无私的、自律的、有技能的人。人才是最大的财富。

任正非认为，知识、管理、奋斗精神是华为创造财富的重要资源。华为在评价干部时，常常用的一句话是：此人肯投入，工作卖力，有培养前途。只有全心全意投入工作的员工，才有可能成为优秀的干部。华为常常把这些人，放到最艰苦的地方、最困难的地方，甚至对公司最不利的地方，让他们快速成长起来。

在资源的分配上，应努力消除资源合理配置与有效利用的障碍。华为认识到对人、财、物这三种关键资源的分配，首先应重视的是对优秀人才的分配。华为的方针是使最优秀的人拥有充分的职权和必要的资源去实现分派给他们的任务。

对公司治理的看法：将管理与服务作为生死攸关的问题抓

从1996年走向快速成长期开始，华为公司就非常重视管理，将管理与服务作为生死攸关的问题抓，强调通过有效管理，摆脱对技术、人才和资金的依赖。

从第一次创业走向第二次创业

1996年任正非明确提出，华为要通过规范化、制度化的管理从第一次创业走向第二次创业。第一次创业和第二次创业有本质性区别，是一个企业从小到大必经的过程。当一个企业在初创阶段，企业家本人担负着多种角色，但是当进入到第二次创业时，大量的优秀人才进入企业，要建立结构，建立制度，要程序化，要重新调整利益的分配格局，这样才能吸引更多的优秀人才到企业里来，成为企业的核心。企业进入第二次创业时，创业者的能力、精力已不足以来处理他原来所承担的职能，这时候他就必须培养出职业化的管理阶层。

一个企业达到股份化、国际化、集团化、多元化，也是进入第二次创业的标志。第二次创业是一个非常模糊的时期，目前来说，就是当公司发展到一定时期，我们需要非常多的干部，担任各项职务，分担一定的责任和压力。其实公司去年就已经开始了组织改革，口号是"分责、分权"。目前公司存在的矛盾是多中心造成的。其实这种中心运作方式的出现本身就预计了第二次创业的开始。这样的运作方式需要大量的优秀干部。（1996年）

将管理与服务作为生死攸关的问题抓

1998年，任正非提出，现在华为公司面临一个战略转折点，那就是管理与服务的全面优化建设。华为要将管理和服务作为生死攸关的问题来抓，这样才能确保华为不会成为昙花一现的企业。在创业期，华为主要抓技术、抓销售，目的是让公司"活下来"。而进入快速成长期，华为必须系统、全面地抓好管理和服务，才能保证公司持续"活下去"。任正非认识到，第二次创业的艰难度要远远大于第一次创业的艰难度。正所谓创业难，守业更难，知难不难！

任正非认为，华为公司是否会垮掉，完全取决于自己，取决于公司的管理是否进步。管理能否进步，存在两个问题，一是核心价值观能否让我们的干部接受，二是能否自我批判。因此，华为的管理进步要求广大干部尽快成长起来。任正非要求广大干部要有建立起大企业的思想准备、组织准备，更重要的是管理方法与管理手段的准备。广大干部要把生命注入到永恒的管理优化中去：要把生命理解成一种灵魂和精神，就是要将这种灵魂和精神注入到管理中去。没有这种精神的干部要下岗。

任正非认为，管理是企业永恒的主题，也是永恒的难题，华为在第二次创业中要更加注重管理。人才、资金、技术都不是华为生死攸关的问题，这些都是可以引进来的，而管理与服务是不可照搬引进的，只有依靠全体员工共同努力去确认先进的管理与服务理论，并与自身的实践紧密结合起来，以形成我们自己的有效的服务与管理体系，并畅行于全公司、全流程。管理与服务的进步远远比技术进步重要。没有管理，人才、技术和资金就无法合理优化配置；没有服务，管理就没有方向。

任正非认识到，外延的基础是内涵的做实，没有优良的管理难以保持超过竞争对手的速度。内涵的做实就是公司各级管理体系的不断优化。内涵的做实是管理中的根本点。各部门的工作不尽如人意，其实就是内涵没有做实。

对于如何理解外延的基础是内涵的做实，任正非进行了如下的深入阐述。

（1）扩张必须踩在坚实的基础上。

如果没有坚实的基础，擅自扩张，那只能是自我毁灭。大家想一想，如果我们产品既不可靠，也不优良，仅仅是我们的广告和说明书写得很好，我们一下上市一大批产品，那会是什么结局？如果我们又没有良好的售后服务体系保障，我们面对的将会是一种什么样的局面？如果我们的制造体系不是精益求精、扎扎实实寻求产品的高质量和工艺的先进性，那么我们产品的使用会出现什么问题？当我们的服务系统不计成本地进行扩张，我们也会走向死亡。这些假设的问题都是要解决的，就是要造就坚实的发展基础。坚实基础如何造就？要靠我们全体员工共同努力来推动公司管理的全面进步。

（2）管理进步基于良好的管理方法与手段。

有管理进步的愿望，而没有良好的管理方法与手段，必定效率低下，难免死亡。华为公司的人均效益与国际优秀企业相比至少要低三倍以上，那么我们浪费的是什么呢？是资源和时间，这是因为管理无效造成的。我们正在引进各种优秀管理方法，通过我们的消化来融汇贯通。

（3）没有改进管理的愿望，企业实际已经死亡。

如果管理不从小处改进做起，什么事都将做不成。有人问我，我们到底什么时候才能松口气？我说只有到棺材钉上时才能松口气。世界上唯一不变的就是变化，贯彻永恒的是管理的改进。现在华为公司面临一个战略转折点，那就是管理与服务的全面优化建设。因为如果没有良好的管理与服务，就不可能有市场的扩张，就不可能有所前进，所以管理的优化和服务意识的建立是公司的战略转折点。公司安排了3~5年时间来完成这个战略转移，如果能完成这个战略转移，我们效益水平即使不能提高到和国际优秀企业一样高，但至少也能缩小与他们的差距，那么我们的发展也属于迅猛异常了。华为公司能否在经过巨大的艰难困苦之后出现非线性的高速发展时期，关键在于管理与服务的全面建设问题。

现在华为公司决心构筑管理与服务的全面建设，当我们一旦出现新的机会点时，抓住它，我们就可能成长为巨人。（1998年）

通过自我批判，强力推行管理变革

任正非认为，世界上最难的改革是革自己的命。个人如此，企业亦如此。在管理变革中，一是要自己批判自己，二是要允许别人批判自己，最后是不要太好面子，而要讲求真理。

管理变革三段论：
① 触及自己的灵魂是最痛苦的。必须自己批判自己。
② 别人革自己的命，比自己革自己的命还要困难。要允许别人批评。
③ 面子是无能者维护自己的盾牌。优秀的人，追求的是真理，而不是面子。只有不好面子的人，才会成为成功的人。要脱胎换骨成为追求真理的人。（1998年）

通过有效管理，摆脱对技术、人才和资金的依赖

任正非强调，我们要逐步摆脱对技术的依赖，对人才的依赖，对资金的依赖，使企业从必然王国走向自由王国，建立起比较合理的管理机制。当我们还依赖于技术、人才和资金时，我们的思想是受束缚的，我们的价值评价与价值分配体系还存在某种程度的扭曲。摆脱三个依赖，走向自由王国的关键是管理。通过有效的管理构建起一个平台，使技术、人才和资金发挥出最大的潜能。

由对人负责转变为对事负责

随着公司快速发展，公司要改变过去对人负责，事事请示的做法，走向对事负责，依据流程和制度做事。对事负责能够提高工作效率，增强员工和干部的工作能力，逐步摆脱对能人的过度依赖。通过流程化增加例行，减少例外，精简干部，提升效率与质量。

华为由于短暂的成功，员工暂时的待遇比较高，就滋生了许多明哲保身的干部。他们事事请示，僵化教条地执行公司领导的要求，生怕丢了自己的"乌纱帽"，成为对事负责制的障碍。对人负责制与对事负责制是两种根本的制度，对人负责制是一种收敛的系统。对事负责制是依据流程及授权，以及有效的监控，使最明白的人具有处理问题的权力，是一种扩张的管理体系。而现在华为的高、中级干部都自觉、不自觉地习惯于对人负责制，使流程化IT管理推行困难。（2001年）

华为强调，对于已有规定，或者成为惯例的东西，不必请示，应快速让它通过去，执行流程的人，是对事情负责，这就是对事负责制。一定要在监控有效的条件下，尽力精简机关。例行越多，经理就越少，成本就越低。

管理与服务的进步远比技术进步重要

华为认为，核心竞争力对一个企业来讲是多方面的，技术与产品仅仅是一个方面，管理与服务的进步远远比技术进步重要。没有管理，人才、技术和资金就形不成合力；没有服务，管理就没有方向。

任正非认为，人才是企业的财富，技术是企业的财富，市场资源是企业的财富……而最大的财富是对人的能力的管理，这才是真正的财富。管理的创新对高科技企业来说，比技术创新更重要。华为在发展中还存在很多要解决的问题，华为与国际优秀公司相比最大的差距在于管理。华为公司提出国际接轨的管理目标，同时请来西方顾问在研发、生产、财务、人力资源等方面进行长期合作，在企业的职业化制度化发展中取得进步，企业的核心竞争力得到提升，企业内部管理开始走向规范化运作。

公司要从管理上要效益，从管理效益中改善员工待遇。华为不断推行严格、科学、有效的管理，逐步减少加班，使员工的身体健康得到保障。有健康的身体，才有利于工作上的艰苦奋斗。

华为提出，要持续不断地改进管理。如果管理不抓上去，面临当今世界的快速发展，就会陷入瘫痪。华为希望经历数十年的奋斗，从管理的必然王国过渡到管理的自由王国。

管理做得如何，需要很长时间的实践检验。我们已经成熟的管理，不要用随意的创新去破坏它，而是在使用中不断严肃认真地去完善它，这种无生命的管理，只会随时间的推移越来越有水平。一代一代人死去，而无生命的管理在一代一代优化中越来越成熟。

在管理上，有时候需要别人带着我们走路，就像一个小孩，需要靠家长、靠幼儿园的老师带着走路一样。但是，一个人终究要自己站起来走路，并一直走下去，我们的管理也要靠自己。师傅领进门，修行靠个人。我们的 IPD、ISC 变革也是这样的道理。（2003 年）

实行以流程为核心的管理审计制度

公司内部审计是对公司各部门、事业部和子公司经营活动的真实性、合法性、效益性及各种内部控制制度的科学性和有效性进行审查、核实和评价的一种监控活动。公司审计机构的基本权限包括：

① 直接对总裁负责并报告工作，不受其他部门和个人的干涉。
② 具有履行审计职能的一切必要权限。

公司审计部门除了履行财务审计、项目审计、合同审计、离任审计等基本内部审计职能外，还要对计划、关键业务流程及主要管理制度等关系公司目标的重要工作进行审计，把内部审计与业务管理的进步结合起来。

公司实行以流程为核心的管理审计制度。在流程中设立若干监控与审计点，明确各级管理干部的监控责任，实现自动审计。

我们坚持推行和不断完善计划、统计、审计既相互独立运作，又整体闭合循环的优化再生系统。这种三角循环，贯穿每一个部门，每一个环节和每一件事。在这种众多的小循环基础上组成中循环，由足够多的中循环组成大循环。公司只有管理流程闭合，才能形成管理的反馈制约机制，不断地自我优化与净化。

通过全公司审计人员的流动，促进审计方法的传播与审计水平的提高。形成更加开放、透明的审计系统，为公司各项经营管理工作的有效进行提供服务和保障。（1998 年）

学习成功公司的最佳实践做法

任正非认为,管理进步不能仅仅依靠内部团队自己摸索,要积极学习国际成功公司的最佳实践做法。自己摸索时间周期长,不一定能坚持,也很难保证自己摸索的管理方法是有效和高效的。向国际成功公司学习是企业管理进步的捷径。国际成功公司之所以会持续成功,一定有一套有效的管理方法,华为公司要和这些公司一样成功,最有效的方法就是学习这些公司的最佳实践管理。

华为还不习惯于职业化、表格化、模板化、规范化的治理,重复劳动、重叠的治理还十分多,这就是效率不高的根源。

在治理上,我不是一个激进主义者,而是一个改良主义者,主张不断地治理进步。现在我们需要脱下旧草鞋,换上一双新鞋,但穿新鞋走老路照样不行。换鞋以后,我们要走的是世界上领先企业走过的路。这些企业已经活了很长时间,他们走过的路被证实是一条企业生存之路。(1998年)

任正非要求,在改进管理和学习国际先进管理方面,华为的方针是"削足适履",对系统先僵化、后优化、再固化。切忌产生中国版本、华为版本的幻想。在制定和实施华为基本法的基础上,从1996年开始,华为开始与多家国际知名的管理咨询机构合作,系统引进人力资源管理、生产管理、研发管理、供应链管理、财经管理和IT管理等先进的管理体系,规范公司管理,为快速扩张和拓展国际市场奠定基础。

管理系统通过引进先进的管理方法进行自我批判

任正非认为,华为的管理系统也在天天进行自我批判,不断优化以适应公司的发展需要:

我们的管理系统,是从小公司发展过来的,从没有管理,到粗糙的管理;从简单的管理,到IPD(集成产品开发)、ISC(集成化供应链)、财务的四统一、IT的初步建设。公司正在走向国际接轨,如果不是不断地自我批判,那么那位公司领导制定的管理动不得,某某公司领导讲的话不能改,改动一段流程触及哪些部门的利益,导致要撤消岗位,都不敢动,那面对全流程的体系如何建设得起来。没有这些管理的进步,公司如何实现为客户提供低成本、高增值的服务?那么到今天市场产品竞争激烈,价格一降再降,我们就不可能再生存下去了。管理系统也在天天自我

批判,没有自我批判,难以在迅速进步的社会里生存下去。(2000年)

既要变革,又要保持稳定

公司要发展,就要持续变革,保持公司适应未来的发展需要。在变革的同时,又要保持公司流程和制度的相对稳定,便于日常工作的有序开展。华为强调,不能盲目创新,盲目创新既起不到变革的作用,也会影响日常工作的效率和质量。

尽管我们要管理创新、制度创新,但对一个正常公司来说,频繁地变革,内外秩序就很难安定地保障和延续。不变革又不能提升我们的整体核心竞争力与岗位工作效率。变革,究竟变什么?这是严肃的问题,各级部门切忌草率。(2001年)

企业管理目标是流程化的组织建设

华为通过规范化的管理,尽可能摆脱企业对个人的依赖。企业发展不会随着某个人或者某些人的离开而产生很大的影响,这样的企业才是健康的企业,才是可以持续发展的企业。

今天大家进行管理能力的培训,如IPD、ISC、CMM等,以及任职资格和绩效考核体系一样,都是一些方法论,这些方法论是看似无生命实则有生命的东西。它们的无生命体现在管理者会离开,会死亡,而管理体系会代代相传;它们的有生命则在于随着我们一代一代奋斗者生命的终结,管理体系会一代一代越来越成熟,因为每一代管理者都在我们的体系上添砖加瓦。所以我们将来留给人类的瑰宝是什么?以前我们就讲过华为公司什么都不会剩下,就剩下管理。为什么,因为所有产品都会过时,会被淘汰掉;管理者本人也会更新换代,而企业文化和管理体系则会代代相传。因此我们要重视企业在这个方面的建设,这样我们公司在奋斗中越来越强,越来越厉害。有人不理解IPD、ISC有什么用,这是认识问题。这个东西有什么用?为什么我要认真推行IPD、ISC?这是在摆脱企业对个人的依赖,使要做的事,从输入到输出,直接端到端,简洁并控制有效地连通,尽可能地减少层级,使成本最低,效率最高。要把可以规范化的管理都变成扳铁路道岔,使岗位操作标准化、制度化。就像一条龙一样,不管如何舞动,其身躯所有关节的相互关系都不会改变,龙头就如Marketing,它不断地追寻客户需求,身体随龙头不断摆动,因为身体内部所有的相互关系都不变化,使得管理简单、成本低。(2003年)

110

本章小结

随着公司的快速发展，以任正非为核心的华为管理团队的经营理念也在与时俱进。这说明华为管理团队是有学习能力的、有自我批判精神的。只有经营理念与时俱进，才能指引企业与时俱进。企业与企业之间的竞争，从"术"的角度看是管理水平的竞争，从"道"的角度看是经营理念的竞争。

在国内领先阶段，华为对企业生存与发展的本质问题进行了较多思考，认识到企业之间的竞争法则是要么领先，要么灭亡，没有第三条路可走。笔者简要总结本阶段华为主要的经营理念如下：

① **对企业生死的看法**：生存下去的充分且必要条件是要拥有市场；要么领先，要么灭亡，没有第三条路可走；企业最大的敌人是自己；企业的生命不是企业家的生命。

② **对企业成长的看法**：领先研发，创造机会，引导消费；一个企业要有世界性的战略眼光才能奋发图强；不追求利润最大化，追求成为世界级领先企业；不创新才是最大的风险；没有规模，就没有低成本；要顺势而为，不要与趋势为敌。

③ **对企业成败的看法**：今天的成功，不是开启未来成功之门的钥匙；在荣誉与失败面前，平静得像一湖水；成功的背后是牺牲。

④ **对困难与危机的看法**：越困难时越要看到希望；危机来临时，要想办法活下去；越是困难时期，越要磨炼队伍。

⑤ **对研发与创新的看法**：要做都江堰这样具有高品质、长期价值的好产品；要做有商业价值的创新，而不要研究冷门技术；研发体系要从对科研成果负责转变为对产品成功负责。

⑥ **对人才的看法**：知识经济时代是知识雇佣资本；人才的不同组织模式产生很大差异的价值；通过知识而不是资源创造财富；劳动、知识、企业家和资本创造了公司的全部价值；华为唯一可以依存的是人。

⑦ **对公司治理的看法**：将管理与服务作为生死攸关的问题抓；通过有效管理，摆脱对技术、人才和资金的依赖；要学习成功公司的最佳实践做法；既要变革，又要保持稳定；企业管理目标是流程化的组织建设。

第8章　企业文化：提高"自我净化"自觉性

资源是会枯竭的，唯有文化才会生生不息。

——任正非（1998年）

随着公司人员的快速增加，任正非认识到凝聚共识的重要性。任正非说，资源是会枯竭的，唯有文化才会生生不息。1996年—1998年，历经三年，八易其稿，华为酝酿、起草和发布了《华为基本法》，对公司生存和发展的基本问题进行了较为系统、完整和明晰的阐述。《华为基本法》为后续引进研发、供应链和财经等管理方法奠定了基础。在快速发展阶段，华为还明确并详细阐述了企业核心价值观，总结与践行艰苦奋斗文化、自我批判文化、英雄文化、服务文化和高绩效文化等。

华为认为，一切工业产品都是人类智慧创造的。华为没有可以依存的自然资源，唯有在人的头脑中挖掘出大油田、大森林、大煤矿……精神是可以转化为物质的，物质文明有利于巩固精神文明。华为坚持以精神文明促进物质文明的方针。这里的文化，不仅包含了知识、技术、管理、情操等，也包含了一切促进生产力发展的无形因素。

华为公司认为资源是会枯竭的，唯有文化才会生生不息。这里的文化不是娱乐活动，而是一种生产关系。我们公司一无所有，只有靠知识、技术，靠管理，在人的头脑中挖掘出财富。我们一定要让员工有危机意识。（1998年）

在华为公司，物质文明和精神文明是并存的。企业的发展不能以利益来驱动，君子取之以道，小人趋之于利，以物质利益为基准，是建立不起强大的队伍的，也是不能长久的。

华为强调，爱祖国、爱人民、爱事业和爱生活是公司凝聚力的源泉。责任意识、创新精神、敬业精神与团结合作精神是公司企业文化的精髓。实事求是是公司行为的准则。

以利益为驱动，是不能长久的，必须使员工的目标远大化，使员工感到他的奋斗与祖国的前途、民族的命运是连在一起的。为伟大祖国的繁荣昌盛，为中华民族的振兴，为自己与家人的幸福而努力奋斗。我们提倡精神文明，但我们常用物质文明去巩固。这就是我们说的两部发动机，一部为国家，一部为自己。（1998年）

任正非要求，各级部门、每位员工都要在自查责任心和服务意识的基础上，开展层层评议。不认同华为价值评价体系、没有责任心、工作态度不好的员工，将不能在华为公司工作。

在1997年提倡敬业精神、责任心、工作干劲、团结合作的基础上，1998年全面进行职业道德教育，提高全体员工的思想文化素质，清除有害于集体的一切行为。任正非认为，要使公司立于不败之地，长盛不衰，最要紧的是不断提高员工"自我净化"的自觉性。华为要求员工把集体利益置于个人利益之上，要开展批评与自我批评，不断地优化自己、优化集体、优化组织。

图8-1　任正非（左二）与华为基本法起草专家在一起（摄于1998.3.23）

在国内领先阶段，以任正非为核心的华为领导班子总结和提炼了华为的核心价值观和华为的文化要素，包括服务文化、奋斗文化、自我批判文化和高绩效文化等。

通过核心价值观的有效传承，实现各个层面的自然交接班

每个企业家都非常关注企业如何才能持续、稳健、快速增长，也就是企业如何

才能长治久安。以任正非为首的华为管理团队也一直在研究推动华为前进的主要动力是什么，怎么使这些动力能长期稳定运行，而又不断自我优化。任正非认为促使企业所有员工一同努力的源泉是企业的核心价值观。这些核心价值观要被接班人所确认，同时接班人要有自我批判能力。接班人是用核心价值观约束、塑造出来的，这样才能使企业长治久安。接班人是广义的，不是公司高层领导下台就产生个接班人，而是每时每刻都在发生的过程，每件事、每个岗位、每条流程都有这种交替行为。这种交替行为是改进、改良、不断优化的行为。公司要使各个岗位都有接班人，接班人都要承认这个核心价值观。

华为公司希望通过企业核心价值观的持续优化和有效传承，使企业逐步摆脱对创业者的依赖，在各个层面实现自然的交接班。任正非认为，华为经历了十年的努力，确立了自己的价值观，这些价值观与公司的行为逐步可以相辅相成，形成了闭合循环。因此，它将会像江河水一样不断地自我流动，自我优化，不断地丰富与完善管理。不断地流动，不断地优化；企业规模增大，流量不断自动加大，管理不断自我丰富。存在的问题，这次不被优化，下次流量再大时一定会暴露无疑，事后也会得到优化，再重新加入流程运行。不断地流动，不断地优化，再不断地流动，再不断地优化，循环不止，不断升华。这样就慢慢地淡化了企业家对企业的直接控制，那么企业家的更替与生命终结，就与企业的命运相分离了。长江就是最好的无为而治，不管你管不管它，都不废江河万古流。

在《华为的红旗到底能打多久》一文中，任正非系统阐述了华为公司的核心价值观。华为的核心价值观分为七条，以下是简要陈述。

第一条（追求）华为的追求是在电子信息领域实现顾客的梦想，并依靠点点滴滴、锲而不舍的艰苦追求，使我们成为业内领先企业。

第二条（员工）认真负责和管理有效的员工是华为最大的财富。尊重知识、尊重个性、集体奋斗和不迁就有功的员工，是我们的事业可持续成长的内在要求。

第三条（技术）广泛吸收世界电子信息领域的最新研究成果，虚心向国内外优秀企业学习，在独立自主的基础上，开放合作地发展领先的核心技术体系，用我们卓越的产品自立于世界通信之林。

第四条（精神）爱祖国、爱人民、爱事业和爱生活是我们凝聚力的源泉。责任意识、创新精神、敬业精神与团结合作精神是我们企业文化的精髓。实事求是是我们行为的准则。

第五条（利益）华为主张在顾客、员工与合作者之间结成利益共同体。努力探索按生产要素分配的内部动力机制，奉献者定当得到合理的回报。

第六条（文化）资源是会枯竭的，唯有文化才会生生不息。一切工业产品都是人类智慧创造的。华为没有可以依存的自然资源，唯有在人的头脑中挖掘出大油田、大森林、大煤矿……精神是可以转化为物质的，物质文明有利于巩固精神文明。我们坚持以精神文明促进物质文明的方针。

第七条（社会责任）华为以产业报国和科教兴国为己任，以公司的发展为所在社区做出贡献。为伟大祖国的繁荣昌盛，为中华民族的振兴，为自己和家人的幸福而努力。（1998年）

艰苦奋斗文化：坚决反对富裕起来以后的道德滑坡

华为坚持艰苦奋斗，坚持"先生产、后生活"。以任正非为首的创业团队艰苦创业，将创业过程中获得的收益全部投入到新产品、新技术研发中，而不是分配以改善生活。华为创业团队没有小富即安，贪图享受，而是不断追求企业更大的发展目标。

为了实现这个目标，三个月前我公司的员工住房率才1.5%，最近才提升到4%，到年底还不到5.5%。这些博士、硕士、高级管理人员，多数至今还住在出租屋里，过着简易的生活。都是一句话，为了21世纪活得更好一些，为了自己的祖国拥有自己的技术。一代创业者已销蚀了自己的健康，一代年轻的勇士又在步此后尘，前赴后继，牺牲自己，为了祖国，为了公司，也为了自己与亲人。（1996年）

任正非强调，要反骄破满，在思想上艰苦奋斗。华为会不断地改善物质条件，但是艰苦奋斗的工作作风不可忘记，忘记过去就意味着背叛。华为永远强调在思想上艰苦奋斗。思想上艰苦奋斗与身体上艰苦奋斗的不同点在于：思想上艰苦奋斗是勤于动脑，身体上艰苦奋斗只是手脚勤快。华为要提拔重用那些认同公司的价值观，又能产生效益的员工。要劝退那些不认同公司的价值观，又不能创造效益的员工，除非他们迅速转变。

华为坚定不移地反对富裕起来以后的道德滑坡、庸俗的贪婪与腐败。

在这个世界上90%的人都在身体上艰苦奋斗。吃大苦耐大劳是人们容易理解的，但什么人在思想上艰苦奋斗呢？其并不为多数人所理解。科学家、企业家、政治家、种田能手、善于经营的个体户、小业主、优秀的工人……他们有些人也许生活比较富裕，但并不意味着他们不艰苦奋斗。他们不断地总结经验，不断地向他人学习，无论何时何地都自我修正与自我批评，每日三省吾身，从中找到适合他前进的思想、方法等，从而有所发明、有所创造、有所前进。(1996年)

图8-2 华为员工在珠峰安装通信设备

群体奋斗文化：不要个人包打天下

团结合作、群体奋斗是华为公司的特征。华为强调要群体奋斗，不要个人包打天下。群体奋斗并不会磨灭个性，华为希望每位员工在群体奋斗中努力发挥自己的个性。

时代呼唤我们要融入群体文化，在群体奋斗中努力去发挥自己的个性。我们的工作是不是大多利用了别人的成果呢？在员工汇报工作的时候，我总是跟他们讲不要跟我谈过程，一谈过程你就是表功，我要听结论，一听要结论他就说这东西是自己干的别的什么也说不出来，这还不如大家一起干，干好了都有光彩。我们要充分利用人类文明的一切成果，在这个时代非群体奋斗不可能成功，成功的公司，如微软都是群体奋斗的楷模。群体奋斗并不是要磨灭个性。(1996年)

愈挫愈勇文化：烧不死的鸟就是凤凰

华为反复强调"烧不死的鸟就是凤凰""不经磨难不会成才"。经历磨难，就增加了许多智慧，增长了许多才干。任正非认为，经受大风大浪考验的员工会更加坚强优秀。

《华为人》报上有人提出口号"烧不死的鸟就是凤凰"，能上能下，经受大风大浪的考验，肯定是很有意义的。市场部的集体辞职，这种制度化的让贤在我们第二次创业过程中是有巨大的意义的。这个意义3~5年以后才有资格来评价，从现在情况来看积极意义已经很明显了。市场部集体辞职将记入华为历史的纪念碑。我们所有干部都要向他们这些人学习，他们真正抛弃了自我、融入了大我，真正是把公司的利益作为最高的利益。市场部集体辞职产生的深远影响会在公司的各个部门、各个领域都产生巨大影响。我非常赞成"烧不死的鸟就是凤凰"这句话，让历史来检验你，时间来检验你，而不是用个人的感情来检验你。经受洗礼的员工将再次进入重要岗位，他们会更加坚强和优秀，而且这样坚强和优秀的员工是我们的事业成功的很重要的基础。（1996年）

献身文化：弘扬蜡烛精神、萤火虫精神

任正非非常欣赏具有蜡烛精神、萤火虫精神的员工，他们消耗自己，照亮别人，默默无闻，不计较回报。他们是华为公司的无名英雄，华为公司的光辉业绩就是由无数无名英雄创造的。

任正非说，我们这个时代最崇高的是责任心，最可贵的是蜡烛精神，他们照亮了公司消耗了自己。多么伟大的人格，多么高尚的情操，当我们获得辉煌时，他们仍然像萤火虫一样默默地发光，不管您知道不知道，消耗毕生的精力与心血，在闪着您成功的五彩缤纷时，不曾注意的微光。

华为的光辉是由数千微小的萤火虫点燃的。萤火虫拼命发光的时候，并不考虑别人是否看清了他的脸，光是否是他发出的。没有人的时候，他们仍在发光，保持了华为的光辉与品牌，默默无闻，毫不计较。他们在消耗自己的青春、健康和生命。华为是由无数无名英雄组成的，而且无数的无名英雄还在继续涌入，在华为的光辉历史中我们永远不会忘记他们。当我们产品覆盖全球时，我们要来纪念这些为华为

的发展贡献了青春与热血的萤火虫。(1997年)

英雄文化：要人人争做英雄

华为认为，公司的总目标是由数千万个分目标组成的，任何一个目标的实现都是英雄的英雄行为所为。不要把英雄神秘化、局限化、个体化。要搞活公司的内部动力机制，如核动力、油动力、电动力、煤动力、沼气动力等，它们需要的英雄是广泛的。由这些英雄带动使每个细胞直到整个机体产生强大的生命力，由这些英雄行为促进的新陈代谢，推动公司的事业向前进。

华为希望全体员工在团结合作、群体奋斗的基础上，努力学习别人的优点，改进自己的不足，提高自己的合作能力与技术、业务水平，发挥自己的管理与领导才干，走向英雄之路。做一个从没得到过授勋的伟大英雄。

什么是华为的英雄，是谁推动了华为的前进。不是一两个企业家创造了历史，而是70％以上的优秀员工，互动着推动了华为的前进，他们就是真正的英雄。如果我们用完美的观点去寻找英雄，是唯心主义。英雄就在我们的身边，天天和我们相处，他们身上就有值得我们学习的地方。我们每一个人的身上都有英雄的行为。当我们任劳任怨、尽心尽责地完成本职工作，我们就是英雄。当我们思想上艰苦奋斗，不断地否定过去；当我们不怕困难，愈挫愈勇，我们就是英雄。我们要将这些良好的品德坚持下去，改正错误，摒弃旧习，做一个无名英雄。

英雄是一种集体行为，是一种集体精神，要人人争做英雄。(1997年)

屡败屡战文化：败多胜少，逐渐有胜

华为在国际市场上屡战屡败，屡败屡战，败多胜少，逐渐有胜。1997年华为进入俄罗斯市场，市场开拓极其艰难，产品推不出去。负责开拓市场的李杰等人并没有气馁，日复一日拜访客户、推广产品等，充分做好各项准备工作，逐渐与客户建立了了解与信任。经过长达六年多的努力，2003年华为终于赢来了转机，承建俄罗斯超长距离的30G国家传输网。

国际市场上的竞争残酷又激烈。你知道有多少辛酸，我曾让王晓静记录他们的工作过程，陈志立跑了一天，晚上十一时还未吃饭，拿着我们从国内带去的方便面，吃得这么香。梁国世每天不断地喊话（通信不好，需要大声说话），嗓子像公鸭一样，而且孤身一人在俄罗斯工作了这么久。是这种不屈不挠的奋斗精神，支撑他们跌倒了再爬起来，擦干身上的泥水，再前进；是他们在一次次的失败中，相互包扎好伤口，又投入战斗。（1997年）

自我批判文化：不能自我批判的干部将全部免职

华为公司要求全体员工不能搞一团和气，互相包庇缺点，要加强批评与自我批评。只有在批评和自我批评中，华为才会变得更加强大。只有在批评与自我批评的基础上，才能陶冶自己、自省自己，提高对公司文化的认识，加强真正坚实的团结。自我批判有两种，一种是自己批判自己，一种是通过民主生活会的形式相互批判，目的是发现缺点，改进自己，提升效益。以下是华为自我批判文化的几个要点：

（1）接班人的自我批判能力是企业长治久安的基础。

经历了十年发展的华为，开始从幼稚走向成熟。开始明白，一个企业长治久安的基础，是它的核心价值观被接班人承认，接班人具有自我批判能力。具有自我批判能力才能进步，才会成为一个成功者。

华为公司从现在开始一切不能自我批判的员工，将不能再被提拔。三年以后，一切不能自我批判的干部将全部免职，不能再担任管理工作。通过正确引导，以及施加压力，再经过数十年的努力，将会在公司内形成层层级级的自我批判风气。组织的自我批判，将会使流程更加优化，管理更加优化；员工的自我批判，将会大大提高自我素质。成千上万的各级岗位上具有自我批判能力的接班人的形成，就会使企业的红旗永远飘扬下去，用户就不会再担心这个公司垮了，谁去替他维护。用户不是在选择产品，而是在选择公司，选择可以信任的公司文化。（1998年）

（2）自我批判的目标是提升公司整体核心竞争力。

任正非认为，自我批判不是今天才有，几千年前的曾子"吾日三省吾身"；孟子"天将降大任于斯人也，必先苦其心志，劳其筋骨，饿其体肤，空乏其身，行拂乱其所为，所以动心忍性，曾益其所不能"，都是自我批判的典范。没有这些自我批判，就不会造就这些圣人。

任正非强调，华为一定要推行以自我批判为中心的组织改造和优化活动。自我批判不是为批判而批判，也不是为全面否定而批判，而是为优化和建设而批判。总的目标是要提升公司整体核心竞争力。

我们是为面子而走向失败，走向死亡，还是丢掉面子，丢掉错误，迎头赶上呢？要活下去，就只有超越，要超越，首先必须超越自我；超越的必要条件，是及时去除一切错误。去除一切错误，首先就要敢于自我批判。古人云：三人行必有我师，这三人中，其中有一人是竞争对手，还有一人是敢于批评我们设备问题的客户，如果你还比较谦虚的话，另一人就是敢于直言的下属，真诚批评的同事，严格要求的领导。只要真正地做到虚心纳谏，没有什么改正不了的错误。(2000年)

(3) 自己批判自己最有效。

华为强调干部和员工通过自己批判自己来取得进步，因为自己批判自己比较容易接受，也比较容易改进。华为认为自我批判是个人进步的好方法，还不能掌握这个武器的员工，各级部门不要对他们再提拔了。两年后，还不能掌握和使用这个武器的干部要调离管理岗位。

为什么要强调自我批判？我们倡导自我批判，但不提倡相互批评，因为批评不好把握适度，如果批判火药味很浓，就容易造成队伍之间的矛盾。而自己批判自己呢，人们不会对自己下猛力，对自己都会手下留情，即使用鸡毛掸子轻轻打一下，也比不打好，多打几年，你就会百炼成钢了。自我批判不光是个人进行自我批判，组织也要对自己进行批判。(2001年)

(4) 自我批判要从高级干部开始。

任正非强调，华为的高级干部要以身作则，带头进行自我批判。

自我批判从高级干部开始，高级干部每年都有民主生活会，民主生活会上提的问题是非常尖锐的。有人听了以后认为公司内部斗争很激烈，说起问题来很尖锐。但是说完他们不又握着手打仗去了吗？我希望这种精神一直能往下传，下面也要有民主生活会，一定要相互提意见，相互提意见时一定要和风细雨。我认为，一定不要把内部的民主生活会变成了有火药味的会议，高级干部尖锐一些，是他们承受力高，越到基层越需要温和。事情不能指望一次说完，一年不行，二年也可以，三年进步也不迟。

我希望各级干部在组织自我批判的民主生活会议上，千万要把握尺度。我认为人是怕痛的，太痛了也不太好，细细致致地帮人家分析他的缺点，提出改进措施来，和风细雨式最好。我相信只要我们持续下去，会比那种暴风急雨式的革命更有效果。（2001年）

服务文化：只有服务才能换来商业利益

任正非认为，华为是一个功利集团，企业的一切都是围绕商业利益展开的，华为的文化叫企业文化，而不是其他文化。因此，华为文化的特征就是服务文化，因为只有服务才能换来商业利益。

服务的含义是很广的，不仅仅指售后服务，从产品的研究、生产到产品生命终结前的优化升级、员工的思想意识、家庭生活等。因此，我们要以服务来定队伍建设的宗旨。我们只有用优良的服务去争取用户的信任，从而创造了资源，这种信任的力量是无穷的，是我们取之不尽、用之不完的源泉。有一天我们不用服务了，就是要关门、破产了。因此，服务贯穿于我们公司及个人生命的始终。当我们生命结束了，就不用服务了。因此，服务不好的主管，不该下台吗？（1997年）

高绩效文化：要持续提升人均效益

在IPD、ISC等流程体系建设基础上，华为强调要充分发挥管理体系的作用，要持续提升人均效益，要建立高绩效企业文化。

华为强调，要把危机与压力传递到每一个人，每一道流程，每一个角落，把效率不断提升，成本不断下降，这样才有希望存活下来。

我们要坚持责任结果导向的考核机制，各级干部要实行任期制、目标责任制，述职报告通不过的，有一部分干部要免职、降职，要实行各级负责干部问责制。考核是考不走优秀员工的，优秀员工一时受主客观的因素，暂时遭受挫折，但他们经过努力终究会再起来的。同时，要坚持员工聘用合同制，一部分员工已经不太适合这些岗位了，我们应该要有所取舍。我们也要从完成任务好的员工的一些关键事件过程行为考查中，发现优秀的干部苗子，给予机会进行培养。我们考核的文化，要走向高绩效文化。（2003年）

向以色列学创新：敢于走别人没有走过的路

1997年2月16日至21日，华为董事长孙亚芳随代表团访问了以色列，重点是访问以色列的一些高科技企业，开展与他们的技术合作与市场合作。孙亚芳回国后撰写了《以色列崛起之谜》一文，谈了自己访问以色列的感受和体会。华为总裁任正非向全体华为员工强烈推荐这篇文章，希望华为人将这篇文章作为华为基本法的辅导报告之一。

公司号召向美国学习技术，他们先进而不保守，富裕而不惰怠；向日本人学习管理，他们执着认真，任何一件小事，都分解成很多作业程序，开始做时，拟定者都很繁琐，而后来人引用就十分便当，大大降低了管理成本；向德国人学习一丝不苟的实干精神，他们的踏实认真，才使"奔驰""西门子"……成为世界名牌产品。

孙亚芳的文章向我们提出了什么？就是学习以色列人民自强不息的奋斗精神，高度的民族与群体的团结精神。我们还要向韩国人民学习爱国主义精神。

自强不息永远是一个企业不断走向希望的精神支柱，但精神需要物质来支持与巩固。这就是公司的基本法要解决的问题。我们也可以把这篇文章看成基本法的辅导报告之一。(1997年)

在这篇文章中，孙亚芳提出以色列民族有多个方面值得华为人学习。

尽管这次出访时间很短，来去匆匆，我们很难全面了解这个民族，但我从一些粗浅的了解中开始喜欢上这个民族。这是一个热情、开放、充满活力、自强不息的民族，她聪明而不懒惰，执着而不保守，富有而十分勤俭，充满个性而又高度团结。从这个民族优秀的品质和可贵的精神中，引发出许多思考。

① 我们在学习美国的技术、日本人的管理和德国人的认真的同时，还应学习以色列民族自强不息、执着追求的精神。

② 我们应该拥有像以色列民族一样博大的胸怀和高深的境界，团结起来，共筑华为人的精神家园。

③ 我们应该像以色列民族一样，善于吸取世界各国的优点，博采众长，为我所用，真正把华为建立成一个开放的学习型组织。

④ 我们应学习以色列人面对矛盾的胸襟和处理矛盾的技巧，敢于面对矛盾，善

于化解矛盾，在矛盾中锻炼自己。

⑤ 我们应学习以色列人的修养，提高个人素质和文明程度，从点滴小事做起，从自身做起，以实际行动来提升华为公司的企业形象。

⑥ 我们应学习以色列民族勤俭节约的主人翁精神，为公司节省人力、物力、财力资源，从点点滴滴做起。

⑦ 我们应学习以色列民族的创新精神，敢于走别人没有走过的路，敢于向自己挑战，向未来挑战。

……

以色列民族有许多我们值得学习的东西，以色列的成功之谜有待于我们继续探索。（孙亚芳，1997年）

本章小结

在国内领先阶段,华为员工人数平均每年增加近 2500 人,此阶段华为的流程和管理制度还不够健全,任正非强调通过企业文化引导员工认真工作、积极奉献。

华为通过 1998 年正式发布的《华为基本法》明确了企业核心价值观,在总体层面达成了公司的发展共识,以减少争议,指引公司发展方向。

华为公司在国内领先阶段从经营实践中提炼和总结了以下企业文化要素:艰苦奋斗文化、群体奋斗文化、愈挫愈勇文化、献身文化、英雄文化、屡败屡战文化、自我批判文化、服务文化、高绩效文化等。其中,群体奋斗文化、愈挫愈勇文化、献身文化、英雄文化、屡败屡战文化均属"艰苦奋斗文化"范畴。总体来看,华为公司在国内领先阶段的企业文化可以总结为四个方面:艰苦奋斗文化、自我批判文化、服务文化和高绩效文化。

第9章 战略管理：最高纲领是超过 IBM

只有在 20 世纪末打好了在中国的地位基础，21 世纪初我们才能真正走向世界。

——任正非（1996 年）

在国内领先阶段，任正非指出，华为战略的最低纲领是活下去，最高纲领是超过 IBM。

华为以 10 年为期制订发展战略，每 3～5 年完成相应的战略任务，实现设定的战略目标。在快速发展期，华为的发展战略是首先在国内取得领先地位，然后向国际市场进军。华为选择能够充分发挥自己优势和能力的大市场进入，不盲目多元化，不受短期机会的诱惑。华为以极低的价格收购一些技术能力很强的小公司，快速进入新的业务领域。

任正非强调，华为要敢于走别人没有走过的路，寻求对未知领域研究的突破。华为在选择研究开发项目时，要敢于打破常规，走别人没有走过的路，争取进入"战略无人区"。

我们要善于利用有节制的混沌状态，寻求对未知领域研究的突破；要完善竞争性的理性选择程序，确保开发过程的成功。(2000 年)

战略思想：最低纲领是活下去

华为坚持产品投资为主，以期最大限度地集中资源，迅速增强公司的技术实力、市场地位和管理能力。在制定重大投资决策时，不只要追逐今天的高利润项目，同时要关注有巨大潜力的新兴市场和新产品的成长机会。华为强调，不从事任何分散公司资源和高层管理精力的非相关多元化经营。

以 10 年为期制订发展战略

华为的经营不是短期经营导向，而是长期发展导向，华为以 10 年为期制订发展战略，分步实现。在渡过生存期后，任正非明确了华为未来 10 年与国际著名公司接轨的发展战略。

我们要全面实现国际接轨，在 10 年之内分三步走，用三年时间实现管理与生产工艺国际接轨；用 5 年的时间，实现市场营销国际接轨；用 10 年时间在多产品、多领域的研究、生产上与国际著名公司接轨。（1996 年）

任正非在 1996 年说，跨过 20 世纪后，我们的工业产值将超过百亿。在 1999 年，任正非提出了更高的发展目标：华为公司的最低纲领应该是要活下去，最高纲领是超过 IBM。10 年或 20 年后，我们产值可能已过 2000 亿美金了。

在国内确立领先地位的基础上进军国际市场，形成拷贝能力

任正非在 1996 年明确提出，华为要在确立国内地位的前提下，走向国际市场，确立国际地位。

1997 年—1998 年我们要确立在国内的地位，21 世纪初要确立在国际的地位。1997 年—1998 年我们在国内要尽快地走到最前面来，这要做出艰苦卓绝的努力。从研究开发、中间试验、制造、市场营销到企业管理各方面都要严密地配合起来，只有在 20 世纪末打好了在中国的地位基础，21 世纪初我们才能真正走向世界。公司决定进军世界市场的誓师大会 1999 年在日内瓦召开，届时我们将参加国际电联在日内瓦举办的跨世纪超大型国际通信展览会。1999 年我们的出口值将达到 3 亿～5 亿美元。我们要用 3～5 年时间完成从产品经营到资本经营的准备，为 21 世纪进入世界市场做好准备。软件最赚钱是因为能不断地拷贝，产品多拷贝也能多赚钱。下一步咱们要拷贝工厂，拷贝一个工厂能产生几十个亿，多拷贝几十个工厂，我们不就与国际大公司相差不大了吗？（1996 年）

靠研究开发的高投入充分获取"机会窗"的超额利润

华为的经营模式是，抓住机遇，靠研究开发的高投入获得产品技术和性能价格比的领先优势，通过大规模的席卷式的市场营销，在最短的时间里形成正反馈的良性循环，充分获取"机会窗"的超额利润。不断优化成熟产品，驾驭市场上的价格竞争，扩大和巩固在战略市场上的主导地位。华为按照这一经营模式的要求建立组织结构和人才队伍，不断提高公司的整体运作能力。

在设计中构建技术、质量、成本和服务优势，是我们竞争力的基础。日本产品的低成本，德国产品的稳定性，美国产品的先进性，是我们赶超的基准。（1998年）

通过开拓新市场、开发新产品实现企业持续发展

任正非认为既要发展，又要避开危机，唯有的办法就是要大力加速改变现状。

改变现状，实现持续发展的方法主要有三个：开拓新市场、增加现有产品在现有市场的份额、开发新产品。

第一个问题要寻找新市场，像哥伦布一样。市场部不就高歌"雄纠纠，气昂昂，跨过太平洋"嘛，他们现在不仅跨过了太平洋，还跨过了大西洋、印度洋，真的是在很艰苦的条件下生活，当导弹袭击伊拉克的时候，他们就在地下室，冒着炮火，不屈不挠地争取市场机会。

第二个问题是传统产品提高生命力，在同一个市场获得新的份额。如果我们的交换机，传输越做越好，产品很稳定我们的订单就会增加，在原有基础上我们就能增加一些产量。

第三个问题是增加新产品研发的投入。（1999年）

在2000年全球互联网泡沫破裂、国内市场大幅萎缩时，华为公司加大了国际市场拓展力度，期望通过提高国际市场收入占比实现更好的生存平衡，做到"东方不亮西方亮，黑了北方有南方"。

在产品领域经营成功的基础上探索资本经营

华为在产品领域经营成功的基础上探索资本经营，利用产权机制更大规模地调动资源。实现这种转变取决于公司的技术实力、营销实力、管理实力和时机。外延的扩张依赖于内涵的做实，机会的捕捉取决于事先的准备。

华为认为，资本知识化是加速资本经营良性循环的关键。在进行资本扩充时，重点要选择那些有技术、有市场，以及与华为有互补性的战略伙伴，其次才是金融资本。

资本经营和外部扩张，应当有利于潜力的增长，有利于效益的增长，有利于公司组织和文化的统一性。公司的上市应当有利于巩固公司已经形成的价值分配制度的基础。

产品线规划与管理：要敢于走别人没有走过的路

华为在快速成长阶段开始注重产品线规划，强调通过系统的产品线"路标规划（Roadmap）"指导新技术、新产品的开发，强调适当进入一些研发领域的"战略无人区"，强调通过"红军"和"蓝军"的相互碰撞完善产品线规划。

基于明确的判断标准科学选择新的成长领域

只有当看准了时机和有了新的构想，确信能够在该领域中对顾客做出与众不同的贡献时，华为才决定进入市场广阔的相关新领域。为了避免大的风险，华为希望选择进入的成长领域能够顺应技术发展的大趋势，顺应市场变化和社会发展的大趋势。具体而言，华为对于选择新的成长领域有以下三个"有利于"判断标准：
① 利于提升公司的核心技术水平；
② 利于发挥公司资源的综合优势；
③ 利于带动公司的整体扩张。

华为认为，只有大市场才能孵化大企业。选择大市场是华为产业选择的基本原则。华为严格控制进入新的领域。

对规划外的小项目，华为鼓励员工的内部创业活动，并分配一定的资源，支持员工把出色的创意转化为顾客需要的产品。

我们中短期经营方向集中在通信产品的技术与质量上，重点突破、系统领先，摆脱在低层次市场上角逐的被动局面，同时发展相关信息产品。公司优先选择资源共享的项目，产品或事业领域多元化紧紧围绕资源共享展开，不进行其他有诱惑力的项目，避免分散有限的力量及资金。（1998年）

通过产品线规划指引新技术、新产品开发

任正非强调通过产品线规划来规范和指引日常新技术、新产品开发，避免重复开发。研发团队不能只顾低头赶路，不能只注重产品的细微改进，而要系统考虑整条产品线的开发路线。

没有路标指引使得将来的重复开发、产品系列化配套的不合理造成的经济损失和成本损失要远远大于我们现在很细微地改进。但我们细微地改进大家都看见了，一总结细微改进就要涨工资，这是我们领导没水平。（2000年）

通过"红军"与"蓝军"的相互碰撞完善产品线规划

为了更好地做好研发规划，避免犯方向性的错误，任正非要求每条产品线都成立"红军""蓝军"规划团队。"红军"负责主导规划，"蓝军"负责给"红军"方案提意见。实施"红军""蓝军"制的目的是要在总体方案的设计过程中要有比较多的民主作风，把大家的意见进行归纳总结，得出正确的东西，把正确的东西再进行讨论。

为什么研发规划做不好，就是因为没有民主作风，不允许大家发言。在研发系统的总体办中可以组成一个"红军"和一个"蓝军"，"红军"和"蓝军"两个队伍同时干，"蓝军"要想尽办法打倒"红军"，千方百计地钻他们的空子、挑他们的毛病。"红军"的"司令官"以后也可以从"蓝军"的队伍中产生。"蓝军"拼命攻"红军"，拼命找"红军"的毛病，过一段时间把原来"蓝军"中的"战士"调到"红军"中做团长。有些人特别有逆向思维，挑毛病特别厉害，就把他培养成为"蓝军""司令"，"蓝军"的"司令"可以是长期固定的，"蓝军"的"战士"是流动的。每个产品线都应该增加一个标准队伍、一个总体队伍、一个蓝军队伍。不要怕有人反对，有人反对是好事，不是坏事这会改变我们的惯性思维，打破我们的路径依赖。（2002年）

战略并购与合作：适当并购，外包非战略环节

在经济危机时，以极低的价格收购一些公司

在经济危机时，国外很多公司生存难以为继，华为利用这一难得的机会，以极低的代价战略性地并购了部分海外企业，以增强公司的核心竞争力。

我们准备收购的都是投资二三百亿美元的公司、现在二三百万美金就可把他们买下来的公司。要自己开发，再走直路，也得投10亿美金。最近我们收购了一些公

司，主要在国外新闻里报道，国内没有做这些事情，口头对大家说一下。收购对进一步提高我们公司的核心竞争力是有非常大的好处的。（2001年）

将部分非战略性的研发内容外包给其他专业机构去做

华为公司强调不盲目扩大自己的规模，部分非战略性的研发内容外包给其他专业机构去做，以降低公司发展风险，提高投资回报率。

即便我们公司有3G之类的好时机，我们也不会盲目地把队伍扩大得很大。我们还是要组织外包合同的方式。外包有什么好处呢？中国有句谚语说"人少好过年，人多好干活"，外包单位法律上是与我们是独立的，我们不对他的生死存亡负责任，但他们必须按照合同为我们服务。我们赢得别人的机会越多，我们就越可能存活下来。（2001年）

大公司通过收购一些技术能力很强的小公司，快速进入新的领域

任正非从思科通过持续收购小公司实现快速成长得到启示，认为大公司通过收购一些技术能力很强的小公司，快速进入新的领域，降低进入新领域的风险和成本。

因此CISCO就占了很多便宜，这些小公司的出路就只有把自己卖给CISCO。美国小公司的出路，不是寻找自己建立市场的出路，因为这个成本实在是太高了，他们寻找的出路是怎么让CISCO收购，然后打着CISCO的旗子进行发展。所以他们是以CISCO做互补性的开发和研究。（2001年）

本章小结

在国内领先阶段,华为明确了"最低纲领是活下去,最高纲领是超过 IBM"的战略目标。这样的战略目标设定也是辩证的。只有活下去才有可能超越 IBM,能够持续活下去就有机会超越 IBM。华为在管理方面全面与 IBM 对标,花重金多次聘请 IBM 公司为华为建立多个管理体系和 IT 系统,目的是青出于蓝而胜于蓝,是为了超越 IBM 这个老师。

笔者总结华为在国内领先阶段的主要战略管理做法,供大家参考:

① **战略思想**:以 10 年为期制订发展战略,每 3~4 年争取实现阶段目标;在国内确立领导地位的基础上进军国际市场,形成拷贝能力;靠研究开发的高投入充分获取"机会窗"的超额利润;通过开拓新市场、开发新产品实现企业持续发展;在产品领域经营成果的基础上探索资本经营。

② **产品线规划与管理**:基于明确的判断标准科学选择新的成长领域;通过产品线规划指引新技术、新产品开发;要敢于走别人没有走过的路,寻求对未知领域研究的突破;通过"红军"和"蓝军"的相互碰撞完善产品线规划。

③ **战略并购与合作**:在经济危机时,以极低的价格收购一些公司;不盲目扩大自己的规模,将部分非战略性的研发内容外包给其他专业机构去做,以降低公司发展风险,提高投资回报率。

第 10 章 管理举措：全面构建与国际接轨的管理体系

> 我们真正战胜竞争对手的重要因素是管理与服务，并不完全是人才、技术与资金，上述三个要素没有管理形不成力量，没有服务达不到目标。
>
> ——任正非（1998 年）

在国内市场全面拓展阶段，华为研发人员人数从 1995 年的不到一千人，增长到 2003 年的一万余人，不到 10 年的时间研发人数增长了 10 倍，平均每年新增研发人员一千多人。华为的产品开发也由单一的交换机扩展到多个系列的运营商用户产品、企业用户产品和消费者用户产品。产品的应用由农村市场全面走向国内大中城市主流市场，国际市场方面由亚非拉等发展中国家市场开始走向欧美等发达国家市场。华为的研发机构也由深圳扩展到国内经济发达城市以及部分欧美发达国家。华为的营业收入由 1995 年的 15 亿元增长为 2003 年的 317 亿元，不到 10 年的时间增长了 20 倍。

从 1996 年—2003 年的 8 年时间是华为公司的快速成长期，华为公司的研发与创新管理也逐步由混乱、无序、低效走向规范、科学和有效。其中，1998 年开始向 IBM 公司学习，系统引进 IBM 公司的集成产品开发管理（IPD）体系对华为公司的研发与创新管理水平的提升有着决定性的作用。如果没有系统、科学、完整、有效的研发与创新管理体系，华为公司很可能早就分崩离析了。

华为通过 8 年时间快速崛起非常不易，更难能可贵的是华为在保持高速增长的同时强化管理能力的提升，实现了管理的国际化接轨。重视管理，将管理作为公司的核心竞争力是华为区别于绝大多数公司的地方，也是华为公司能够在人员快速增长、业务快速扩张的情况下没有分裂、没有崩溃、业绩没有出现大幅波动的主要原因。

国内领先阶段华为全面构建与国际接轨的管理体系，为华为全面国际化和走向世界领先奠定了坚实的、不可或缺的基础。某种程度上说，赢管理者赢天下。

任正非强调，华为要成为国际大公司，就必须向国际大公司学习。华为要学习国际先进管理经验，站在巨人肩膀上前进。国际大公司在犯错、走弯路基础上总结出来的有效管理方法，华为要认真借鉴。通过引进国际咨询机构，学习国际大公司的先进经验，华为的发展就可以少走不必要的弯路、少犯不必要的错误、少冒不必要的风险、少交不必要的学费，加快发展速度，缩小与国际大公司的差距。

如果我们人人都必须完成认识的全循环，那么我们同发达国家公司相比一点优势也就没有了。为什么呢？前人已经做了错事，走了那么多弯路，认识到今天的真理，我们却不去利用，我们却要去重新实践，自然就浪费了我们宝贵的青春年华！因此我们要站在巨人的肩膀上，站在世界发达国家先进公司已经走过的成功的经验、失败的教训的基础上前进，这样我们就占了很大便宜，我们的生命就能放射光芒。
(1999 年)

客户需求管理：坚持理性的客户需求导向开发新产品

华为强调，产品开发一定要以客户需求为导向，要以真实的、理性的客户需求为导向，要基于客户需求去开发技术。华为要求高管团队每周都要见客户，认真倾听客户的心声。基于客户需求进行创新是科技创新型企业最基本、最重要也是最浅显的创新法则，但是真正坚定践行的企业并不多。不了解客户的真正需求是科技企业难以开发出受客户欢迎的、真正具有创新性的产品的根本原因。

坚持客户导向开发新产品，坚持高强度投入研发

华为坚持客户导向开发新产品，坚持高强度投入研发。华为通过加大研发投入来力求避开危机。

华为能在中国激烈的通信市场竞争中和与世界电信巨子的较量中脱颖而出的原因，除了坚持以顾客为导向，拥有令人赞叹的产品可靠性记录外，最重要的是他对研究开发的高度重视。公司拥有 1200 名研究开发人员，每年将销售 10% 投入研究发展。研究发展总部设在深圳，在美国硅谷、北京和上海建立了研究发展分支机构。
(1999 年)

研发高管要每周见客户，倾听客户的心声

任正非要求研发系统高管要建立定期拜访客户制度，每周都要见几次客户、倾听客户的心声、了解客户对现有产品的看法、洞察客户对未来产品的需求。

坚持与客户进行交流，听一听客户的心声，我们就能了解客户很多想法。我们今天之所以有进步，就是客户教我们的。不断地与客户进行沟通，就是让客户不断帮助我们进步。如果嘴上讲365天都想着产品、想着市场，实际上连市场人员、客户的名字和电话号码都记不住，还有什么用？（2002年）

对于企业来说，需求就是命令。要了解客户需求，就要多与客户打交道，乐意听取客户意见。客户骂你最厉害的地方就是客户需求最强烈的地方，客户的困难就是需求。对照华为对高管的需求，各个科技企业可以问问自己：公司高管每星期都会拜访客户吗？每年拜访多少次？拜访客户时是去洞察需求还是推销产品？公司的研发骨干会走向客户吗？要开发出满足客户需求的产品，一定要走向客户，问客户真正需要什么，而不是闭门造车。闭门造车一定造不出什么好车。

产品发展的路标是客户需求导向

任正非反复强调，华为公司发展一定要坚持客户需求导向，而不能是技术导向。技术是手段，是为实现客户需求服务的。过度领先的技术很可能导致企业破产。

技术创新到今天来说，所有人都已经伤痕累累。由于互联网及芯片的发明，使人的等效当量大脑容量成千位的增长。美国只有两亿人口，但是美国却相当于有4千亿大脑。这样的大脑一起运作，产生新的技术、新的知识和新的文化，它会大大超越人类真实需求。因为人类的需求是随生理和心理进步而进步的，人的生理和心理进步是缓慢。因此过去一味崇拜技术，导致了很多公司全面破产。技术在哪一个阶段是最有效、最有作用的呢？我们就是要去看清客户的需求，客户需要什么我们就做什么。卖得出去的东西，或略略抢先一点点市场的产品，才是客户的真正技术需求。超前太多的技术，当然也是人类瑰宝，但必须以牺牲自己来完成。（2003年）

任正非指出，一味崇拜技术，导致了很多公司全面破产，比如摩托罗拉对铱星卫星系统的狂热投入最终就导致了公司的衰败。科技企业一定不能陷入技术狂热主义，一定要以客户需求为导向来开发技术，否则很容易牺牲自己。

坚持理性的客户需求导向

华为强调,要坚持客户需求导向。这个客户需求导向,是指理性的、没有歧变、没有压力的导向,代表着市场的真理。有压力的、有歧变行为导致的需求,就不是真正的需求。公司一定要区分真正的需求和机会主义的需求。

大家虽然都说要客户需求导向,但是客户需求到底是什么,大家都不知道。根本原因在于研发团队没有走向客户去调查,也没有融进去。任正非以波音公司开发777飞机为例,阐述了什么是真正的以客户需求为导向。

让我们看一个例子。波音公司在777客机上是成功的。波音在设计777时,不是说自己先去设计一架飞机,而是把各大航空公司的采购主管纳入PDT中,由各采购主管讨论下一代飞机是怎样的、有什么需求、多少个座位、有什么设置,他们所有的思想就全部体现在设计中了。这就是产品路标,是客户需求导向。产品路标不是自己画的,而是来自于客户。(2003年)

科技企业不要为表面的客户需求所迷惑,而要用心去洞察客户的真正需求,洞察客户没有说出来、没有想到、没有预期的需求。理性的客户需求洞察要求企业对客户需求信息要"去粗取精、去伪存真、由表及里、由此及彼"。企业洞察到了竞争对手没有洞察到的客户的隐性需求并在产品中加以实现,企业的产品就具有了竞争对手所不具有的差异化。因此创新源于洞察。

研发投入与研发资源利用:年度研发费用用不完相关领导要问责

华为坚持每年从销售收入中提取不低于10%的费用比例投入研发,年度研发费用用不完相关领导要问责。华为强调研发投入要长短期平衡,短期赚钱的项目要投入,有长期赚钱潜力的项目也要投入。要提高现有研发资源的重用率,要减少重复劳动和浪费。

坚持每年从销售额中提取10%作为研发经费

为了追赶国际巨头,保持技术和产品的领先地位,华为公司坚持每年将10%以上的销售收入投入研发,期望通过高投入带来长期的高回报。在华为基本法中,对研发投入进行了明确规定:我们保证按销售额的10%拨付研发经费,有必要且可能时还将加大拨付的比例。任正非认为,只有持续加大投资力度,华为才能缩短与世界的差距。2003年华为研发人数达到一万多人，1996年—2003年累计研发投入近一百亿元。

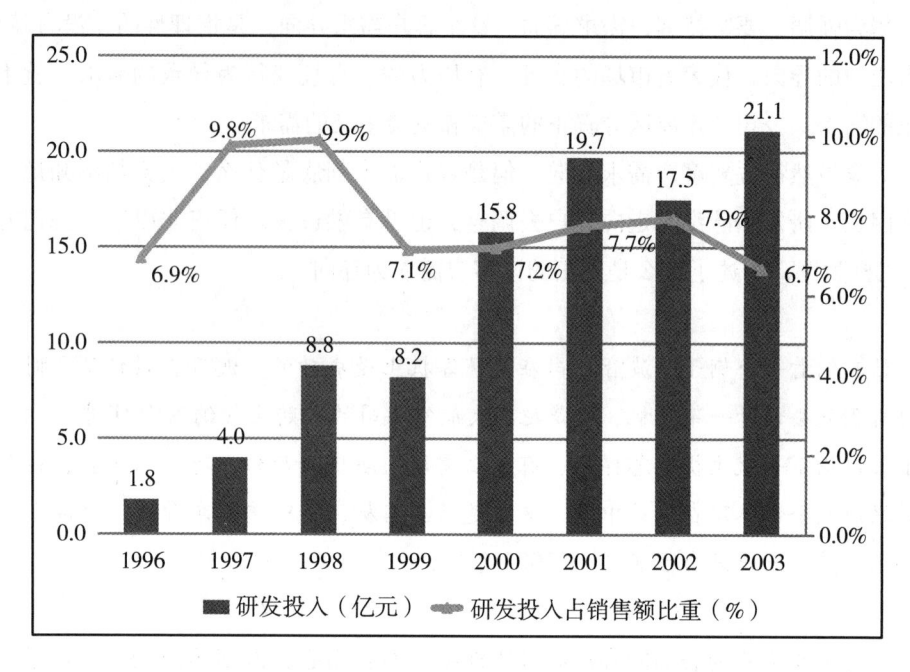

图10-1 华为1996年—2003年的研发经费投入情况

华为坚持按10%左右的销售收入拨付研究经费。追求在一定利润水平上的成长最大化。华为通过达到和保持高于行业平均的增长速度和行业中主要竞争对手的增长速度，以增强公司的活力，吸引最优秀的人才，实现公司各种经营资源的最佳配置。任正非认为，在电子信息产业中，要么成为领先者，要么被淘汰，没有第三条路可走。

为了拓展明天的市场，每年从销售额中提取10%作为研究经费，紧紧抓住战略发展不放。1996年研究经费达1.8亿。1997年会达3亿~4亿，21世纪末会达8亿~10亿。

为什么公司目前如此困难？就是因为我们的产品与别人的产品只能在微观上做比较，只多多少少比别人强一点，这样就很难销售。假如我们的产品远远超过别人，那么我们的市场就不会那么苦，产品就会卖得很快。我们几百人搞科研与别人几万人搞科研、每年科研经费几十亿美元相比，我们的产品市场占有率低、拷贝少、成本高。因此，解放生产力不仅是提高机关工作效率、压缩机关干部、压缩非生产人员，中研部的科研管理也应用新的管理方法。当然，管理方法要因时、因地、因部门而异。

今年我们的研究经费将增至 4 亿元，同时要大大地武装中试系统，加大对预研的投入，继续集中精力打歼灭战，把有前途的产品快速推向市场。(1997 年)

对于科技企业而言，投入研发有风险，不投入研发风险更大。不要将研发投入看成沉没成本，研发投入是投资未来，不投资未来就没有未来。不加大研发投入，企业就不能缩小与主要竞争对手的技术差距，无法开发出有高度创新性的精品产品，无法实现高附加值。华为正是由于数十年如一日地持续强力投入研发，才实现了对主要竞争对手的追赶和超越，走向了行业领先地位。各位科技企业的管理者可以对照思考一下：我们也将销售收入的固定比例投入研发吗？我们投入了多大比例的销售收入用于研发？这个比例与主要竞争对手相比是高还是低？投入的绝对金额与主要竞争对手比是高还是低？投入比例及金额足够吗？投入的有效性如何？我们每年的研发经费预算用不完也会追责相关领导吗？

图 10-2　华为总部研发中心

基于现有资源进行创新，提高现有技术资源重用率

华为公司希望研发团队尽可能在已有研发成果的基础上进行创新，以提高产品质量，降低产品成本，加快新产品上市速度，提高客户满意度和公司创新资源的投资回报率。如果一个新产品的绝大部分技术都是新的，一般来说，产品开发的周期会很长，稳定性和可靠性很难保证，而且成本会很高，所以失败的风险会很大。任正非指出，在新产品开发中，要尽量引用公司已拥有的成熟技术，以及可向社会采购的技术，利用率低于70%，新开发量高于30%，不仅不叫创新，而是浪费，它只会提高开发成本，增加产品的不稳定性。

华为公司拥有的资源，你至少要利用到70%以上才算创新。每一个新项目下来，就应当是拼积木，只有最后那一点点才是不一样的，大多数基础都是一样的。由于一些人不共享资源地创新，导致我们很多产品进行了大量的重复劳动，根本就不能按期投产，而且投产以后不稳定。上一次我看了中央研究部有一个组织奖，这一次看来还有一个BOM清单组得奖，所以我想，我们很快要开展什么叫做核心竞争力、什么叫作创业、什么叫作创新的大讨论。我希望每个人都要发言，特别是你们做了小改进的。你只看他做了一个新东西那不是创新。我刚才讲了研发系统，有些项目研发的时候连一个简单东西都自己开发，成本很高，那他不是创新，而是消耗、浪费了公司的宝贵资源。一个大公司最体现降低成本的措施就是资源共享。人家已经开发的一个东西我照搬过来装进去就行了，因为没有技术保密问题，也没有专利问题，装进去就行了，然后再适当做一些优化，这样才是真正的创新。那种满脑子大创新的人实在是幼稚可笑的，是没有希望的。（1999年）

任正非以上讲话的核心思想是新产品开发要提高资源"重用率"，要基于已有的平台、模块和成果进行，不要重复投入资源。这样产品开发的速度会更快、产品质量会更稳定、产品成本也会更低。最佳实践研究表明，同类产品开发中有40%以上是重复劳动！将每个类似产品开发都当作全新产品开发的行为是幼稚的行为。科技企业要做好产品线规划工作，基于共用平台进行系列化开发，将能够重用的零部件模块化，将能够重用的技术进行"封装"。既能在需要投入的领域大胆投入，又能在可以节省的地方尽量节省的企业才是有前途、有竞争力的企业。

年度研发经费用不完要问责

华为强调每年要将预算的研发经费用完，研发经费用不完对相关领导要问责。研发经费用不完说明没有找到有前景的投资机会，公司就将面临巨大的机会成本，公司就会失去持续发展的竞争优势！

我们今年的研发的项目经费投入至少是15个亿，财务部说可以投入20个亿，研究部却说用不完，中试部说用来买仪器就可以用完了，那我说这是幼稚，不叫创新。为什么用不完？一是我们缺少成熟的学术带头人，二是公司整个组织结构和规范化管理不够，容纳不进更多的人和更多的项目。如果长期在研发经费投资牵引上完不成任务，公司的核心竞争力牵引速度就会减慢，实际上是削弱了公司的核心竞争力。（1999年）

与当年华为研发部门一样，一些科技企业的研发部门也找不到合适的项目"花钱"，甚至省下了研发费用还能得到公司领导的表扬，而不是问责！科技企业应当加强产品线研究与规划，不断寻找新的战略增长机会点，在新的战略机会点上敢于投入，才能形成持续竞争优势，确保企业持续、快速、稳健增长。

要注重长短期平衡，不能过于注重短期项目绩效

任正非认为，开发项目和产品线需要核算业绩，但不能过于短视，不能只注重短期能赚钱的项目。企业要长短期平衡，既要抓短期能取得良好业绩的项目，也要敢于投资未来有巨大机会的项目，这样才能保持企业的可持续发展。华为的投资原则是：要长短期均衡发展，今天不赚钱的项目也要加大投入，今天赚钱的项目要加大奉献。

可以以产品线实施管理，但是要防止公司出现分离。国内的一些友商为什么做不过我们，因为他们是按项目进行核算，部门之间互不往来，如果他们能够集中精力，在一两个产品上超过我们是可能的。所以，产品线还是要考核和核算，但不能说哪个产品赚钱，哪个产品不赚钱，赚钱的就趾高气扬，不赚钱的就垂头丧气，这样公司很快就崩溃了。就像N公司的例子，几年前我去N公司时，请了手机部经理、基站部经理和系统部经理来交流，手机部经理就趾高气扬的，基站经理也神采奕奕的，系统部经理就垂头丧气的，就是因为他们实行产品线考核，结果这样他们的核心网和光网络就垮掉了。我们不能这样考核，今天是你贡献，明天是他贡献，大家都在贡献，我们要这样考核。（2002年）

如任正非所强调的一样，科技企业要进行战略性的项目组合管理，既要投资短期能赚钱的项目，也要投资有未来前景的项目，要在近期生存和长期发展之间取得平衡。俗话说，你投资什么，你就会成为什么。一个企业如果只是投资于短期赚钱的项目，那么很可能会没有未来。当然，一个企业如果只是投资于未来很多年后才会有收益的项目，结果很可能等不到收益期企业就关门了。一些电子类科技企业只投资于一些修修补补的小改进项目，结果由于产品缺乏市场竞争力没几年企业就垮了。一些医药类企业投资回报期在8年以上，到三四年时由于无钱继续投入，公司也破产了。

研发组织模式：产品线经理对产品成功负责，跨职能团队对项目成功负责

在研发组织模式方面，华为在快速成长期能够与时俱进，充分借鉴西方的组织模式。华为在快速成长期的研发组织模式变革主要体现在建立产品线经理制度，采取跨职能团队组织模式以及在全球多地设立研发机构等。

建立互相平行、符合大公司战略的三大研究系统

在华为基本法中，华为公司提出要建立互相平行、符合大公司战略的三大研究系统，即产品发展战略规划研究系统、产品研究开发系统、以及产品中间试验系统。规划、开发和中试是企业新产品开发的三大关键环节。产品发展战略规划研究系统明确公司进入哪些产品领域，未来将要开发哪些新产品；产品研究开发系统负责按照产品线规划开发相应技术与产品；而产品中间试验系统负责保证产品品质，确保能够交付给客户满意的产品。

一些科技企业只重视产品开发过程，不重视产品规划，导致开发出的产品只是一些细微的改进，附加值低、竞争力弱、产品生命周期短、难以实现投资回报。

还有一些科技企业不重视中试环节，产品部件和整机没有经过严格测试就投放市场，让客户做"小白鼠"去"试验"产品，最终由于产品质量问题太多，导致客户退货或者订单非常少，产品投资失败，给公司带来负面口碑。

建立产品线管理制度，产品线经理对产品成功负责

华为建立产品线管理制度，要求产品线经理对产品商业化成功负责，而不是对研发成果负责。产品线经理要对产品全生命周期、产品投资回报负责。

我们建立的是产品线管理制度，贯彻产品经理是对产品负责而不是对研究成果负责。因为不对产品负责任，就不会重视产品商品化过程中若干小的问题，而只重视成果的学术价值，就会使研究成果放置无用，这就是我国火箭做得好，打火机造得不好的根源。紧紧抓住产品的商品化，一切评价体系都要围绕商品化来导向，以

促使科技队伍成熟化。我们的产品经理要对研发、中试、生产、售后服务、产品行销等负责，贯彻沿产品生命线一体化的管理方式。这就是要建立商品意识，从设计开始，就要构建技术、质量、成本和服务的优势，这也是一个价值管理问题。（1998年）

产品线经理是"客户的代言人"，是产品全生命周期的守护者，产品线经理必须对产品成败和投资回报负责。设置产品线经理岗位是现代创新型科技企业所必需的，没有产品线经理就没有人真正对产品的最终成败负责，一个企业没人对产品的最终成败负责怎么能够持续开发出成功的产品？一些科技企业的负责人说，公司也想任命产品线经理，但是苦于找不到合适人选。笔者建议企业不要老是想着从哪里挖几个空降兵回来做产品线经理，产品线经理最好从自己内部选拔和培养。产品线经理培养的最好方式就是"干中学"，在项目实践中锻炼和提高产品线经理的专业水平。要从现在开始就培养产品线经理，不要五年之后还在抱怨公司还是没有合格的产品线经理！

基于跨职能团队进行项目管理

华为认为，公司的高速增长目标和高技术企业性质，决定了必须在新技术、新产品、新市场和新领域等方面不断提出新的项目。而这些关系公司生存与发展的、具有一次性跨部门特征的项目，靠已有的职能管理系统按例行的方式管理是难以完成的，必须实行跨部门的团队运作和项目管理。因此，项目管理应与职能管理共同构成公司的基本管理方式。

项目管理是对项目生命周期全过程的管理，是一项系统工程。项目管理应当参照国际先进的管理模式，建立一整套规范的项目管理制度。项目管理进一步改进的重点是，完善项目的立项审批和项目变更审批、预算控制、进度控制和文档建设。

对项目管理，实行日落法控制。控制项目数量以实现资源有效利用和提高组织整体运作系统。项目完成验收后，按既定程序转入例行组织管理系统。（1998年）

通过以上描述，华为公司简要阐述了对具有一次性特点的新项目进行规范的项目管理的必要性，对项目管理的要点进行明确，这值得各个科技企业借鉴。只有基于跨职能团队和规范的流程，通过有效的项目管理，才能高效、高质量、低成本地做好各个项目。华为提出，每个干部都要通过PMP项目管理认证，一个合格的干部首先必须是一个优秀的项目经理。

建立跨职能项目团队，及时、快速响应市场和客户需求

1996年年底，华为中研部专门成立了以多媒体业务部、交换机业务部、传输业务部、无线业务部共同参与的跨部门接入网新产品攻关项目，在短短三个月时间内，一举突破了新产品的关键技术问题。

随着公司项目的快速增加，跨部门项目组织模式在矩阵架构中运行可能会出现项目资源冲突、协调花费较多时间、项目经理权责不对等问题，为此华为采取了以下四条措施解决上述问题：

① 建立有效的高层组织，加强项目组的协调能力；
② 统一项目计划和日常经营计划为综合计划，减少协调工作；
③ 完善考核体系，奖金和晋升速度向重大项目的表现优异者倾斜；
④ 培育项目成员团结合作的精神，通过企业文化凝聚人心。

1999年，华为在IBM顾问的帮助下建立了规范的跨部门项目团队运作模式。每个产品线的项目小组成员包括开发、采购、原型构造、生产、测试、财务计划、市场、客户支持等职能部门的代表，还包括一些相关的外围小组成员，有效实现了信息的实时沟通，能够快速响应市场和客户需求。

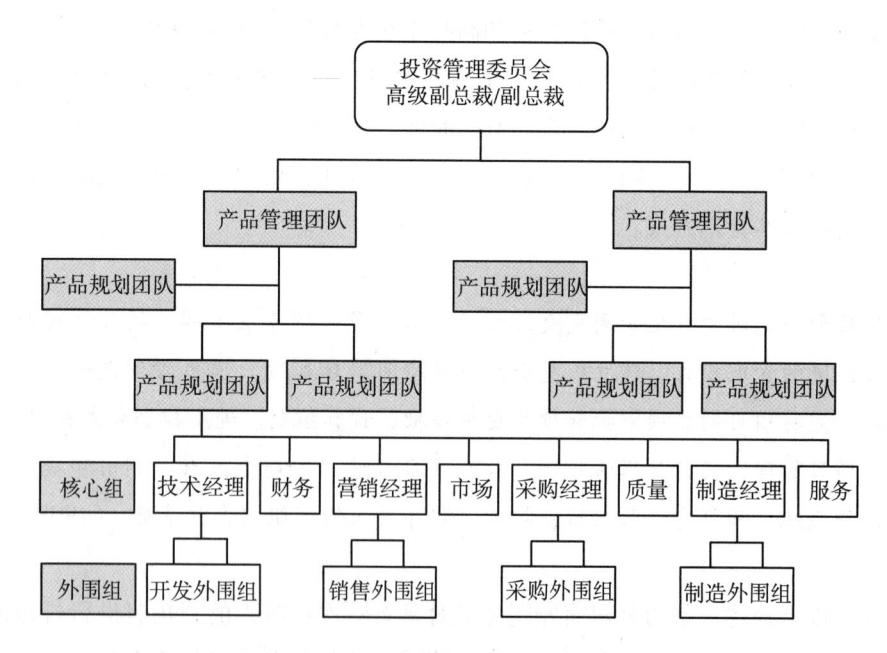

图10-3 华为公司跨部门项目团队组织模式

从图10-3可以看出，华为此时的项目组织模式已经开始向规范、科学的跨职能团队组织模式转变。新产品开发不只是技术部门的事，而是全公司的事，各个职能部门均需有代表参与新产品开发项目。各个职能部门代表组成项目核心组，共同对新产品开发成败负责。最佳实践表明，对于创新项目而言，再差的跨职能团队也比职能式团队要有效高效。很多中小科技企业的新产品开发还是串行开发模式，各个职能部门各管一段，没有人（或者一个团队）对项目的全程负责，对项目的最终成败负责。项目出了问题，各部门相互推卸责任；项目成功了，各部门都争相表功。跨职能团队组织模式能够大幅减少部门之间的协调沟通成本，提升产品开发质量、缩短产品上市周期、降低产品质量。由职能式组织模式走向跨职能团队组织模式是创新型企业创新项目组织模式的必然选择。

全球多地设立研发机构，凝聚优秀创新人才

华为先后在美国硅谷和达拉斯、俄罗斯、印度、瑞典等地设立研发机构，以充分利用当地的人才和资源优势。比如1999年6月，华为在印度的"硅谷"班加罗尔成立了印度研究所，广泛延揽印度的软件技术人才。华为在瑞典的研究所就设在其主要友商爱立信公司总部同一个园区，其用意也是不言自明的。

华为还与多家客户、合作伙伴建立"联合创新中心"，共同研发技术，共同面向市场开发新产品。

华为坚持开放创新，希望通过快速、充分吸收和借鉴世界先进研究成果，大大加快华为国际化的步伐，加速缩小与世界一流企业的技术差距。

研发体系的战略队形和组织结构要随着环境变化进行调整和变化

任正非认为，企业在不同发展阶段研发的组织结构需要根据环境的变化进行调整和变化，不要僵化、教条。高科技企业既要研发技术先进的产品，也要研发技术含量不是很高但是市场需求广阔的产品。研发的价值评价体系要均衡，既要肯定核心技术研发的价值，也要肯定技术含量不高但是市场业绩很好的产品研发的价值。企业研发组织结构调整和优化要以商业成功为导向，而不能以技术为导向。

当年的抗大校训就是"坚定不移的政治方向、艰苦朴素的工作作风、灵活机动的战略战术"，我们即要有坚定不移的方向，又不能过分教条，战略队形和组织结构要随着环境变化进行调整和变化。

眼前我们的问题是利润不够，所以要做些"小盒子"到各地抢"粮食"去。队形要根据市场进行变化，不能僵化和教条，要有灵活机动的战略战术，我们的宗旨就是活下去。

压强原则和组织结构的方向是一致的。当我们的形势变化了，我们一定要及时

调整组织结构。我们的结构调整要以商业为导向,而不能以技术为导向,在评价体系中同样一定要以商业为导向。(2002年)

一些中小科技企业的研发部门就是以技术为导向,只对将产品做出来负责,产品卖得好不好不管,或者想管也管不着。其实,这就是研发组织模式设计出了问题,研发只对技术开发成功负责,不对产品商业化成功负责。这样的研发组织模式不但会大量浪费公司宝贵的创新资源,而且会大幅延长新产品开发和上市周期,大幅降低产品创新成功率。

研发团队管理:要考核项目目标和成果,而不是加班多少

任何工作最终都是由人完成的,对人的管理是企业最重要的管理工作。对于高科技企业而言,人的管理更为复杂和重要。在1996年—2003年的快速成长期,华为公司的人员从1750人增长到22000人,平均每年新增人员2000~3000人。每年如何让这些新增人员认同华为的核心价值观、如何迅速熟悉岗位工作、如何迅速做出工作成效,对华为而言是巨大的挑战。

华为强调,研发人员工作考核重点是目标和成果,而不是加班的多少。研发团队的规模要适当划小,以便降低管理难度。此外,不要歧视研发体系女员工,要充分发挥女员工的优势。

要考核项目目标和工作目标,不要仅凭加班来评价员工的优劣

任正非认为,研发人员加班很多的主要原因是管理不善,要通过有效管理,提高工作效率,尽可能减少加班,让员工做到劳逸结合。

管理需要一系列的制度、方法、规划才能实现,是一门艺术。高层管理者可以袖子长一点,但在管理中注意适当授权,一层一层地放松一点,这样每一层都能找到工作量。对研发人员要强调项目目标和工作目标的考核,经理对员工的考核不能简单化,工作时间投入只能做参考,不要仅凭加班来评价职工的优劣。(2002年)

研发人员是知识工作者,知识工作者的业绩不能通过工作时间度量,只能通过工作成果度量。因此,研发人员的考核应该考核阶段性的工作成果,工作时间只能作为参考。

研发团队规模适当划小，以降低管理难度

任正非认为，研发团队规模过大灵活性会下降，管理难度会加大，工作效率会下降，研发团队应该适当划小规模。

研发系统要培训一批团队领导，把管理的团队划小，建立不同建制的团队，这些团队能够整建制调动，需要多少个团队时就加多少个团队上去，管理难度也就降下来了。现在研发的规模大，如果组织的规划没有做好，作战就没有方向。总监可以多一些，总监也可以是技术专家的一个代名词。(2002年)

公司组织的矩阵结构需要不断适应战略和环境变化，需要动态演进

当按职能专业化原则划分的部门与按对象专业化原则划分的部门交叉运作时，在组织上就形成了矩阵结构。

公司组织的矩阵结构，是一个不断适应战略和环境变化，从原有的平衡到不平衡，再到新的平衡的动态演进的结构。不打破原有的平衡，就不能抓住机会，快速发展；不建立新的平衡，就会给公司组织运作造成长期的不确定性，削弱责任建立的基础。

为了在矩阵结构下维护统一指挥原则和责权对等原则，减少组织上的不确定性和提高组织的效率，必须在以下几方面加强管理的力度：

① 建立有效的高层管理组织。
② 实行充分授权，加强监督。
③ 加强计划的统一性和权威性。
④ 完善考核体系。
⑤ 培育团队精神。

通过建立求助网络，最大限度地利用和共享公司资源

要在公司的纵向等级结构中适当地引入横向和逆向的网络动作方式，以激活整个组织，最大限度地利用和共享资源。既要确保正向直线职能系统制定和实施决策的政令畅通，又要对逆向和横向的求助系统做出及时灵活的响应，使最贴近顾客，最先觉察到变化和机会的高度负责的基层主管和员工，能够及时得到组织的支援，为组织目标做出与众不同的贡献。

建立"五级双通道"任职资格体系

任职资格管理部设计了管理与技术双重职业发展通道，设计了"五级双通道"模式。其中，专业通道细分为技术、营销、服务与支持、采购、生产、财务、人力资源等子通道，这些专业通道划分出五个职业能力等级，如技术通道由助理工程师、工程师、高级工程师、技术专家和资深技术专家五个等级。管理通道则是从三级开始，分为监督者（三级）、管理者（四级）和领导者（五级）。

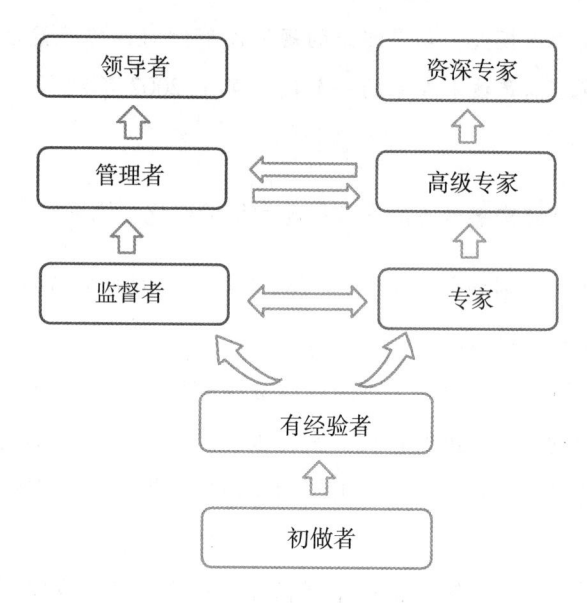

图 10-4　华为任职资格"五级双通道"模型

任职资格标准包括资格标准和行为标准，每个级别需掌握的能力一目了然，有利于针对性培养。任职资格管理正式推行后，华为所有管理人员都必须"持证上岗"，一般级别的管理人员要晋升到部门总监职位，必须达到四级管理者任职资格标准；要担任公司副总裁以上职位，就必须达到五级管理者任职资格标准。任职资格标准的牵引和培训体系的支持配合，帮助华为员工职业化能力向世界企业逐渐靠拢。

研发人才培养：要成为科学家商人

在研发人才培养方面，任正非主要强调三点：首先研发人员要成为科学家商人，要对产品的商业化成功负责，而不是对技术实现负责；其次，技术研发人员专业面要窄，要有深度；第三，中试人员不要求研发人员的技术深度，但是懂的面要宽。

充分发挥研发体系女员工的优势

任正非认为，华为技术体系也可以多吸收一些女员工，她们也有自己的相对优势。女员工可以多做一些基础工作，比如质量管理和版本管理等。

任何一个公司对女性都有不同程度的歧视，华为公司从不歧视女员工。我们女性员工总人数占公司总人数的25%左右，这个比例是相当高的。我们在安排安全退休金以及其他方面，都是体现男女平等的。很多公司不愿意聘用女员工，是因为女员工效率低、做事达不到目标，而且女员工有一个大缺点，就是爱传小话、唠叨小话、破坏团结。本来我们录用女员工的目的是为了给管理群增加一种润滑剂。男性员工的最大特点是刚性，互相一碰撞容易出火花，而中间隔着一层弹性海绵，就不会撞出火花了。若女同志传小话，反而是去点火了。既然如此，那我们就有必要调整某些部门女员工的比例，向其他部门输送、消化一部分。华为公司聘用员工的男女比例是遵循客观规律的，不是人为可以改变的，我们去大学招聘科技、技术人员时是没有性别区别的。（1997年）

要反幼稚，研发人员要成为科学家商人

很多研发人员对技术感兴趣，而对产品商业化不感兴趣，浪费了公司大量资源，严重影响了公司的市场竞争力和投资回报。任正非认为研发体系最大的问题就是幼稚，一定要反幼稚。任正非要求研发人员成为科学家商人，研发要由对技术成果负责转变为对产品成功负责。

任正非在1998年的一次讲话中形象描述了研发团队的"幼稚病"：

我们的产品研究队伍，从中研到中试、从北研到上研、从信息到电源，是如此的年轻、生机蓬勃。他们少包袱，敢想敢为，在较短的时间内把产品的水平提高到国际先进水平。但是，年轻也是我们最严重的缺陷，好奇心代替了成熟；重视成果，轻视文档，特别是轻视状态文档（生产指导文件、检验文件、用户指导书、培训教材、故障处理路标……），还十分严重。重视技术、功能的开发，轻视可生产性、稳定性、可靠性的默默无闻的劳动；面向客户还是面向未来，在价值评价体系上还未根本解决……与竞争对手相比差距仍然十分巨大。研究人员严重缺少成本意识，以为还在学校写论文、填词作画，忘却是在进行商品的设计、试验，还没有深刻地意识到产品研究要对行销、技术支援、成本质量负责。幼稚还体现在复杂的产品做得十分好，而同类技术应用在简单地方如此之差，远远不是科学的商人，这种不成熟性处处都展示着公司的危机。年轻也不是我们原谅自己的理由，微软同样年轻，为什么人家做得好而我们做不到。市场已没有时间等待我们的成长，它不是母亲，没有耐心，也没有仁慈。我们必须，而且也是唯一，从今年起推行产品的市场验收标准，这就是日本的低成本、德国的高稳定性、美国的先进水平，只有同时达到这三项标准，才有可能与国际著名公司竞争。新的产品研究体系的特点：一要保持持续领先；二要以客户的价值观为导向，强化客户服务，提高客户满意度。（1998年）

从任正非以上对研发团队的要求可以看出，研发团队不能只对技术实现负责，一定要对产品的商业化成功负责。研发团队不能只关心技术问题的解决，还要关心产品的稳定性、可靠性、可生产性、可销售性、可安装性、可服务性。研发团队不能只重视成果，轻视文档的输出。这些问题是否在很多科技企业普遍存在？是否需要通过流程和制度的规范来从根本上解决？

要做"窄频带、高振幅"的研发专家

任正非指出，人的生命是有限的，只可能懂得一点，应该在这一点上做到"窄频带、高振幅"。对于研发人员而言，研究的面要窄，研究的深度要深，这样才能成为专家，真正实现技术突破，为公司创造价值。

华为在快速成长期开始注重基础技术研究，强调培养一批专业领域狭窄但是专业水平非常高的基础技术尖子。

在相关的基础技术领域中，不断地按"窄频带、高振幅"的要求，培养一批基础技术尖子。在产品开发方面，培养一批跨领域的系统集成带头人。把基础技术研究作为研究开发人员循环流程的一个环节。

没有基础技术研究的深度，就没有系统集成的高水准；没有市场和系统集成的牵引，基础技术研究就会偏离正确的方向。（1998年）

一些科技企业不注重基础技术、核心技术的研发，短期内可能能够获利，但是从长期看很难有竞争力。比如国内曾经风光一时的诸多手机厂商后来纷纷走向衰败，原因之一就是这些厂商没有在基础技术方面进行投入，只是快速模仿苹果等厂商的产品。而华为在手机芯片等领域进行了长周期、大规模地持续投入，所以能够后来居上、厚积薄发。在2012年华为手机销售在国内还没有取得领先地位时，有到访华为的中小企业家问华为如何应对国内友商的竞争，华为相关高管回答说："我们的友商可能主要是短跑选手，而我们要做长跑选手，我们不会在乎一时一地的得失。"

重视中间试验，培养众多"宽频带、窄振幅"的优秀中试人才

华为公司通过重视中间试验，培养众多"宽频带、窄振幅"的优秀中试人才，持续提高产品的可靠性，降低产品成本，加快新产品上市速度。"宽频带、窄振幅"是指中试人员经验要丰富，懂的面要宽，但不要求具有研发人员的深度。

我们十分重视新产品、新器件和新工艺的品质论证及测试方法研究。要建立一个装备精良、测试手段先进、由众多"宽频带、窄振幅"的优秀工程专家组成的产品中间试验中心。为了使我们中间试验的人才和装备水平居世界领先地位，我们在全世界只建立一个这样的大型中心。要经过集中地严格筛选过滤新产品和新器件，通过不断地品质论证提高产品的可靠性，持续不断地进行容差设计试验和改进工艺降低产品成本，加快技术开发成果的商品化进程。（1998年）

任正非希望华为员工向印度人学习，印度人做事虽然慢，反反复复讨论方案，但方案讨论好后再干活，避免了返工。而我们是先干，干得不对再改，加班加点地改，这样浪费就非常多。

基层员工的职业发展要建立专家体系，中高层员工则可以是杂家体系

今后不再强调基层员工工作的流动性和岗位的可置换性，要激励基层员工在一个岗位上长期工作，不断钻研业务，提高业务水平。为此，首先要明确岗位的需求，选择合适的人去合适的岗位；其次，如果岗位变化，工资也要相应变化，按新岗位重新考核上岗，从新岗位的起薪开始拿起。当然，也要建立一套牵引机制，让他们在岗位不变的情况下，工资有晋升的机会。

基层岗位考核标准的建立应遵循两个原则：

第一原则是以业绩考核为主，按实际作业结果给予评价，等级标准可按三级来设定：一级是要达到上岗要求，达到本岗位的基本任职能力；二级是要达到本岗位内中等以上水平，即对业务能手要求的水平；三级是根据本岗位特殊的业绩要求，要达到本岗位内资深专家的水平。

第二原则是要明确规定每个人只能选本岗位中所直接从事的专业项目来进行考核，就是以他所认定的最主要的专业参加考核，其他专业项目一概不予计分，如果其他专业答错了要扣分，答对了也不加分。对于特别优秀的分子，如果他不怕扣分，真的把主要与次要的专业项目都考好了，也只能鼓励，一定要从管理机制上去约束他们不要一专多能。一专多能对博士、硕士，我们是提倡的，但对低学历的基层员工我们鼓励他们干一行，爱一行，专一行而成为专家。（1998年）

对员工的要求：新人要脚踏实地地从基层做起

华为希望新人不要急于求成。刚出校门的年轻人要脚踏实地地从基层做起，一步一个脚印往前走，功到自然成。

新人不要急于求成

华为希望新人一定不要走急于求成的道路，急于求成最终一定会垮下来。

人生的感觉要慢慢地寻找，需要很长时间理解，需要很长时间发展，任何急于求成都很难得到成功。十年树木、百年树人。树人是很难的，但"树人"为什么能做好呢？就是在于他们能够开发人生自我价值，只有这样，才能找到人生发展的契机。所以我希望你们将来能成长为一代英才，不是在幻想中成长，而是在踏实苦干中起来。（1997年）

刚走出校园的年轻人要脱胎换骨，重新做人

对于刚走出校园进入华为的年轻人，华为公司希望大家能够自我批判，做个踏踏实实的人。华为希望年轻人将宽广的胸怀收起来，安安心心、踏踏实实地从小事做起，一点一滴地积累和进步。

校园文化与企业文化是不相同的，校园文化是教会你去做人。企业文化有明确的商业目的，一切要以商品的竞争力为中心。所以你们要重新做人，做工程商人。

我热切地希望你们年轻人很好地成长。但人生的道路是很艰难的，你今天很辉煌，明天并不一定很辉煌；你今天虽然满是伤痕，未必明天也不行。你们都要踏踏实实地工作，少去探索那些与业务主题无关的高不可测的问题，到了工作岗位，就要听项目经理的，否则他不给你们第一步的发展机会，没有第一步，哪还有后面呢？我要告诫你们，不要认为自己了不起。

进入工作岗位后，进步慢的人要努力改造自己，慢的人未必永远会慢，进步快的人更要努力改造自己，否则跟斗会栽得很厉害。太顺利了，反而是人生一大敌人。
（1999 年）

招聘硕士先做用户服务，从用户服务培养人才

刚毕业的硕士甚至博士生从用户服务做起，积累基层经验，在此基础上向营销和研发等部门输送人才。

用户服务中心今年已经补充了两三百博士、硕士。下半年开始用服中心又将再进 500 名硕士到前线去，让他们去搞明白网络，两三年以后他们就是跨世纪的营销人员。

用户服务中心现在开始，凡是进入用服半年工龄以上的人，就开始进入工程技术培训，培训完了有一定基层经验以后，就开始向中研部、中试部、营销部门分流。（1997 年）

华为对员工的 16 条要求

笔者比较系统地梳理和总结了华为在快速成长期对员工的要求，一共有 16 条，供各企业管理者参考，也供员工自己对照，进行自我批判。

（1）重在参与，敢于向自己挑战。

任正非告诫员工，做一件事无论是否成功，你都要找到自己的那份感觉。只要你参与并与之拼搏过，你就是成功了，"胜负无定数，敢搏成七分"。

（2）要重视向别人学习，取长补短。

任正非说，做人要积极吸收别人的优点，对伙伴则应积极指出他的缺点。别人指出你的缺点，批评你的缺点实际上是在帮助你，希望你进步，如果你把这种帮助也放弃了，那就太亏了。

（3）要善于归纳总结。

任正非与员工座谈时说，现在给你一把丝线，你是不能把鱼给抓住的。你一定要将这把丝线结成网，这种网就有一个个网点。人生就是通过不断地总结，形成一个一个的网点，进而结成一个大网。如果你不善于归纳总结，就会像猴子掰玉米一样，掰一个，丢一个，你将没有一点收获。大家平时要多记笔记、写总结，不想进步的人肯定就不会这么做。不进步还不安分，牢骚怪话满腹，这样的人我们不接受。如果你不善于归纳总结，你就不能前进。人类的历史就是不断从必然王国走向自由王国的历史。如果没有平时的归纳总结，结成这种思维的网，那就无法解决随时出现的问题。不归纳你就不能前进，不前进你就不能上台阶。人是一步步前进的，你只要一小步一小步地前进，过几年当你回头总结时，就会发现你前进了一大步。

（4）每位员工要实事求是地进行自我职业生涯设计。

华为强调员工要"爱一行，干一行"，你不爱就别干。同时"爱一行，干一行"也要实事求是，要结合自己的专长和专业设计自己的职业生涯。

员工进行了实事求是的自我职业生涯设计之后，就要用设计的目标去严格地要求和约束自己，使自己朝着目标走。例如你设计要当总统，那你就得用总统的标准去严格要求自己，注意自己的一言一行。否则人言可畏，禁不起人家的攻击、揭底，自己是很苦的。

（5）要培养专家，而不是"万能将军"。

华为要求每一个人要对自己从事的一行热爱、精通、超越，在条件许可、有充沛精力的情况下，可以多了解一些与工作相关的周边的其他业务的运作状况与技能。华为强调，没有基层工作经验的人不能提拔，学历只是选拔干部的参考因素，主要依据实际才干选拔干部。华为希望员工"爱一行，干一行；干一行，专一行"。

君不见用户板测试组，持之以恒数年如一日盯在一块板上，已产生了巨大的成绩。我们这个时代需要的是专家，而不是万金油式的通才。焊接专家、插件专家、线缆及机框组装专家、包装专家、货运专家、仓库专家、打字专家等各种各样的专家组合在一起，这就是一个极有战斗力的联合兵团。试想一个炮兵团，人人都是全面手，软件会搞一下，网络也会一点，芯片也懂设计，财务还明白，成本糊糊涂涂地能说一通，就是"炮"打不准，全团都是这样高学历的人才，什么都懂，就是没人打得准"炮"，上"战场"这个团有什么战斗力，非垮不可。华为如果真充满了这种"万能将军"，华为非垮不可。（1996年）

（6）要宽容好心犯错的员工。

任正非认为，员工都是在犯错中成长，对于由于经验不足犯错的员工要宽容，鼓励大家改进工作。

思想不经磨炼就容易钝化。那种善于动脑筋的人，就越来越聪明。他们也许以身尝试，惹些小毛病，各级领导要区分他们是为了改进工作而惹的病呢？还是责任心不强而犯下的错误？是前者，你们要手下留情。我们要鼓励员工去改进工作。（1996年）

（7）员工要热爱工作。

华为希望员工将做工作当成一种热爱，当成一种献身的驱动，是一种难得的机遇和挑战，应该好好珍惜。每个员工要认真地做好每一件事，不管是大事还是小事。大家目光要远大，胸怀要开阔，要富有责任心，不计较个人的得失。

只有全身心的投入、潜心钻研，才会成就自己。人只要热爱它，终会认识它，在严格的、大量的实践中，看出破绽，产生新的突破。没有实践的创造发明越来越难。长期不懈的做实，最终将创造奇迹，这是历史的启示，也是量变到质变的规律。我们必须有所作为，一切有志于献身事业的人，都应义无反顾地勇往直前，不管两旁的鲜花、荆棘。（1997年）

（8）希望员工从小事开始关心他人。

华为培养员工从小事开始关心他人。华为要求员工要尊敬父母、帮助弟妹、对亲人负责。在此基础上关心他人，支持希望工程、寒门学子、烛光计划……并且平时关心同事以及周围有困难的人。

华为鼓励员工把本职工作做好，本职工作做好了，公司发展了，对国家的贡献就变大了。

（9）对基层员工注重专长培养。

华为对基层主管、专业人员和操作人员实行岗位相对固定的政策，提倡"爱一行，干一行；干一行，专一行"。"爱一行"的基础是要通得过录用考试，已上岗的员工继续这一行的条件是要经受岗位考核的筛选。

去年我们动员了两百多个硕士到售后服务系统去锻炼。我们是怎样动员的呢？我们说，跨世纪的网络营销专家、技术专家要从现场工程师中选拔，另外，凡是到现场的人机会和待遇可能会更好一点。一年后，他们有的分流到各种岗位上去，有的留下做了维修专家。他们有实践经验，在各种岗位上进步很快，又推动新的员工进入这种循环。这种技术、业务、管理的循环都把优良的东西带到基层去了。（1998年）

（10）提倡"干一行爱一行"。

华为允许员工适当地挑选工作岗位，但不鼓励员工频繁地更换工作岗位。华为鼓励员工"干一行爱一行"，在干的过程中逐步产生兴趣，最终成长为专家。

公司允许员工有挑选岗位的机会，不过首先在工作中要先服从分配，尽快磨合，让思想火花在本职工作中闪烁出来，慢慢爱上这个岗位。如果发现很不合适，还有调换机会。但万不可这山望着那山高，结果哪座山也爬不上，最后被公司淘汰了。"干一行爱一行；爱一行干一行"是相对的，不能无限地乱爱下去，也不能无限制地调换岗位。（1999年）

（11）员工要由"抬石头"变成"修教堂"。
华为要求员工了解公司的奋斗大目标，要以企业发展大目标来牵引日常工作，这样工作的意义不同了，工作的质量也更高了。

我曾经给市场部的人讲过一个故事：五十年前有两个青年在抬石头修教堂，一个智者问他们："你们在干什么？"一个青年告诉他："我在抬石头"，另外一个青年则说"我在修教堂"。五十年过去以后，大家回过头来看一看，说抬石头的人还在抬石头，说修教堂的已成了哲学家。这个故事谁告诉我的呢？是一个朋友到我们公司访问的时候，他跟我谈到这个故事。他讲华为公司现在每天都在"修教堂"，为什么？我们瞄准了一个发展大目标，做的事情是天天在"抬石头"，但是总目标是为了公司的核心竞争力的提升。所以我们每天都在"修教堂"，五十年后你们可能就修成了，大家都能成为哲学家、企业家，或成为一个很好的管理者和专家。大家想想，在公司里你的工作总目标是修教堂，而你的人生目标不是也在变化吗？（1999年）

（12）员工要长期坚持自我批判。
任正非认为，青年人要长期具有自我批判精神。一个人只有坚持自我批判，才能不断进步。在公司内部，一定要打掉好面子的思想。

大多数人走上工作岗位后会变成小心眼的人，如果你们的那种小心眼不克服掉，对华为公司的发展不仅不是动力，反而可能是绊脚石，不仅不能使公司壮大，反而会削弱公司的竞争力。真正能使华为公司更快、更大发展的就是依靠每个员工开放自己，要加强对自我的批判。

我唯一的优点是自己有错能改，没有面子观，这样的人以后也容易找，所以接班并没有什么难。千万不可以把一个人神化，否则就是扭曲华为的价值创造体系，公司就会垮掉。因为，员工认为自己在创造价值，积极性就会很高，如果员工认为只是某一个人在创造价值，积极性就会丧失。（1999年）

(13) 不要有"打工仔"心态，要建立与公司生死与共的命运共同体。

华为希望员工不要认为"这公司跟我没关系，我就是打工的"。如果总以这种"打工仔"观念来想问题，就没有跟公司建立起一种生死与共的命运观念。华为号召员工学习他人那种一丝不苟、踏踏实实的实干精神。

(14) 加强自我培训，超越自我。

华为认为，接受培训是重要的，但自我培训更重要。要真正想成为一个高级人员，就要自己培训自己，只有自我培训才能实现超越。人生苦短，青春宝贵，不要蹉跎了岁月。梦想成大事，就一定要有"头悬梁、锥刺股"的精神。任何时间、任何地点都有自我培训的机会。要开放自己，广泛地吸收别人的营养，珍惜时间，珍惜机会，找到你自己的人生切入点，加强自我培训，超越自我。

技术培训主要靠自己努力，而不是天天听别人讲课。其实每个岗位天天都在接受培训，培训无处不在、无时不有。成功者都主要靠自己努力学习，成为有效的学习者，而不是被动的被灌输者，要不断刻苦学习提高自己的水平。(1999 年)

在一次与员工谈话中，任正非提到了自己是如何争分夺秒地自我学习：

我不知道你一天学习多少个小时，你能否拿一个你一天的作业时间表给我看看？我可以告诉你我是怎么学习的，如果是坐两个半小时到北京的飞机的话我至少是看两个小时的书。我这一辈子晚上没有打过牌、跳过舞、唱过歌，因此我才有进步。(2000 年)

(15) 给敬业的员工更多的机会。

华为认为，认真负责和管理有效的员工是华为最大的财富。尊重知识、尊重个性、集体奋斗的员工，是华为的事业可持续成长的内在要求。

华为希望每一个员工都要立足本职，有所作为。那些一心想做大事而本职工作做不好的员工要下岗。要给那些敬业的员工更多的成长和发展机会。

我们要创造更多的机会，给那些严于律己，宽以待人；对工作高度投入，追求不懈改进，时而还会犯小错误和不善于原谅自己的员工。只有高度的投入，高度的敬业，才会看破"红尘"，找到改进的机会，才能找到自身的发展。敢于坚持真理，敢于讲真话，敢于自我批判，在没有深刻认识事物的时候不乱发言，不哗众取宠的员工是我们事业的希望。(1999 年)

（16）茶壶里倒不出来的饺子等于没饺子。

华为不以学历、知识作为确定收入的标准，而是以贡献和业绩评定薪酬。有知识没业绩就好比茶壶里有饺子但是没倒出来，没倒出来就等于实际上没有饺子。

我认为一个人文凭如何并不重要，一个人要努力提高自己的基础知识和技能，这很重要。拥有学历的人他们曾受到很好的基础训练，容易吸收新的技术与管理。但是有知识的人不一定有很好的技能。我们要以贡献来评价薪酬。如果这个人很有学问，"里面装了很多饺子，倒不出来，倒不出来就等于实际上没有饺子"。企业不是按一个人的知识来确定收入，而是以他拥有知识的贡献度来确定的。我们强调使用一个干部时，不要考虑他的标记，不能按他的知识来使用，我们必须要按照承担责任、他的能力、他的贡献等素质来考核干部。（2000年）

投巨资向咨询机构学习研发与创新管理最佳实践

华为在硬件和软件方面分别向业界最佳学习，大幅提升了硬件和软件开发水平。在快速成长阶段，华为在研发与创新管理方面所做的最大的变革举措就是系统引入IBM公司的IPD体系，该体系的导入和持续优化为华为公司持续成功创新奠定了坚实的基础。

与IBM合作导入IPD体系

（1）为什么要学IBM？华为公司遇到了IBM公司当年遇到了类似于研发管理问题。

1997年任正非到美国考察时访问了IBM公司，谈到了公司在研发管理方面存在的问题和困惑。随着公司规模的迅速扩大，华为的产品线越来越长，但是研发效率、产品质量与响应速度等方面暴露出的问题越来越多，集中表现在以下方面：

① 串行研发导致开发周期很长，产品研发被动地响应市场需求，缺乏整体规划导致维护成本很高，影响了客户的满意度；

② 研发部门重视对技术与功能的开发，但对产品的可靠性与稳定性则重视不够，产品研发闭门造车、脱离客户需求，研发浪费十分严重；

③ 产品交付质量不稳定，频发的售后服务问题冲击了研发节奏、蚕食了利润；

④ 严重依赖英雄，成功难以复制，部门墙较厚，组织能力较弱；

⑤ 缺乏结构化端到端流程，运作过程割裂，内耗严重等。

1997 年，华为研发费用浪费比例和产品开发周期是业界最佳水平的两倍以上。华为销售额虽然连年增长，但产品的毛利率却逐年下降，人均效益只有 Cisco、IBM 等企业的 1/3 ~ 1/6。

同时 IBM 公司有效地解决了自身遇到的研发管理问题。IBM 公司的高管介绍说，IBM 公司在发展过程中也面临过同样的问题，这些问题几乎导致 IBM 公司破产。

IBM 创立于 1896 年，1981 年推出世界上第一台个人电脑。经过几年的快速发展，1987 年 IBM 的股票总面值达 1060 亿美元，超过福特汽车公司。取得巨大成功的 IBM 逐渐开始走向保守、僵化和自负，在 1990 年—1993 年连续亏损，仅 1992 财年就亏损了 81 亿美元，创造了当时美国历史上一年亏损最多的记录。

1993 年，郭士纳临危受命，通过大刀阔斧地改革让 IBM 起死回生。IBM 建立了"以客户为中心"的企业文化；半年之内裁掉 4.5 万名员工，建立了以绩效和流程标准为主导的决策机制；采用 IPD 研发管理模式，缩短产品上市时间并提高利润等。很快，郭士纳的改革呈现出卓越的成效，1994 年 IBM 盈利 30 亿美元，1997 年营业收入高达 785 亿美元，重塑了 IBM 的辉煌。

IBM 公司在 PACE 方法的基础上，结合公司的实际情况，系统地解决了存在的主要研发与创新管理问题，并总结出了 IPD（Integrated Product Development，集成产品开发）方法。

任正非指出，华为的目标是要成为国际性的大公司。IBM 是年营业收入近 1000 亿美元的百年企业，其成功经验非常值得华为公司学习。华为学习这些大公司的成功经验，才有可能帮助华为成为大公司。只有学习 IBM 才有可能成为 IBM，甚至超越 IBM。任正非曾当着 IBM 顾问的面说，华为学习 IBM 的目的就是要超越 IBM 这个老师，只有超越了 IBM 这个老师，才能证明华为真正学会了 IBM 方法；只有超越了 IBM 这个老师，才能证明 IBM 方法是真正有价值的。

我们在 IBM 整整听了一天管理介绍，对他的管理模型十分欣赏，对项目从预研到寿命终结的投资评审、综合管理、结构性项目开发、决策模型、筛选管道、异步开发、部门交叉职能分组、经理角色、资源流程管理、评分模型……从早上一直听到傍晚，我身体不好，但不觉得累，还听得津津有味。后来我发现朗讯也是这么管理的，都源自美国哈佛大学等著名大学的一些管理著述。

圣诞节美国处处万家灯火，我们却关在硅谷的一家小旅馆里，点燃壁炉，三天没有出门，开了一个工作会议，消化了我们访问的笔记，整理出一厚叠简报准备带回国内传达。我们只有认真向这些大公司学习，会使自己少走弯路、少交学费。IBM是付出数十亿美元直接代价总结出来的，他们经历的痛苦是人类的宝贵财富。

IBM作为巨无霸一直处在优越的产业地位，由于个人电脑及网络技术的发展，严重地打击了他赖以生存的大型机市场。20世纪80年代初期IBM处在盈利的顶峰，他的股票市值超过前西德股票之和，也成为世界上有史以来盈利最大的公司。经过十三年后，它发现自己危机重重，才痛下决心，实行改革，在1992年开始大裁员，从41万人裁到现在的26万人，付出了80亿美元的行政改革费用。由于长期处于胜利状态，造成的冗员、官僚主义等问题使改革困难重重。聪明人十分多，主意十分多；产品线又多又长，集中不了投资优势；以年度做计划，反应速度不快等使管理混乱，几乎令IBM解体。华为会不会盲目乐观，也导致困难重重呢？这是我们访美的目的。

1993年年初，当郭士纳（Lou Gerstner）以首位非IBM内部晋升的人士出任IBM总裁时，提出了四项主张：①保持技术领先；②以客户的价值观为导向，按对象组建营销部门。针对不同行业提供全套解决方案；③强化服务、追求客户满意度；④集中精力在网络类电子商务产品上发挥IBM的规模优势。①到④条，是针对1992年IBM所面临着解体为7个公司的情况而说的。规模是优势，规模优势的基础是管理。IBM历时5年以上优化管理，使销售额增长了100亿，达750亿美元，股票市值增长了4倍。

听了一天的管理介绍，我们对IBM这样的大公司，管理制度的规范、灵活、响应速度有了新的认识和了解。对我们的成长少走弯路也有了新的启发。华为的官僚化虽还不重，但是苗头已经不少。企业缩小规模就会失去竞争力；扩大规模，不能有效管理，又面临死亡。管理是内部因素，是可以努力的。规模小，面对的都是外部因素，是客观规律，是难以人的意志为转移的，它必然抗不住风暴。因此，我们只有加强管理与服务，在这条路上才有生存的基础。这就是华为要走规模化、搞活内部动力机制、加强管理与服务的战略出发点。

在扩张的过程中，管理不善也是非常严重的问题，华为一直想了解世界大公司是如何管理的，有幸IBM给了我们真诚的介绍。回公司又在高层进行了两天的传达与研讨，这100多页简报激起了新的改革火花。（1998年）

华为公司做的是长线产品，需要系统、规范、有效和高效的研发与创新管理体系才能保证企业持续成功创新。从主观上讲，做长线产品周期长、投入大、参与的人多、管理复杂，需要有系统的研发管理方法做指导；从客观上讲，华为与国际巨头相比还不在一个数量级上，市场竞争非常激烈，没有时间给华为慢慢摸索研发管理方法。

如果我们进入的是短线产品,我们无所谓,搞几个人做做,什么IPD也没有必要,咱们就几个说了算,什么文档也不需要,就全记到我们脑子里面,短线产品我们是可以做到的。但是作为长线产品我们是不行的,一个是要缩短研发周期,加强资源配置密度,资源配置的密度就要求有非常多的人同时作业,比如说几千人,甚至几万人同时进行一个软件的编辑,同时作业。这个作业就跟一个总参谋部在打仗一样,炮弹什么时候打,飞机什么时候出动,这个时候的综合行动是很复杂的,你可不要炮弹一个个都打到自己脑袋上,这个战争可不是这么打的。我们在这个大规模的、综合性的作业中,如果没有良好的管理方法,我们不仅没有效率还浪费资源,大家说浪费就浪费一点嘛,浪费就是以死亡作为代价。在战争中,如果说这个总参谋部的作战体系没有一个非常严谨的作战方案和部署的话,那么我敢肯定这是一场战役的失败,失败就意味着一个王朝的灭亡。对华为公司来说,如果我们也是经常失败,我们有这么多资源可失败是没有问题的,但现在我们没有这么多资源可失败,也可能失败一次还可以爬起来,失败两次还可以,但是连续几百次的失败,我们华为公司肯定就会寿终正寝。(1999年)

(2) IPD体系的核心内容。

IPD是一套产品开发的模式、理念与方法。IPD吸收了很多PACE的理论精华,并做了相应的取舍和优化。IBM公司在实践中取得成效的同时不断对这一方法论加以改进和完善,形成了IPD的思想以及一整套的产品开发模式和方法。

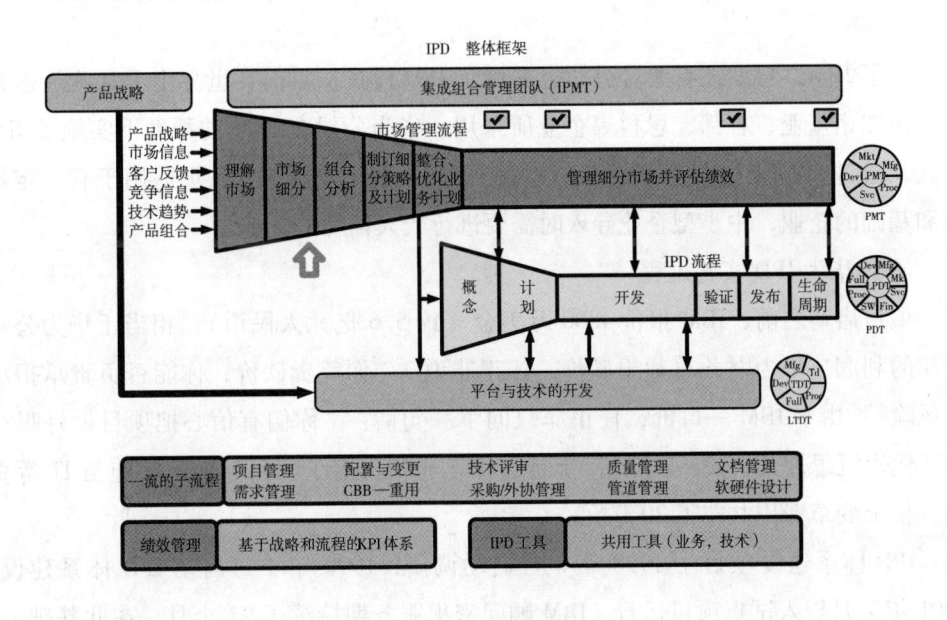

图10-5 IPD体系框架

IPD 的核心理念包括以下六个方面：

① 新产品开发是一项投资决策。

IPD 强调要对产品开发进行有效的投资组合分析，并在开发流程中设置检查点，通过阶段性评审来决定项目是继续、暂停、枪毙还是改变方向。

② 基于市场的开发。

IPD 强调产品创新一定是基于市场需求和竞争分析的创新。为此，IPD 把正确定义产品概念、市场需求作为流程的第一步，一开始就做正确的事。

③ 跨部门、跨系统的协同。

采用跨部门的产品开发团队（Product Development Team，PDT），通过有效地沟通、协调以及决策，达到尽快将产品推向市场的目的。

④ 异步开发模式，也称并行工程。

就是通过严密的计划、准确的接口设计，把原来的许多后续活动提前进行，这样可以缩短产品上市时间。

⑤ 重用性。

采用公用构建模块（Common Building Block，CBB），提高产品开发的效率和质量。

⑥ 结构化的流程。

产品开发项目的相对不确定性，要求开发流程在非结构化与过于结构化之间找到平衡。

除了 IBM，早期还有波音公司也采用了 IPD 模式。目前在世界上 IPD 为许多知名公司如诺基亚、杜邦、思科等企业所采用。华为公司在 IBM 的帮助下实施了 IPD 模式，通过 5 年以上的努力取得了较好的成效。总体来说，IPD 更适用于有一定规模和基础的企业，中小型企业导入时需要进行较大幅度地裁剪。

（3）华为 IPD 实施过程。

项目启动之前，IBM 报价 4800 万美金（约 5.6 亿元人民币），相当于华为公司一年的利润！华为财务总裁想砍价，任正非说："你负责砍价，你能否负责承担项目风险？"由于 IBM 一口价，任正非只问了一句话："你们有信心把项目做好吗？"IBM 代表沉思片刻，说："能。"于是，任正非拍板定了项目！加上实施与 IT 等费用，整个变革费用共花了 20 亿元。

IPD 体系建设项目于 1998 年 8 月启动调研，1999 年 4 月启动 IPD 体系建设，2001 年 7 月导入试点项目运行，IBM 顾问密集服务期持续了 27 个月。在此基础上，华为公司持续对 IPD 体系进行了优化，到 2013 年发布 IPD6.5 版本。

系统诊断。经过半个多月的访谈，IBM 顾问对华为的研发与创新管理现状做出了全面的剖析与诊断。在 1998 年 9 月 20 日的报告会上提出了华为研发与创新管理存在的主要问题：

① 没有跨部门的结构化流程，各部门都有自己的流程，但部门流程之间是靠人工衔接，运作过程割裂；

② 组织上存在本位主义、部门墙，各自为政，造成内耗；

③ 专业技能不足、作业不规范，依赖英雄，但这些英雄的成功难以复制；

④ 项目计划无效，项目实施混乱，无变更控制，版本泛滥；

这些尖锐的问题直接触到了华为的痛处，汇报会结束后，任正非庆幸地说："这次请 IBM 当老师对了，华为就是要请这种敢跟我们叫板的顾问来做项目。"

采用"先僵化，后优化，再固化"的方法学习 IPD。任正非强调华为在管理方面主要向 IBM 学习，不要学习其他很多管理方法，先学会 IBM 再考虑学习其他管理方法。

我们认为世界还有非常多很好的管理，有很多人可能推荐很多好的管理，如果什么管理都学习，那最后的结果就是一个白痴。所以我们公司的学习就有一个特点，只向一个顾问学习，只学一种模型，十年、二十年以后华为公司产值提高到 2000 亿美金时我们可能说，学习百家就是诸子百家，然后我们出来一个新东西，但是我认为现在华为公司连学一家都没学明白，何来新东西。我们这些年的改革失败就是老是有新花样、新东西，然后一样都没有用，因此我认为应该踏踏实实，沉下心来，也就是我们就"穿一双美国鞋"。（1999 年）

面对研发和市场部门的排斥抵触，1999 年 11 月 16 日，在 IPD 第一阶段总结汇报会上，任正非提出"先僵化，后优化，再固化"的变革方针，5 年内不许任何改良，5 年之后局部改动，10 年以后才能结构性改动。"我们是要先买'一双美国鞋'，不合脚就削足适履。要先僵化后优化"。

创新一定要在理解基础上去创新，而不是在没有完全充分理解以后就表明一些东西，那是在出风头，而如果有那出风头的人，就把他请出我们这个小组去，这是第一点。

当然我们让大家去"穿一双美国鞋"，是我们让美国顾问告诉我们"美国鞋"是这个样子，到你们"中国鞋"是不是可能变一点，但这只有顾问有这个权力，我们没有这个权力，下面的员工不要再提很多新的建议，去表明自己很有才能，很有

才干。(1999年)

组建一支强势团队学习和导入IPD。任正非强调一定要挑选沉得下心、责任心强的员工参加IPD团队，一定要踏踏实实、认认真真地学习，不要自以为是。

IPD项目组成员要流动，要将不理解、不认同IPD体系的人赶出项目组，要每月评估一次项目组成员的胜任度。任正非提出，就IPD来说，学得明白就上岗，学不明白就撤掉，我们就是这个原则，否则我们无法整改。

任正非指出，IPD关系到公司未来的生存与发展，各级组织、各级部门都要充分认识到它的重要性。华为要不断进行自我批判，抛弃一切可以抛弃的东西，虚心向业界最佳学习。IPD项目要求全流程参加，试点小组中每个角色要派两个人，便于滚动推广。

不要把IPD行为变成研发部门的行为，IPD是全流程的行为，各个部门都要走到IPD里来。每一个试点PDT的小组里面都要增加两个财务人员、两个采购人员、两个生产计划人员……其中一个是观察员，一个是主要的小组成员，等PDT试点结束后并要扩展到另外一个PDT的时候，那个主要的小组成员退出来，观察员承担主要职责，并再增加一个观察员。经过这样不断地滚动，可以将我们公司的所有中高层干部全部滚动参加一次实践。这也是一次对他们前途负责的培训。(1999年)

导入试点项目运行IPD。2000年5月17日，华为无线业务部大容量移动交换机VMSC6.0产品作为IPD第一个试点，在IBM顾问指导下经历了10个月的研发周期，整个流程完成了首次试运行。经过3个产品历时一年的试点，IPD流程在华为取得了比较好的效果，产品研发的总周期降低了50%左右。2002年，所有新启动的项目都按照IPD流程来运作。

基于IPD流程体系，在产品设计之初就引入市场、生产、用户服务、财务、采购等代表，给予他们同等的投票权和发言权。市场代表搜集客户信息形成产品概念，研发代表根据产品概念提出研发方案，估算研发周期、人员、所需仪器设备以及所需原材料等信息。财务代表根据相关数据算出需投入的研发人员、仪器设备成本、制造成本、物料成本、产品生命周期、销售额、利润等。用户服务代表、生产代表、采购代表、品质代表都需提出各自对产品的专业看法。经过所有的代表同意后，形成业务计划书提交产品线的IPMT（投资管理委员会）评审。

持续优化IPD。自1998年启动项目以来，随着公司规模的扩大及管理需求的变化，华为的IPD研发管理体系经历了长达15年的持续优化，有力支撑了华为的高速增长。2013年，华为公司发布了IPD体系6.5版本，优化过程如图10-6：

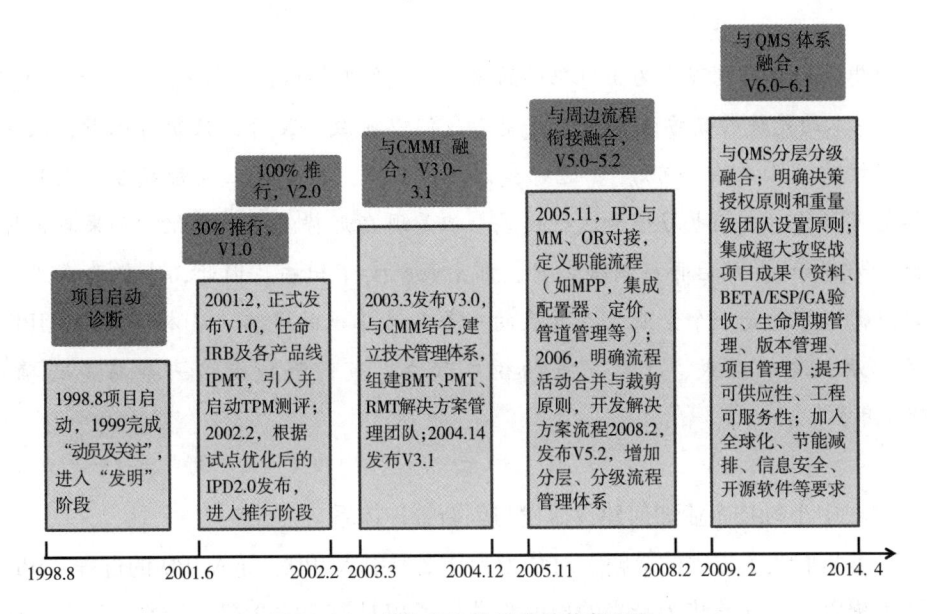

图10-6 华为IPD体系持续优化历程

（4）IPD给华为带来的价值。

通过对比试点项目和同类项目开发过程，IPD体系的导入为华为研发与创新绩效带来了显著地改善：

① 产品投入市场时间缩短40%~60%；

② 产品开发浪费减少50%~80%；

③ 产品开发生产效率提高25%~30%；

④ 新产品收益（占全部收益百分比）增加100%。

IBM不仅给华为带来了规范的IPD流程体系，还带来了知识分享的企业文化。研发的IT求助系统和经验库的建设，保障了新手能够快速求助和学习，尽快胜任工作任务。

怎么理解IPD？我认为其实就是格式化、规范化的方法通过电子流运转起来，不是通过人的感情和人的接触传递。IPD可以大大提高效率，这种规范化、格式化的东西几十年后还可以找到它，找到它还可以发现它是补在哪件衣服上的，把补丁截下来用丝绸接上去，就变成二十年以后的机器，所以它实际上就是规范化的方法。（2001年）

任正非认为，IPD体系建设给华为带来的最大的价值是改变了公司的研发理念，将研发理念由技术导向转变为客户需求导向。

回想华为公司到现在为止所犯过的错误，我们怎样认识 IPD 是有价值的？我说，IPD 最根本的是使营销方法发生了改变。我们以前做产品时，只管自己做，做完了向客户推销说"产品如何好"。这种我们做什么客户就买什么的模式在需求旺盛的时候是可行的，我们也习惯于这种模式。但是现在形势发生了变化，如果我们埋头做出"好东西"，然后再推销给客户，那东西就卖不出去。因此，我们要真正认识到客户需求导向是一个企业生存发展的一条非常正确的道路。从本质上讲，IPD 是研究方法、适应模式、战略决策的模式改变，我们坚持走这一条路是正确的。(2003 年)

（5）中小科技企业如何建设研发与创新管理体系。

以上我们花了较大的篇幅，对华为为什么要引入 IPD、导入 IPD 的过程、IPD 的持续优化以及 IPD 给华为带来的价值等进行了相对深入的介绍，目的是给广大中小科技企业以借鉴。结合笔者十余年为中小科技企业提供研发与创新管理咨询服务的实践，为中小科技企业建设研发与创新管理体系提出以下参考建议：

研发与创新管理体系是科技企业需要优先规范的管理体系。IPD 体系是华为引进的第一个系统的管理方法，在此基础上华为先后引入了 ISC（集成供应链管理）和 LTC（订单交付管理）等管理体系。从原理上说，华为这样决策是科学的，因为科技企业只有先把产品做好，才能谈其他。一些企业的营销团队很强、生产体系也很健全，但就是做不出好卖的产品，公司最终也会走向衰败。因此，规范研发与创新管理体系，持续做出有市场竞争力的产品，是科技创新型企业的第一要务！

要循序渐进地学习和建设研发与创新管理体系。中小企业要根据发展阶段、行业特点、人员素养等确定学习的重点，切忌贪大求全，全盘照抄。一些研发人员不到 100 人的科技企业全盘照抄华为 IPD 体系，导致严重消化不良，产品开发效率反倒大幅降低，最后放弃了对 IPD 体系的学习和应用。

华为导入 IPD 的方法不一定适合中小企业。华为采用"先僵化、后优化、再固化"的方法导入 IPD 体系，有其历史条件，中小企业不建议采取这种"僵化"的变革方法，而应该"急用先学"，将 IPD 体系的有效方法与企业的实际情况相结合，边导入方法边应用和验证方法，最终形成一套符合企业实际的研发与创新管理体系。

要认识到建立和优化研发与创新管理体系是一个艰苦的、复杂的、长期的过程。华为公司导入 IPD 体系不但花费了大量的财力、人力，而且导入和持续优化的周期很长。华为 IPD 体系从导入到全面运用花费了 5 年时间（1998 年—2002 年），华为 IPD 体系至今一直在持续优化，2013 年发布了 IPD 体系 6.5 版本。一些企业对 IPD 体系建设的复杂性、艰巨性和长期性认识不足，由积极拥抱 IPD 走向被动放弃 IPD，甚至忌讳再谈 IPD。有些企业请一个培训师讲几天课，导入一些 IPD 的模板和表单，认为就可以建立 IPD 体系。还有的企业聘请前华为员工担任体系建设经理，期待其能帮助企业建设和推行 IPD 体系，但效果往往大打折扣。

企业高层管理者需要认识到，企业需要的不是一套僵化的、照搬照抄的 IPD 体系，而是要规范企业的研发与创新管理，在创新之路上"少犯不必要的错误、少走不必要的弯路、少交不必要的学费、少冒不必要的风险"，多开发精品创新产品。每个创新型企业应该基于企业自身存在的主要研发与创新管理问题、行业特点、人员规模、发展阶段、团队管理素养等循序渐进地学习和应用相应的创新方法，逐步改善创新绩效。学习和运用创新方法要"神似"而不能停留于"形似"，生搬硬套管理方法的结果很可能是东施效颦，适得其反！

优化产品硬件设计方法

在硬件设计中，华为采用先进的设计及仿真工具，加强系统设计、芯片设计、硬件开发过程质量控制体系、测试体系的建设，并在技术共享、模块重用、器件替代等方面加大力度。尤其是代表硬件进步水平的芯片方面，华为进行了巨大的投入。

目前，公司已经设计出 40 多种数字芯片，几种模拟芯片，年产量为 500 万片。芯片设计水平也从 0.5 微米，提升到 0.18 微米。拥有自主知识产权的芯片，极大地提升了硬件水平，降低了系统成本。（2000 年）

向西方和印度学习软件开发管理办法

任正非要求软件开发人员要向印度人学习，先做好规划，然后再写软件，而不能边规划边写软件。边规划边写软件的后果是由于规划不严密，使得开发过程中多次返工，开发进度反而更慢，甚至导致项目失败。

软件开发管理的难度在于其难以测评和过程的复杂性。华为坚持向西方和印度学习软件管理办法，在与众多世界级软件公司开展的项目合作中实践、优化软件管理办法。

我们紧紧抓住量化评估、缺陷管理、质量控制、项目过程以及配置管理等 SEI

-CMM 软件能力成熟度的标准要求，持续多年地进行软件过程的改善实践。目前，华为的软件开发能力有了质的进步，完全具备高质量、高效率的大型软件工程作业能力。迄今为止，已成功开发出多种大型复杂的产品系统如 C&C08 交换机、GSM、数据通信和智能网等，其软件规模均接近千万行源代码，由数千人在 2~3 年的时间跨度内，分散在不同地域协同完成。(2000 年)

通过 CMM 认证，提升软件开发能力

CMM（软件能力成熟度模型，Capability Maturity Model For Software）是美国卡内基梅隆大学软件工程研究所（CMU SEI），于 1991 年开发出来的一种用于评价软件承包商能力并帮助其改善质量的模型。当时，它是国际上最流行、最实用的软件生产过程标准，以及软件企业成熟度认证标准。CMM 由低至高共分为 5 个级别：初始级、可重复级、定义级、管理级和优化级。等级越高，表明该企业软件开发失败风险越低、整体开发时间越短，并能减少开发成本、降低错误发生率、提高产品质量。

华为投入到软件上的工作量超过整个研发总部的 80%，研发人员配备上大概 70%~80% 是软件人员。1998 年，为了有效地控制华为在软件研发中日益庞大的投入以及逐渐庞杂的资源积累，华为决定导入 CMM。

1999 年 6 月，华为在印度的"硅谷"班加罗尔成立了印度研究所。因为印度有世界上最好的 CMM 环境：书店里有很多软件管理方面的书籍，以及各种各样的 CMM 著作；拥有大量通过 CMM 认证的软件企业，印度软件从业人员对 CMM 的了解程度和接受速度都非常快。因此，华为决定先从印度所导入 CMM。印度研究所分别于 2001 年和 2003 年一次性通过了 CMM4 级认证和 CMM5 级认证。

之后，华为又将印度研究所的成功经验复制到国内的北京研究所、南京研究所和上海研究所等。北京研究所 CMM4 级申报从 2002 年 1 月开始正式启动评估进程，在 2003 年 1 月 24 日一次性通过 CMM4 级认证。2003 年 6 月，南京研究所顺利通过 CMM4 级认证。2004 年，南京研究所、中央软件部（深圳总部）和上海研究所等顺利通过 CMM5 级认证。这表明：华为公司不但在核心技术方面具备了国际竞争力，而且在软件开发过程管理和质量控制方面也已经达到了世界先进水平。

产品质量管理：持续提供符合质量标准和顾客满意的产品

在质量管理方面，华为的目标是以优异的产品、可靠的质量、优越的终生效能费用比和有效的服务，满足顾客日益增长的需要。

质量是企业的自尊心

华为认为，质量是企业的自尊心。优越的性能和可靠的质量是产品竞争力的关键。质量形成于产品寿命周期的全过程，包括研究设计、中试、制造、分销、服务和使用的全过程。因此，必须使产品寿命周期全过程中影响产品质量的各种因素，始终处于受控状态；必须实行全流程的、全员参加的全面质量管理，使公司有能力持续提供符合质量标准和顾客满意的产品。

质量管理和质量保证体系要与国际接轨

华为通过推行ISO9001，并定期通过国际认证复审，建立健全公司的质量管理体系和质量保证体系。在《华为基本法》中，明确提出了华为的质量方针和质量目标。

华为的质量方针是：

① 树立品质超群的企业形象，全心全意地为顾客服务。
② 在产品设计中构建质量。
③ 依合同规格生产。
④ 使用合格供应商。
⑤ 提供安全的工作环境。
⑥ 质量系统符合ISO9001的要求。（1998年）

华为的质量目标是：

① 技术上保持与世界潮流同步。
② 创造性地设计、生产具有最佳性能价格比的产品。
③ 产品运行实现平均2000天无故障。
④ 从最细微的地方做起，充分保证顾客各方面的要求得到满足。
⑤ 准确无误的交货；完善的售后服务；细致的用户培训；真诚热情的订货与退货。(1998年）

开展QC及5S活动，提高产品质量水平

QC小组（品管圈）1962年首创于日本，由生产现场或工作岗位的相关员工自愿组成4~10人的工作小组，通过集体交流、计划、实施和总结的过程持续地改进工作质量。华为生产车间的QC小组，一般由4~5个生产一线员工组成，各成员间集思广益，提升了解决质量问题的效率，产品质量水平也得到大幅提升。

5S是整理（Seiri）、整顿（Seition）、清扫（Seiso）、清洁（Seikeetsu）和素养（Shitsuke）这五个罗马单词首字母的简称，最早来源于丰田公司的现场管理实践，现已成为现场管理的标准与规范。通过5S活动，华为公司有效提升了生产效率和生产质量。

要抓高质量基础上的低成本

任正非提出，华为的产品不仅要低成本，还要高质量，要抓高质量基础上的低成本。

如果没有高质量的低成本，这个低成本是没有价值的。所以中国的高质量、低成本是有社会基础的。因此，我们公司的质量好、服务好、价格低，和西方公司相比是有优势的，只要我们努力，我们想象的目标和理想是会实现的。（2002年）

合作研发：掌握核心，开放周边

华为强调在自主开发的基础上广泛开放合作，与竞争对手也可以合作研发新产品。但是核心技术必须掌握在自己手里，核心技术必须具有完全的自主知识产权，这样才有可能与国际巨头展开竞争。

在自主开发基础上广泛开放合作

华为重视广泛的对等合作和建立战略伙伴关系，积极探索在互利基础上的多种外部合作形式。

在技术开发方面，华为强调广泛吸收世界电子信息领域的最新研究成果，虚心向国内外优秀企业学习，在独立自主的基础上，开放合作地发展领先的核心技术体系，用卓越的产品自立于世界通信列强之林。

任正非认为，我国引进了很多工业，但是没有形成自己的产业，关键是核心技术不在自己手里。华为的技术发展策略是：掌握核心，开放周边，使企业既能快速成长，又不受制于人。

在技术开发方面，华为强调以下几点：

① 紧紧围绕在电子信息技术领域发展，不受其他投资机会所诱惑。树立为客户提供一篮子解决问题的设想，全方位为客户服务。

② 高度重视核心技术的自主知识产权。只有拥有核心技术知识产权，才能进入世界竞争，我们的08机之所以能进入世界市场，是因为我们的核心知识产权没有一点是外国的。

③ 遵循在自主开发基础上广泛开放合作的原则。重视广泛的对等合作和建立战略伙伴关系，使自己的优势得以提升。让优势更优势。这种广泛对等的合作，使我们的优势很快得到提升，可以迅速推出很多新的产品，使我们能在很短的时间内提供和外国公司一样的服务。

④ 没有基础技术研究的深度，就没有系统集成的高水准；没有市场和系统集成的牵引，基础技术研究就会偏离正确的方向。我们一定要搞基础研究，不搞基础研究，就不可能创造机会、引导消费。我们的基础研究是与国内大学建立联合实验室来实施的。我们的预研部，只有在基础研究出现转化为商品的机会时，才会大规模扑上去。（1998年）

和竞争对手合作研发，降低成本

任正非认为，不能所有东西都靠自己研发，要开放式创新，要建立一个创新合作生态系统，即使是直接竞争对手之间也可以开展合作。

适当地和竞争对手开展合作，降低研发成本。孙总上个季度在欧、美会见了业界同业公司的最高层领导，大家讨论了在竞争的基础上，加强彼此间的相互了解和合作问题。为什么不可以和对手公司合作？谁还有本事把价格再涨起来？继续降成本，成本还有哪里可降的？对我们公司来说，如果我们和对手联合起来搞研发，共同研发一个产品，研发成本降掉一半，我们的成本就降了一半。竞争对手之间也要手拉手，也要走向合作。（2002年）

向竞争对手学习，竞争对手是企业的良师益友

对于华为而言，西方通信巨头既是强大的竞争对手，也是极好的良师益友。华为在竞争中学习竞争，通过市场竞争，华为从西方竞争对手那里学会了营销方法、职业修养和商业道德等。在竞争中学会竞争规则，在竞争中学会赢得竞争。

1996年，任正非提出华为要向国内的竞争对手学习。

当前，我们就要认真地总结经验、教训，及时修正、不断地完善我们的管理。当我们发展处于上坡阶段时，要冷静正确地看自己，多找找自己与世界的差距。前不久郑宝用率团参观了上海贝尔，感叹贝尔在生产管理与工艺装备上的巨大进步，真是堪称世界一流。规模大，必然成本低。他们的管理很科学，质量很好，十年的引进工作使他们较快地与国际接轨。我们的竞争伙伴04机、大唐、中兴新都有十分明显地进步。04机市场的覆盖面比我们大，中央对他们也比较支持；大唐有着十所十来年国家级科研打下的底子，在科研的深度上、广度上都得天独厚，他们对电信的系统认识比我们深刻；中兴新公司与我们同处深圳，朝夕相处，文化比较相近。中兴新在"做实"这个方面要值得我们基层员工好好学习。华为在"做势"方面比较擅长，但在"做实"方面没有像中兴新那样一环扣一环，工作成效没有他们高。与国际著名公司相比，我们还缺少可比性。在国际市场的竞争中已明显地暴露了我们的弱点。外国公司的人评述，你们的设备很好，但太年轻，缺少国际经验。我们的队伍年轻，敢想敢干，在局部上突破一些技术的前沿，取得了进入国际市场的资格，但面对国际多网合一的复杂局面，我们年轻的队伍是否受得了？看看世界，比比自己，还需要百倍的努力。（1996年）

2000年，任正非提出华为要向西方著名公司学习。

这十年，也是西方著名公司蜂拥进入中国的十年。其实他们不仅是竞争者，更是老师与榜样。他们让我们在自己的家门口遇到了国际竞争，知道了什么才是世界先进公司。他们的营销方法、职业修养、商业道德，都给了我们启发。我们是在竞争中学会了竞争的规则，在竞争中学会了如何赢得竞争。世界范围内的竞争者的进步和发展咄咄逼人，稍有松懈，差距就可能再次拉开；而且国内同行的紧紧追赶，使我们不敢有半点惰怠，客观上促进了我们的快速进步。既竞争又合作是21世纪的潮流，竞争迫使所有人不停地创新，而合作使创新更加快速有效。我们不仅与国内竞争对手之间互相学习，还与朗讯、摩托罗拉、IBM、TI等十几家公司在未来芯片设计中结成了合作伙伴关系，为构建未来为客户服务的解决方案共同努力。（2000年）

任正非认为，竞争对手多方位、多层次的竞争，逼得华为不敢有任何一点疏忽，因为稍有不慎就会落后。当华为拼死拼活往前赶的时候，公司就不可能出现太胖的羊、太懒的羊。一个充满危机感、又有敏感性、又无懒羊拖累的公司是一定能生存下来的。要达到这样的境界，华为不仅技术上要不断创新，更要管理上不断创新。

IT 与知识管理：摆脱对重复劳动的依赖

在快速发展期，华为先后引进了 MRPII 等 IT 软件。华为认识到 IT 只是工具，重要的是先要做好管理规范，在管理规范的基础上引入 IT 系统提高效率。华为选择引进成熟的 IT 系统，而不是完美的、先进的 IT 系统，这样可以尽可能减少二次开发量。IT 系统的引入能减少重复劳动，同时也会使工作透明化，会使一些干部失去"权力"。因此，IT 系统在一些企业的推行中会遇到阻力。

值得指出的是，华为的 IPD、ISC 等各个管理流程都是先规范，在没有 IT 工具也能有效地运行的前提下再导入 IT 工具。一个没有 IT 工具不能有效运行的流程导入了 IT 工具也不会有效运行。有些科技企业在 IT 工具导入上走了一些弯路，比如一些企业导入 PDM 系统就认为能搞好产品数据管理，导入 PLM 系统就认为能做好产品全生命周期管理。IT 建设原则是先规范管理，后导入 IT 工具。

IT 管理系统不要买"最先进"的，要买最适用的

管理信息系统是公司经营运作和管理控制的支持平台和工具，旨在提高流程运作和职能控制的效率，增强企业的竞争能力，开发和利用信息资源，并有效支持管理决策。

管理信息系统的建设，坚持采用先进成熟的技术和产品，以及坚持最小化自主系统开发的原则。

任正非强调，华为在引进 IT 管理系统方面也要反幼稚。IT 不能追求尽善尽美，追求尽善尽美是做不到的，反而束缚了公司。IT 系统要适用简便，不然就是 IT 的悲剧。

我跟我们的员工讲过，在买 IT 系统时，我们要买的是一个成熟的系统，大家都在用，我们也能理解，我们要使用得优秀。所谓的优秀是指一个我们可以使用得很顺畅，能解决我们管理需要的问题，这要比使用一个我们还不理解、媒介宣传是最先进的新系统要好。有人说的系统不先进，华为要买个先进系统，这让我很吃惊，也很担忧，这是公司犯了多年的幼稚病又出现了。什么是最先进系统？关键是我们能使用得好，能够解决我们的问题，这才是我们最需要的。我认为这才是最先进。我们切忌产生中国版本、华为版本的幻想。引进要先僵化，后优化，还要注意固化。在当前两三年之内以理解消化为主，两三年后，有适当地改进。（1999 年）

打破既得利益者阻碍,强力推行 IT 系统

IT 系统的推行,会使得大部分事情的过程透明化,大幅减少过程决策,这势必会影响部分干部的权力,这些权力拥有者会有意无意地阻碍 IT 系统的推行。为了保证公司的快速成长,华为公司强力推行 IT 系统,不惜让部分干部下岗或转岗。

职业化、规范化、表格化、模板化的管理还十分欠缺。华为是一群从青纱帐里出来的"土八路",还习惯于"埋个地雷,端个炮楼"的工作方法。还不习惯于职业化、表格化、模板化、规范化的管理。重复劳动、重叠的管理还十分多,这就是效率不高的根源。我看过香港秘书的工作,有条有序的一会儿就把事做完了,而我们还要摸索摸索,做完了还不知合格与否,又开一个小会审查,这就是高成本。要迅速实现 IT 管理,我们的干部素质,还必须极大地提高。

推行 IT 的障碍,主要来自公司内部,来自高中级干部因电子流管理,权力丧失的失落。我们是否正确认识了公司的生死存亡必须来自管理体系的进步?这种进步就是快速、正确,端对端、点对点,去除了许多中间环节。面临大批的高中级干部随 IT 的推行而下岗,我们是否做好了准备。为了保住帽子与权杖,是否可以不推行电子商务。这关键是,我们得说服我们的竞争对手也不要上,大家都手工劳动?我看是做不到的。"沉舟侧畔千帆过",我们不前进必定死路一条。(2001 年)

IT 管理难在商业模式的数字化

要认识到信息化不是简单地买些 IT 硬件和软件,而是要将管理流程先规范好,在规范的基础上进行 IT 化。

从理论上看信息化很简单,事实上很困难,主要难在商业模型的数字化,我们公司真正走了七八年了,投入了数百人,才达到现在的状况。我们走的道路如此艰难,中国的企业随随便便装几个路由器就是信息化了?(2002 年)

友商兴衰:互联网泡沫破灭,几家欢喜几家愁

20 世纪 90 年代是全球通信行业发展的黄金时期,思科、爱立信、北电、诺基

亚、阿尔卡特等各大跨国电信巨头都取得了较大的发展。与此同时，以华为、中兴为代表的国产厂商通过自主研发不断突破核心通信技术，逐渐成为跨国厂商在国内外市场的强有力竞争者。

国际上，思科在钱伯斯领导下，2000年一跃成为全球互联网霸主，市值全球第一，高达5690亿美元。欧洲的通信厂商发展迅速，爱立信成为2G移动市场的领导者，诺基亚连续六年稳居手机市场老大，西门子投巨资研发3G移动通信系统，阿尔卡特通过聚焦核心业务成功扭亏为盈，朗讯短短两年时间股票价格翻了8倍，北电网络则成为全球光纤设备市场的领导者，摩托罗拉手机成为行业老大。2000年末，全球互联网泡沫危机破灭后，欧美厂商陷入严重亏损，西门子由于多元化经营受到冲击较小，思科、爱立信通过聚焦核心业务、裁员等方式顺利过冬，朗讯、阿尔卡特和北电网络巨额亏损，从此一蹶不振。

国内厂商代表"巨大中华金"迅速崛起，在大容量数字交换机、移动通信2G与3G、数据通信等领域不断取得重大进展，逐渐打破了跨国巨头的垄断，在中国通信市场占有一席之地。中兴进入多个产品领域，在深圳交易所成功上市，过冬仍然逆势快速增长；大唐电信正式成立，提交了3G技术标准，但市场增长乏力；巨龙经过三次资本重组，创始人邬江兴退出，经营状况日益严峻；金鹏成功研发出大容量数字交换机发展快速，但在互联网泡沫危机中经营艰难；UT斯达康凭借小灵通快速崛起，也因小灵通市场的萎缩而衰落。

在华为国内领先阶段，很多友商的兴衰可以用"你方唱罢我登场，各领风骚三五年"来描绘。从通信企业的兴衰史，可以非常清晰地看到商业社会弱肉强食的"丛林法则"。从这些友商的兴衰案例也可以看出，企业最终不是被竞争对手打败的，而是被自己打败的，最大的敌人是自己！

笔者对本阶段华为友商兴衰做如下总结，抛砖引玉，供大家参考：

① **不能有效预见和应对重大危机会导致企业"崩盘"**。危难见水平，在困难时期就可看出谁在"裸泳"。很多国际通信巨头在2000年互联网泡沫破灭前夜达到了"辉煌的顶峰"，股价创历史新高，比如朗讯、北电。但是当网络泡沫破灭后快速走向衰败，要么破产、要么被合并。正所谓要使其灭亡，先使其疯狂！这些企业一是在危机到来之前缺乏警惕，过于狂热；二是在危机发生之后缺乏有效应对措施，从而走向衰败。阿尔卡特、朗讯、北电未能有效应对危机走向衰败。思科、爱立信在危机后采取了降成本等"瘦身行动"快速有效地应对危机，成功走出了危机。华为在互联网危机中果断在销售方面踩了"刹车"，在收款方面踩了"油门"，通过卖掉非核心业务回收现金为过冬准备了"棉袄"。中国的太阳能产业、LED产业、手机产业以及互联网金融产业都上演过"一哄而上、一哄而

② **疯狂并购不是有效的增长方式**。朗讯由于疯狂并购走到了破产边缘，思科也由于过度并购而产生亏损。不良并购通常会带来以下问题：现金流枯竭、整合困难、回报远低于并购前的承诺。通过自主研发创新，产品的有机增长才是企业良性成长的主要方式。华为的选择主要是有机增长，联想的选择主要是并购增长，大家可以看到现在两家企业在盈利能力以及发展前景上存在巨大差异。国内一些上市公司从股市上融了几个亿、几十个亿的资金后就开始大搞并购，偏离、改变甚至放弃了企业的主营业务，企业创始人沉湎于资本游戏，热衷于公司市值管理。这些做法不正是在重复很多西方公司走向毁灭的老路吗？

③ **技术偏执是创新型企业的大敌**。摩托罗拉由于技术偏执投巨资做铱星卫星手机系统走向衰败，作为"手机发明者"的手机霸主被迫让位于以客户需求为导向的诺基亚。北电由于片面追求技术领先，走错方向，并且一错再错，濒临破产。大唐也是由于技术偏执，虽然坐拥3G标准但没有发展起来。华为、中兴、思科、爱立信等以市场需求为导向的企业则持续、快速成长。技术是手段，通过产品创新实现商业成功才是目标。很多技术创业者很容易走向技术偏执而不能自拔，导致创业失败。

④ **财务造假是自取灭亡**。北电由于伪造巨额利润被发现而走向破产。2001年美国安然公司财务造假丑闻也令该公司走向破产。该公司曾位列美国500强第7位，多年被评为美国最具创新精神公司，现在它已经成为了欺诈与堕落的代名词！财务造假一方面揭示了企业财务管理制度有漏洞，另一方面也说明了企业管理团队的贪婪与无底线。华为作为一家非上市企业，从2006年开始公开企业年报。华为公司非常注重财务管理规范，也非常看重财务人员的道德水准。华为认为诚信是企业最大的财富。

⑤ **过度依赖单一产品和（或）单一市场的企业风险巨大**。UT斯达康成败皆因小灵通，随着小灵通市场的兴起企业快速崛起，随着小灵通市场的萎缩企业走向衰落。大唐也因为过度依赖单一产品而发展缓慢。华为在运营商市场布局了全系列产品，同时也逐步介入企业市场和消费者市场。这样不但增强了抗风险能力，而且也为成为持续稳健增长的大公司奠定了基础。

⑥ **有法律和道德风险的创业难以成功**。港湾网络的短暂崛起和快速被老东家"绞杀"说明，从企业离职的创业者最好不要选择和老东家直面竞争。利用先前从业企业的技术、商业秘密、客户关系创业，甚至从先前从业企业挖人，不但有道德风险，更有可能被追究法律责任，在"江湖"上也不一定有好名声。

本章小结

1996年—2003年是华为公司由第一次创业走向第二次创业的阶段。华为公司通过制定《华为基本法》、巨资引入国际一流管理咨询机构等方式，初步建立起了与国际接轨的管理体系。华为管理体系的建立不但有助于华为在本阶段走向国内领先地位，而且为下一阶段全面国际化奠定了坚实的基础。在此阶段，华为创始人任正非每年都发表了多次讲话，对华为的经营和管理提出了诸多指导意见和要求。正是作为公司创始人的任正非具有与时俱进的经营理念与管理思想，才使得华为从胜利走向胜利，没有像诸多友商一样，在互联网危机中走向衰败。

华为在本阶段的管理举措非常值得那些已经成功渡过了生存期，正在走向快速发展期的企业学习。笔者总结华为国内领先阶段管理举措要点如下，供相关企业管理团队参考：

① **客户需求管理**：坚持客户导向开发新产品；研发高管要每周见客户，要倾听客户心声；产品发展的路标是客户需求导向；要坚持理性的客户需求导向。

② **研发投入与研发资源利用**：坚持每年从销售收入中提取10%作为研发经费；基于现有资源进行创新，提高现有技术资源重用率；年度研发经费用不完相关领导要问责；研发投入项目要注重长短期平衡。

③ **研发组织模式**：建立产品线管理制度，产品线经理对产品成功负责；基于跨职能团队进行项目管理，快速响应市场和客户的需求；在全球多地设立研发机构，凝聚优秀创新人才；研发体系的战略队形和组织结构要随着环境变化进行调整和变化。

④ **研发团队管理**：要考核项目目标和工作目标，不要仅凭加班来评价员工的优劣；研发团队规模要适当划小，以降低管理难度；通过建立求助网络，最大限度地利用和共享公司资源；建立"五级双通道"任职资格体系。

⑤ **研发人才培养**：充分发挥研发体系员工的优势；研发人员要成为科学家商人；要做"窄频带高振幅"的研发专家；要重视中间试验，培养众多"宽频带窄振幅"的优秀中试人才；基础员工的职业发展要建立专家体系，中高层员工则可以是杂家体系。

⑥ **对员工的要求**：新人不要急于求成，要脚踏实地地从基层做起；刚走出校园的年轻人要脱胎换骨，重新做人；招聘硕士先做用户服务，从用户服务中培养人才。

⑦ **投巨资向咨询机构学习基于最佳实践的管理方法**：与IBM合作导入IPD体

系；优化产品硬件设计方法；向西方和印度学习软件开发管理办法；通过 CMM 认证，提升软件开发能力。

⑧ **产品质量管理**：质量是企业的自尊心，持续提供符合质量标准和顾客满意的产品；建立与国际接轨的质量管理和质量保证体系；开展 QC 及 5S 活动，提高产品质量水平；要抓高质量基础上的低成本。

⑨ **合作研发**：掌握核心，开放周边；在自主开发基础上广泛开放合作；和竞争对手合作研发，降低成本；向竞争对手学习，竞争对手是企业的良师益友。

⑩ **IT 与知识管理**：IT 系统不要买"最先进"的，要买最适用的；要打破既得利益者阻碍，强力推行 IT 系统；要通过流程规范和 IT 建设，摆脱对重复劳动的依赖；先规范管理，后导入 IT 工具。

本篇总结

在国内领先阶段,华为从年收入十几亿元增长到三百多亿元,公司人数从一千多人增长到两万多人,在国内市场占据领先地位的同时开始积极拓展国际市场。这种情境与国内很多成功渡过了生存期,正处于快速成长期的企业的情境非常类似。很多国内的科技型企业成长到几亿元、几十亿元或者两三百亿元之后就出现"滞涨"情形,要么增长非常缓慢,要么在原地踏步很多年,还有一些企业开始走向衰亡。建议这类企业认真研究华为在此阶段的关键成功要素,对照自己企业的实际做法,发现问题和差距,制订并实施改进方案,实现持续、快速、稳健增长。这也是作者深入研究华为和用心写作本书的核心目的。

笔者总结了华为在国内领先阶段的如下关键成功要素,供大家参考:

① **远大的抱负成就伟大的公司。**"要成为大公司才能与大公司竞争"以及"要么领先、要么死亡,华为没有第三条道路可走"的核心经营理念指引华为的日常决策与行动。40%以上的人员以及每年10%以上销售收入投入研发、30%以上的人员投入销售与客服、积极开拓国际市场、巨资引进世界一流管理体系、强调干部培养、员工持股制度等都是华为成为业界最佳,成为世界级领先企业的经营举措。这些举措是绝大部分企业难以做到的。思路决定出路。有什么样的理想和目标,就会有什么样的举措和行动,也就会有什么样的结果和成就。

② **持续高强度的研发投入实现由模仿追赶走向国际先进。**华为从创业期开始即坚持将平均45%左右的人员和年销售收入10%左右的费用投入研发,而且坚持每年的研发费用必须花完,花不完要问责。2003年华为研发人员达10000人左右,1996年—2003年的研发投入累计近100亿元。持续高强度的研发投入帮助华为积累了核心技术、培养了人才、进入了多个产品领域、实现了快速增长,公司从模仿追赶走向国际先进。

③ **坚持屡败屡战的"狼性"营销持续扩大市场区域与份额。**华为平均有30%以上的人员投入营销与客服,华为不放弃任何一个可能的市场机会,华为注重与每个客户的相关人员均建立普遍客户关系。对于战略客户长期坚守,永不言弃。1996年—2003年,通过8年艰苦奋战,华为不但在国内市场取得了领先地位,而且国内营销人员走出了国门,在亚非拉市场站稳了脚跟,欧美市场也有所突破。市场的突破牵引新产品开发,新产品开发也促进市场的拓展。8年间华为年销售收入从1995年的15亿元增长为2003年的317亿元,2003年华为国际市场收入为10亿美元。华为已经成长为一家中等规模的国内大公司,正在向国际化

大公司迈进。

④ **主动走向国际以大幅扩大企业生存空间**。走向国际可以更好地向客户学习，向世界级的友商学习，加快企业管理与国际接轨的步伐，加快企业成为世界级企业的成长步伐。面向全球市场的企业能够实现"东方不亮西方亮，黑了南方有北方"，有效降低企业经营风险。现在，国际市场销售收入占华为收入70%左右，中国市场只是华为的一个区域市场。

⑤ **将管理能力作为企业的核心竞争力**。华为认识到企业之间的竞争最终是管理水平的竞争，管理水平低下的企业很快会被市场淘汰。华为认为管理是比资金、技术和人才更重要的硬实力，而不是软实力。因此，华为在只有不到10000人、营业收入不到100亿元时就巨资聘请世界一流咨询公司全面建设与国际接轨的管理体系。此等胆识和气魄在中国企业中至今独此一家，在全球企业中也是凤毛麟角。本书篇幅最大的部分就是华为的管理举措和经营理念，作者认为这些才是大家学习华为的核心内容。企业之间行业、规模、发展阶段等千差万别，但是经营理念和管理方法90%以上都是相同的。

⑥ **重视干部队伍建设和培养**。"兵熊熊一个，将熊熊一窝"。华为从本阶段开始就非常注重干部队伍建设和培养，华为对高级干部、中基层干部的品德、技能、业绩等都提出了明确的、高标准的要求。如果不能持续培养出足够数量的专业的干部人才，华为每年新增2000～3000名员工是无法被有效领导和管理的。大家从后续篇章中可以看到，华为的高层管理团队是比较稳定的、具有学习能力的，也是能够与时俱进地领导华为公司持续快速发展的。

⑦ **通过持续完善员工持股制度凝聚骨干与人心**。财散人聚，财聚人散。在华为2003年的22000名员工中有将近80%即16000余人获得了数量不一的股份。华为将劳动者而不是资本作为主要的财富创造者，因此将创造的利润主要分配给创造财富的员工。华为至今没有非员工股东，也就是说没有只投钱不干活就可以分享华为利润的人。任正非将自己持有的100%华为股份绝大部分分配给广大奋斗者，他自己的股份最终稀释不足2%。相反，不少上市公司的创始人持股高达50%以上，甚至高达90%。这样的公司如何吸引人才？如何凝聚骨干？

⑧ **其他**。您认为华为在本阶段还有哪些关键成功要素？还有哪些做法值得学习和借鉴？请在下面空白处列出。对于作者总结的内容，也请大家用批判的眼光审视。只有自己发自内心认同的经营理念和管理举措，才会转化为决策和行动。

附录：华为国内领先阶段发展大事记

年份	年销售额（亿元）	员工人数	华为	友商
1996	26	3100	提出"第二次创业"；市场部集体大辞职；成立海外市场部和海外工程部，建立俄罗斯代表处、白俄罗斯代表处和南斯拉夫代表处；进入香港市场	中兴开始拓展国际市场
1997	41	6000	与Hay group（合益集团）合作进行人力资源管理变革	中兴上市
1998	89	8000	发布《华为基本法》；与IBM合作启动IPD体系建设；在美国达拉斯开设研究所；开拓中亚市场	诺基亚超越摩托罗拉成为全球手机市场领导者
1999	115	12000	在印度班加罗尔设立研发中心	思科并购17家企业；朗讯持续疯狂并购，股价达历史最高点84美元；耗资巨大的摩托罗拉铱星卫星系统公司破产
2000（互联网泡沫破裂）	220	16000	推出内部创业运动；与IBM合作启动ISC体系建设；在瑞典首都斯德哥尔摩设立研发中心；开拓欧洲市场，进入非洲市场	李一男离开华为创业港湾网络；思科并购23家企业，超越微软成为世界市值最高公司；朗讯亏损，CEO被解职；北电光纤设备占全球43%，市值全球通信企业第一；摩托罗拉亏损；大唐代表中国提交3G标准；UT斯达康在美国上市
2001	255	2万多	7.5亿美元卖掉安圣电气；内部股票改为期权；进入中东市场、法国市场	思科亏损，市值45天内缩水90%，裁员8500人；爱立信亏损，实行"瘦身行动"，控制成本；爱立信与SONY各出资50%组建索尼爱立信，合并双方手机业务；阿尔卡特巨亏；北电巨亏，股票市值距最高跌去97%

续表

年份	年销售额（亿元）	员工人数	华为	友商
2002	221	2万多	与FhG合作进行仓储体系变革；成立美国全资子公司FutureWei，开拓北美市场	朗讯巨亏，股价跌至几十美分；创始人邬江兴教授退出巨龙，巨龙走向衰落
2003	317	22000	启动MBO股权变革运动；与3Com成立合资公司；打入独联体市场	思科起诉华为；爱立信扭亏为盈；诺基亚全球手机市场份额达34.8%，与华为签订技术交叉许可协议；朗讯濒临破产；北电财务造假，濒临倒闭；广州金鹏短暂繁荣后快速衰落；UT斯达康凭借小灵通产品取得历史最好业绩，随后走向衰落

第三篇 国际先进阶段（2004—2010）

> 我们以前靠着西方公司领路，现在我们也要参与领路了，我们也要努力地对世界贡献。
>
> ——任正非（2010年）

华为国际先进阶段要点扫描

◇ **时间阶段**：2004年—2010年
◇ **任正非年龄**：60~66岁
◇ **公司人数**：从2003年的22000人增长到2010年的11万余人，7年增长了5倍多
◇ **营业收入**：从2003年的317亿元（国际收入占比20%），增长到2010年的1852亿元（国际收入占比65%），7年增长了6倍
◇ **客户与市场**：世界50大运营商45家，亚非拉市场、欧洲市场，进入美国受阻
◇ **产品与服务**：主要为运营商相关产品，企业业务和消费者终端业务增长快速
◇ **关键词**：国际市场拓展、内控体系建设、为实现400亿美元收入目标做准备
◇ **核心管理团队**：任正非（1987年）、郭平（1989年）、胡厚崑（1990年）、徐文伟（1991年）、孙亚芳（1992年）、李杰（1992年）、徐直军（1993年）、余承东（1993年）、孟晚舟（1993年）、陈黎芳（1995年）、丁耘（1996年）、万飚（1996年）、张平安（1996年）等

本篇阅读思考

◇ 华为的产品研发是如何从国内领先走向国际先进的？
◇ 华为为何要坚持"深淘滩、低作堰"的经营理念？
◇ 华为为何将"开放、妥协、灰度"作为华为文化的精髓？
◇ 华为为何要全力拓展国际市场？
◇ 哪些管理举措强力支撑了华为的快速国际化发展？

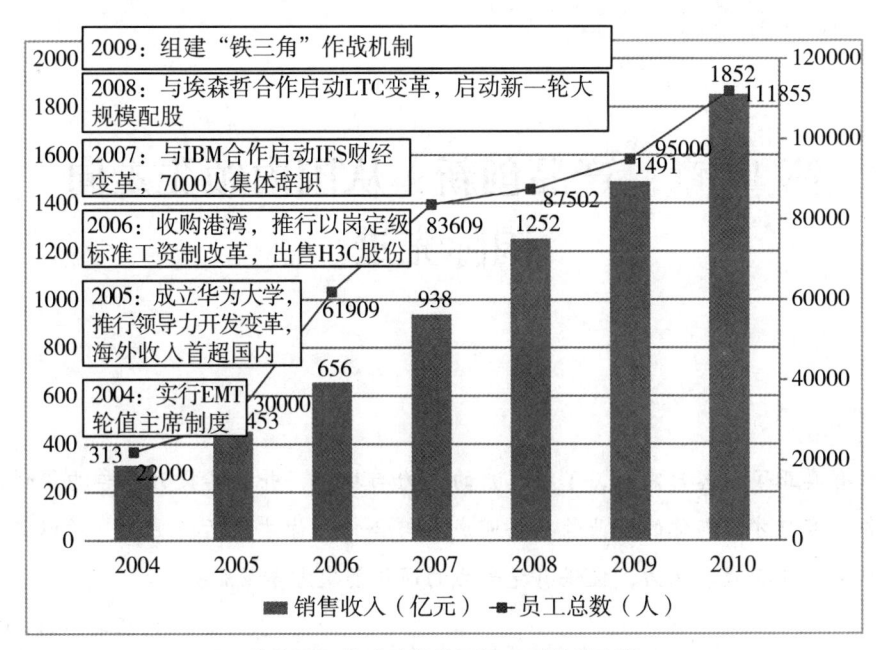

华为国际先进阶段发展概况及关键事件

- 2009：组建"铁三角"作战机制
- 2008：与埃森哲合作启动LTC变革，启动新一轮大规模配股
- 2007：与IBM合作启动IFS财经变革，7000人集体辞职
- 2006：收购港湾，推行以岗定级标准工资制改革，出售H3C股份
- 2005：成立华为大学，推行领导力开发变革，海外收入首超国内
- 2004：实行EMT轮值主席制度

年份	销售收入（亿元）	员工总数（人）
2004	313	22000
2005	453	30000
2006	656	61909
2007	938	83609
2008	1252	87502
2009	1491	95000
2010	1852	111855

随着产品研发实力的不断增强，华为首次在业界推出了分布式基站、SingleRAN等原创的创新性产品方案，逐渐在多个产品领域从模仿追赶迈入局部领先阶段。

市场拓展上，华为全面突破了欧洲主流市场，并进一步开拓亚非拉市场，进入美国市场受到阻碍。华为早在2005年就实现了海外收入首次超过国内。2010年，华为销售收入1852亿元（283美元），海外收入1204亿元（184亿美元），占销售收入比例为65%。

2006年，阿尔卡特与朗讯、诺基亚与西门子由于持续亏损，2006年合并为阿朗和诺西两大集团，但是经营业绩依旧不理想。2008年全球金融危机爆发后，思科、爱立信通过业务调整等系列措施实现再次扭亏为盈，北电2009年破产。国内友商中兴发展快速，国际市场拓展取得较好成绩；大唐电信转型以"集体电路+"为核心战略；2006年港湾网络被华为收购。

第11章　产品创新：从国内领先走向国际先进

> 只有真正了解客户需求，了解客户的压力与挑战，并为其提升竞争力提供满意的服务，客户才能与你的企业长期共同成长与合作，你才能活得更久。所以需要聚焦客户关注的挑战和压力，提供有竞争力的通信解决方案及服务。
>
> ——任正非（2005年）

2004年—2010年，是华为公司全面国际化的阶段，华为的产品研发也由面向中国国内市场为主走向面向全球市场，追赶对象主要为爱立信和思科。

在此阶段，华为研发人数由2003年的1万人增长到2010年的5万人，6年增长了5倍，平均每年参与研发的人数占公司总人数比重超过45%。华为的累计研发投入从国内领先阶段的近100亿元增长到本阶段的654亿元，国际先进阶段的研发投入是国内领先阶段的6.5倍，平均每年研发投入超过年营业收入的10%。

从2002年开始，IPD体系在各产品线全面运用，并且在实际运用的过程中持续优化和升级，2010年华为IPD体系已经升级为6.0版本。IPD体系的运用和持续优化大大提高了华为产品研发效率和质量，大大提升了新产品开发的成功率和投资回报率。与国际接轨的研发与创新管理体系确保华为能够持续开发出符合国际市场客户需求的多类产品。

运营商业务仍然是华为产品研发重点，华为在3G、4G产品方案方面开始走向国际领先。

在企业业务领域，华为大幅缩小了与思科的差距，产品方案品类齐全，核心路由器业界领先。

在消费者业务领域，手机研发由运营商定制开始走向主动研发，为后续手机成为华为重要增长点奠定了坚实的基础。

表 11-1　华为 2004 年—2010 年主要经营数据

年度	销售收入（亿元）	海外销售收入亿元（占比%）	利润（亿元）	员工总数（万人）	研发人数万人（占比%）	研发投入亿元（强度%）
2004 年	313	189（40.9%）	——	2.2	——	38（12.1%）
2005 年	453	265（55.7%）	55.15	3	——	47（10.4%）
2006 年	656	426（65%）	39.99	6.19	2.97（48%）	68（10.4%）
2007 年	938	675（72%）	75.58	8.36	3.6（43%）	86（9.2%）
2008 年	1252	939（75%）	78.48	8.75	3.7（43%）	104.69（8.4%）
2009 年	1491	900（60.4%）	182.74	9.5	4.37（46%）	133.4（8.9%）
2010 年	1852	1204（65%）	237.57	11.19	5.1（46%）	176.53（9.7%）

运营商用户产品研发：强力投入，抢占先机

无线接入：发布业界领先产品与解决方案

（1）全球首创 3G 分布式基站。

在 2G 无线网络建设过程中，运营商逐渐出现了城区选址困难、建设周期长、投资成本大、网络覆盖弱等问题。随着 3G 网络规模的逐步扩大，以及网络部署难度的不断增加，运营商客户对 3G 基站提出了高性能、低成本、灵活部署和面向未来的需求。

2003 年 6 月，爱立信、华为、NEC、西门子和北电共同发起成立了 CPRI（通用公共无线接口）标准化组织。该组织成立的主要目的就是制定这个接口的标准协议，从而使该接口开放化、公开化。CPRI 标准协议的制定和多个厂商的支持，为基站基带单元和射频单元之间的接口开放化奠定了坚实的基础，也为新一代基站架构体系的形成铺平了道路。

分布式基站的需求来源于荷兰一家小运营商 Telfort。2003 年，Telfort 准备建 3G 网，但是遇到机房空间小、新建基站需支付昂贵投资费用等难题。华为了解情况后积极上门拜访，并提出了分布式基站的解决方案。当时，Telfort 也不相信华为，但是在快要破产，找到诺基亚和爱立信被拒绝的情况下，只得让华为一试。在余承东的带领下，华为的分布式基站方案在 8 个月后成功推出。分布式基站方案大大降低

了机房的建设与租用成本、设备安装成本，能够帮助营运商降低30%以上的运营成本。

2005年，华为公司又推出了全系列以开放式和模块化为重要特征的新一代基站系列。这种小型基站具有体积小、功耗低、安装方便等特点，一经推出就迅速得到各大运营商的青睐。包括沃达丰在内的诸多重量级运营商都选择了分布式基站，华为也借此叩开了欧洲高端市场的大门，成功进入德国、法国、荷兰、英国、西班牙、意大利、挪威、希腊等主流发达国家。到2010年，欧洲地区已经成为华为贡献最大的地区，2010年欧洲市场贡献了30%左右的海外收入。

图11-1 华为分布式基站产品DBS3900

（2）移动WiMAX商用解决方案累计合同数业界首位。

2007年10月25日，华为宣布推出新一代移动WiMAX商用解决方案，该解决方案集成了第四代移动技术。华为与日本运营商在东京开展WiMAX试验显示，采用该解决方案可以减少约30%的基站部署数量，而且系统容量还可以提升一倍。

华为新一代WiMAX解决方案采用与HSPA/LTE/UMB共平台的全IP架构设计，集成了HARQ（混合自动重传请求）、MIMO（多输入多输出）等技术，其产品包括业务接入网关、分布式基站、传输、网络管理系统、终端等。同时，该解决方案可以与 GSM、CDMA、IMS、NGN、DSL 融合，帮助运营商灵活部署高速移动宽带业务。

2005 至 2010 年间，全球 WiMAX 网络发展迅速，截至 2010 年底，全球共有 592 张 WiMAX 网络（包括移动和固定），分布在 148 个国家，用户数超过 6.2 亿。华为 WiMAX 产品方案的新增合同数第一，累计合同数也位居业界首位。

（3）最早推出 4G LTE 产品方案。

4G 是第四代移动通信及其技术的简称，是集 3G 与 WLAN 于一体并能够传输高质量视频图像的技术产品。早在 2002 年，华为就开始了 4G 研究。2004 年年底，华为开始 4G LTE 标准化工作。

2008 年，华为率先推出了第一款 4G 产品。TD-LTE 是华为最高优先级的投资方向之一，除了共享无线 14000 名研发人员、11 个海内外研发中心的大平台外，华为还专门投入超过 4000 名工程师致力于 TD-LTE 的研究与开发。仅 2010 年，投入 LTE 的研发费用就超过 30 亿元。2011 年底，华为研发人员超过 5 万人，其中涵盖 LTE 的无线研发人员多达 12000 名。华为在全球约有 20 个研发中心，专注 LTE 的就有 8 个，还与多国运营商共同成立了联合创新中心，重点是靠近客户及时了解需求，进行响应式研发，快速推出解决方案。

截至 2010 年年底，全球共有 12 个国家 18 个 LTE 网络投入商用，参与测试以及正在测试中的运营商有近 200 个。华为在 LTE 市场表现出色，部署了 70 个商用或实验网络，占比 23%；友商中兴部署了 65 个 LTE 商用或实验网络，占比 21%；爱立信、诺西、阿朗分别占据 18%、18% 和 17% 的份额。

LTE TDD RAN   **LTE TDD 终端**

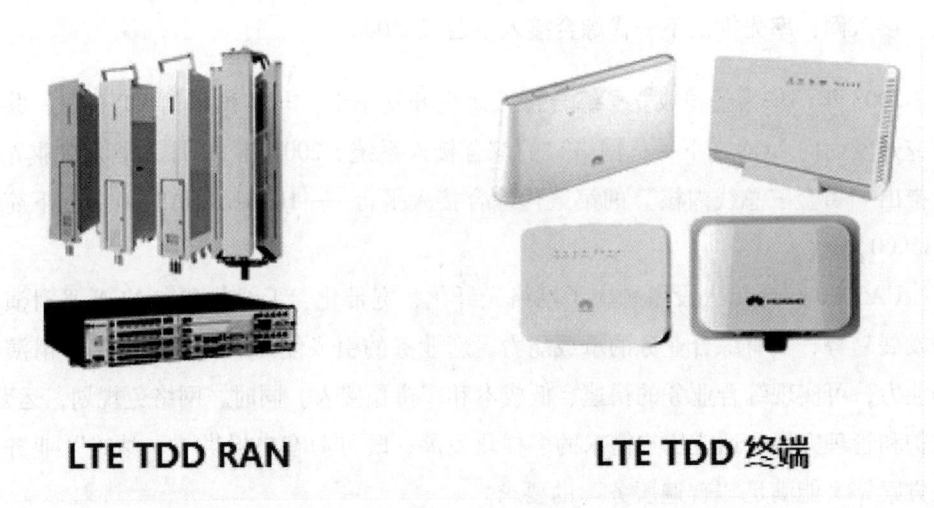

图 11-2 华为 LTE TDD 产品方案

(4) 率先推出 SingleRAN 解决方案。

2007 年前后，基于多张网络同时运营的不易以及金融危机下电信投资更为谨慎等因素，运营商对 2G/3G/4G 多制式融合建网的需求更为迫切。2008 年，华为率先在业界推出 SingleRAN 解决方案。该方案融合 GSM、WCDMA、CDMA、WiMAX、LTE 等多种手机网络制式，如今已经成为业界主流。

华为 SingleRAN 无线解决方案降低了建网难度，提升了网络性能。截至 2010 年年底，华为在全球部署超过 80 个 SingleRAN 商用网络，其中 28 个网络已经商用发布或即将发布 LTE/EPC 业务。

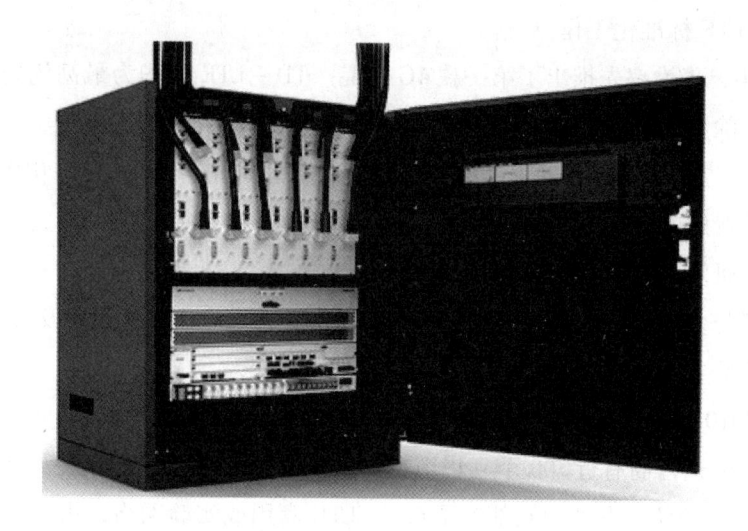

图 11-3 华为 SingleRAN MBTS

接入网：率先推出下一代综合接入平台 UA5000

2003 年，华为公司成立了综合接入研究开发小组，与英国电信 BT 合作，共同研究开发面向 NGN（下一代网络）的综合接入系统。2004 年 10 月，华为在业界率先推出"黄金三总线内核"的第三代综合接入平台——HONET UA5000（以下简称 UA5000）。

UA5000 综合接入设备顺应了网络光纤化、宽带化、无线化和向 NGN 平滑演进的发展趋势，具有综合业务的承载能力、新业务的引入能力和向未来网络平滑演进的能力，可实现综合业务的快速、低成本和广覆盖接入。同时，网络免规划，运营、维护和管理方便，适应用户需求的多样化发展，既可为客户提供"一站式"业务解决方案，又能满足"普遍服务"的要求。

图 11-4 华为 UA5000 产品平台

光传输：推出全球领先的产品与解决方案

（1）开创 OTN 时代。

随着无线数据、家庭宽带和专线业务的迅速发展，带宽需求不断高涨，光传输经历了技术方案和网络架构的持续演进（PDH、SDH、MSTP、WDM 和 OTN）。

华为光网络产品线一直保持30%左右的营收增长，在产品领域也几乎一年一个台阶。2002年，华为开始自主研发 SuperWDM。2004年，华为开发出 ASON 设备。2006年，华为开创性提出 WDM 设备支线路分离的设备架构，率先发布业界第一款 OTN 设备 Optix OSN 6800，引领了光传输领域的变革。2007年，华为推出 PTN 解决方案，2008年推出大容量1.25T-6.4TOTN，WDM 整体市场份额在一年内从第三跃为第一。

华为聚焦客户需求，在 IP 和光领域持续创新和投入，积极推动100G 标准化进程。2009年9月15日，华为首家发布端到端100G OTN 网络解决方案，是当时业界唯一同时在 IP 和光领域具备100G 核心技术的通信设备商。早在2005年，华为美国研究所就启动100G 芯片和100G 相干检测算法研发，借助多年技术积累和业界顶尖专家团队，成功推出业界领先的 Solar 2.0 100G 套片和 ODSP 100G 相干光通讯套片，进一步加强了华为在 IP 和光领域的领先优势。

在 OTN 标准领域，华为公司也早已从遵循者转变为主导者——华为积极引领 ITU-T、CCSA 等多个标准组织的 OTN 相关标准制订工作，累计提交 OTN 相关国际标准文稿100余篇，总体占比超过75%；华为牵头提出的 ODU0、ODU2e、ODU3e2、OTU4、ODU HO/LO、ODUflex 等一系列重要建议和映射规程提案都被 G.709 接纳。

截至 2010 年年底，华为已参与 100 余张骨干网及 600 余张城域网的建设，OTN 产品已累计发货 1.6 万套。根据咨询公司 Infonetics 报告，2009 年第一季度，华为在全球分市场排名第一，服务中国电信、中国移动、中国联通、法国电信、德国电信、英国电信、西班牙电信、新加坡电信和阿联酋电信等全球领先运营商。

（2）率先推出大容量智能光系统 OSN9500。

2008 年 1 月 10 日，华为大容量智能光系统 OSN9500 荣获 2007 年度国家科技进步二等奖。其技术具有领先性和创新性：率先在智能光交换领域实现组播和突发业务申请（BUNI）；结合运营商实际应用，创新实现了智能业务与非智能业务的转换，得到全球领先运营商的广泛认同。在 OSN9500 项目研究过程中，华为累计在此领域获批了 110 项专利技术，向国际标准组织提交了 51 篇文稿，积极促进了智能光网络技术的发展和标准化进程。

截至 2007 年第三季度，华为是全球光网络市场增长最快的设备供应商，所占市场份额全球排名第二，自 2001 年起华为在亚太光网络市场排名持续第一。华为 OptiX 光网络系列产品已经在全球一百多个国家和地区得到商用，并承建了众多全球知名运营商的传输网络。

图 11-5　华为 OSN9500 系列产品

移动宽带：推出行业领先的全 IP 架构的解决方案 IPTime

2008 年，华为推出基于电信级全 IP 架构的绿色超宽带网络解决方案 IPTime。IPTime 解决方案整合了固定接入、传送网、城域以太网、路由器、OSS（Open Storage Service，开放存储服务）与服务等系列产品。当年 7 月 17 日，华为 IPTime（移动演进 IP 传送网络）解决方案因其创新性和对业界的杰出贡献获得国际工程协会颁发的 InfoVision 大奖。

2010 年，华为 IPTime 解决方案成功通过全球权威测试机构 EANTC（欧洲高级网测试中心）组织的互联互通测试，这充分验证了 IPTime 解决方案的开放性和领先性。

云核心网：推出行业领先的端到端解决方案

2006 年，华为成立了整合的核心网产品线，投入 6000 多人从事研发，涉及固定、移动和 IP 等领域。经过多年发展，2010 年核心网产品方案主要包括 IMS、移动软交换、NGN 和用户数据中心等。

2010 年，华为发布了 SingleEPC 战略以及宽带智能运营的 6 大 Smart 解决方案，以应对移动宽带爆发性地增长。华为核心网仍保持在传统领域的领先地位，并不断丰富产品组合，向客户提供面向 ICT 转型、融合和演进的话音通信核心网、移动宽带分组核心网和融合用户数据中心等行业领先的端到端解决方案。

在融合语音方面，华为 IMS 解决方案在全球获得了 140 多个商用和试验合同，移动软交换累计全球容量达到 23.5 亿线，在行业持续保持领先。

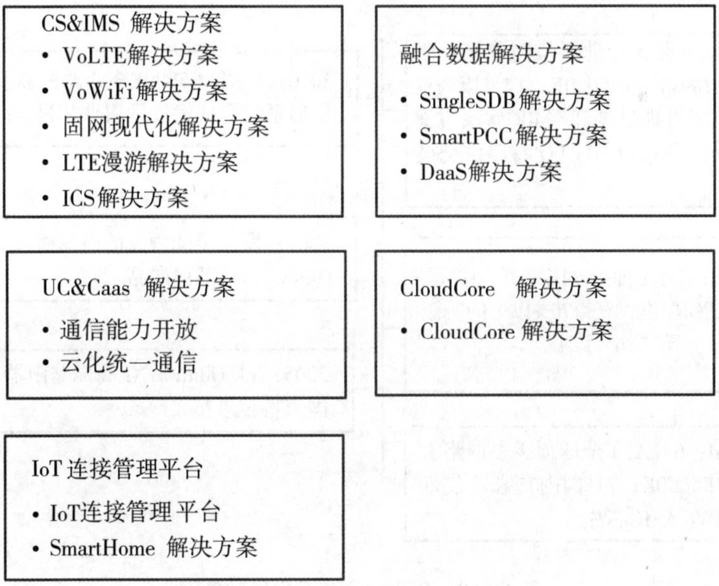

CS&IMS 解决方案
- VoLTE 解决方案
- VoWiFi 解决方案
- 固网现代化解决方案
- LTE 漫游解决方案
- ICS 解决方案

融合数据解决方案
- SingleSDB 解决方案
- SmartPCC 解决方案
- DaaS 解决方案

UC&Caas 解决方案
- 通信能力开放
- 云化统一通信

CloudCore 解决方案
- CloudCore 解决方案

IoT 连接管理平台
- IoT 连接管理平台
- SmartHome 解决方案

图 11-6　华为云核心网解决方案

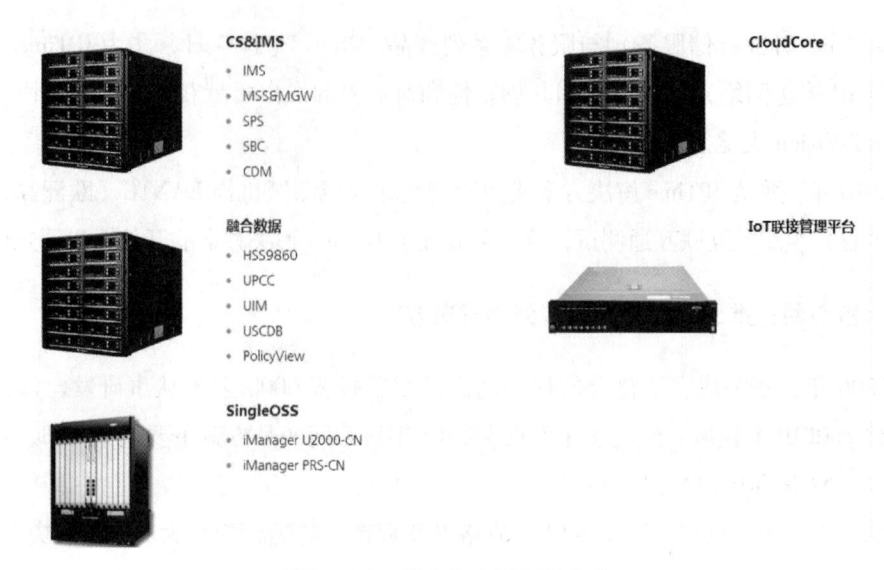

图 11-7 华为核心网相关产品

企业用户产品研发：基于平台提供端到端的解决方案

华为从 1995 年开始数据通信产品研发，从模仿到追赶，再到自主创新，经历了复杂的演进与发展过程，如图 11-8 所示。

2008：4月推出业界最高端核心路由器NetEngine 5000E；12月成为业界首家可提供端到端40G解决方案厂商，发布新一代T比特路由交换机

2010：年底NE5000E核心路由器及其集群系统全球发货量累计超过1000套

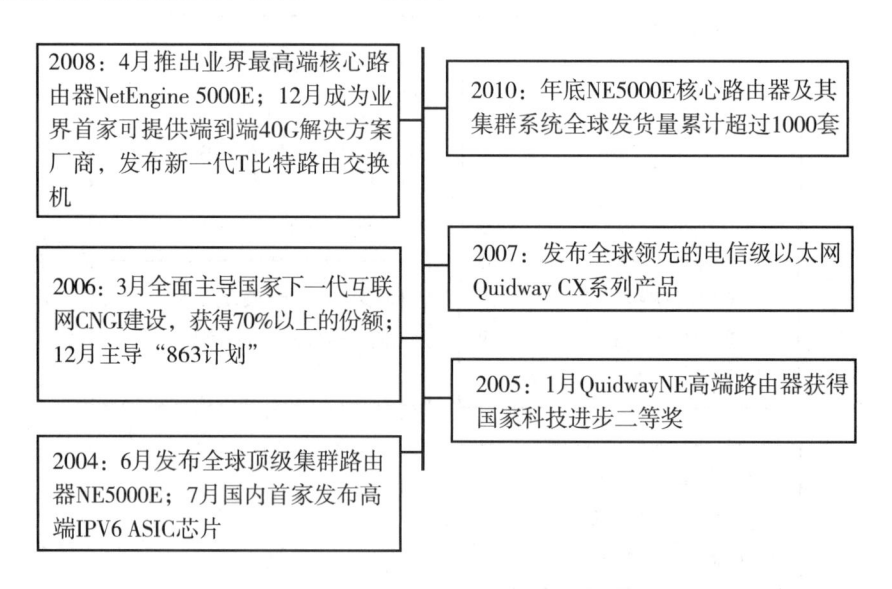

2006：3月全面主导国家下一代互联网CNGI建设，获得70%以上的份额；12月主导"863计划"

2007：发布全球领先的电信级以太网Quidway CX系列产品

2005：1月QuidwayNE高端路由器获得国家科技进步二等奖

2004：6月发布全球顶级集群路由器NE5000E；7月国内首家发布高端IPV6 ASIC芯片

图 11-8 华为数通产品发展路径图

核心路由器 NetEngine 5000E 业界领先

随着固定与移动融合（FMC）、IP 多媒体系统（IMS）、数字家庭等热点技术的推广，网络带宽需求激增，位于网络骨干节点的核心路由器进入发展新阶段。如何

兼顾高可靠性、高可扩展性和强大的处理能力、转发能力、交换能力，成为各设备商投入的战略方向。

2004 年，路由器 10G 时代，华为的路由器性能要落后思科 4 年，2006 年的 40G 时代，落后 2 年。2008 年 4 月 30 日，华为推出业界最高端的 10T 超大容量 NetEngine 5000E 集群路由器系统。该系统采用业界顶级交换网技术，融合绿色环保的设计理念，显示了华为在高端路由器领域的领先实力。2009 年，NE5000E 在中国电信 163 九大超级核心节点中的西安实现了骨干网部署的突破，第一台设备已经运行五年依然稳定可靠。华为在全球运营商干线网络现已部署了近 500 台集群核心路由器，至今零事故。

据咨询公司 Infonetics 统计，截至 2007 年，华为在全球运营商核心路由器市场排名第三。截至 2010 年年底，华为 Quidway 系列数据通信产品已在 102 个国家和地区得到广泛应用，承建包括德国、英国、西班牙、俄罗斯、沙特、摩洛哥、巴西、马来西亚、新西兰、中国等在内的多个国家骨干网络。

截至 2010 年年底，NE5000E 核心路由器及其集群系统在全球的发货量累计超过 1000 套，全球路由器市场增长排名第一。

图 11-9　华为 NetEngine5000E 集群路由器

提供端到端的 IP 解决方案

数据通信产品，华为具有完善的产品线，包括路由器、交换机、电信级以太网和网管系统等，为客户提供满意的端到端 IP 解决方案。华为 Quidway 产品规模进入全球主流运营商，TOP50 中进入 35 个。根据 IDC2007 年数据，华为的路由器、以太网交换机、BRAS 等产品位居全球首位，市场份额分别为 48.9%、50.4% 和 59.2%。

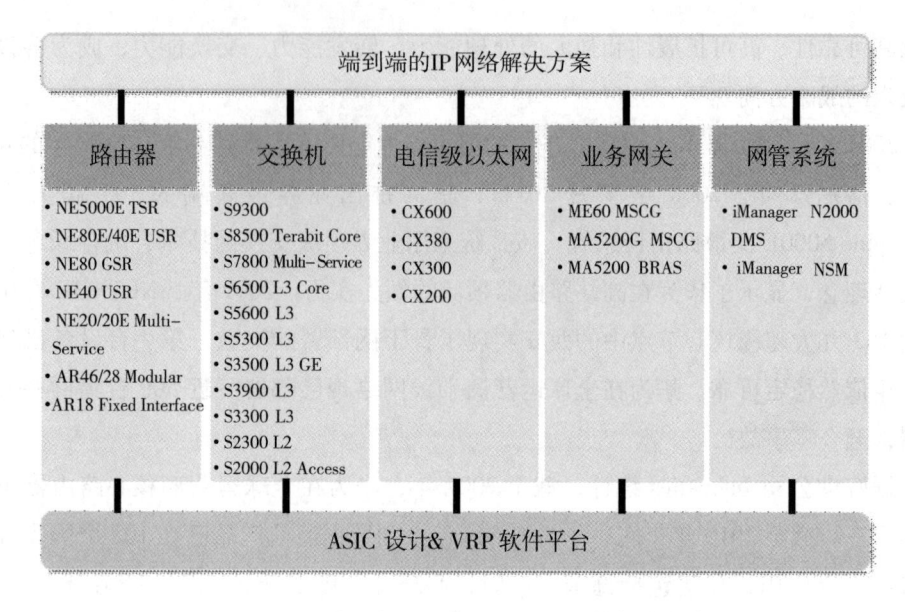

```
端到端的IP网络解决方案
┌─────────┬─────────┬─────────┬─────────┬─────────┐
│ 路由器  │ 交换机  │电信级以太网│ 业务网关 │ 网管系统 │
├─────────┼─────────┼─────────┼─────────┼─────────┤
│• NE5000E TSR │• S9300 │• CX600 │• ME60 MSCG │• iManager N2000 DMS │
│• NE80E/40E USR │• S8500 Terabit Core │• CX380 │• MA5200G MSCG │• iManager NSM │
│• NE80 GSR │• S7800 Multi-Service │• CX300 │• MA5200 BRAS │ │
│• NE40 USR │• S6500 L3 Core │• CX200 │ │ │
│• NE20/20E Multi-Service │• S5600 L3 │ │ │ │
│• AR46/28 Modular │• S5300 L3 │ │ │ │
│• AR18 Fixed Interface │• S3500 L3 GE │ │ │ │
│ │• S3900 L3 │ │ │ │
│ │• S3300 L3 │ │ │ │
│ │• S2300 L2 │ │ │ │
│ │• S2000 L2 Access │ │ │ │
└─────────┴─────────┴─────────┴─────────┴─────────┘
ASIC 设计 & VRP 软件平台
```

图 11-10　华为数据通信端到端 IP 网络解决方案

消费者用户产品研发：手机由客户定制走向自主品牌

手机：产品技术国内领先

2005 年，华为获得国家工信部颁发的 CDMA 和 GSM 手机生产许可证。同年 10 月，在中国国际通信设备技术展览会上，代表中国最高技术水平的华为 3G 终端产品首次在国内亮相。2006 年，华为与沃达丰签订 3G 手机战略合作协议，由华为定制沃达丰等自有品牌的 3G 手机等。

2009 年年底，华为率先推出 150 美金智能手机。2010 年，华为和德国运营商 T-mobile 合作，推出首款千元智能手机，并在全球销售中取得不俗成绩。

为了提升手机设计能力，华为在 2010 年还聘用前宝马设计总监、前西门子产品概念设计总监范文迪担任手机产品首席设计总监。范文迪的加盟，给华为终端带来了很多改变，形成了两条工作定律：工业设计（ID）牵引硬件，用户体验（UE）牵引软件。当年，华为终端发货 1.2 亿台，实现销售收入 307.48 亿元，同比增长 24.9%。在美国、日本等高端市场均实现超过 100% 的增长率。

2010 年，华为智能手机业务快速增长，全球出货超过 300 万台，迅速打入包括日本、美国和西欧在内的 70 多个国家地区。2010 年 9 月 2 日，发布了全球首款基于 Android2.2 的 withGoogle 智能手机 IDEOS，同时也是全球首款普及型智能手机。

图 11-11　华为首款智能手机 IDEOS 畅销海外

移动宽带终端：数据卡成为全球最大供应商

华为的移动宽带终端产品包括数据卡、无线路由器、嵌入式模块、wimax 终端等，数据卡是其中最成功的产品，已发展成为全球最大供应商。

2004 年 3G 刚启动时，相应的应用价值并不明朗，连接笔记本与无线网络的数据卡成为运营商的救命稻草。由于数据卡的科技含量并不高，欧美大牌厂商对其并不重视。当时的数据卡体积大、还需要光盘安装，使用较为不便。华为与欧洲运营商沟通交流时发现了这个机会。

2006 年，华为第一款 USB 接口的数据卡 E220 正式发货给一家奥地利运营商，引起了业界的极大关注，创下了单款销量突破 1000 万部的记录。该产品的成功主要源于以下三个因素：一是满足了用户的体验；二是 USB 接口的适用性更广泛；三是即插即用，携带方便。

2008 年，华为上网卡产品在全球市场份额超过 55%。2009 年，华为将数据卡升级为无线上网卡，在日本、欧洲、亚太和非洲等地上市后受到大力欢迎。2010 年，无线上网卡在日本的销量为 100 万，全球销量超过 300 万。2012 年，华为已成为全球最大的上网卡供应商。

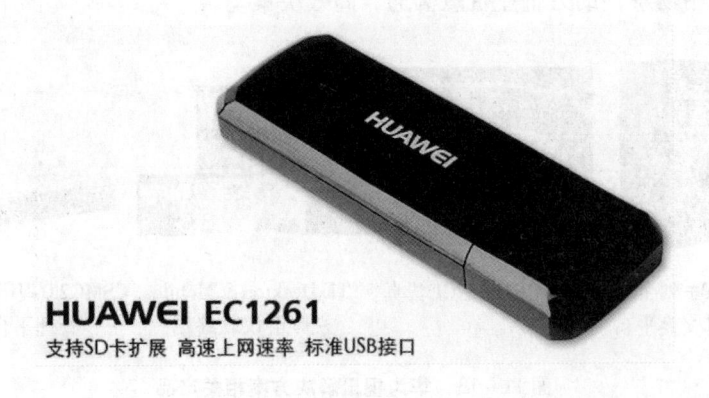

图 11-12　华为上网卡 E3533

融合终端：数据相框受到运营商欢迎

华为的融合终端产品包括固定/无线终端、无线网关、数码相框和机顶盒等产品，其中数码相框比较成功，受到运营商大力欢迎。

2007年，华为和沃达丰、德国电信尝试发展数码相框终端产品。当时，业界同类产品较多，索尼、三星和LG等厂商已经推出了形形色色的产品，但是要插入SD卡才能读取照片。

发展3G业务后，一些高端运营商遇到了问题：发展数据业务给3G网络承载能力带来了较大挑战。华为发现了这个需求，开发出了带3G模块的数码相框，以彩信的方式接受信息，对数据业务网络冲击较小，还能给运营商增加可观的收入。2011年，华为数码相框出货量120万台，在市场上获得成功。

2013年1月18日，华为日本首次荣获由株式会社BCN颁发的BCN AWARD 2013硬件类数码相框第一名之殊荣，这一奖项是颁发给过去一年全日本销售份额占首位的数码相框厂商的。

视讯解决方案：智真和视频会议产品受市场欢迎

华为视讯解决方案包括视讯交换平台、智真、视频会议软终端和视讯业务管理平台等相关产品，全面支持1080P60超高清效果，高可靠性、高安全稳定性，简单易用，让身处不同地域的人犹如置身同一会议室，享受极致的视音频效果带来的畅快的会议沟通体验，节省企业差旅费用，提高员工生产力，加快商业决策速度。

智真和视讯产品可提供智真、高标清视讯终端、移动终端等全系列产品，整体解决方案具有高清晰、安全稳定、互联互通、超大容量接入等特点，满足企业全球分支机构、出差人员随时随地零距离沟通，还可满足远程医疗、远程教育、可视应急等行业应用场景，助力企业智慧沟通，高效决策。

VP9600系列全适配视讯交换平台　　MAX PRESENCE智真　　TE Desktop & Mobile 视频会议软终端　　SMC2.0视讯业务管理平台

图11-13　华为视讯解决方案相关产品

本章小结

随着国际市场的全面拓展、研发人员和研发经费的大幅增长、IPD 体系的全面应用，华为产品研发也由国内领先走向了国际先进。除继续在运营商用户产品研发重点投入外，在企业用户产品和消费者用户产品方面也有很大进展。特别是手机业务的快速增长为全球引领阶段"再造一个华为"奠定了坚实的基础。

综观华为国际先进阶段的产品研发实践，总结以下要点供大家学习参考：

① **快速、有效响应客户定制需求，获取与客户合作机会，并将定制产品标准化推广给更多客户**。比如为荷兰电信运营商 Telfort 定制开发 3G 分布式基站。

② **在战略机会点上密集投入创新资源，形成首发和领先优势**。比如 4G LTE 系统的研发华为在 2010 年投入了 30 亿元、12000 个工程师，全球 8 个研发中心进行集中攻关，成为最早推出 4G LTE 产品方案的厂商。

③ **基于平台开发和提供端到端的产品和解决方案**。比如数据通信方面，华为为客户提供端到端的完整的全 IP 解决方案。该方案以 ASIC 设计和 VRP 软件为平台，产品线包括路由器、交换机、电信级以太网、业务网关和网管系统等。

④ **通过客户定制积累技术和产品经验，时机成熟时推出自主品牌**。比如手机业务华为先是给各运营商提供定制产品，经过多年积累后正式面向消费者推出华为品牌产品。

⑤ **遵循消费产品设计规律，设计和开发消费类产品**。华为聘请前宝马、西门子设计总监范文迪担任手机产品首席设计总监，形成了两条工作定律：工业设计（ID）牵引硬件，用户体验（UE）牵引软件。

第 12 章　经营理念：深淘滩、低作堰

> 深淘滩，就是不断地挖掘内部潜力，降低运作成本，为客户提供更有价值的服务。低作堰，就是节制自己的贪欲，自己留存的利润低一些，多一些让利给客户，以及善待上游供应商。
>
> ——任正非（2009 年）

在国际先进阶段，华为大规模由国内市场走向国际市场，迈入了国际巨头的"地盘"，与国际巨头展开直接竞争。2009 年，全球金融危机蔓延，对包括华为在内的通信设备供应商产生很大冲击。华为强调在危机来临时要坚持活下去，要以客户为中心，以客户需求为导向进行公司管理，要开放合作，与友商实现共赢。

本章我们将任正非在本阶段接受媒体采访时的自评也进行了摘录，期待大家通过任正非的自述能够更加客观和深入地了解华为创始人，了解其经营哲学与经营理念。

对企业生存与发展的看法：在过剩时代，要努力争取活下去

在过剩时代，要努力争取活下去，就能看到胜利的曙光。持续提供高质量低成本的产品才能实现企业持续生存。企业持续增长要顺势而为，不要与趋势为敌。要坚持"深淘滩、低作堰"的公司治理原则，不断挖掘企业内部潜力，多让利给客户与合作伙伴。

在过剩时代，谁多剩一口气，谁就能活下来

2000 年网络泡沫破裂后，客户大幅降低了采购量，信息产品大量过剩，多家国际知名通信厂商走向衰败或被迫合并。任正非提出，在过剩时代，谁多剩一口气，

谁就能活下来。活下来的充分必要条件就是在优先满足客户需求的基础上，质量好、服务好、运作成本低以及正现金流。华为的近期改革就是围绕这个目标来做文章。

当前的形势是信息产品过剩，还没有找到任何解决的措施。新技术壁垒不易形成，靠技术产生的附加值已十分不容易取得。因此，信息产业未来的竞争会更加残酷与激烈。首先是小公司承受不了成本的困难而退出，而大公司不断填补这些市场空白，就能减缓压力。因为任何一个大公司对这个世界的供应，都不会感到困难。现在有这么多大公司，就使过剩无法解决。我们要清楚地看到这种严峻的形势。

面对这种形势，我们清楚地看到活下来是不会容易的。要从供过于求的现实状况中摆脱出来，一是大公司之间整合，以减少大公司的数量，减少供给，同时使成本降低，维持生存。二是整合不成，必然会死掉一批公司，谁多剩一口气，谁就能活下来，谁就能再继续生存下去。活下来的充分必要条件就是在优先满足客户需求的基础上，质量好、服务好、运作成本低以及正现金流。公司近期改革就要围绕这个目标来做文章。

困难是客观存在的，在资源和生产过剩的情况下，竞争的要义是什么？就是看谁的质量好、服务好、成本低。这是传统企业竞争中颠扑不破的真理。价格和成本体系问题、优质服务体系问题、质量体系问题，是我们不可动摇、不可回避的三大问题。业界要走进成本竞争，我们应该怎么做？当然，我们决不能为了降低成本，忽略质量，否则那是自杀，或杀人。搞死自己是自杀，把大家都搞死了，是杀人。

我们要把质量提高，把服务做好，同时把成本降低。大家都认为成本低就是指料本低，其实成本的构成是方方面面的。每一个部门都要冷静反思，过度地降低成本我不赞成，但是不认真研究成本下降我也不接受。比如销售成本，国内一个2000万美元的单，有十几人在围着转，海外一个人手里握着几个2000万美元的单，国内的人力资源是过剩的，我们就要源源不断地强制性地抽优秀员工到海外去。尽管国外的成本和费用比国内的成本高得多，我们还是要源源不断地向海外输送人才。
(2004年)

胜利的曙光就是活下来

任正非认为，企业在困难的时候要做的最重要的事情就是活下来，只有活下来才有继续发展的机会，只要活下来，就能看到胜利的曙光。

胜利的曙光是什么？胜利的曙光就是活下来，哪怕瘦一点，只要不得肝硬化、不得癌症，只要我们能活下来，我们就是胜利者。冬天的寒冷，也是社会净化的过程，大家想要躲掉这场社会的净化，是没有可能的！因为资源只有经过重新配置，才可能解决市场过剩的冲突问题。

在度过这个最困难时期，转变使我们自己能够有利于迎接困难。这方面，大家都有共同清楚的认识，要一起来想办法。公司现在有很多的措施，大家也都来想更多的措施。每个人都要围绕着自己的工作多想措施，想出新的机会点来，想怎么降低成本、想怎么提高服务。一定要动脑子去想，市场是不相信眼泪的，淘汰机制是十分残酷的。(2004年)

企业持续生存需要高质量的低成本

任正非认为，价格战是不能保证企业持续生存的，基于高质量的低成本才能保证公司有极强的竞争力。

我们公司能不能活下来？最近西方有许多理论认为中国的经济是假的，数字是编造的，从过去的中国威胁论转向中国崩溃论。实际上，从中国的竞争力、家电行业来看，中国的市场全是价格战，价格战的核心是向全世界展示了中国会有长远的时间进行低成本，是有极强的竞争力的，但是中国需要高质量。如果没有高质量的低成本，这个低成本是没有价值的。所以中国的高质量、低成本是有社会基础的。因此，我们公司的质量好、服务好、价格低，和西方公司相比是有优势的，只要我们努力，我们想象的目标和理想是会实现的。(2004年)

企业持续增长要顺势而为

任正非认为，华为公司能够持续增长，主要原因就是在每个发展阶段，公司的每项策略都正好与世界的潮流合拍，是顺势而为的结果，而不是运气。

我们是世界上活得较好的公司之一，我们活得好是我们有本事吗？我认为不是，是我们的每一个发展阶段、每一项策略都刚好和世界的潮流合拍了。对未来，我们认为信息经济不可能再回复到狂热的年代。因此，信息产业只能重新走到传统产业的道路上来了，它不会长期是一个新兴产业。信息产业由于技术越来越简单，技术领先产生的市场优势不再存在，反过来是客户关系和客户需求具有一定的市场导向。市场部、研发部、公司的各部门都要认识到这一点，大家要团结起来一起为公司的

生存而奋斗。（2004年）

华为还没有成功，华为离成功还很远

到2005年，华为虽然在国内市场取得了领先地位，但是与国际巨头相比还很弱小。因此，任正非认为华为还没有成功，华为离成功还很远，华为还需要继续艰苦奋斗。

自公司创立那一天起，我们历经千辛万苦，一点一点地争取到订单和农村市场；另一方面，我们把收入都拿出来投入到研究开发上。当时，我们与世界电信巨头爱立信、阿尔卡特等的规模相差200倍之多。通过一点一滴锲而不舍的努力，用了十余年时间，我们终于在2005年销售收入首次突破50亿美元，但与通信巨头的差距仍有好几倍。最近不到一年时间里，业界几次大兼并，一下子使已缩小的差距又陡然拉大了。我们刚指望获得一些喘息，直一直腰板，拍打拍打身上的泥土，没想到又要开始更加漫长地艰苦跋涉……（2006年）

坚持"深淘滩、低作堰"的公司治理原则

任正非认为，两千多年前李冰父子建设都江堰水利工程的理念"深淘滩、低作堰"蕴含了深刻的管理理念。这些理念也非常适合华为公司的治理。

"深淘滩、低作堰"是李冰父子两千多年前留给我们的深刻管理理念。同时代的巴比伦空中花园，罗马水渠、澡堂，已荡然无存，而都江堰仍然在灌溉造福成都平原。为什么？

李冰留下"深淘滩、低作堰"的治堰准则，是都江堰长盛不衰的主要诀窍。其中蕴含的智慧和道理，远远超出了治水本身。华为公司若想长存，这些准则也是适用于我们的。深淘滩，就是不断地挖掘内部潜力，降低运作成本，为客户提供更有价值的服务。客户决不肯为你的光鲜以及高额的福利多付出一分钱的。我们的任何渴望，除了用努力工作获得外，别指望天上掉馅饼。公司短期的不理智的福利政策，就是饮鸩止渴。低作堰，就是节制自己的贪欲，自己留存的利润低一些，多一些让利给客户，以及善待上游供应商。将来的竞争就是产业链与产业链之间的竞争。从上游到下游的产业链的整体强健，就是华为生存之本。物竞天择，适者生存。（2009年）

在金融危机的条件下，是强者更强、弱者更弱

金融危机对弱小的企业很可能是危机，而对于强势的企业很可能是机遇。金融危机时，很多弱小的企业会死去，客户更倾向于购买有实力的大公司的产品。在2009年金融危机到来时，任正非系统地分析了各个友商的情况，明确了华为的发展方向。在内部管理方面，要求加强端到端的交付管理和财务管理。

金融危机给了我们很大的机会，如石油的价格降低、铁的价格降低等，这些生产资料的价格降低，导致运营商与制造商的运营成本也降低了。应该是机会多于危险。在这种风雨飘摇的情况下，运营商向谁买设备？他们不会向那些摇摇欲坠的小公司买设备，也不会向质量不好的公司买设备，他们一定是向华为、爱立信、阿尔卡特、思科等这样的公司买设备。因此在这个领域里面，我们面临和爱立信、阿尔卡特、思科的竞争。虽然我们在IP整体上不如思科，但在电信领域上，我们对IP的理解更胜一筹；虽然爱立信在无线的规模上比我们大，但无线的技术并不比我们领先多少，而且，他对IP的理解不如我们深；阿尔卡特对IP的理解、对电信网络的理解是很深的，但他们在无线上不如我们。我们在电信网络的三个方面都排在第二，如果这个世界的走向是无线和有线的合一，在基础网络走向全IP，那我们就有可能成为世界第一。因为，把我们的三个方面综合起来，我们应该是最强势。

今年我们在全球市场的销售额可能在300亿美金，现在在金融危机的条件下，是强者更强、弱者更弱，我们现在不属于弱者，但也不是最强者。我们公司在走向强者的过程中有两个"短木板"，一个就是交付，端到端的交付；一个是财务管理，所以在这两个领域内，我们都在不断地变革，寻找出我们的改进方向，以及向先进公司学习的方法。我非常高兴见到你们，公司全球顶尖项目经理。如果你们致力于全流程打通，并且培养你们的部下，与周边部门进行合理地协调的话，公司是有可能成为最强的公司。我们非常缺乏像你们这样优秀的骨干，所以，我希望你们充分地发挥起作用来。（2009年）

研发与创新理念：坚持商业成功导向的持续创新

在研发与创新理念方面，华为始终坚持以市场的商业成功为导向进行创新，强调要逐步提升原创性的产品发明的比例，创新要宽容失败，要持续坚持研发高投入。

持续坚持研发高投入，多个产品领域业界领先

华为坚持每年投入销售额的 10% 以上用于研发，从 2004 年到 2010 年累计投入研发经费 653.6 亿元，并且每年不断加大投入。持续的高投入，再加上先进的研发管理体系，使得华为在光通信、核心路由器、4G 移动通信、接入网等多个领域从模仿追赶逐渐走上了国际先进的步伐，并在业内率先推出了分布式基站和 SingleRAN 解决方案。

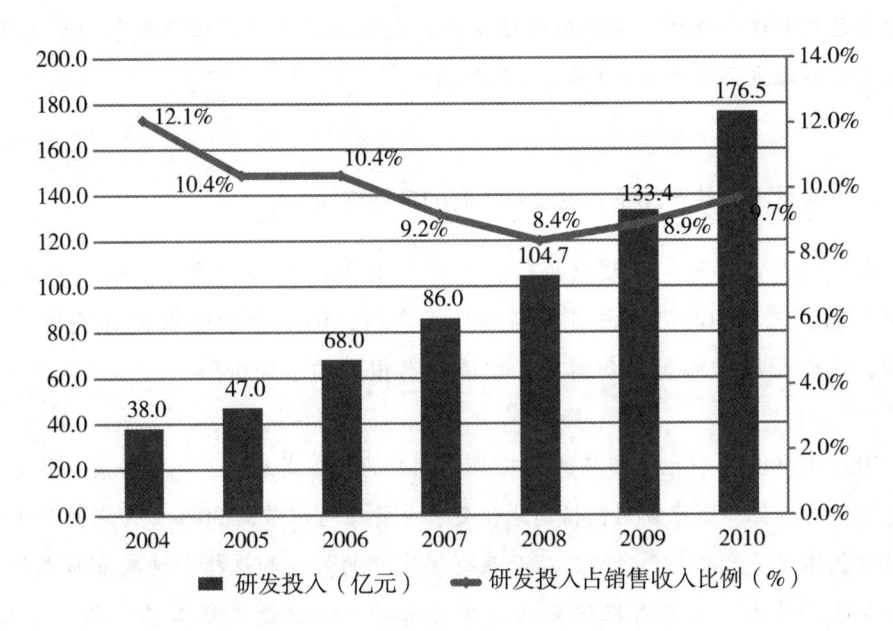

图 12-1 华为 2004 年—2010 年研发投入

始终坚持以市场的商业成功为导向的创新

华为公司作为一家高科技企业，从创业开始就始终坚持以市场的商业成功为导向，一切投资、管理的改进都紧紧围绕产品的市场商业成功，尤其摒弃的是脱离商业成功导向的、唯技术是从的创新。任正非认为，这种盲目自傲的创新，对于华为这种没有资金来源的公司来说，无异于自杀。

华为进行的主要是改进型的创新，缺乏原创性的产品发明

经过近二十年的持续研发投入，华为取得了较好的市场地位和商业回报。但是，华为领导层认识到，在技术进步方面，与西方友商相比还存在巨大差距，还有很大的追赶空间。

华为在过去的18年里每年坚持投入销售收入的10%以上在研发上，尤其是最近几年，有超过两万五千名员工从事研发工作，资金投入都维持在每年七八十亿元以上。经过十八年的艰苦奋斗，迄今为止，华为主要做的、所取得的是在西方公司的成果上进行了一些功能、特性上的改进和集成能力的提升，更多的是表现在工程设计、工程实现方面的技术进步，与国外竞争对手几十年、甚至上百年的积累相比，还存在很大差距；对于我们所缺少的核心技术，华为只是通过购买的方式和支付专利许可费的方式，实现了产品的国际市场的准入，并在竞争的市场上逐步求得生存，这比自己绕开这些专利采取其他方法实现，成本要低得多。由于我们的支付费用，也实现了与西方公司的和平相处。（2006年）

技术含量不高的产品不一定没有广阔的市场空间

高科技企业并不一定要求每款产品都具有很高的技术含量。有些产品虽然只是工程工艺上的改进，没有很高的技术含量，但是由于能够很好地解决客户问题，能够很好地满足客户需求，也能创造很好的市场价值。

2004年华为公司推向市场的一款WCDMA的分布式基站，相比传统的基站，运营商每年的运行、运维费用包括场地租金、电费等可以节约30%，为客户带来价值的同时也体现了产品的竞争力，从而获得了客户的好评和选择。这款分布式基站没有革命性的技术，也不存在过多的技术含金量，仅仅是工程工艺上的改进而已。（2006年）

创新时要宽容错误

任正非认为，我们要进行创新，最大的可能是错误，而不是成功。如果不宽容错误，不宽容从泥坑中爬起来的人，那就不是真创新。因此要宽容失败，不怕失败，敢于探索，我们才有光辉的未来。

要容忍反对意见，任何层面都要容许有"蓝军"存在

任正非强调，在创新道路上，要容忍反对意见，要坚持"百花齐放、百家争鸣"，任何层面都要容许有"蓝军"存在。

"蓝军"存在于方方面面，内部的任何方面都有"蓝军"，"蓝军"不是一个上层组织，下层就没有了。在你的思想里面也是"红蓝"对决的，我认为人的一生中从来都是"红蓝"对决的。我的一生中反对我自己的意愿，大过我自己想做的事情，就是我自己对自己的批判远远比我自己的决定还大。我认为"蓝军"是存在于任何领域、任何流程中的，任何时间、空间都有"红蓝"对决。如果有组织出现了反对力量，我比较乐意容忍。所以要团结一切可以团结的人，共同打天下，包括不同意见的人。进来以后就组成反对联盟都没有关系，他们只要是技术上的反对，只要他们不是挑拨离间、歪门邪道，要允许技术上的反对。"百花齐放、百家争鸣"，让人的聪明才智真正发挥出来。那些踏踏实实做平台的人，他们随着流程晋升很快，也不吃亏。这样既有严肃又有活泼，多么可爱的一支队伍啊！你看心声社区做得多好，百花齐放、百家争鸣，你骂公司照样照登不误，公司根本不会去查哪个人骂公司，何苦做这个事情呢？他们开始百家争鸣，我们也就睁一只眼闭一只眼。（2010年）

对竞争的看法：不要把竞争对手赶尽杀绝

华为强调，要开放合作，与竞争对手实现共赢，不要将竞争对手赶尽杀绝。

要用规则的确定来对付结果的不确定

任正非认为，市场经济是最后的竞争方式，经济全球化是不可阻挡的潮流。身处其中的企业不要为所处产业链的地位而愤愤不平，要正视现实，通过持续地艰苦奋斗，通过学习先进的管理方法，实现追赶和超越。市场经济的最高形式，就是经济的全球化，这是不可阻挡的历史必然，我们不要对它一时的不平等而愤愤不平，而应努力去改变自己的地位，在全球化中，多一些主动行为，多争取一些机会。

怎样才能在全球化中取得成功，并保持优势呢？其实华为的核心价值观已经说明了我们的目标、策略以及执行的方法。我们曾经是靠艰苦奋斗、技术创新而生存下来的公司，难道技术创新就没有止境？摩尔定律就永远正确？靠一招鲜就能吃遍天？我认为当有线、无线的宽带接入，达到一定带宽，并覆盖到一定程度后，网络技术创新这套"马车"就会慢下来。这个时候，有很大的市场覆盖的、有优良的管理的、能够提供低成本优质服务的公司才能生存下来。华为就是要赶在死亡之前，达到这样的规模水平，并在这近十年中，努力变革自己，谦虚地向西方公司学习管理，提高效率，并制定优异的人力资源机制，促使全体员工不断奋斗，才有可能活下来，只要我们不自满、不懈怠，我们就一定会是长久的赢家。

未来形势扑朔迷离。我们要用规则的确定来对付结果的不确定，这样不管形势发生什么变化，我们都不会手忙脚乱，也不会沉不住气。（2009年）

华为跟别人合作，不能做"黑寡妇"

任正非强调，华为一定要学习都江堰千年水利工程的核心思想，一定要"深淘滩、低作堰"，开放合作，实现共赢。华为不要把竞争对手赶尽杀绝，要把竞争对手变成朋友，互利合作，共同发展。

华为跟别人合作，不能做"黑寡妇"。黑寡妇是拉丁美洲的一种蜘蛛，这种蜘蛛在交配后，母蜘蛛就会吃掉公蜘蛛，作为自己孵化幼蜘蛛的营养。以前华为跟别的公司合作，一两年后，华为就把这些公司吃了或甩了。我们已经够强大了，内心要开放一些、谦虚一点，看问题再深刻一些。我们一定要寻找更好的合作模式，实现共赢。研发还是比较开放的，但要更加开放，对内、对外都要开放。想一想我们走到今天多么不容易，我们要更多地吸收外界不同的思维方式，不停地碰撞，不要狭隘。

华为的发展壮大，不可能只有喜欢我们的人，还有恨我们的人，因为我们可能导致了很多个小公司没饭吃。我们要改变这个现状，要开放、合作、实现共赢，不要"一将功成万骨枯"。比如，对于国家给我们的研究经费，我们不能不拿，但是我们拿了以后，是否可以分给其他需要的公司一部分，把恨我们的人变成爱我们的人。前二十年我们把很多朋友变成了敌人，后二十年我们要把敌人变成朋友。当我们在这个产业链上拉着一大群朋友时，我们就只有胜利一条路了。

"开放、合作、实现共赢"，就是团结越来越多的人一起做事，实现共赢，而不是共输。我们主观上是为了客户，一切出发点都是为了客户，其实最后得益的还是我们自己。有人说，我们对客户那么好，客户把属于我们的钱拿走了。我们一定要理解"深淘滩、低作堰"中还有一个"低作堰"。我们不要太多钱，只留着必要的利润，只有利润才能保证我们生存下去。把多的钱让出去，让给客户、合作伙伴、竞争对手，这样我们才会越来越强大，这就是"深淘滩、低作堰"，大家一定要理解这句话。这样大家的生活都有保障，就永远不会死亡。（2010年）

做事要充满霸气，做人一定要谦卑

任正非在与云计算团队沟通时说，在云计算领域你只要不想领先，你的道路就是灭亡；做事要充满霸气，做人一定要谦卑。任正非要求云计算团队要开放、合作、自我批判，做容千万家的天下英雄。

恨你们没有霸气，有霸气的人又太张扬。世界上伟大的人就伟大在既有霸气还不张扬。我们说"林志玲很美"其实就是告诉你们我们高层领导意志已经统一了。华为为什么不可以很美，当然我们不是天生的，后天要多努力。

在"云"的道路上，核心网要从封闭走向开放，容千万家你就是天下的英雄，多批判自己，你们才能领导世界。

你们现在做"云"计算项目，平台上要赶超思科，应用上要赶超谷歌。"云"这个东西，你们今天也不要吹牛，说"云""管""端"就是清晰的？它可能不依人们预料的那样发展。我们一定要广开言路，要在公司中培养一股敢于反对我们的力量，就是你们"云"队伍里面杀出来一批敢于创新的员工，就像"苹果皮"一样。

华为公司在未来的"云"里面不知道会冒出来多少你看不见的领袖，别打击，说不定这个人就是梵高，说不定就是贝多芬，怎么能说清楚呢？QQ是我们在新能源扔掉的即时通信，我们不要，扔掉的一个东西让腾讯做得这么大。我们为什么不能容忍跟我们不能走在一条道上的人呢？我们正走在大路上，要充满信心，为什么在小路上走的人我们就不能容忍？谁说小路不能走成大路呢？我就说你们心中要有霸气，当你想称霸这个世界的时候就要能够容得下各种人、各种思想。你想要做霸主就要容得下天下可容纳的东西。你们要容忍在核心网里面能够出现的异类人。希望核心网能真正出来"蓝军"，真正出来不同意你们观点的人。（2010年）

对管理变革的看法：变革不要走极端，要有灰度

华为强调要谨慎推行对全局有利的管理变革，杜绝盲目变革，不要有变革亢奋症，变革一定要落地。

盲目的创新就是我们事业的自杀

任正非强调，继承和发扬是各级干部的座右铭，特别是新干部的人生宗旨。各级干部要善于利用和发扬已有的管理成果，要谨慎推行对全局有利的管理变革，要杜绝盲目变革。

我们反对一朝天子一朝臣，反对新干部上台否认前任的管理。我们强调继承与发扬，在过去的文化中，有许多合理的内核，以及与周边已形成的习惯性的协调。它的客观存在，就是它合理、自然的一面。随意的破坏就会撕裂与周边的关系，以及破坏上、下游的流畅。盲目的创新，对已有成熟管理的破坏是不必要的。经过慎重研究，有必要的创新，在不可预见的困难中付出一些代价是值得的。因此，要善于研究前人的管理，继承他合理的一面，也许是99%。任何一点小小的变革都要进行充分地认证，反复听取上、下、左、右的意见。也许对于你是好的，对周边的不好的，那么也破坏了公司的整体效益。不管此变革对局部如何美，但这是一个坏的创新。

学会向别人学习，学会与周边共同协商，学会以对大目标的可衡量的贡献来实践和检验自己的管理努力，学会继承与发扬。任何创新都是必须支付变革成本的。总成本大于总贡献的创新是于公司有害的。而且公司已经积累了这么多管理程序，随意的创新是对过去投入的浪费。

我们要将任何管理变革与创新的批准程序变得透明和复杂一些，使一些不成熟的变革不容易通过，以冷静、谨慎的心态对待变革。当然变革委员会也要民主和坚持原则，不能随意地妥协，不经变革委员会批准的管理创新，不允许上网、运行。（2004年）

通过端到端的流程摆脱企业对个人的依赖

从1998年起，华为与IBM、Hay、Mercer、PwC、德勤、FhG、盖洛普、NFO-TNS、Oracle等公司合作，引入先进的管理理念和方法论，从业务流程、组织、品质控制、人力资源、财务和客户满意度等六个方面进行了系统变革，把公司业务管理体系聚焦到创造客户价值这个核心上，经过不断改进，华为的管理已与国际接轨，不仅承受了公司业务持续高速增长的考验，还赢得了海内外客户及全球合作伙伴的普遍认可，有效支撑了公司全球化战略。

任正非指出，华为要达到质量好、服务好、运作成本低，优先满足客户需求的目标，就必须进行持续的管理变革；持续管理变革的目标就是实现高效的流程化运作，确保端到端的优质交付。只有持续管理变革，才能真正构筑端到端的流程，才能真正实现职业化、国际化，才能达到业界运作水平最佳，才能实现运作成本低。

管理的方法论是看似无生命实则有生命的东西。它的无生命体现在管理者会离开、会死亡，而管理体系会代代相传；它的有生命则在于随着我们一代一代奋斗者生命的终结，管理体系会一代一代越来越成熟，因为每一代管理者都在给我们的体系添砖加瓦。每个企业都有自己的魂，企业的魂就是客户。当企业家在企业地位淡化的时候，企业才是比较稳定的。

　　端到端流程是指从客户需求端出发，到满足客户需求端去，提供端到端服务。端到端的输入端是市场，输出端也是市场。这个端到端必须非常快捷有效，中间没有水库，也没有三峡，流程很顺畅。如果达到这么快速的服务，降低了人工成本，降低了财务成本，降低了管理成本，也就是降低了运作成本。其实，端到端的改革就是进行内部最简单最科学的管理体系的改革，形成一支最精简的队伍。

　　华为公司是一个包括核心制造在内的高技术企业，最主要的包括研发、销售和核心制造。这些领域的组织结构，只能依靠客户需求的拉动，实行全流程贯通，提供端到端的服务，即从客户端再到客户端。因此高效的流程必须有组织支撑，必须建立流程化的组织。建立流程化的组织，企业就可以提高单位生产效率，减掉多余的组织，减少中间层。如果减掉一级组织或每一层都减少一批人，我们的成本下降很快。规范化的格式与标准化的过程，是提高速度与减少人力的基础。同时，也使每一位管理者的管理范围与内容更加扩大。信息越来越方便、准确、快捷，管理的层次就越来越少，维持这些层级管理的人员就会越来越少，成本就下降了。

　　我们持续进行管理变革，就是要建立一系列以客户为中心、以生存为底线的管理体系，就是在摆脱企业对个人的依赖，使要做的事，从输入到输出，直接地端到端，简洁并控制有效地连通，尽可能地减少层级，使成本最低，效率最高。要把可以规范化的管理都变成"扳道岔"，使岗位操作标准化、制度化、简单化。就像一条龙一样，不管龙头如何舞动，其身躯内部所有关节的相互关系都不会改变。龙头就如营销，它不断地追寻客户需求，身体就随龙头不断摆动，因为身体内部所有相互关系都不变化，使得管理简单、高效、成本低。按流程来确定责任、权利，以及角色设计，逐步淡化功能组织的权威，组织的运作更多的不是依赖于企业家个人的决策。管理就像长江一样，我们修好堤坝让水在里面自由流。即使晚上我睡觉，但水还自动流。水流到海里面，蒸发成空气，雪落在喜马拉雅山，又化成水，流到长江，长江又流到海，海水又蒸发。这样循环多了以后，它就忘了一个还在岸上喊"逝者如斯夫"的人——一个"圣者"。它忘了这个"圣者"，只管自己流。这个"圣者"是谁？就是企业家。企业家在这个企业没有太大作用的时候就是这个企业最有生命的时候。所以当企业家还具有很高威望，大家都很崇敬他的时候，就是企业最没有希望、最危险的时候。所以我们认为华为的宏观商业模式，也就是产品发展的路标是客户需求导向，企业管理的目标是流程化组织建设。同时，牢记客户是企业之魂，是企业真正的领导者。（2005年）

变革不要走极端，要有灰度

任正非认为，从 2004 年开始华为处在一个变革时期，从过去的高速增长、强调规模，转向以强调效益的管理变革，以满足客户需求为目标，从而获得持续生存的能力。在这个变革时期中，大家都要有心理承受能力，必须接受变革的事实，学会变革的方法。同时，大家要有灰色的观念，在变革中不要走极端，有些事情是需要变革，但是任何极端的变革，都会对原有的积累产生破坏，适得其反。

我认为，每个干部都不要走向极端，极端会产生争论、"战争"，是有可能酿成对成熟流程的破坏。我为什么讲灰色，灰色就是不要使用革命的手段，要以改良的方法对待流程变革，要继往开来，不要推倒重来。只要有黑和白两种极端观点存在，这两种观点总会交战，最后结果就是什么事情都做不成；灰色就是两种观点妥协了，形成一种东西，让大家就不要争了，开始好好干吧。我们不允许华为公司有黑白观点的存在，每个人都要讲实事求是，讲你怎么来做，我考你项目技能。(2006 年)

不要有变革亢奋症

任正非认为，管理变革的时机很重要。在内部团队和素养没有准备好的情况下启动剧烈的变革，很可能会产生很大的负面效果，甚至会导致企业元气大伤。任正非强调，在管理和流程上要坚决反对盲目创新，要在原有的基础上不断改良和优化。华为要持续百年地不断改良，不要随意地改革。只有在历经数年地充分认证，才进行必要性的革命。坚持百年，不死就是胜利。

现在我们可能会有一个问题：就是华为公司内部员工的变革亢奋症。这种亢奋症，会让我们变革的速度太快。在他们的兴奋下，什么都没有准备好，就推动飞机起飞了，我担心飞机到了天上就没有油了。

我们的员工是很年轻的，现在有了变革这艘大船，他们好不容易上来坐在大船上，他们会误认为自己是世界领先者，他们着急得很，希望能在一个晚上把公司推到世界第一，从而证明自己是世界领先者。

所以我说要测试一下这样的员工甲状腺有没有问题，为什么会这么亢奋。不要以为有忧郁症的人就没有亢奋症，有忧郁症的人亢奋起来更可怕。

三年前，IBM 就要来给我们做财经变革，如果那个时候变革的话，华为公司就会崩溃，今天也不存在了。当时，财务在华为是一个非常弱的部门，既没有准备好充足的干部，也没有对内部环境进行充分的培训和松土，我们草率地进行变革的最后结果就是 IBM 顾问走了，我们什么也不知道了。(2007 年)

转型变革一定要落地

任正非强调，任何一个变革最重要的问题是一定要落地。不能落地也不能上天，浮在中间，那是什么用也没有的。任何一个变革，不在于它的开工，不在于它的研讨与推行，而在于这个项目能否落地，能否真正地起到切实的作用。

三年前，我作为财务工作的第一负责人，就给纪总指示，先大量进人，不管他是什么人都先进来，财务人员要大规模地补充。这三年，我们应该进来了七八百个财经专业的优秀学士、硕士。

过去公司的人力资源政策不均衡。公司的高级管理干部中大量是研发和市场出身的，特别还有很多的高管是没有市场办事处主任这一级的管理经验的。

在这样的情况下，我们公司的价值评价体系是以市场的销售额、研发的产品、技术好坏来确定薪酬的。

这时候，我们公司所有一切配套的东西被打入了冷宫，不仅仅是财务，还有供应链、IT 等部门都是不断被边缘化的。我们就像一支不带粮食孤军深入到沙漠腹地的战队，公司的经营风险是极其巨大的。

你看看特种兵作战，在极其困难的情况下既要跑得非常快，还要背着一个非常重的背囊。他们的背囊里要有吃的东西、要喝的水、净化水的药片、点火的火柴、各种东西都有，包括他睡觉的铺盖。

光着身子冲锋，跑得又快，为什么还要背一个铺盖呢？因为如果敌人一天、两天没有打下来，第三天，自己就消灭自己了。

我们在执行一个项目的时候，一定要给基层留出一个准备的时间，留出克服困难扫除障碍的时间，留出给他们在执行中深入理解的时间，不然一阵风刮过来，华为庆祝胜利的时候就是我们开始崩溃的时候。(2007 年)

坚持遵循管理变革的"七反对"原则

任正非说，我们不忌讳我们的病灶，要敢于改革一切不适应及时、准确、优质、低成本实现端到端服务的东西。但更多的是从管理进步中要效益。我们从来就不主张较大幅度的变革，而主张不断地改良，我们现在仍然要耐得住性子，谋定而后动。

任正非强调，华为管理改进要坚持实用导向、成效导向，要坚持遵循"七反对"原则：

① 坚决反对完美主义；
② 坚决反对繁琐哲学；
③ 坚决反对盲目的创新；
④ 坚决反对没有全局效益提升的局部优化；
⑤ 坚决反对没有全局观的干部主导变革；
⑥ 坚决反对没有业务实践经验的人参加变革；
⑦ 坚决反对没有充分论证的流程进行实用。（2008 年）

系统管理变革风险

随着 LTC、IFS 流程改革的深入，公司开始进行系统地组织改革，从过去的集权管理，过渡到分权制衡管理。在系统改革启动前，任正非进行了风险提示：

（1）资源的过多耗用。

由于前方指挥后方，前方渴望成功，因而呼唤了过多的炮火，并不及时释放出资源。多中心是有利于作战成功的几率上升，而消耗资源过大，这是一个悖论，需要好好研究。因此，项目成本核算是各级组织优良管理的基础。

（2）如何评价成功。

有些地方优先得到资源，对他们的成功如何评价；有些地方没有得到资源而失败，又如何奖励他们。如何科学合理地考核，这都给人力资源变革极大的挑战。

（3）我们如何永葆青春。

相信有大量的优秀干部会产生，相信努力奋斗的群体会增多，相信越来越多的人渴望走上艰苦、责任重大的岗位。我们如何永葆青春，不仅是组织，也是每个人的问题。公司的优秀儿女，我们要勇敢地面对机会，挑战人生。到那时，您会倍感艰苦奋斗的光荣和劳动的光荣。

（4）由集权管理向充分授权、分权制衡转型的有效审计、监控体系的建设是非常必要的。

（5）员工要珍惜自己一生的记录。

随着决策前移，信息安全越来越重要，我们各级干部要加强员工的思想教育，号召每一个员工不要为恶性竞争对手提供情报，不要因小失大，使自己的青春蒙上

污点。不要将来回首往事，自己为这么一点点钱出卖灵魂而感到羞耻。(2010年)

任正非个人自评：我的优点是善于反省、反思

在国际先进阶段，任正非在一些内部讲话或者接受媒体采访时开始谈到自己，我们可以通过他自己的讲述，看到一个更为真实的任正非。任正非说，自己是一个优点和缺点都很突出的人，自己的优点是善于反省、反思，每个人都要充分发挥自己的优势。华为经营压力大，自己也曾经患过抑郁症。要想有所成就，每周只工作40小时是做不到的。

我的优点是善于反省、反思

任正非说，自己不懂技术，也不懂管理和财务，最大的优点是善于反省、反思，善于吸收别人的优点和长处。

别人说我很了不起，其实只有我自己知道自己，我并不懂技术，也不懂管理及财务，我的优点是善于反省、反思，善于将别人的优点、长处吸收进来，转化成为自己的思想、逻辑、语言与行为。孔子尚能三省吾身，我们又不是圣人，为什么还不能？(2008年)

自己是优点和缺点都很突出的人

任正非认为自己是优点和缺点都很突出的人。由于缺点和劣势很明显，在大学阶段和部队工作阶段都遇到了很多挫折。

我的缺点和劣势是明显的。我大学时代，没有能参加共青团，通不过呀，我是优点很突出，缺点也很突出的人，怎么能通得过呢？我在军队这个大熔炉里，尽管我非常努力，但也加入不了共产党。我并不埋怨任何人，他们指出的确实是我的不足。我们公司以前有位员工，现在已经到美国去了，他走的时候跟我说："你这个人只能当老板，如果你要打工，没有公司会录用你。"(2008年)

充分发挥自己的优势

任正非说自己利用有限的时间和精力，充分发挥自己的逻辑思维优势，从而取

得了一些成绩。

我在人生的路上自我感觉是什么呢？就是充分发挥自己的优势。比如说我英文不好，但是不等于说我外语能力不行，我在大学可是外语课课代表。我那时还自学了英语、日语，都能简单交流、看书了。但后来为什么不行了呢？20年军旅生涯没使用这个工具，自然而然就生疏了。当我走向新的事业的时候，虽然语言对我很有用处，但我发现身上最主要的优势是对逻辑及方向的理解，这远远深刻于对语言的修炼。如果用很多精力去练语言，可能对逻辑的理解就很弱化。我放弃对语言的努力，集中发挥我的优势，这个选择是正确的。对于我来说，虽然英文好，可能会使我在人们面前挺风光的，但是我对社会价值的贡献却完全不一样了。我就放弃一些东西，集中精力充分发挥我的优点。我也确实注重于重要东西的思维，可能忽略了小的东西。小的东西不等于不需要重视，但我确实没有注意。（2008年）

自己也曾经是抑郁症患者

由于企业经营压力大，任正非曾多年受抑郁症折磨，有多次感觉自己活不下去。通过治疗及精神排解，逐渐治好。

近期有些员工自杀，我心里是很沉重的，也很理解他们，因为从1999年到2007年，其实我自己就有多次感觉活不下去的经历，我跟他们是同类，所以我才有这么多感触。但是我有一个最大的优点，我开放，我讲出来。当心里难受得很，实在受不了的时候，我会往外打电话，诉说自己的心里感受，没有一个人会劝你自杀的。我以前不知道这是病，也不知道这个能治，后来就治好了。我记得郭平在美国跟我谈心的时候说："老板，你要找一些无聊的事情来干。"所谓无聊的事情就是瞎聊瞎侃，把精神岔开，慢慢就不会想这件事，可能病也就好了。后来我想开了，到北京景山公园去看看唱歌啊、到云南丽江看少数民族对歌啊、到热闹的地方去哄一哄闹一闹啊，可能人就释放，也就会好一点。（2008年）

企业初创时期每天工作16小时以上

任正非说，华为公司今天的成就是全体华为人艰苦奋斗的结果，没有人能够随随便便成功。

华为二十年的炼狱，只有我们自己及家人才能体会。这不是每周工作40个小时能完成的。我记得华为初创时期，我每天工作16个小时以上，自己没有房子，吃住都在办公室，从来没有周末和节假日，想想这是十几万人二十年的奋斗啊，不仅仅是在职员工，也包括离职员工的创造。怎么可能会在很短的时间，每周只工作40小时，轻轻松松就完成了产业转换与产业升级呢？每周只工作40小时，只能产生普通劳动者，不可能产生音乐家、舞蹈家、科学家、工程师、商人……如果别人喝咖啡，我们也有时间喝咖啡，我们将永远追不上别人。（2009年）

本章小结

在国际先进阶段，华为由一家本土中型企业成长为一家国际化大公司。任正非作为创始人，他的经营理念也在与时俱进，继续指引华为公司"从胜利走向胜利"。

现将任正非在华为国际先进阶段的主要经营理念小结如下，供大家参考：

① **对企业生存与发展的看法**：在过剩时代，谁多一口气，谁就能活下来；企业活下来就能看到胜利的曙光；高质量的低成本是企业持续生存的必要条件；企业持续增长需要顺势而为；坚持"深淘滩、低作堰"的公司治理原则，对内充分挖潜，对外适当让利；华为还没有成功，华为离成功还很远，华为还需要持续艰苦奋斗，除了艰苦奋斗还是艰苦奋斗；在金融危机条件下，是强者更强、弱者更弱。

② **研发与创新理念**：为客户服务是华为存在的唯一理由；要基于客户需求导向进行企业管理；"质量好、服务好、运作成本低，优先满足客户需求"是提升客户效力和盈利能力的关键，也是华为的生存办法。

③ **对竞争的看法**：市场经济是最后的竞争方式，经济全球化是不可阻挡的潮流；要开放合作，实现共赢；做事要充满霸气，做人一定要谦卑。

④ **任正非个人自评**：自己是一个优点和缺点都很突出的人；自己的优点是善于反省、反思；每个人都要充分发挥自己的优势；华为经营压力大，自己也曾经患过抑郁症；要想有所成就，每周只工作40个小时是做不到的。

第13章　企业文化：开放、妥协、灰度是华为文化的精髓

没有宽容就没有妥协；没有妥协，就没有灰度；不能依据不同的时间、空间，掌握一定的灰度，就难有合理审时度势的正确决策。开放、妥协的关键是如何掌握好灰度。

——任正非（2008年）

在国际先进阶段，华为继续强调诚信文化、服务文化、奋斗文化、自我批判文化和合作文化。在此基础上，华为提倡开放、妥协和灰度文化。

诚信文化：诚信是华为最宝贵的财富

任正非认为，华为十几年来铸造的就是两个字：诚信。对客户的诚信，对社会、政府的诚信，对员工的诚信。只要坚持下去，这种诚信创造的价值是取之不尽、用之不竭的。

我们经过十年的时间，花大量的金钱和精力在市场上塑造了"诚信"两个字，这是我们的立身之本，是我们的核心竞争力，这是华为公司对外的所有形象，这个无形资产是会给我们源源不断带来财富的。(2004年)

服务文化：虔诚地服务客户是华为存在的唯一理由

（1）永远要以宗教般的虔诚对待客户。

任正非强调，无论国内还是海外，客户让我们有了今天的一些市场，我们永远不要忘本，永远要以宗教般的虔诚对待我们的客户，这正是我们奋斗文化中的重要

组成部分。

由于华为人废寝忘食地工作，始终如一虔诚地对待客户，华为的市场开始起色了，友商看不到华为这种坚持不懈的艰苦和辛劳，产生了一些误会和曲解，不能理解华为怎么会有这样的进步。还是当时一位比较了解实情的官员出来说了句公道话："华为的市场人员一年内跑了500个县，而这段时间你们在做什么呢？"当时定格在人们脑海里的华为销售和服务人员的形象是：背着我们的机器，扛着投影仪和行囊，在偏僻的路途上不断地跋涉……在《愚公移山》中，愚公整天挖山不止，还带着他的儿子、孙子不停地挖下去，终于感动了上帝，把挡在愚公家前的两座山搬走了。在我们心里面一直觉得这个故事也非常形象地描述了华为十八年来，尤其是20世纪90年代初中期和海外市场拓展最困难时期的情形：是我们始终如一对待客户的虔诚和忘我精神，终于感动了"上帝"，感动了我们的客户！（2006年）

经过十几年的不懈奋斗和挣扎，华为在国内市场和国际市场均取得了较大的成绩。任正非认为，这要感谢长期支持华为的客户，没有客户的支持、信任和压力，就没有华为的今天。客户对华为的信任，是依靠华为不断地艰苦奋斗得来的。现在华为的客户也在不断地进步，来自客户需求的压力越来越大，华为没有理由停下来歇一歇，必须更加努力，来回报客户对华为的信任。以下事例说明了华为在海外市场的艰苦奋斗及如何虔诚地服务客户。

进入海外市场，我们的差异化优势主要是满足客户需求比较快（比如泰国AIS，我们因为比友商项目实施周期快3倍，才获得了服务AIS的机会）。因此，海外合同要么交付要求比较急，要么需求特殊，需定制开发，那么研发、用服、供应链等就只有赶时间、抢进度，全力以赴才能抓住市场机会。

在资金缺乏、竞争激烈的独联体市场，华为人忍辱负重、默默耕耘了十年，从获得第一单38美元的合同起，集腋成裘，到2005年销售额达到6亿美元，成为公司重要的市场。在要求严格的欧洲市场，经历三年的认证，我们终于通过了BT的考试，成为BT重要合作伙伴；为获得中东某电信运营商的认可，面对世界级电信设备商的竞争，我们冒着室外60度的高温进行现场作业，长达数月，靠着全心全意为客户服务的诚意，经过两年多的坚持不懈，终于开通了我们全球第一个3G商用局……（2006年）

（2）坚持以为客户服务，作为我们一切工作的指导方针。

二十年来，华为由于生存压力，在工作中不自觉地建立了以客户为中心的价值观。华为创立初期，如果产品不能满足客户需求，客户就不会买华为这些小公司的产品。20世纪90年代后期，华为有较大规模后，出现过以自我为中心、以技术为中心的情形，使得公司造成了很大损失。

应客户的需求开发一些产品，如接入服务器、商业网、校园网等，因为那时客户需要一些独特的业务来提升他们的竞争力。不以客户需求为中心，他们就不买我们小公司的产品，我们就"无米下锅"，我们被迫接近了真理。但我们并没有真正认识它的重要性，没有认识它是唯一的原则，因而对真理的追求是不坚定的、漂移的。在20世纪90年代的后期，公司摆脱困境后，自我价值开始膨胀，曾以自我为中心过。我们那时常常对客户说，他们应该做什么，不做什么，我们有什么好东西，你们应该怎么用。例如，在NGN的推介过程中，我们曾以自己的技术路标，反复去说服运营商，而听不进运营商的需求，最后导致在中国选型中，我们被淘汰出局，连一次试验机会都得不到。历经千难万苦，我们请求以坂田的基地为试验局的要求，都苦苦不得批准。我们知道我们错了，我们从自我批判中整改，大力倡导"从泥坑中爬出来的人就是'圣人'"的自我批判文化。我们聚集了优势资源，争分夺秒地追赶。我们赶上来了，现在软交换占世界市场40%，为世界第一。（2008年）

（3）以客户为中心优化组织和流程。

2008年，任正非提出华为的管理优化也要贯彻实施"以客户为中心"的宗旨理念，以此确定公司的组织、流程和干部的发展方向。

公司正在迈向新的管理高度，以什么来确定我们的组织、流程、干部的发展方向呢？以什么作为工作成绩的标尺呢？我们要以为客户提供有效服务，来作为我们工作的方向、价值评价的标尺，其中包括直接价值与间接价值。不能为客户创造价值的部门为多余部门、不能为客户创造价值的流程为多余流程、不能为客户创造价值的人为多余的人，不管他多么辛苦，也许他花在内部公关上的力气也是很大的，但他还是要被精简的。这样我们的组织效率一定会有提高，并直接产生相关员工的利益。因此，各级领导在变革自己的流程与组织时，要区别哪些是烦琐哲学、哪些是形式主义、哪些是教条、哪些是合理必需。（2008年）

（4）"以客户为中心，以奋斗者为本"的企业文化，是我们一切工作的魂。

经历了二十年成功与失败的积累，华为正一步一步地走向成熟。在历经无数挫折、失败和磨难的基础上，华为终于确立了"以客户为中心，以奋斗者为本"的企业文化。这是两个矛盾的对立体，但它就构成了企业的平衡。难以掌握的灰度、妥协，考验着所有的管理者。

二十年来，我们在研发、市场、服务、供应、财经管理、监控审计、员工的思想教育等方面均取得了较大的成绩。我们已在全球化竞争中奠定了基础，我们正在走向提高科学管理能力、运行效率，合理降低内部成本，适度改善报酬与考核机制，促进新生的优秀干部快速成长的道路上。但以什么为我们工作的纲，以什么为我们战略调整的方向呢？我们在经历长期艰难曲折的历程中，悟出了"以客户为中心，以奋斗者为本"的文化，这是我们一切工作的魂。我们要深刻地认识它、理解它。(2008 年)

（5）以客户为中心，以奋斗者为本，长期坚持艰苦奋斗是我们的胜利之本。

"以客户为中心，以奋斗者为本，长期坚持艰苦奋斗"是华为二十多年悟出的道理，也是华为文化的真实。华为所有的一切行为都归结到为客户提供及时、准确、优质、低成本的服务。公司长远的战略方针，是要通过不断地提高产品和服务质量、提高交付能力，来提高公司的市场竞争力，并解决华为和西方对手的平衡问题。没有提高服务质量，仅仅依靠压低价格，结果实际上也没有拉开与战略竞争对手的差距，还过度挤压了西方厂商的生存空间。

以客户为中心，道理不用多说了，没有客户我们就饿死了。以奋斗者为本，其实也是以客户为中心。把为客户服务好的员工，作为企业的中坚力量，以及一起分享贡献的喜悦，就是促进亲客户的力量成长。

长期艰苦奋斗，也是以客户为中心。你消耗的一切都从客户来的，你的无益的消耗就增加了客户的成本，这是客户不接受的。你害怕去艰苦地区工作、害怕在艰苦的岗位工作，不以客户为中心，那么客户就不会接受、承认你，你的生活反而是艰苦的。当然，我说的长期艰苦奋斗是指思想上的，并非物质上的。我们还是坚持员工通过优质的劳动和贡献富起来，我们要警惕的是富起来以后的惰怠。但我也不同意商鞅的做法，财富集中，民众以饥饿来驱使，这样的强大是不长久的。(2010 年)

奋斗文化：除了艰苦奋斗还是艰苦奋斗

（1）继续坚持艰苦奋斗，拓展海外市场。

2005 年，华为海外市场拓展取得了较大的进展，但是与主要竞争对手相比，市场份额还非常有限。任正非要求华为全体干部员工要继续坚持艰苦奋斗，积极拓展海外市场。幸福不会从天降，全靠我们来创造，天道酬勤。

2005年春节晚会上，《千手观音》给了我们很大震撼。那些完全听不到声音，也许一生都不知道什么是声音的孩子，竟然能形成那么整齐划一的动作，那么精美绝伦的演出，其中的艰辛和付出可想而知。华为数万名员工，正同他们一样，历经千辛万苦，才取得今天一点进步。但我们始终认为华为还没有成功，华为的国际市场刚刚有了起色，所面临的外部环境比以往更严峻。全球超过10亿用户使用华为的产品和服务，我们已经进入了100多个国家，海外很多市场刚爬上滩涂，随时会被赶回海里；网络和业务在转型，客户需求正发生深刻变化，产业和市场风云变幻，刚刚积累的一些技术和经验又一次面临自我否定。在这历史关键时刻，我们决不能分心，不能动摇，不能因为暂时的挫折、外界的质疑，动摇甚至背弃自己的根本，否则，我们将自毁长城，全体员工18年的辛勤劳动就会被付之东流。无论过去、现在、还是将来，我们都要继续保持艰苦奋斗的作风。

一个中国高科技企业，在海外开拓的征途中，注定是艰难的，但意义也将是非同寻常的。（2006年）

（2）华为人除了艰苦奋斗还是艰苦奋斗。

任正非认为，中国高科技企业的成长之路注定充满坎坷与荆棘。选择了这条道路的人生注定艰辛与劳碌，同时也更有价值。面对产品过剩时代，华为人能做的还是艰苦奋斗。正如国际歌歌词中所写，从来就没有什么救世主，也不靠神仙皇帝，要创造我们的幸福，全靠我们自己。

华为没有背景，也不拥有任何稀缺的资源，更没有什么可依赖的，除了励精图治、开放心胸、自力更生，必须通过艰苦奋斗，来缩短与竞争对手的差距。任正非认为，是公司高层管理团队和全体员工的共同付出和艰苦奋斗，铸就了今天的华为。

18年来，公司高层管理团队夜以继日的工作，有许多高级干部几乎没有什么节假日，24小时不能关手机，随时随地都在处理随时发生的问题。现在，更因为全球化后的时差问题，总是夜里开会。我们没有国际大公司积累了几十年的市场地位、人脉和品牌，没有什么可以依赖，只有比别人更多一点奋斗，只有在别人喝咖啡和休闲的时间努力工作，只有更虔诚对待客户，否则我们怎么能拿到订单？

为了能团结广大员工一起奋斗，公司创业者和高层领导干部不断地主动稀释自己的股票，以激励更多的人才加入到这从来没有前人做过和我们的先辈从未经历过的艰难事业中来，我们一起追寻着先辈世代繁荣的梦想，背负着民族振兴的希望，一起艰苦跋涉。公司高层领导的这种奉献精神，正是用自己生命的微光，在茫茫黑暗中，带领并激励着大家艰难地前行，无论前路有多少困难和痛苦、有多少坎坷和艰辛。(2006年)

(3) 通过艰苦奋斗应对危机。

2001年开始的网络泡沫，市场急剧下滑和萎缩，尤其是2002年，华为深深地感受到了严冬的寒冷和彻骨。那一年，公司的销售是负增长（28年发展史中唯一一年销售收入负增长），很多员工因为暂时的不利处境，纷纷离开了；更加雪上加霜的是，不少离开公司的员工离开的时候带走了华为公司的源程序、设计原理图等核心商业机密信息，在外面或自己开公司或有偿泄漏给同业者进行仿制。这种零成本、无投入的仿制，在市场上还全面形成了对华为的正面竞争，几乎是华为公司的灭顶之灾。

由于对市场形势和发展的判断失误，我们错失了很多可以获得收益和利润的市场机会；由于没有准确判断泡沫带来的低谷，对局部市场和产品的盲目乐观，造成了5亿元的器件库存和积压；NGN至今亏损超过10亿，3G至今亏损超过40亿，不知道什么时候才能收回投资。

住两块钱的招待所、顿顿吃方便面、睡机房，我们经常经历的事；跟我们在同一个客户那里出差的竞争对手的工程师，住的是当地最高档的宾馆，我们是多么地羡慕；在同一个机房干活的竞争对手的工程师，一到下午下班时间就收拾东西走了，而我们还在吭哧吭哧地干，我们还是羡慕他的。

我们通过集体降薪来支撑公司；我们通过忘我工作来弥补我们年轻造成的过错；我们通过舍家别妻、奔赴海外开疆拓土，来为公司过冬添棉袄。公司上下同心同德、卧薪尝胆，我们挺到了今天。(2006年)

(4) 不奋斗，华为就没有出路。

任正非强调，艰苦奋斗是华为文化的魂，是华为文化的主旋律，我们任何时候都不能因为外界的误解或质疑动摇我们的奋斗文化，我们任何时候都不能因为华为的发展壮大而丢掉了我们的根本——艰苦奋斗。

有一篇文章叫《不眠的硅谷》，讲述了美国高科技企业集中地硅谷艰苦奋斗的情形，无数硅谷人与时间赛跑，度过了许多不眠之夜，成就了硅谷的繁荣，也引领了整个电子产业的节奏。华为也是无数的优秀儿女贡献了青春和热血，才形成今天的基础。创业初期，我们的研发部从五六个开发人员开始，在没有资源、没有条件的情况下，秉承20世纪60年代"两弹一星"艰苦奋斗的精神，以忘我工作、拼搏奉献的老一辈科技工作者为榜样，大家以勤补拙，刻苦攻关，夜以继日地钻研技术方案，开发、验证、测试产品设备……没有假日和周末，更没有白天和夜晚，累了就在垫子上睡一觉，醒了就接着干，这就是华为"垫子文化"的起源。虽然今天垫子已经只是用来午休，但创业初期形成的"垫子文化"记载着老一代华为人的奋斗和拼搏，这是我们需要传承的宝贵的精神财富。

华为走到今天，在很多人眼里看来已经很大、成功。有人认为创业时期形成的"垫子文化"、奋斗文化已经不合适了，可以放松一些，可以按部就班，这种想法是危险的。繁荣的背后，都充满危机，这个危机不是繁荣本身必然的特性，而是处在繁荣包围中的人的意识。艰苦奋斗必然带来繁荣，繁荣后不再艰苦奋斗，必然丢失繁荣。"千古兴亡多少事，不尽长江滚滚来"，历史是一面镜子，它给了我们多么深刻的启示。我们还必须长期坚持艰苦奋斗，否则就会走向消亡。当然，奋斗更重要的是思想上的艰苦奋斗，时刻保持危机感，面对成绩保持清醒头脑，不骄不躁。（2006年）

(5) 华为文化的核心是奋斗精神和牺牲精神。

任正非强调，华为文化是借鉴和吸收一切有用的先进文化的结果。华为文化的核心是奋斗精神和牺牲精神。华为文化要和各种先进文化相融合，否则是存在不下来的。

什么是文化？我多次提到，华为是没有文化的，都是从世界的先进文化借鉴来的，就像洋葱一样，剥一层是日本的、再剥一层是欧美的、再剥一层是孔夫子的、再剥一层是反对孔夫子的，只要是好的，我们都要吸取，包含爱立信、阿尔卡特、朗讯、思科、微软，他们优秀的管理也要吸取。剥到最后，剩下的核心是很小的，这就算是华为文化——奋斗精神和牺牲精神。其实奋斗与牺牲精神也是几千年来就有的，也不是我们发明的。过多强调华为自己的文化是没有必要的，只要这个文化与别的先进文化不融合，最后是存在不下来的。（2007年）

(6) 成功基于奋斗。

任正非说，我们过去从落后到赶上，靠的是奋斗；持续地追赶靠的也是奋斗；超越更要靠奋斗；安享晚年，还是要靠奋斗。从南到北，从东到西，遍布在全世界各个角落的华为人，不论肤色、不论民族、不论语言，都有一个共同的声音——成功基于奋斗。

什么时候不需要奋斗了呢？你退休的时候，安享奋斗给你积累的无论心理上还是物质上的幸福。我们要给奋斗者合理的回报、足够的关怀、良好的沟通，也要接受他们的批评。我们要逐步建立起以奋斗者为本的文化体系，并使这个文化血脉相传。这个文化不是在大喊大叫中建立起来的，它要落实到若干考核细节中去，只要每个环节的制度制定者，每天抬头看一眼奋斗，校正一下我们的任何动作是否能为客户有贡献，三五年时间，也许就会有初步的轮廓。我们要继续发扬以客户为中心的"胜则举杯相庆，败则拼死相救"的光荣传统。在计划前移的条件下，要从虚拟统计、虚拟考核入手，将这种精神制度化地巩固下来。（2008年）

（7）为什么要以奋斗者为本。
任正非说，我们奋斗的目的，主观上是为自己，客观上是为国家、为人民。但主、客观的统一确实是通过为客户服务来实现的。没有为客户服务，主、客观都是空的。

什么叫奋斗，为客户创造价值的任何微小活动，以及在劳动的准备过程（例如上学、学徒……）中，为充实提高自己而做的努力，均叫奋斗。否则，再苦再累也不叫奋斗。企业的目的十分明确，是使自己具有竞争力，能赢得客户的信任，在市场上能存活下来。要为客户服好务，就要选拔优秀的员工，而且这些优秀员工必须要奋斗。要使奋斗可以持续发展，必须使奋斗者得到合理的回报，并保持长期的健康。但是，无限制地拔高奋斗者的利益，就会使内部运作提高成本，就会被客户抛弃，就会在竞争中落败，最后反而会使奋斗者无家可归。这种不能持续的爱，不是真爱。合理、适度、长久，将是我们人力资源政策的长期方针。我们在家里，都看到妈妈不肯在锅里多放一碗米，宁可看着孩子饥肠辘辘的眼睛。因为要考虑到青黄不接、无米下锅的情况，会危及生命的情况，这样的妈妈就是好妈妈。有些不会过日子的妈妈，丰收了就大吃大喝，灾荒了就不知如何存活。我们人力资源政策也必须是像好妈妈这样的。（2008年）

（8）在国际市场上同样需要艰苦奋斗精神。
任正非强调，作为民营非上市企业，只有持续艰苦奋斗才有可能持续存活，在国际市场上同样需要艰苦奋斗。不愿意艰苦奋斗的员工可以选择离职，也可以选择只做普通员工，选拔干部一定要具有艰苦奋斗精神。

我们还是要强调公司的奋斗精神，我们不可想象不奋斗的公司还能活下去，首先我们不是中石油，也不是中移动，我们没有任何稀缺资源。华为公司如果有一天发不出工资，就会"树倒猢狲散"了。我们没有什么可依赖的资源，唯一能依赖的就是奋斗。我没有强调所有人要奋斗，只是强调华为公司要奋斗。有人说他不同意奋斗，我同意你这个观点，那你可以做一个普通员工。我们只选拔有奋斗精神的人做干部。在北冰洋建设基站，在中东的沙漠里安装铁塔是客观存在，你不能吃苦可以离开华为公司，有些公司的条件比华为好。当然，我们对那些奋斗后身体不好的人，要关怀。特别是那些经过紧张项目下来后实在太累的人，给予两三天的度假安排，在海边、风景区休整一下，恢复体力。对那些弦绷得太紧的人，适当给予休整。我们要奋斗，也要对奋斗者充分关怀。（2008年）

自我批判文化：从泥坑里爬出来的人就是圣人

（1）管理者必须首先进行自我批判，带动后继者前进。

任正非认为，要提高公司内部运作质量，降低运作成本，必须建立一个非常优质的管理体系，包括考核、激励等一系列高度有效的管理平台，把无效的成分剔除出去。如果没有讲真话，以及不能善于听取别人的批评，是做不到的。任正非认为，通信行业将会更加困难，公司一定要事先时刻准备好，有能力去应对即将出现的危机，公司不能不活下来。活下来，要比祛除自己身上的缺点、错误重要得多。

要贯彻职责分明、赏罚清晰的工作标准，首先所有的事情反映都是真实的，而我们现在的干部体系，还做不到。自我批判也不是无情打击，我们真正实施的目的，就是从上到下所有人都要讲真话，实事求是反映问题及成绩。这一次进行的面较小，只在副总监以上一级干部中开展。让人人讲真话，标准就很清晰：首先，自我批判的东西要给你的部下看，部下只要认为你讲的是不是真的就行，至于你讲得深刻不深刻由指导委员会（可能还成立分委员会）来评判。第二，请同级相关联的工作单位360度提意见，善意地评定，主要看是不是事实，批得深批得浅没关系，只要讲真话都可以过关。第一批干部首先讲真话就可以过关。第二批我们评价有经验了，可以适当提高5%的验收标准，以此类推第三批、第四批……自己找自己的问题，和本部门沟通、和周边沟通，真正有价值的是自己批评自己、自己评价自己，这种人才能担任重任。两年后可能还有人过不了关，这样的人就不要难为他了，宽松他一把,给他们工作调整一下,调整他们到基层做适当的工作,并实行易岗易薪制度。用三到五年的时间,华为从上到下要调整,要使用敢于讲真话、敢于自我批评、听得进别人批评的干部。只有这种人担负起华为的各级管理责任,华为才可能在困难的环境中稳定地生存下来。如果大家认为形势很好,不必那么紧张,那么,我认为太平盛世最典型的标志,是人人都敢讲真话,领导听得进去真话。为了实现我们的目标,我们管理者必须首先进行自我批判,带动后继者前进。(2006年)

(2) 自我批判永无止境。

任正非说,20多年的奋斗实践,我们领悟了自我批判对一个公司的发展有多么的重要。如果我们没有坚持这条原则,华为绝不会有今天。我们提倡自我批判,但不提倡批判。为什么不提倡批判,因为批判是批别人的,多数人掌握不了轻重,容易伤人。自我批判是自己批自己,多数人会手下留情。虽然是鸡毛掸子,但多打几次也会起到同样的效果。自我批判,不是自卑,而是自信。只有强者才会自我批判,也只有自我批判才会成为强者。

任正非认为,自我批判是一种武器,也是一种精神。自我批判成就了华为,成就了华为今天在世界上的地位。华为要继续提高竞争力,就要坚持自我批判的精神不变。自我批判是无止境的,就如活到老学到老一样,陪伴我们终身。学到老就是自我批判到老,学了干什么,就是使自己进步。什么叫进步,就是改正昨天的不正确。

没有自我批判,我们就不会认真听清客户的需求,就不会密切关注并学习同行的优点,就会陷入以自我为中心的误区,这样必将被快速多变、竞争激烈的市场环境所淘汰;没有自我批判,我们面对一次次的生存危机,就不能深刻自我反省、自我激励,用生命的微光点燃团队的士气,照亮前进的方向;没有自我批判,就会故步自封,不能虚心吸收外来的先进东西,就不能打破"游击队""土八路"的局限和习性,把自己提升到全球化大公司的管理境界;没有自我批判,我们就不能保持内敛务实的文化作风,就会因为取得的一些成绩而少年得志、忘乎所以,从而掉入前进道路上遍布的泥坑陷阱中;没有自我批判,就不能剔除组织、流程中的无效成分,建立起一个优质的管理体系,降低运作成本;没有自我批判,各级干部不讲真话,听不进批评意见,不学习不进步,就无法保证做出正确决策并切实执行决策。只有长期坚持自我批判的人,才有广阔的胸怀;只有长期坚持自我批判的公司,才有光明的未来。自我批判让我们走到了今天,我们还能向前走多远,取决于我们还能继续坚持自我批判多久。(2008年)

华为二十年走过了一条崎岖不平的道路，经历了很多失败与痛苦，但始终坚信"烧不死的鸟是凤凰""从泥坑中爬起来的都是'圣人'"。在屡战屡败、屡败屡战中，锻炼起一代坚强的华为人，华为才赢得了今天的曙光。

任正非说，我们开展自我批判的目的也不是要大家专心致志地闭门修身养性，或者大搞灵魂深处的革命，而是要求大家不断去寻找外在更广阔的服务对象，或者更有意义的奋斗目标，并且落实到行动上。因为无论你内心多么高尚，个人修炼多么超脱，别人无法看见，更是无法衡量和考核的。我们唯一能看见的是你在外部环境中所表现的态度和行为，并通过竭尽全力地服务于它们和实现它们，使我们收获一个幸福、美好、富有意义的人生。

人类探索真理的道路是否定、肯定、再否定，不断反思，自我改进和扬弃的过程。自我批判的精神代代相传，新生力量发自内心地认同并实践自我批判，就保证了我们未来的持续进步。

任正非希望"80后"的员工也认同公司的观点，继承与发扬公司的传统，掌握好自我批判的武器，帮助公司走向更加强盛。

合作文化：胜则举杯相庆，败则拼死相救

（1）向"千手观音"学习团队合作。

早期的华为崇拜狼性文化，通过绩效来进行人才的提拔与任用，推动了公司业绩迅速提升。随着华为规模的不断扩大、海外市场的不断开拓，这种狼性文化面临诸多挑战：容易使员工只关注个人绩效结果，不关注绩效改良、不关注客户的价值需求；华为的高速增加期已过，应更多关注企业的长远发展；仅以业绩来衡量过于片面，造成部分干部和员工的责任意识淡漠、能力缺乏，难以团队合作。

2005年，华为海外销售额正式超过国内，成为一个全球性企业。随着大量外籍员工的加入和数万人被派到海外，跨文化管理变得尤其重要。2005年春节晚会，21个聋哑人表演的《千手观音》让任正非泪流满面，先后邀请千手观音团队到公司和展会现场表演，他们所体现的团队协作、职业化的精准协调令人惊叹。从2006年开始，华为开始导入职业化的"千手观音文化"，凝聚不同国度、不同信仰和不同价值观的员工，朝着目标坚定地进行艰苦奋斗。

（2）狼狈合作文化。

任正非认为，"狼文化"是进攻文化，具有狼性的进攻很重要。但光有进攻，如果缺乏有效的支撑，也不能达成目标，因此华为提倡"狼狈合作文化"。

最近网上曲解了华为的"狼文化""床垫文化"。床垫不是文化，文化是可以传承的，床垫只是一个睡午觉的工具，它不能传承。其他公司睡午觉也许不用床垫，因此"床垫文化"没有推广的价值，也不一定需要批判。我们没有提出过"狼文化"，我们最早提出的是一个"狼狈组织计划"，是针对办事处的组织建设，是从狼与狈的生理行为归纳出来的。狼有敏锐的嗅觉、团队合作的精神以及不屈不挠的坚持。而狈非常聪明，因为个子小、前腿短，在进攻时是不能独立作战的，因而它跳跃时是抱紧狼的后部，一起跳跃。它就像舵一样操控狼的进攻方向。狈很聪明、有策划能力以及很细心，它就是市场的后方平台，帮助做标书、网规、行政服务……我们做市场一定要有方向感，这就是嗅觉；大家一起干，这就是狼群的团队合作。同时要不屈不挠，不要一遇到困难就打退堂鼓，世界上的事情没有这么容易，否则就会有千亿个思科。狼与狈是对立统一的案例，单提"狼文化"，也许会曲解了"狼狈"的合作精神。而且不要一提这种合作精神，就理解为加班加点，拼大力、出苦命。那样太笨，怎么可以与狼狈相比。（2008年）

（3）胜则举杯相庆，败则拼死相救。

任正非说，我们是小公司时，提出了"胜则举杯相庆，败则拼死相救"的口号，那时大多出于精神。而现在继续强化这个口号的目的，是希望打破流程中的部门墙。

现在行政管理团队的权力太大，而流程管理者的权力太小，致使一个一个部门墙越积越厚。这样无形中增加了较大的成本，使竞争力削弱。我们要用制度来保证这种精神传承，要让为全流程做出贡献的人，按贡献分享到成果。（2008年）

开放、妥协、灰度文化：华为文化的精髓

（1）要以开放的心态吸取各国文化的精华。

任正非强调，对国际市场各国的本地员工的培养不要强制他们中国化，要以开放的心态吸取各国文化的精华，充实华为文化。

对本地员工的培养不要强制他们中国化。华为文化是什么，我自己都搞不清楚。华为文化就像是洋葱头，都是外来文化，这层是英国文化、那层是中国文化、美国文化。我觉得华为文化就是一种开放的、兼容并蓄的文化。因此对待本地员工，不

要用中国的思维去要求他们，要以开放的心态去吸取他们的精华，充实我们的文化。（2006年）

（2）开放、妥协、灰度是华为文化的精髓，也是一个领导者的风范。

任正非认为，我们在前进的路上，随着时间、空间的变化，必要的妥协是重要的。没有宽容就没有妥协；没有妥协就没有灰度；不能依据不同的时间、空间，掌握一定的灰度，就难有合理审时度势的正确决策。开放、妥协的关键是如何掌握好灰度。

① 华为开放就能永存，不开放就会昙花一现。

华为的核心价值观中，很重要的一条是开放与进取，这条内容在 EMT（行政治理团队）讨论中，有较长时间的争议。一些领导认为，华为是一个有较强创新能力的公司，开放难道有这么重要吗？

任正非说，由于成功，华为现在越来越自信、自豪和自满，其实也在越来越自闭。我们夸大开放，更多一些向别人学习，我们才会有更新的目标，才会有真正的自我审阅，才会有时代的紧迫感。

任正非认为，一个不开放的文化，就不会努力地吸取别人的优点，逐渐就会被边缘化，是没有出路的。一个不开放的组织，迟早也会成为一潭僵水的。

我们无论在产品开发上，还是销售服务、供应管理、财务管理等，都要开放地吸收别人的好东西，不要故步自封，不要过多地强调自我。创新是站在别人的肩膀上前进的，同时像海绵一样不断吸取别人的优秀成果，而并非是封闭起来的自主创新。与中华文化齐名的古罗马、古巴比伦已经荡然无存了，中华文化之所以活到今天，与其兼收并蓄的包容性是有关的。今天我们所说的中华文化，早已不是原教旨的孔孟文化了，几千年来被人们不断诠释，中华文化早已近代化、现代化了。中华文化也是开放的文化，我们不能自己封闭它。向一切人学习，应该是华为文化的一个特色，华为开放就能永存，不开放就会昙花一现。（2008年）

② 没有妥协就没有灰度。

任正非认为，坚持正确的方向，与妥协并不矛盾，相反妥协是对坚定不移方向的坚持。当然，方向是不可以妥协的，原则也是不可妥协的。但是，实现目标过程中的一切都是可以妥协的，只要它有利于目标的实现，为什么不能妥协一下？当目标方向清楚了，如果此路不通，我们妥协一下，绕个弯，总比原地踏步要好，干吗要一头撞到南墙上？

在一些人的眼中，妥协似乎是软弱和不坚定的表现，似乎只有毫不妥协，方能显示出英雄本色。但是，这种非此即彼的思维方式，实际上是认定人与人之间的关系是征服与被征服的关系，没有任何妥协的余地。

妥协其实是非常务实、通权达变的丛林智慧，凡是人性丛林里的智者，都懂得恰当时机接受别人妥协，或向别人提出妥协，毕竟人要生存，靠的是理性，而不是意气。

妥协是双方或多方在某种条件下达成的共识，在解决问题上，它不是最好的办法，但在没有更好的方法出现之前，它却是最好的方法，因为它有不少的好处。

妥协并不意味着放弃原则，一味地让步。明智的妥协是一种适当的交换。为了达到主要的目标，可以在次要的目标上做适当的让步。这种妥协并不是完全放弃原则，而是以退为进，通过适当的交换来确保目标的实现。相反，不明智的妥协，就是缺乏适当的权衡，或是坚持了次要目标而放弃了主要目标，或是妥协的代价过高遭受不必要的损失。

明智的妥协是一种让步的艺术，妥协也是一种美德，而掌握这种高超的艺术，是管理者的必备素质。

只有妥协，才能实现双赢和多赢，否则必然两败俱伤。因为妥协能够消除冲突。拒绝妥协，必然是对抗的前奏；我们的各级干部真正领悟了妥协的艺术，学会了宽容，保持开放的心态，就会真正达到灰度的境界，就能够在正确的道路上走得更远、更扎实。（2008年）

③ 清晰的方向来自灰度。

任正非说，一个领导人重要的素质是方向、节奏。他的水平就是合适的灰度。坚定不移的正确方向来自灰度、妥协与宽容。

一个清晰方向，是在混沌中产生的，是从灰色中脱颖而出，方向是随时间与空间而变的，它常常又会变得不清晰。它并不是非白即黑、非此即彼。合理地掌握合适的灰度，是使各种影响发展的要素在一段时间和谐，这种和谐的过程叫妥协，这种和谐的结果叫灰度。

妥协一词似乎人人都懂，用不着深究，其实不然。妥协的内涵和底蕴比它的字面含义丰富得多，而懂得它与实践更是完全不同的两回事。我们华为的干部，大多比较年轻、血气方刚、干劲冲天，不大懂得必要的妥协，也会产生较大的阻力。

我们综观中国历史上的变法，虽然对中国社会进步产生了不灭的影响，但大多没有达到变革者的理想。我认为，面对它们所处的时代环境，他们的变革太激进、太僵化，冲破阻力的方法太苛刻。如果他们用较长时间来实践，而不是太急迫、太全面，收效也许会好一些。其实就是缺少灰度。方向是坚定不移的，但并不是一条直线，也许是不断左右摇摆的曲线，在某些时段来说，还会画一个圈，但是我们离得远一些或粗一些来看，它的方向仍是紧紧地指着前方。

我们今天提出了以正现金流、正利润流、正的人力资源效率增长以及通过分权制衡的方式，将权力通过授权、行权、监管的方式，授给直接作战部队，这也是一种变革。在这次变革中，也许与二十年来的决策方向是有矛盾的，也将涉及许多人的机会与前途，我想我们相互之间都要有理解与宽容。(2008年)

本章小结

在国际先进阶段，华为大规模拓展国际市场，国际市场收入已经超过国内市场收入，华为员工人数也由2003年的两万余人增长到2010年的十一万余人。员工人数的大幅增长以及员工地理范围的大幅分散对华为的企业文化提出了新的要求和挑战。如何统一思想、如何凝聚人心是华为面对十万余名员工时需要思考和回答的重大课题。

在国际先进阶段，华为继续强调诚信文化、服务文化、奋斗文化、自我批判文化和合作文化。通过二十多年的艰苦奋斗，华为悟出了"以客户为中心，以奋斗者为本，长期坚持艰苦奋斗"是华为胜利之本。任正非强调，华为文化的核心是奋斗精神和牺牲精神。华为在国际市场拓展中要继续坚持艰苦奋斗，要通过艰苦奋斗应对危机。不奋斗，华为就没有出路。成功基于奋斗。

面对复杂的国际市场环境，任正非提出"开放、妥协、灰度"文化。任正非认为，在前进的路上，随着时间、空间的变化，必要的妥协是重要的。没有宽容就没有妥协；没有妥协，就没有灰度；不能依据不同的时间、空间，掌握一定的灰度，就难有合理审时度势的正确决策。开放、妥协的关键是如何掌握好灰度。任正非强调，"开放、妥协、灰度"既是华为文化的精髓，也是领导者的风范。

第14章 战略管理：要成为世界通信产业领路人

> 全球化是不可避免的，华为要勇敢地开放自己，不要把自己封闭起来，要积极与西方竞争，在竞争中学会管理。
>
> ——任正非（2005年）

2004年—2010年是华为全面国际化的7年，华为积极拓展海外市场，扩大生存空间，提高生存质量。华为明确提出要成为网络设备的业界最佳，要由跟随者走向世界通信产业的领路人。

面对激烈的市场竞争，华为坚持"鲜花插在牛粪上"的战略思想，严控产品成本，要将"鸡肋产品做成美餐"。

华为在国际先进阶段的战略思想和战略举措不但成功地指引华为公司从百亿规模的企业走向千亿规模的企业，指引华为走向全面国际化，而且为未来成为全球通信产业引领者奠定了坚实的基础。

战略思想：坚持"鲜花插在牛粪上"

大公司基于平台通过并购小公司实现持续快速增长

任正非认为，华为在很多方面不如小公司，小公司就是靠创意，小公司IDEA强。而大公司平台强，平台强就是发现机会后，可以加大投资猛追。因此，思科等国际性企业通过持续收购小公司来获得新的创意和技术，利用自身强大的品牌和营销等平台将小公司的产品推销出去，实现持续快速增长。

将薄利领域的鸡肋产品做成美餐

任正非认为,随着社会和技术的进步,华为公司的通信产品将变得越来越不值钱,像鸡肋一样,很多公司会放弃。华为决定坚守这些薄利领域,将鸡肋产品做成美餐。

EMT 的 830 决议已经明确,华为在通信领域不做资本性的交易,将长期保留通信网络的开发、销售和服务的体系。这个体系将来受社会进步、技术进步的影响,产品会变得越来越不值钱,像鸡肋一样。许多公司会选择逐步放弃,而人们还是需要这些东西的,我将坚持不动摇的持续开发,维护这些鸡肋产品。华为怎么把鸡肋做成美餐?有三个要点,第一,人的奋斗精神是不能丢失的,这方面干部将是决定的因素。第二,管理必须是非常优良的。也就是说流程简洁通畅,监管简单有效。这样就建成了一个优秀的能推出质量好、低成本产品的 IPD 研发体系,覆盖全球的质量好、服务优、内部运作成本低的营销服务网络,一个支持业务发展的优良的管理、财务支撑体系,并且人力资源体系充满和谐,同时最富有组织竞争力,每个人都有努力的空间与机会。整个体系这时冗员很少。第三,在这些低利产品中,要生存下来,唯有实现高质量、优质服务、内部运作低成本和优先满足客户需求。就像薇苣菊一样,在低生存条件下蔓延生长。以后"切"一块这个优质的管理平台的一部分,独立出去再种上有上升势头的产品,必将产生很快的增值。(2006 年)

在经济不景气时加大投入,实现反周期成长

任正非强调,在经济不景气时很多竞争对手都会减少投入。华为不但不减少投入,反而要加大投入,为市场上升做准备。一方面可以用很小的代价购买一些技术和公司,另一方面可以比较廉价地引进一批高级人才。

回想 IT 泡沫崩溃时的情景,当时传输从白马王子跌落到一文不值,许多业界领袖公司,减少了投入。而我们反周期成长,在极度财务困难时,没有减少投入,使我们今天能成为世界第二。我们不要太封闭的以自我为基础,要继续加大开放、合作的力度。八年前我们用 400 万美元,收购了一家美国濒于崩溃的小公司,从而使我们在长距离光传输上技术成了世界第一。也从这个例子看到,要努力去吸收已经成功的人类文明,不要过分狭隘地自主创新,那样会减缓我们的速度。因此,我们的研发,应该强调集成开发,多吸收一些别人的先进成果。(2008 年)

产品线要长短结合，相得益彰

任正非认为，当长得长，当短得短；长短结合，相得益彰。这就是战略。在长线产品方面，要拒绝机会主义，要敢于长期大规模投入，为明天的大发展奠定基础。在短线产品方面，要敢于机会主义，抓住产品机会窗，赢得利润，支持长线产品的研发投入。

我们要坚持以 3GPP 为大标准的路线不动摇，搭大船，过大海。坚持在大平台上持久地大规模投入，拒绝机会主义，拒绝短视。要看到 30 亿用户共同一张网、并如何不断地及时更新，满足客户需求，提供及时有效的服务，其技术支持的艰难度，是很难想象的，我们依然任重道远。我们要坚信全 IP、有线无线合一的宽带化是未来的道路。敢于加大投入，敢于吸收有用的人才与我们一起奋斗，共享未来的成功。

我们同时要对短线无线产品，以及其他无线配套产品进行开发。在有清晰长远目标思路的条件下，要敢于抓住机会，赢得利润，以支持长线产品的生存发展。我们要培养起一大群敢于"抢滩登陆"的勇士，这些人会不断激活我们的组织与干部体制。尽管"抢滩"的队伍不担负纵深发展的任务。但干部成长后，也会成为纵深发展的"战役家"。只有敢于胜利，才能善于胜利。"猛将必发于卒伍，宰相必起于州郡"，我们各级部门，要善于从成功实践者中选拔干部。没有基层实践经验的干部，需要补上这一课，不然难以担起重任。（2008 年）

只有恰到好处地"拧毛巾"严格控制成本，企业才能生存

市场经济的过剩必然带来价格战，价格战就要求企业严格控制成本。成本就像毛巾里的水，拧过度了可能会将毛巾拧断。企业管理的功力就体现在能够不停地、使劲地拧毛巾，但是保持毛巾不断。

市场经济的过剩就像绞杀战一样。绞杀战如什么呢？就如拧毛巾，这毛巾只要拧出水来，就说明还有竞争空间，毛巾拧断了企业也完了，只有毛巾拧干了，但是还不断，这才是最佳状态。华为公司能长久保持这个状态吗？我这两天批了一个文件给业务部征求意见，我提到了思科，思科现在开始实行很多政策，如减少员工出差、减少会议，来提高效率。高层领导出差不能坐头等舱，要坐须自己掏钱等。思科尚且如此，华为就能独善其身？

支撑信息产业发展的两个要素,一是数码,取之不尽用之不竭,还不用缴任何专利费;二是二氧化硅,做硅片的。这两个东西导致了电子产品过剩。产品过剩的结果就是大家都拧毛巾。西方公司过去日子太好了,拧的水太多了,所以拧着拧着就把自己拧死了。我们也不是最佳状态,我们公司的铺张浪费还是有很多的。(2008年)

坚持"深淘滩、低作堰",渡过经济危机

在2009年经济危机到来之际,任正非要求各级干部要抓住主要矛盾和矛盾的主要方面,要多做一些自我批判,要"深淘滩、低作堰",渡过风险,培养出一批新人。

风华绝代总是乱世生,二十年我们刚刚长成,就遇到了国际风云变幻、各种过激环境的影响,年轻的我们大多数还揣满了幻想,我们是否有能力渡过这场危机,时代正考验着我们。未来的不可知性使我们的前进充满了风险,面对着不确定性,各级主管要抓住主要矛盾以及矛盾的主要方面,要有清晰的工作方向,以及实现这些目标的合理节奏与灰度;多做一些自我批判,要清醒感知周围世界的变化,"深淘滩,低作堰"。"深淘滩"就是多挖掘一些内部潜力,确保增强核心竞争力的投入,确保对未来的投入,即使在金融危机时期也不动摇;"低作堰"就是不要因短期目标而牺牲长期目标,多一些输出、多为客户创造长期价值。"财散人聚,财聚人散",能救我们的,只有我们自己。各个部门要自己与自己比,今年与去年比,进步了没有,没有进步的是否可以把位子让出来。只要我们能不断提高效率,我们就能渡过风险,而且成长起一代新人。

"沉舟侧畔千帆过,病树前头万木春。"我们要在时代的大潮中,迎着风浪快速前进。只要我们不怕牺牲自己,只要我们努力地提高效率,我们一定会渡过难关。三五年后,我们将屹立在世界的舞台上。风华绝代总是乱世生,相信江山代有才人出,期望你成长起来,担负起我们的未来。

"日出江花红胜火,春来江水绿如蓝",期盼我们能共享春天的明媚。我们的目标一定要实现,也一定能实现。(2009年)

不离开传统去盲目创新

华为坚持不离开传统去盲目创新,要基于已经存在的基础去创新。任正非强调,华为的云计算业务要基于现有的管道业务开发应用，不要盲目学习西方公司，开发很多没有实际应用对象的产品。任正非强调"鲜花要插在牛粪上"，离开了传统网络，华为的"云"就不能生存。但华为基于电信网络这个东西做云平台，"云"马上就可以用，容易促成它的成熟。

华为长期坚持的战略，是基于"鲜花插在牛粪上"的战略，从不离开传统去盲目创新，而是基于原有的存在去开放、去创新。鲜花长好后，又成为新的牛粪，我们永远基于存在的基础上去创新。在云平台前进的过程中，我们一直强调"鲜花要插在牛粪上"，绑定电信运营商去创新，否则我们的"云"就不能生存。我们首先是基于电信运营商需求来做云平台、云应用。与其他厂家从IT走入"云"有不同。我们做的"云"是电信运营商马上就可以用，容易促成它的成熟。（2010年）

在公司层面设置蓝军参谋部，提高公司战略决策科学性

华为在完成IPD、ISC、IFS等系列基础性变革后，逐渐建立了规范性的管理体系。在公司高层治理体系上，华为设有董事会、EMT办公会议，同时还分门别类引进了外脑机构——不同的顾问咨询班子。

为了进一步提高战略性重大决策的科学性，华为在公司层面的战略与发展委员会下设了一个特殊机构：蓝军参谋部。"红军"代表华为现行的战略发展模式，"蓝军"则代表主要竞争对手或创新型的战略发展模式。"蓝军"主要任务是唱反调，虚拟各种对抗声音，通过自我批判为董事会提供决策建议，保证华为走在正确的战略道路上。

华为规定，要从"蓝军"的优秀干部中选拔"红军"司令。任正非认为："你都不知道如何打败华为，说明你已到天花板了。"由此可见，华为公司对蓝军参谋部的重视。具体而言，蓝军参谋部的主要职责如下：

① 从不同的视角观察公司的战略与技术发展，进行逆向思维，审视、论证"红军"战略/产品/解决方案的漏洞或问题，模拟对手的战略/产品/解决方案策略，指出"红军"战略/产品/解决方案的漏洞或问题。

② 建立"红、蓝军"的对抗体制和运作平台，在公司高层团队的组织下，采用辩论、模拟实践、战术推演等方式，对当前的战略思想进行反向分析和批判性辩论，在技术层面寻求差异化的颠覆性技术和产品。

③ 协助各BG（事业部）的"蓝军"部建设，负责"蓝军"体系的流程、平台建设和运作，组织进行经验与能力的共享。

"蓝军"团队为华为的每一项正确的战略决策保驾护航，降低了公司的战略风险。2008年，华为计划将华为终端出售给贝恩资本。"蓝军"发现了终端的重要性，提出了"云管端"战略，从而避免了终端业务的转手。如今，终端业务已经成为华为战略核心业务之一，2015年销售收入近1300亿元，同比增长超过70%，占总收入近三分之一的比重（2015年华为总销售收入3950亿元），智能手机销量全球第三、国内第一。

系统解读华为愿景、使命和战略

2005年，任正非系统解读了华为的愿景、使命和战略。2007年，华为提出战略目标是要成为网络设备的业界最佳。2010年，华为提出要成为世界通信产业领路人。

华为愿景：丰富人们的沟通与生活

华为愿景为丰富人们的沟通与生活，其实也是讲未来网络对这个世界的作用。

由于制造可以被剥离出来，销售与服务可以贴近市场，它们之间的关联可以通过网络来进行，经济的全球化不可避免。华为的愿景就是不断通过自己的存在，来丰富人们的沟通、生活与经济发展，这也是华为公司作为一个企业存在的社会价值。我们可以达到丰富人们的沟通和生活，也能够不断促进经济的全球化发展。华为自身也不可能回避全球化，也不可能有寻求保护的狭隘的民族主义心态。因此，华为从一开始创建就呈全开放的心态。在与西方公司的竞争中，华为学会了竞争，学会了技术与管理的进步。因此，只有破除了狭隘的民族自尊心才是国际化，只有破除了狭隘的华为自豪感才是职业化，只有破除了狭隘的品牌意识才是成熟化。当然网络也会对国家产生负面影响，主要是意识形态方面。这些破坏与影响不可能通过技术手段来控制，主要靠法律以及人们的自律来控制。例如，互联网促进了技术的交流与进步，但也可能摧毁一个国家的正确价值观。罗马俱乐部的一份报告指出，未来能够颠覆这个世界秩序的只有互联网。美国的一份报告中指出，未来20年有可能摧毁美国国家价值观的只有互联网。（2005年）

华为使命：华为的追求是实现客户的梦想

华为的追求是实现客户的梦想。华为使命是聚焦客户关注的挑战和压力，提供有竞争力的通信解决方案和服务，持续为客户创造最大价值。

十年以前，华为就提出：华为的追求是实现客户的梦想。历史证明，这已成为华为人共同的使命。以客户需求为导向，保护客户的投资，降低客户的 Capex 和 Opex，提高了客户竞争力和盈利能力。至今全球有超过 1.5 亿电话用户采用华为的设备。我们看到，正是由于华为的存在，丰富了人们的沟通和生活。今天，华为形成了无线、固定网络、业务软件、传输、数据、终端等完善的产品及解决方案，给客户提供端到端的解决方案及服务。全球有 700 多个运营商选择华为作为合作伙伴，华为和客户将共同面对未来的需求和挑战。(2005 年)

华为战略的四个方面

① 为客户服务是华为存在的唯一理由；客户需求是华为发展的原动力。
② 质量好、服务好、运作成本低，优先满足客户需求，提升客户竞争力和盈利能力。
③ 持续管理变革，实现高效的流程化运作，确保端到端的优质交付。
④ 与友商共同发展，既是竞争对手，也是合作伙伴，共同创造良好的生存空间，共享价值链的利益。(2005 年)

华为战略目标是成为网络设备的业界最佳

2007 年，华为员工人数已达 7 万人，年营业收入将近 1000 亿元，华为提出要成为网络设备的业界最佳的战略目标。"质量好、服务好、内部运作成本低、优先满足客户需求"是华为达到这一目标的四大策略。

华为通过不断聚焦价值国家市场、价值客户、价值产品，加大专业服务的投入，不断增加服务收入，丰富公司未来的增长点。华为期望获得更多价值运营商的认同，华为产品和服务解决方案进入更多的国家和地区，促进全球的销售规模进一步增长。华为还通过进一步提升精细化和规范化管理水平，确保在规模增长的同时，获得更好的盈利能力。

华为要成为世界通信产业领路人

经过二十余年的艰苦奋斗，到 2010 年华为公司的年营业收入近 2000 亿元，员工人数近 10 万人，70% 左右的收入来自国际市场。这时，通信领域能够与华为直接竞争的对手已经只剩下爱立信和思科。2010年年底，任正非在云计算发布会演讲时说，华为要由跟随者成为世界通信产业领路人。任正非称，华为在云平台上要在不太长的时间里赶上、超越思科，在云业务上要追赶谷歌，让全世界所有的人，像用电一样享用信息的应用与服务。

我们已经走到了通信业的前沿，要决定下一步如何走，是十分艰难的问题。我们以前靠着西方公司领路，现在我们也要参与领路了，我们也要像西方公司一样努力地对世界做贡献。每年我参加巴塞罗那3GPP大会都会感触良多，感谢那些领路人的远见与胸怀博大。这种胸怀博大、无私开放、友善合作，构筑了3GPP在全球的胜利。领路是什么概念？就是"丹柯"。丹柯是一个神话人物，他把自己的心掏出来，用火点燃，为后人照亮前进的路。我们也要像丹柯一样，引领通信产业前进的路。这是一个探索的过程，在这个过程中，因为对未来不清晰、不确定，可能会付出极大的代价。但我们肯定可以找到方向，找到照亮这个世界的路，这条路就是"以客户为中心"，而不是"以技术为中心"。我们将这些探索更多的开放并与伙伴共享。我们不仅会有更多的伙伴，而且更加不排外，愿意与不同价值观的对手加强合作与理解。（2010年）

全球化战略：东方不亮西方亮，黑了北方有南方

积极扩大海外市场，扩大生存空间，提高生存质量

为了扩大生存空间，提高生存质量，华为积极扩大海外市场，将优秀的人才派到海外去。华为2003年海外市场收入占比不到30%，到2007年海外市场收入占比达到70%。积极扩展海外市场，不但有利于实现收入均衡、快速增长，还有利于企业培养人才、提升产品和服务水平、提升管理水平、提升企业的市场竞争力。

我们要积极扩大海外市场，"东方不亮西方亮，黑了北方有南方"。我们扩大海外市场，就可以扩大我们的生存空间，提高我们的生存质量。我们的员工要前仆后继的奔向国际市场。世界各地，特别是发展中国家，经济水平存在严重的不平衡，存在着很多机会，对于这些地区的市场开拓，我还是很有信心的。我们多一些人到海外去，在这些领域内多发展，就解决了我们公司的平衡问题。这样，虽然市场下滑，但是我们合理配置，人均效益会上升。

要特别说明，千万不要把不够优秀的人推荐到海外去。千万不要像卸包袱一样地向国外卸，这一点大原则要明确。建议干部部门要建立制度，凡是哪个办事处推荐的员工在海外出问题，推荐他的主任就要给予一定的处分。(2004年)

全球化是必然选择，华为要勇敢地开放自己

任正非指出，全球化是不可避免的，华为要勇敢地开放自己，不要把自己封闭起来，要积极与西方企业竞争，在竞争中学会管理。

十多年来我们从来没有提过我们是民族的工业，因为我们必须是全球化的。如果我们把门关起来，靠保护自己生存，一旦开放，我们将一触即溃。同时，我们努力用自己的产品支持全球化的实现。(2005年)

合作、竞争与并购：要让同盟军活过冬天

困难时期不要亏待同盟军

任正非强调，在经济不景气时要注意保护代理商、分销商等同盟军的利益，要给他们生存空间，要让他们活过冬天。这样，当春天来临时，这些同盟军就可以抢占市场份额，为华为发展做贡献。

我们还要善于建立同盟军。在目前残酷的竞争环境下，宁亏我们不能亏同盟军，我们亏一点能亏得起，同盟军亏一点就死掉了。我们现在有两百多个同盟军，只要他们不做和我们竞争的事情，不伤害我们的利益，我们就要保护同盟军的利益。比如，我们的通信代理口，分销这个口，会出现很大的困难。当价格越来越低，给代理的利益越来越少，你要研究怎么能保护我们的同盟军，我们期望有一定的同盟军。一旦春天到来，这些同盟军就可以生龙活虎出去抢单，我们就缓过劲来了。(2004年)

适当地和竞争对手开展合作，降低研发成本

在经济困难时期，任正非要求华为适当地和竞争对手开展合作研发，以降低研

发成本和产品成本，增强产品的市场竞争力，共同度过"冬天"。

适当地和竞争对手开展合作，降低研发成本。孙总上个季度在欧、美会见了业界同业公司的最高层领导，大家讨论了在竞争的基础上，加强彼此间的相互了解和合作问题。为什么不可以和对手公司合作？谁还有本事把价格再涨起来？继续降成本，成本还有哪里可降的？对我们公司，如果我们和对手联合起来进行研发，共同研发一个产品，研发成本降低一半，我们的成本就降低了一半。竞争对手也要手拉手，也要走向合作。因为都要渡过这场灾难啊！（2004年）

与港湾网络竞争，惨胜如败

2000年，李一男从华为离职，自行创业，创建了港湾网络。大批华为员工离职加入港湾网络，带走了很多华为的技术资料和商业秘密。港湾网络在多个领域开发与华为类似的产品，直接与华为争夺客户和市场。为应对港湾的挑战，华为公司成立了"打港办"，凡是港湾网络竞争的客户一定要不惜代价争取过来。通过几年惨烈的竞争，最终迫使港湾网络放弃竞争，被华为并购，李一男及部分出走员工回归华为。任正非在与回归华为的员工座谈时，对港湾网络与华为的竞争进行了回顾和总结。

你们开始创业时，只要不伤害华为，我们是支持和理解的。但是你们在风险投资的推动下，所做的事对华为造成了伤害，我们只好做出反应，而且矛头也不是对准你们的。2001年至2002年华为处在内外交困、濒于崩溃的边缘。你们走的时候，华为是十分虚弱的，面临着很大的压力。包括内部许多人，仿效你们推动公司的分裂，偷盗技术及商业机密。当然真正始作俑者是西方的基金，这些基金在美国的IT泡沫破灭中惨败后，转向中国，以挖空华为，窃取华为积累的无形财富，来摆脱他们的困境。华为那时弥漫着一片歪风邪气，都高喊资本的早期是肮脏的口号，成群结队地在风险投机的推动下，合手偷走公司的技术机密与商业机密，像很光荣的一样，真是风起云涌，使华为摇摇欲坠。竞争对手也利用你们来制约华为，我们面对了基金、竞争对手更大的压力。头两年我们通过加强信息安全、交付件管理才逐步使研发稳定下来；加强市场体系的干部教育与管理，使市场崩溃之风停住了。开了干部大会，稳定了整个组织，调整了士气，使公司从崩溃的边缘，又活回来。后来我们发现并不是在和你们竞争，主要面对的是基金和竞争对手，如果没有基金强大的力量，你们很难招架得住我们的竞争压力。我们敏锐地感觉到基金的力量与巨大的威胁，如果我们放弃竞争只有死路一条。如果基金这样做在中国获得全面胜利，那么对中国的高科技是一场灾难，它波及的就不只有华为一家了。因此，放任，对我们这种管理不善的公司是一个悲剧，我们没有退路，只有坚决和基金做斗争。当然也要面对竞争对手的利用及挤压。因此，较大地挫伤了你们，为此表达我的歉意。这两年我们对你们的竞争力度是大了一些，对你们打击重了一些，这几年在这种情况下，为了我们自己活下去，不竞争也无路可走，这就对不起你们了，为此表达歉意，希望你们谅解。不过华为逐鹿中原，也是惨胜如败。但愿我们摒弃过去，面向未来，取得双赢。(2006年)

如何与思科竞争

思科是华为在数据通信领域的主要竞争对手。华为提出，在低端产品上要与思科缩小差距，在中高端产品上要加大研发投入力度。

我们坚持将IP的理念，引入到所有的通信产品。同时数据通信产品，也要吸收传输、交换的经验及有关人才，在中低端产品上要缩小与思科的差距，在中高端产品上要支持我们的核心网进步。我们相信经过十几年的厚积薄发，聚焦在通信领域持续投入，提供端到端的电信级IP解决方案与服务，我们一定会重生，我们的青春生命会放射出灿烂的光芒。(2008年)

本章小结

在国际先进阶段,华为的客户主要还是电信运营商,但是海外客户收入已经超过国内客户收入。华为的产品也已经由电信运营商产品向企业用户产品和消费者用户产品延伸。在此阶段,华为系统解读了公司的愿景、使命、战略、战略目标,为公司未来发展指引了方向,明确了重点。华为明确提出了要成为网络设备业界最佳的战略目标,任正非对华为人提出了要由跟随者走向世界通信产业领路人的战略要求。

任正非认为未来市场竞争将会越来越激烈,通信产品将会越来越不值钱。因此,任正非要求华为人严控产品成本,将鸡肋产品做成美餐。任正非要求华为不要离开传统去盲目创新,要坚持"鲜花插在牛粪上",在现有技术和市场等积累的基础上去创新,以降低成本,提高成功率。华为通过在公司层面设立蓝军参谋部,提高公司战略决策的科学性。

任正非指出,全球化是不可避免的,华为要勇敢地开放自己,不要把自己封闭起来,要积极与西方企业竞争,在竞争中学会管理。华为提出要积极扩大海外市场,扩大生存空间,提高生存质量,做到"东方不亮西方亮,黑了北方有南方"。

任正非要求,华为要善待同盟军,困难时期不要亏待同盟军,要让同盟军活下去。华为适当和竞争对手开展合作,以降低研发成本。华为通过采取寸土必争的策略最终收购了港湾网络,任正非用"惨胜如败"形容与港湾网络的竞争。

第 15 章 管理举措：基于客户需求导向的企业管理

> 企业间的竞争，说穿了是管理竞争。如果对方是持续不断的管理进步，而我们不改进的话，就必定衰亡了。
>
> ——任正非（2008 年）

国际先进阶段的 7 年，是华为公司规模快速扩张的 7 年，是华为公司国际收入大幅超过国内收入的 7 年，更是华为公司大幅管理变革和管理提升的 7 年。通过 7 年面向国际市场的艰苦奋斗，华为已经由一家本土企业发展成为一家"国际化大公司"。在这 7 年，华为不仅启动了公司 EMT 轮值主席制度，正式成立了华为大学，还启动了领导力开发变革项目，启动了 IFS 财经变革项目，启动了 LTC 变革项目，大幅变革了营销管理体系。华为这 7 年的管理变革和管理优化为下一阶段发展成为全球化企业奠定了坚实的基础。

任正非指出，西方国家认为，最重要的是管理而不是技术，但在我们国家，很多人认为最重要的是技术。因此，在国内，重技术轻管理，重技术轻客户需求，还是比较普遍的。

客户需求管理：把握住客户的关键需求

任正非认为，在产品和解决方案领域要围绕客户需求持续创新。任何先进的技术、产品和解决方案，只有转化为客户的商业成功才能产生价值。在产品投资决策上，坚持客户需求导向优先于技术导向。要在深刻理解客户需求的前提下，对产品和解决方案进行持续创新，公司的产品和解决方案才会有持续竞争力。

为客户服务是华为存在的唯一理由

任正非指出,企业的所有回报都是源于客户,只有客户给企业钱,因此为客户服务是企业存在的唯一理由。企业要洞察客户需求,要提供让客户满意的产品和服务,要帮助客户成功,这样客户才会帮助企业成功。

从企业活下去的根本来看,企业要有利润,而利润只能从客户那里来。华为的生存本身是靠满足客户需求,提供客户所需的产品和服务并获得合理的回报来支撑;员工是要给工资的,股东是要给回报的,天底下唯一给华为钱的,只有客户。我们不为客户服务,还能为谁服务?客户是我们生存的唯一理由!既然决定企业生死存亡的是客户,提供企业生存价值的是客户,企业就必须为客户服务。现代企业竞争已不是单个企业与单个企业的竞争,而是一条供应链与供应链的竞争。企业的供应链就是一条生态链,客户、合作者、供应商、制造商的命运在一条船上。只有加强合作,关注客户、合作者的利益,追求多赢,企业才能活得长久。因为,只有帮助客户实现他们的利益,华为才能在利益链条上找到自己的位置。只有真正了解客户需求,了解客户的压力与挑战,并为其提升竞争力提供满意的服务,客户才能与你的企业长期共同成长与合作,你才能活得更久。所以需要聚焦客户关注的挑战和压力,提供有竞争力的通信解决方案及服务。(2005年)

优先满足客户需求

任正非认为,华为所处的通信行业属于投资类市场,客户购买供应商的产品和服务是为了获取长期的收益和回报。因此,客户对供应商的产品质量、服务质量、产品成本及对客户需求的满足度都会有严格的要求。

华为所处的通信行业属于投资类市场,客户购买通信网络设备往往要使用10年—20年,而不像消费品一样使用年限较短。因此,客户购买设备时首先是选择伙伴,而不是设备,因为他们知道,一旦双方合作,就需在一个相当长的时间内共同为消费者提供服务。因此,客户选择的合作伙伴不但要具有领先的技术水平,高度稳定可靠的产品,能快速响应其发展的需求,而且还要服务好,这个企业有长远生存下去的可能。如果达不到前面几个条件,就是送给客户,客户也不要。客户的基本要求就是质量好、服务好、价格低,且要快速响应需求,这就是客户朴素的价值观,这也决定了华为的价值观。但是质量好、服务好、快速响应客户需求往往意味着高成本,意味着高价格,客户又不能接受高价格,所以华为必须做到质量好、服务好、价格低,优先满足客户的基本需求,才能生存下去。当然,价格低就意味着只有做到内部运作成本低一条路,不仅要在各个运作环节寻找优化,还要在员工工资薪酬理智合理地控制,不然客户是不会接受你的员工的舒适的工作与生活,以及员工的高工资,高成本,凌驾在他们头上。另一方面,客户只有获得质量好、服务好、价格低的产品和解决方案,同时合作伙伴又能快速响应其需求,才能提升其竞争力和盈利能力。(2005 年)

要帮助战略客户提升竞争力和盈利能力

华为通过快速响应战略客户的需求,提供质量好、服务好的产品和解决方案,帮助战略客户在激烈的市场竞争中胜出,提升客户的竞争力和盈利能力。这同时也巩固了华为与战略客户的关系,提升了华为的市场竞争力,促进了华为的盈利增长。

我们来看一下 AIS 案例。1998 年,我们公司和 AIS 合作时,AIS 还是泰国的一个小移动运营商。通过华为公司快速响应 AIS 的需求,并提供质量好、服务好的产品和解决方案,使 AIS 一跃成为泰国最大的运营商,并成为泰国股市市值最大的公司。1999 年 6 月,AIS 和 DTAC 同时推出了预付费业务。华为公司为 AIS 提供产品、解决方案及服务,先后 8 次对设备进行建设和扩容,帮助 AIS 把竞争对手远远地甩在了后面。华为在 60 天内完成了设备的安装和测试,快速满足了 AIS 的需求,比起业界平均周期大大缩短,有力帮助了 AIS 领先对手快速抢占市场,构筑了竞争力。华为专门为 AIS 开发的高达 80 项的业务特性(AIS 在发展过程中的新需求),有效地提升了 ARPU 值,提高了盈利能力和竞争力。(2005 年)

要研究适应客户的各种需求,要把握住关键的要素

任正非强调,要在深入研究客户需求的基础上,把握住客户需求的关键要素,做出让客户满意的产品,取得产品研发的商业化成功。

我们坚信未来以 IP 为基础的传输市场,随着信息流每年的数倍增长,会有极大的空间。我们在这方面要加大投入,从芯片做起。现行光网络传输还会不断更新和扩容。未来从极大容量的高质量传输,到极小容量的低成本的 IP 传输,都是极富挑战的,随着网络的宽带化,传输的要求发生了很大的变化,而且越来越要求在骨干传输中,使用超大容量的优质产品。随着光纤到户,光纤到桌面,其体积越来越小、

成本越来越低、使用越来越方便、越来越容易维护，并满足一定宽带的低端IP设备，会呈爆炸式增长。我们要研究适应客户的各种需求，要把握住关键的要素。（2008年）

做厚客户界面，形成面向客户的"铁三角"作战单元

为了提高响应客户需求、服务客户的效率和质量，华为公司借鉴美军特种兵的组织模式，面向客户组成"铁三角"作战单元。"铁三角"作战模式能实现"让听得见炮声的人做决策"，提升前线的决策权力，让前线直接呼唤炮火，后方配合前方作战。通过前方拉动后方的方式，降低后方的官僚主义作风，缩短运作流程，提升公司运作效率和竞争力。华为强调对客户经理进行四个要素考核：解决方案、客户关系、交付以及商务和融资。

北非地区部努力做厚客户界面，以客户经理、解决方案专家、交付专家组成的工作小组，形成面向客户的"铁三角"作战单元，有效地提升了客户的信任，较深地理解了客户需求，关注良好有效的交付和及时的回款。

铁三角的精髓是为了目标，而打破功能壁垒，形成以项目为中心的团队运作模式。公司业务开展的各领域、各环节，都会存在铁三角，三角只是形象说法，不是简单理解为三角，四角、五角甚至更多也是可能的。这给下一阶段组织整改提供了很好的思路和借鉴，公司主要的资源要用在找目标、找机会，并将机会转化成结果上。我们后方配备的先进设备、优质资源，应该在前线一发现目标和机会时就能及时发挥作用，提供有效的支持，而不是拥有资源的人来指挥战争、拥兵自重。（2009年）

让听得见炮声的人来决策

任正非指出，应该让听得见炮声的人来决策。但当时华为的做法恰好是反过来的。机关不了解前线，但拥有太多的权力与资源，为了控制运营的风险，自然而然的设置了许多流程控制点，而且不愿意授权。过多的流程控制点，会降低运行效率，增加运作成本，滋生了官僚主义及教条主义。

2008年华为提出将指挥所（执行及部分决策）放到听得到炮响的地方去，计划预算开始以地区部、产品线为基础，把决策权根据授权规则授给一线团队，后方起保障作用。这样流程梳理和优化要倒过来做，就是以需求确定目的，以目的驱使保证，一切为前线着想，就会共同努力地控制有效流程点的设置。从而精简不必要的流程，精简不必要的人员，提高运行效率，为生存下去打好基础。任正非强调，华为机构设置的目的，就是为作战，作战的目的，是为了取得利润。平台的客户就是前方作战部队，作战部队不需要的，就是多余的。

前方要准确清晰地提出并输入需求，后方要能清楚准确地理解前方的需求，按需求提供支持。只要前方的需求没有发生变动，所有的协调工作，应由后方平台之间自行协调完成，而且必须在前方需求的时限内完成。前方的需求变化了，要及时准确反馈给后方。

用一个形象的术语来描述，我们过去的组织和运作机制是"推"的机制，现在我们要将其逐步转换到"拉"的机制上去，或者说，是"推""拉"结合，以"拉"为主的机制。"推"的时候，是中央权威的强大发动机在推，一些无用的流程，不出功的岗位，是看不清的。"拉"的时候，看到哪一根绳子不受力，就将它剪去，连在这根绳子上的部门及人员，一并减去，组织效率就会有较大的提高。我们进一步改革的目的，是为了前端组织的技能可以变成全能的，但并非意味着组织要去设各种功能的部门。基层作战单元在授权范围内有权力直接呼唤炮火（指在项目管理上，依据IBM的顾问提供的条款、签约、价格三个授权文件，以毛利及现金流进行授权，在授权范围内直接指挥炮火，超越授权要按程序审批），当然炮火也是有成本的，谁呼唤了炮火，谁就要承担呼唤的责任和炮火的成本。后方变成系统支持力量，必须及时、有效地提供支持与服务，以及分析监控。公司机关不要轻言总部，机关不代表总部，更不代表公司，机关是后方，必须对前方支持与服务，不能颐指气使。（2009年）

从"以技术为中心"向"以客户为中心"转移，做工程商人

2010年，任正非指出，华为研发正处在一个从"以技术为中心"，向"以客户为中心"转移的时期。研发体系中大多数人都是工程师，渴望把技术做得很好，认为把技术做好才能体现自己的价值。简简单单地把东西做好，在研发中也许评价是不高的，而把事情做得复杂，显得难度很大，反而评价很高。这就不是以客户为中心，客户需要实现同样目的的服务，是越简单越好。我们要使那些能把功能简简单单做好的工程商人得到认可，才能鼓励以客户为中心的思想在研发中成长。任正非希望大家不仅仅做工程师，还要做商人，多一些商人的味道。

这个世界需要的不一定是多么先进的技术，而是真正满足客户需求的产品和服务，而且客户需求中大多是最简单的功能。华为在创业初期是十分重视客户需求的。

当时，客户要什么我们就赶快做什么，这帮助我们实现从农村走向城市。但当我们壮大后，就想把自己的意志强加给客户。客户需求量大但技术简单的东西，我们不去认真做到最好，反而客户不怎么用但技术很尖端的东西，我们却耗费很大的精力和成本做到最好，这就是工程师，这就是以技术为中心。

西方国家认为，最重要的是管理而不是技术，但在我们国家，很多人认为最重要的是技术。因此，在国内，重技术轻管理，重技术轻客户需求，还是比较普遍的。但主宰世界的是客户需求。我希望大家改变思维方式，不仅仅是工程师，还要做工程商人，多一些商人味道。要完成从"以技术为中心"向"以客户为中心"转移的伟大变革。（2010年）

以满足客户需求为中心进行产品和解决方案体系变革

华为各产品线各自为阵的情形比较突出，一线项目团队要不停打电话分别协调各种后方资源。为了适应让听得见炮声的人来呼唤炮火的管理模式的转变，华为以满足客户需求为中心进行产品解决方案体系变革。在面向客户的合同获取与合同履行环节，以解决方案为参战部队，以产品线为支持部队，通过解决方案协调各产品线。

我们的产品、解决方案体系和各条产品线都存在着自我、自豪、自信的情绪，它确实鼓舞着我们走出了"青纱帐"，取得了一系列的胜利。我们相当多的产品线，还是十分优秀的。但我们需要的不是自己的自豪，而是客户的自豪。

今年我们将对产品与解决方案体系及后方机构进行改革，以适应让听得见炮声的人来呼唤炮火的管理模式的转变。要以满足客户需求为中心，为他们提供解决方案。我提议，在面向客户的合同获取与合同履行环节，以解决方案为参战部队，以产品线为支持部队。解决方案像一朵大云，云下面有若干小云，还有七彩云、各种需求的云……产品线作为支持部队，应是最精良的部队，不一定什么都做，但要做就要做到最好。

我们逐步要使后方的支持服务联勤化，不要让前方不停打电话，分别协调后方各种资源，而是前方只管往前冲，后方的支持依据前方的指令，联合所有业务，联勤服务。（2010年）

基于客户需求导向的企业管理

任正非认为,客户购买产品,一般都很关注以下五个方面:产品质量高、可靠稳定;技术领先,满足需求;及时有效和高质量的售后服务;产品的可持续发展、技术的可持续发展和公司的可持续发展;产品功能强大,能满足需要且价格有竞争力。任何公司都有可能很容易做到其中的一条,但要同时做到五条不容易。华为紧紧围绕着客户关注的五个方面的内容,将这五条内容渗透到公司管理的各个方面。

基于客户需求导向的组织建设

为使董事会及经营管理团队（EMT）能带领全公司实现"为客户提供服务"的目标,华为在经营管理团队专门设有战略与客户常务委员会,该委员会主要承担务虚工作,通过务虚拨正公司的工作方向,董事会及管理团队在方向上达成共识,然后授权管理团队通过行政部门去决策。该委员会为 EMT 履行其在战略与客户方面的职责提供决策支撑,并帮助 EMT 确保客户需求驱动公司的整体战略及其实施。

在公司的行政组织结构中,建立了战略与 Marketing 体系,专注于客户需求的理解、分析,并基于客户需求确定产品投资计划和开发计划,以确保客户需求来驱动华为公司战略的实施。

在各产品线、各地区部建立 Marketing 组织,贴近客户、倾听客户需求,确保客户需求能快速地反馈到公司并放入到产品的开发路标中。同时,明确贴近客户的组织是公司的"领导阶级",是推动公司流程优化与组织改进的原动力。

华为的设备用到哪里,就把服务机构建到哪里,贴近客户提供优质服务。在中国三十多个省市和三百多个地级市都建有我们的服务机构,我们可以了解到客户的需求,我们可以做出快速的反应,同时也可以听到客户对设备运用和使用等各个方面的一些具体的意见。现在,全球九十多个国家分别建有这种机构,整天与客户在一起,能够知道客户需要什么,以及在设备使用过程中有什么问题,有什么新的需要改进,都可以及时反馈到公司。(2005 年)

基于客户需求导向的产品投资决策和产品开发决策

华为的投资决策是建立在对客户多渠道收集的大量市场需求的去粗取精、去伪存真、由此及彼、由表及里的分析理解基础上的,并以此来确定是否投资及投资的节奏。已立项的产品在开发过程的各阶段，要基于客户需求来决定是否继续开发或停止或加快或放缓。

在产品开发过程中构筑客户关注的质量、成本、可服务性、可用性及可制造性

华为任何产品一立项，就成立由市场、开发、服务、制造、财务、采购、质量人员组成的团队（PDT），对产品整个开发过程进行管理和决策，确保产品一推到市场就满足客户需求。通过服务、制造、财务、采购等流程后端部门的提前加入，在产品设计阶段充分考虑和体现了可安装、可维护、可制造的需求，以及成本和投资回报。同时，产品一旦推出市场，全流程、各环节都做好了准备，摆脱了开发部门开发产品，销售部门销售产品，制造部门生产产品，服务部门安装和维护产品的割裂状况，同时也摆脱了产品推出后，某些流程节点或环节不知道或没有准备好的状况。

基于客户需求导向的人力资源及干部管理

客户满意度是华为从总裁到各级干部的重要考核指标之一。外部客户满意度是委托盖洛普公司帮助调查的。客户需求导向和为客户服务蕴含在干部、员工的招聘、选拔、培训教育和考核评价之中，强化对客户服务贡献的关注，固化干部、员工选拔培养的素质模型，并固化到招聘面试的模板中。

我们给每一位刚进公司的员工培训时都要讲《谁杀死了合同》这个案例，因为所有的细节都有可能造成公司的崩溃。我们注重人才选拔，但是名牌大学前几名的学生不考虑，因为我们不招以自我为中心的学生，他们很难做到以客户为中心。要让客户找到自己的需求得到重视的感觉。现在很多人强调技能，其实比技能更重要的是意志力，比意志力更重要的是品德，比品德更重要的是胸怀。（2005年）

基于客户需求导向的、高绩效的、静水潜流的企业文化

企业文化表现为企业一系列的基本价值判断或价值主张，企业文化不是宣传口号，它必须根植于企业的组织、流程、制度、政策、员工的思维模式和行为模式之中。多年来华为一直强调：资源是会枯竭的，唯有文化才会生生不息。一切工业产品都是由人类的智慧创造的。华为没有可以依存的自然资源，唯有在人的头脑中挖掘出大油田、大森林、大煤矿……精神是可以转化为物质的，物质文明有利于巩固精神文明。华为坚持以精神文明促进物质文明的方针。华为文化，不仅包含了知识、技术、管理、情操……也包含了一切促进生产力发展的无形因素。

华为文化承载了华为的核心价值观，使得华为的客户需求导向的战略能够层层分解并融入到所有员工的每项工作之中。不断强化"为客户服务是华为生存的唯一理由"，提升了员工的客户服务意识，并深入人心。通过强化以责任结果为导向的价值评价体系和良好的激励机制，使得华为所有的目标都以客户需求为导向，通过一系列的流程化的组织结构和规范化的操作规程来保证满足客户需求。由此形成了静水潜流的基于客户导向的高绩效企业文化。华为文化的特征就是服务文化，全心全意为客户服务的文化。

华为是一个功利组织，我们一切都是围绕商业利益。因为只有服务才能换来商业利益。服务的含义是很广的，不仅仅指售后服务，包括从产品的研究、生产到产品生命终结前的优化升级、员工的思想意识、家庭生活等。我们要以服务来定队伍建设的宗旨。我们只有用优良的服务去争取用户的信任，从而创造资源，这种信任的力量是无穷的，是我们取之不尽、用之不竭的源泉。因此，服务贯穿于我们公司及个人生命的始终。（2005年）

研发组织模式：建立跨职能团队，全球同步研发

在国际先进阶段，华为继续坚持每年以销售收入10%以上的费用投入研发，保持研发的强投入。华为继续坚持以客户需求为导向进行创新，继续坚持以商业成功为导向进行创新。在此阶段，华为开始强调基于共用平台进行创新，加大了技术并购和合作研发的力度。

研发体系要建立跨职能团队

新产品开发是全公司的事，新产品开发流程是端到端的公司级流程，要求各个职能部门参与。每个新产品开发项目均应由跨职能团队负责推进，以打破部门墙，提高项目运作效率和质量。

研发对结构继续进行改革是允许的，不能把所有的东西都搞成僵化不变的。我们整个体系还没有完全按IPD运作，会存在流程不畅的问题。流程打通是迫在眉睫的，怎样打通全流程，希望每个PL – IPMT（产品线）提一个小组名单，组成跨部门的小组，先把市场、用服、研发打通，然后再把生产、采购捆进来，共同整改流

程打通问题，简化程序。成立这个跨部门小组，这个小组就代表公司，有决定权，统管所有的流程。当然，这个小组主要是理顺产品线全流程，并不是多了一层机构。(2004年)

在国内外多地设立研发机构，建立国际化全球同步研发体系

2006年，华为已在北京、深圳、上海、南京、西安、成都、武汉等地设立了研发机构，并建立了国际化的全球同步研发体系，在印度的班加罗尔、美国的达拉斯和圣地亚哥、瑞典的斯德哥尔摩、俄罗斯的莫斯科等地建立了研究所。华为公司重视研发质量管理，全面实施CMM5（国际上软件开发管理的最高等级）和集成产品开发流程（IPD）等管理流程和方法，从事软件研发的机构基本上都通过了CMM5级国际认证。

减少管理层级，增加团队管理跨度，减少部门数量

在快速成长期，华为通过详细的分工来应对公司的高速增长。在营业收入基数比较大，增长比较平缓，管理比较规范时，有必要适当减少管理层级，增加团队管理跨度，减少部门数量，部门副职人数也可以减少。这样可以提高组织运作效率，降低企业成本。

我们过去的组织是在高速成长时期规划的，其特点是分工过细。以每个人的细分，来适应高速增长时期的管理变化，这在当时无疑是正确的。但现在的现实是发展速度相对平缓，而且由于这么多年的管理积累，许多事情已逐步理顺，应付突发事件的能力已大大增强，因此，管理团队的跨度可以加大，行政组织机构数目可以减少，副职也可以适当减少。

由于IT平台的实现，我们管理信息的传递，已经比较有效。过去的管理层级，应该可以减少。这么多层级，一是管理速度慢，二是增加了许多非生产性的管理人员，降低了效率，增加了成本。(2004年)

减少干部数量，提升人均效益

任正非强调，必须压缩管理干部的数量，加强专业及业务工作的队伍人数，改变非生产人员的比例。同时要努力提高专业与业务人员的工作量及工作效率，进一步减少人员数量。

华为所做的一切是为了满足客户需要，华为的流程和组织围绕这个目的来建设。

管理干部的配置是以能满足服务和监控所需的基本数量为基础，过大的配置会造成资源浪费，而且由于责任不清反会降低效率。

客户的需求归纳起来是质量好、服务好、成本低。那么一切多余的流程与干部设置，都不利于这一目的的实现。我们不能人为地绕一个弯路，增加几道关卡来安置干部。因此，必须压缩管理干部的数量，将这些人转移到专业及业务管理岗位上去。当然不可避免地会裁掉一些无效的管理岗位，精简一部分干部。

永远要合理地减少非生产性人员，增加专业与业务人员，才有可能提高人均效益。各级干部一定要把自己部门内部效率低、不出贡献的人淘汰出去。不能因为他也在做工作，与周边的关系、上下级关系不错，就一直迁就，如果一个干部不懂得通过主动置换，去创建一个更有效的组织，这个干部是不合适做一把手的。

我们要进一步对岗位责任制进行合理设计，不必处处要求高学历。不合理的使用高学历，就是高成本。我们的管理已经逐步变得规范，操作已经明晰，在相当多的岗位上，可以开放专科生上岗。一定要把成本降下来。

我们的出路只有两个选择，一条是降低工资，一条是多做一些工作。如果大家不愿意降工资，那就要更加努力工作，舍此难道还有更高明的办法吗？（2004年）

研发团队管理：以责任结果导向考核研发人员

华为强调研发人员的艰苦奋斗主要体现在思想上的艰苦奋斗，体现在踏踏实实地做好本职工作。要坚持以责任结果为导向考核评价研发人员，不能以加班多少评价研发人员。要多给女员工创造更多的成长机会。

研发人员的艰苦奋斗就是把本职工作做好

任正非指出，研发人员的艰苦奋斗不是去艰苦的环境工作，重要的是踏踏实实做好本职工作。对于研发人员而言，思想上的艰苦奋斗更为重要。研发人员要多想如何持续改进工作，如何持续提升客户满意度。

研发人员的艰苦奋斗就是把本职工作做好。踏踏实实地做好工作，为客户提供优质服务，满足客户需求，就是艰苦奋斗。艰苦奋斗不一定要去上甘岭。上甘岭最大的困难不就是没水喝吗，如果研发非要去"上甘岭"，那你就在办公室里逼着自己一两天不喝水，不也就是上甘岭了么。因此，研发的艰苦奋斗，不是说非要去艰苦地区才算"上甘岭",而是踏踏实实做好本职工作,强调思想上的艰苦奋斗。我希望你们不断地提升工作质量,更多地从全局出发,去考虑产品的可销售性、可安装性、可维护性等,我们在很多方面有很大的进步,但我们在系统性和管理上还需要再提高,我们要不断思考,能改进吗?还能再改进吗?这就是艰苦奋斗。(2010年)

坚持以责任结果导向考核评价研发人员

任正非强调,要以责任结果为导向考核评价研发人员,重要的是看结果和贡献。不能凭考试涨工资,不能凭技能涨工资,也不能以加班多少评价员工。

对员工的评价,看贡献,而不是看加班加点。有些干部以加班多少来评价员工,以加班多少来评价劳动态度,我认为这样的评价有问题。有些员工很快把活干完,质量还很高,贡献也很大,但就是不加班。这说明他可能是一个潜力很大的人,可以给他换一个岗位,多一些事儿,看是否可以提拔一下发挥更大的价值。我们不能形式主义。因为我们食堂每天9点可以领宵夜,因此有些员工开玩笑说"晚上老板请我吃饭"。有人就奇怪,老板怎么会请你吃饭。员工就说,"不管我是否真的加班,只要熬到9点,就有七块钱的宵夜拿,难道不是老板请客吗?"因此,我们不要太多形式主义的东西,要减轻员工的负担,让员工有更多的时间聚焦工作,要减少会议、减轻考核。会议多,是因为主管自己不知道怎么办,心中无主意。我认为,主管要想清楚了再去做,谋定而后动。要做到心中有数,当你没数的时候可以与上级主管沟通。考核不要看亮点,找亮点的过程其实就是对程序的破坏。(2010年)

员工培养:向新员工灌输"奋斗文化"

在员工培养方面,华为强调要加强全体员工的诚信教育,要采用丰富多彩的方式向员工灌输"奋斗文化",要鼓励新员工到艰苦地区去奋斗。

要加强全体员工的诚信教育

任正非强调,要加强对全体员工的诚信教育,要建立员工诚信档案,为选拔培养更多的优秀干部打下基础。诚信的本质在于责任,一个有使命感、责任心的员工,是不会否认诚信文化的。

华为十几年来铸就的成就只有两个字——诚信,即对客户的诚信,对社会、对政府的诚信,对员工的诚信。诚信文化是公司最重要的无形资产。尽管公司不断有员工,包括极个别高级干部,背离诚信,做出一些令人痛心的事,但公司的绝大多数员工,是相信这一文化的。这种诚信文化创造的价值是取之不尽,用之不竭的。公司要建立员工的诚信档案,为选拔培养更多的优秀干部打下一些基础。(2004年)

培养先进员工,劝退后进员工

任正非强调,各级领导要将精力放在培养先进员工上面,而不要在后进员工身上花费太多精力。对于难以融入公司文化,业绩又不好的员工,应该及时劝退。

公司各级领导思想逐步趋于成熟,共同认识到应该把注意力集中到优秀员工身上,加强对他们的培养。对于绩效老上不去且抱怨不迭的员工,经过教育仍不改的,只能劝退。因为这种表现可能是根植于其个性弱点,企图改变别人的个性将是徒劳的,代价太大。我们不应在这些人身上浪费时间和精力。

我们要引导员工自我学习、自我约束、自我激励。如果员工必须不断地被激励,一定要有理由才能投入工作,才能取得成就,那这个组织肯定无法正常运转。

在后进员工(尤其是不能融入公司文化的员工)管理上,我们过去强调的是辅导改进,使他再赶上队伍,融入队伍,但总有一些人由于个人的世界观、人生观的原因,更要命的是,还散布消极言论,将旁边员工的思想搞乱。公司发展到今天,企业自身的价值观已经非常成熟,在包容不同观点的同时,也要及时消除不利于组织建设的"肿瘤"。所谓"道不同,不相为谋",这些人可能也是人才,留在公司里面是隐患,但放到社会上,说不定还能做出更大的贡献。我们应该把更多的精力、资源放到强化优秀员工的榜样树立,使广大员工看清楚公司导向,自觉、自愿地努力成为符合企业要求的人,这样比苦口婆心地一个个挽留后进员工要事半功倍。(2005年)

向新员工灌输"奋斗文化"

任正非认为,新员工培训不能急于求成,不可能十来天就把新员工改造成骨干,这不现实,也不大可能。华为能够给新员工灌输的文化就是"奋斗"。华为公司是以奋斗者为本的公司,华为确定的是以奋斗者为主体的文化。华为公司所有的制度、所有的政策是以奋斗来定位的，不能奋斗就不是华为人，是要被淘汰的。华为建立各项制度的基本假设是，员工是努力奋斗的，而公司决不让上进者吃亏。

我建议新员工在培训中只学四篇文章，《致加西亚的信》大家必学。学完之后，找你我身边的加西亚，而不要讲你的感受，讲你的感受有什么用？你身边就有加西亚，你能不能向他学习。我建议再学三篇文章，《致新员工书》《天道酬勤》《华为的核心价值观》。其他辅助性读物，华为文摘等可以标价，在书籍销售中心出售，仅为参考。（2007年）

采用丰富多彩的方式对新员工进行"奋斗文化"培训

任正非强调，华为对新员工培训的方法是可以丰富多彩的，尽可能减少目标不明、效果不好的考试。应该多一些讨论，通过讨论让员工清晰地知道成长路径。

现在我们跟员工讲的东西，不要脱离这个时代背景。传承一种文化，要切合实际。现实生活中照样有奋斗者，我们不要以说教的方式来讲道理教育员工。要让员工展开讨论和争论，这样印象才深刻。我们的目标是不能变的，但方法可以调整。太深奥的道理新员工一时接受不了，转换一下思路，可以活跃一点、活泼一点。从现实角度来看不要过分强调华为文化，在教材和教学方法上不要太教条、太机械，但参考材料可以五花八门，好的东西可摘一些漫画印成彩印本，可以卖而不是发。不要因循守旧，我认为没有什么是不能改变的，我只要一个最后的结果，大家纷纷要求上战场，到艰苦的地方和工作岗位去都不辞职，这就说明新员工的培训很成功了。（2007年）

要激励新员工到艰苦地区去奋斗

任正非认为，华为要不断激励员工前进，害怕到海外去、到艰苦地区去，害怕艰苦的工作，在华为是没有出路的。

不想成为将军，而只想当一个士兵，是可以的；我们也允许士兵存在，如果贡献大于成本，就是一个普通员工，如果贡献低于成本，那就末位淘汰。因此新员工培训传达的一种原则就是"奋斗"，只有奋斗才有利于社会，只有奋斗才有个人前程，只有奋斗才能报效父母……

我认为任何人只要通过努力都可以改变自己的命运，一切进步都是掌握在自己手中，不在别人。你们说20世纪80年代的新新人类，新新人类没有什么特别，他们也得干活，否则他的薪酬谁来发。新员工培训的教材和骨干员工的版本是不一样的，骨干员工讲的很多是方法，教他们如何用工具，而新员工讲的是一种精神，首先要有精神，然后才会有方法。（2007年）

男女员工要均衡培养

任正非强调华为公司男女员工要均衡培养，在同等条件下要优先提拔女员工，在各级管理团队中都必须有一名女员工。

关于女干部的培养，我们招聘的时候女员工的比例是占25%左右，这个比例是不少的。但是很多女员工进来之后，有些和别人结婚了，愿意做全职太太，就离职了。像你这样冲到前线来，还想做女将军的，很少，我们要关注培养。然而，男员工本能的歧视比较多，使女干部的提拔机会就相对少一些。男女是有区别的，女员工有很多很多的优点，比如说她们心比较细，如果她们负责维护版本，她们的维护水平要比那些李逵强，李逵就是三板斧杀入了，然后猴子夹了两个玉米不知道丢到哪去了。所以我认为女员工在这个世界上的分工就已经具备了许多优越条件，所以对女员工的排斥是有问题的。同时我们希望所有男员工都能理解，一个男员工和一个女员工处在同等水平，或者说男员工水平高的不多，我觉得应该优先提拔女员工，给女员工创造机会，女员工一定有女员工的优点。如果女员工没有优点，这个社会就全是男人的社会，不可能的。在男女问题上，我们支持女员工到海外奋斗，也支持女员工加快成长的步伐。我认为我们每一个团队、每一个管理团队、每一个组织都给她们多创造机会。但由于女员工身体结构与男员工差异，我们不能说让女员工和男员工比赛扛水泥吧。所以要创造机会给女干部加快成长。各级管理团队必须有一个女员工。（2007年）

要减轻员工非主业务的负担

任正非强调，要减轻员工非主业务的负担，使他们更多精力聚焦在主业务上。不要过度培训，不要利用工作时间做与工作无关的事。

我们对一般员工的考核太多、太复杂，有些目的性并不明确。应该是干什么，学什么，考核什么，现在搞得面太广，员工负担较重。我认为对与主业务关系不大的负担要减轻。各级部门要认真清理，各级管理团队一定要注意把关。在一般性学习上，应由员工自愿参加，不应强制性，我们只选拔认同我们价值观的员工，有些员工无意进入担当管理岗位，何必一定要逼着他呢？他多休息好一些，身体能好一些，工作也会好一些。盼望所有人都成为CEO，这是不实际的，期望太高了太累。我们各级主管，不应有工作或变革的亢奋症，事要一步一步地做，而且要留给基层足够的准备时间。

不要培训过度，也不要文化泛滥。特别是不要利用工作时间，做一些与工作无关的活动。(2007年)

要理解、支持"歪瓜裂枣"式的人才

任正非强调，华为要适当引进一些性格怪异、有特殊才能的"歪瓜裂枣"式的人才，要理解他们、支持他们做出面向未来的杰出贡献。"歪瓜裂枣"不是"歪瓜劣枣"，是指不同常人的、有特殊才能的人。

我们不要排斥一部分特别聪明的人，特别"笨"的人，他们超前了时代，令人不可理解。我们要包容他们，理解他们。当发现这种现象时，华为公司将支持他个人对其想法的扩张，并授予我们的知识产权，让他没有后顾之忧，也可以给予小额资助，并不以任何利益要求为基础。当"苹果皮"出现时，我也让有关人向他们传递信息，最初得到的反映是负面的，看华为过去的黑寡妇形象，多么的恶劣。我们要理解一些"歪瓜裂枣"，并支持他们，这就是一个开放的、社会的"贝尔"实验室。你怎么知道他们就不是这个时代的梵高，这个时代的贝多芬，未来的谷歌……(2010年)

对员工的要求：所有奋斗的员工都是我们的英雄

华为要求员工爱亲人、爱自己、爱别人。要勤奋工作，不要过高估计自己、不要盲目攀比、不要做完人、要充分发挥自己的优点，要成为英雄，要快乐地度过充满困难的一生。

一个不爱亲人的人，很难爱别人

从某大学要求大学生寒假期间给父母洗一次脚得到启发，任正非也期望春节期

间每位员工给自己的父母洗一次脚，从中懂得爱的真正含义。任正非希望，华为员工不要斤斤计较，要有自我牺牲精神，先爱别人，别人也会爱你。

春节期间，我们全体员工能否给自己的父母洗一次脚，一个不爱自己父母的人很难爱亲人，一个不爱亲人的人，很难爱别人。我太太经常打盆温水给我泡脚，然后用磨砂一样的刷子，将我脚上的厚皮挫去，以防脚开裂，而我还一边看电视，一边让她服务，从未想过应该感谢她、为她洗一次脚。这篇文章，给我很大的启发，我已经不能给自己的父母洗脚了，但我可以回报我的太太，想想一个家庭妇女，用一生来相夫教子，是多么的难得，是多么的伟大。（2006年）

记录工作信息，持续改进工作

在冰岛考察时，任正非从一个钓鱼场所的统计数据得到启示，认为企业需要记录工作信息，通过不断总结成功与失败，持续改进工作。

当我们钓完鱼回到休息的小屋时，我们要填一张表，何年、何月、几点、几分、在什么地段钓到什么鱼，多重、放生还是食用了。墙上贴着一张精美的小溪的地图，把适宜钓鱼的地点，都用号码标出来。年复一年的这么统计着。我临走他们送了我一本厚厚的十分精美的钓鱼手册，里面把所有人的记录经过归纳统计总结出来。因为三文鱼有很强的记忆特征，明年此日此时，您用同样的方法，也许能钓到同样的鱼。从冰岛人这种统计精神，看到了他们做任何一件事的持续改造能力。想一想我们公司如果一部分员工，不断地对自己的工作进行统计分析，那么他一年一年地找到改进工作的方向点，也许这位皮鞋擦得最亮的士兵，已是将军了。可惜我们有许多员工不读书，不看报，不追求进步，有些财务的中高级主管，竟然是法盲。（2006年）

天道酬勤，幸福的生活要靠劳动来创造

任正非告诫员工，天道酬勤，奋斗才能有回报，幸福的生活要靠劳动来创造。通过辛苦地劳动，我们不但能得到物质回报，还能体会到劳动带来的愉悦和幸福。

大多数华为员工来自山区、乡村和城镇，许多人在童年和少年时代都体会到生活的艰辛。父母在他们那个年代和环境里努力用他们的付出，把我们抚养大，从他们身上，我们知道了生活的含义，领悟到了我们现在身上的责任。我们用自己的劳动收获寄回了孝敬父母的第一笔钱，虽然可能微薄，但其中的滋味难以言述，就像我们第一次拿到海外的合同一样，从心底里舒畅、宽慰和喜悦。当我们自己成为了父母，看着我们的小孩由于我们劳动的付出而能够那么安详地吮吸着生命的乳汁，露出香甜而无忧无虑的睡容，听着老奶奶讲着古老的传说，互相分享着格林的童话，尽情地享受着天真而稚趣的童年……我们有一种从未有过的幸福和神圣的责任感。我们的劳动不仅改变了人们的生活，增进了人们的沟通，而且也一天一天地充实着我们自己，丰实着我们家人的生活，也在一年一年地改变我们自己的生活。我们在分享劳动果实的同时，又增加了对未来的憧憬，这些在慢慢地加深着我们对劳动本身的体悟和认识。热爱劳动不仅仅是一种美德，劳动中的人也是美的，在劳动中能品尝到一种愉悦甚至幸福。当看着我们贫瘠的土地变成了绿洲，当看着事先连想都不会想象到的、代表着现代文明的成果在我们勤劳的双手中不断地创造出来时，这种心情是无论用什么语言都难以表达的，真可谓天道酬勤，一份耕耘，一份收获。

（2006 年）

要快乐地度过充满困难的一生

任正非希望员工能够自我调节，积极、开放、正派地面对人生，快乐地度过充满困难的一生。

我们要引导员工理解、欣赏和接受高雅的生活习惯与文化活动，使他们从身心上自己解放自己。为此，我们使用为客户提供的服务做一次演示，让大家看到高雅的生活无处不在。这些生活方式在北京和上海已经比较普遍，只要多花一些钱就可以实现。

员工不能成为守财奴，丰厚的薪酬是为了通过优裕、高雅的生活，激发人们更加努力、有效地工作，不是使我们精神自闭、自锁。我们不要再把绅士风度、淑女精神当作资产阶级腐朽的东西，而自以粗鄙为荣。还应该看到欧美发达国家人民的自律，它们的社会道德风尚里有值得我们学习的地方。

欧美国家的人，大多数不嫉妒别人的成功，也不对自己的处境自卑，而且和谐相处。华为的员工有这个经济基础，也有条件比国人先走一步，做一个乐观、开放、自律、正派的人，给周边做个表率。但当前一部分华为人反映出来的现象恰恰相反。有些人表现得奢侈、张狂，在小区及社会上咄咄逼人，不仅自己，他的家人也趾高气扬；还有一部分人对社会充满了怀疑，紧紧地捂着自己的钱袋子……这些，都不

是华为精神。(2006年)

人生需要奋斗

任正非认为,人生是非常美好的,但过程确实是痛苦的。人生需要奋斗,通过奋斗收获美好。

我们生命有七八十年,这七八十年中努力和不努力,各方面都会不一样的。在产生美的结果的过程中,确实充满着痛苦。农夫要耕耘才会有收获;建筑工人不惧日晒雨淋,才会有城市的美好;没有炼钢工人在炉火旁熏烤,就没有你驾驶的汽车,而他们不再需要什么护肤品;海军陆战队员不进行艰苦顽强的训练,一登陆,就会命丧沙滩。少壮不努力,老大徒伤悲,我想各位考上大学,都脱了一层皮吧。所有一切,没有付出,是绝不会收获美丽的鲜花。(2008年)

不要做完人

任正非认为,个人不要追求成为完人,那样会非常痛苦。个人需要充分发挥自己的优点,做一个对社会有益的人。每个人的优势加在一起,可以形成一个具有完人特质的集体。

金无足赤,人无完人。完人实际上是很少的,我不希望大家去做一个完人。大家要充分发挥自己的优点,做一个有益于社会的人,这已经很不错了。我们为了修炼做一个完人,抹去了身上许多的棱角,自己的优势往往被压抑了,成了一个被驯服的工具。但外部的压抑并不会使人的本性完全消失,人内在本性的优势,与外在完人的表现形式,不断地形成内心冲突,使人非常的痛苦。我希望把你的优势充分发挥出来,贡献于社会,贡献于集体,贡献于我们的事业。每个人的优势加在一起,就可以形成一个具有完人特质的集体。(2008年)

不要过高估计自己

任正非希望华为员工不要过高估计自己,不要给自己太大的压力,这样反而有利于充分发挥自己的优势,做出成绩。

每个人都发挥自己的优势，也多看看别人的优点，从而减少自己心理太多的压抑。要正确地估计自己，绝大多数人都会比较过高估计自己。我们的豪言壮语如果偏离了我们的实际，你会浪费自己很多精力，而不能实现你的理想。有一首歌叫《铃儿响叮当》，这首歌现在已经成为西方圣诞节里不可缺少的歌，其作者是詹姆斯·罗德·皮尔彭特。他的一生从来就是过高地估计自己，他设计的人生目标最后全都失败了。直到87岁，那天出去参加人家的圣诞平安夜，在途中，赶着雪橇车的时候，随意哼唱出这首歌，结果这首歌就成了脍炙人口的世界名曲。你看看，过去的失败，就因为他没有正确对待自己，没有正确对待自己的人生，他浪费了80多年不应该浪费的光阴。（2008年）

不要盲目攀比

任正非希望华为员工要正确估计自己，对自己有正确的判断，不要与他人盲目攀比，以免影响自己的心情，影响自己优势的发挥。

大家要正确估计自己，然后做出对自己的正确判断，这样才能够充分发挥自己的作用。同时，要认识这个社会上差距是客观存在的。没有水位差，就不会有水的流动；没有温度差，风就不能流动；就算是机器人，机器人还有温差，对吧？人和人的差距是永远存在的。同一个父母生下的小孩，也是有差距的，更何况你们不同父母。当自己的同学、同事进步了，产生了差距，应该判别自己是否已经发挥了自己的优势，若已经发挥了，就不要去攀比，若没有发挥好，就发挥出来。（2008年）

员工在网上发牢骚，要自我适度控制

任正非认为，员工在不断优化的制度环境中，应该有一种满足感，不要期望无限制的去拔高它。

员工在网上发牢骚，要自我适度控制，牢骚太盛防肠断，牢骚多了，社会对公司误会了，就麻烦多了，公司被拖垮了，你再骂谁去。就业是双方自由选择的，不喜欢华为，还有许多好的公司，你都有选择的机会。（2008年）

要理解国家的困难,不给社会添麻烦

任正非强调,在国家遇到困难时,要理解,不要发表任何政治言论,更不能有任何不利于国家的行动,不要给社会添麻烦。

中国这30年来的变化是巨大的,国家的富强是我们想象都想象不到的。但快速发展的经济,也不可能持久不变,也会遇到调整。中国历史上走过的路都是弯弯曲曲走过来的,但是它总的还是在往前走,我们不要去发表任何不负责任的言论,更不要"指点江山,激扬文字"。(2008年)

真正关爱你的,唯有你自己

在与孟加拉、坦桑尼亚、刚果、肯尼亚、巴基斯坦、阿富汗、利比亚等多个驻外代表处员工座谈时,任正非强调珍惜生命,要从关爱自己做起。不要把健康及生命的希望完全寄托在别人的帮助上。当员工遇到了意外,公司能做的只能是事后援助,赔偿的只能是金钱,公司不能赔偿生命,生命是无价的。任正非重点提出了驻外员工自我关爱的几个方面:

① 任何时候出现任何不正常的情况,员工都有权采取紧急措施,要及时反映情况。
② 关爱自己,从衣食住行开始。别吃那么油腻,别那么懒,光睡长觉,生命在于运动,多几个朋友,多一些沟通,多一些运动。
③ 在行车问题上,一定要注意安全,开车要小心一点,晚上出门小心一点。坐出租车时,如果司机开得太快,要提醒。
④ 在山上做工程时,应该请个向导带路,注意毒蛇、野兽,不要去捅马蜂窝。
⑤ 如果遇到土匪就缴枪不杀,在关键时刻不要把金钱看得太重。出门在外口袋里不要忘了带一二百美金,抢劫者什么都抢不到,也会恼羞成怒的。
⑥ 通过采用灭蚊器、蚊帐等防止蚊子叮咬。
⑦ 采用过滤技术过滤海水,洗澡时盐分就会少一些。
⑧ 不能吃得太多,不能吃成胖子,高血压、高血脂、糖尿病等都是从肥胖开始的。平时,应少吃一些油水,多吃一些蔬菜。
⑨ 生命在于运动。平时要经常锻炼身体、多出去玩一玩。
⑩ 要坚持每年体检,及时发现身体问题。

⑪ 有问题的话,要及时给朋友打电话,及时给领导打电话,及时给健康中心打电话,让他们对你提供一些帮助。

⑫ 一个人一定要多几个朋友,不要成为孤家寡人,有朋友在万一危急的时候打个电话,这个朋友就会想办法找你。危险的时候,尽快打电话告诉朋友,或者按出一条事先写好的短信发出去。(2008年)

人首先要爱别人,别人才能爱你

任正非强调,员工关爱自己,也要关爱他人。你关爱别人,别人才能爱你。员工之间要相互关爱,相关帮助。其实帮助别人,就是帮助自己。

人首先要爱别人,别人才能爱你。你可能会说他们都不爱我,凭什么我爱他们?那么我可以告诉你,没有人会爱你!人要先付出才能有收获。爱是相互的,不要老是埋怨别人不爱我,那么为什么你不先爱别人呢?如果你多爱别人,别人就会爱你,如果你不爱别人,别人为什么爱你?人生是否快乐,不仅仅取决于自己,也取决于外部环境,也取决于别人。如果别人处处跟你捣乱,你就过得很不顺利。别人希望日子过得快乐一点,大家就应该帮助他实现这个理想。这就是孔夫子所讲的"君子成人之美"。帮助别人快乐,爱别人,我们就有了一个创造快乐的环境,所以帮助别人既是为了别人,其实也是为了自己。一个人朋友多一些没有坏处,你工作上有什么困难,你可以跨过太平洋、大西洋给你朋友打个电话,发个email问问,然后整理出来,形成自己的一套系统,也许就是你正需要的,领导一看,这小子的管理水平挺高的,以后涨工资就涨你吧,以后提拔就提你,你并没有吃亏。俗话说一个好汉要三个帮,你们到了海外,工作这么忙,压力这么大,生活这么孤独,你们更应该和朋友、同事多一些沟通;而如果你封闭起来,你会很吃亏。谁也没有占你的便宜,谁也不会帮助你。(2008年)

员工要舍得花钱

华为强调,员工赚了钱要适当"享受",要舍得给家人花钱,这样才更有动力地去工作。

公司今天对代表处提供了比较好的生活条件,所以大家也要对金钱不要太吝啬,如果你今天不吝啬,那么你明天会更美好。我就很奇怪,你们就是把钱存着,把钱看得很重，把自己的命看得很轻，这样你当然就会关爱自己不够，当然有些人不是生命出了问题。伙食费用不完，食堂可以组织大家去五星级酒店改善一顿伙食，周末出去烤个全牛，就是让大家觉得这里生活好。吃饱了才不想家。大家远离祖国，也应生活得幸福愉快。公司发给你们的钱，一定要为健康着想。如果你们说工资那块我不能花，要留给老婆，我能理解，不管是你们的先生还是你们的太太来非洲，为什么舍不得带他们去玩一玩？非洲有多少美丽的地方。你既要家人对你支持和理解，又这么抠门，我要是女人，我都不嫁给你们，嫁给你就是为了有个依靠，能过幸福的生活，而你们把钱紧紧地捂在裤腰带上，还要加一把锁。(2008年)

所有奋斗的员工都是我们的英雄

任正非强调，所有奋斗的员工都是英雄，英雄不一定需要公司封个称号。

所有奋斗的员工都是我们的英雄。但是我们刚果的英雄自己先喊出来了，大家也可以自己认为自己是英雄。英雄不必等人家来封，只要你承诺按英雄的标准要求自己，你就是这个时代的英雄。你有时候想起过去的往事，热泪盈眶，其实就是为自己的英雄行为所感动。我们的员工艰苦奋斗，而员工的太太们到世界顶级的风景度假区马塞马拉去旅游，到迪拜去购物，这就是我们的奋斗文化，这个对立统一的文化就是奋斗的本质。(2009年)

薪酬与绩效管理：对奋斗者与劳动者实行差别待遇

基于平衡记分卡进行绩效考核

华为根据公司的战略，基于平衡记分卡进行绩效考核，兼顾短期目标和长期目标、财务目标和非财务目标的平衡。

针对绩效考核，我们根据公司的战略，采取一个综合平衡记分卡的办法。综合平衡记分卡就是我们整个战略实施的一种工具，它的核心思想是通过财务、客户、内部经营过程及我们在学习和成长四个方面相互驱动的因果关系来实现我们的战略目标。平衡记分卡关键在于平衡：关于短期目标和长期目标的平衡；收益增长目标和潜力目标的平衡；财务目标与非财务目标的平衡；产出目标和绩效驱动因素的平衡以及外部市场目标和内部关键过程绩效的平衡，也就是我们从战略到指标体系到每一个人的 PBC 指标，都经过平衡记分卡来达到财务非财务等各个方面的平衡。（2005 年）

推行"以岗定级、以级定薪、人岗匹配、易岗易薪"的工资制度

华为实行岗位标准工资制度，岗位标准工资分为 22 个等级，每个等级根据员工的胜任能力分为 A、B、C 三个层次，13 级以下属于普通员工。

为了适应未来的发展，我们正在推行人力资源变革。这次人力资源管理变革的目的是为了要建立一支宏大的，能英勇奋斗，不畏艰难困苦，能创造成功的干部员工队伍。我们将推行"以岗定级、以级定薪、人岗匹配、易岗易薪"的工资制度，实行基于岗位责任和贡献的报酬体系，为更多新人的成长创造空间。任何员工，无论新老，都需奋斗。从高层管理团队到每个基层员工，只有保持不懈怠的状态，华为才能活着走向明天。（2006 年）

表 15 - 1　华为员工岗位标准工资明细表（元）

职位等级	A	B	C
13 级	5500	6500	7500
14 级	7500	9000	10500
15 级	10500	12500	14500
16 级	14500	17000	19500
17 级	19500	22500	25500
18 级	25500	29000	32500
19 级	32500	36500	40500
20 级	40500	44500	49500
21 级	49500	54500	59500
22 级	59500	65000	70500

为员工提供健全的保障体系，解除员工后顾之忧

华为公司为员工提供了健全的保障体系，除了社会保险，公司还出资为员工购买了商业保险，包括：商业人身意外伤害保险（最低 50 万元/人年）、商业寿险

(30万元/人年)、商业重大疾病险(20万元/人年)和商务旅行险(医疗最低16万元/人年)等,解除员工后顾之忧。

华为还与美国友邦保险等公司合作,建立了全球紧急医疗救助服务。紧急情况下,员工可由专机转送到医疗条件好的地方得到妥善救治。

对奋斗者与劳动者实行差别待遇

华为劳动者的工资水平只能与业界相当,而不是华为内部的标准,拿固定的年终奖励,严格按法律保护劳动者,包括带薪休假、超长产假等。奋斗者要自愿放弃一部分权力,比如加班费等,但他们可以享有饱和配股,以及分享年度收益。奋斗者的收入是波动的,公司效益好,收入很高,公司效益不好,可能比劳动者差。

实行新一轮大规模配股,激励员工齐心协力渡过难关

2008年,全球爆发金融危机,世界经济形势严峻。华为受此影响资金流较为紧张,因此推出了新一轮的股权激励措施。

2008年12月,华为推出"配股"公告,此次配股的股票价格为每股4.04元,年利率逾6%,所有工作一年以上员工都可参与配股,不同工作级别匹配不同的持股量。据上述华为内部人士估计,每个人的配股量在2万股左右。按照华为8万参与人数计算,此次内部融资总额在70亿元左右。

这次的配股方式与以往类似,如果员工没有足够的资金实力直接用现金向公司购买股票,华为以公司名义向深圳的银行为员工提供担保,银行向员工发放"助业贷款",员工只需要在银行的文件上签字,就可完成整个股票认购过程。

通过这一轮大规模的员工配股,一定程度上缓解了华为在经济危机时的资金压力,又进一步激励了员工更好地为公司的长远发展拼搏奋斗,使员工的利益与公司的未来形成了高度的统一。

平台与基础技术研发:提高重用与共享

在国际先进阶段,华为开始加大芯片等基础技术的研究,构筑核心竞争力。同时,华为强调基于平台进行产品开发、解决方案开发,快速、高质量地、低成本地推出新产品和新的解决方案,提升公司市场竞争优势。

自主研发专用芯片,大幅节约产品成本并提升核心竞争力

ASIC(专用芯片)在华为的产品方案中使用非常广泛,如果自主研发能大幅降低开发成本。直接采购国外厂商的芯片，每片成本超过100美元；而华为自己研发设计的芯片，每片成本约15美元。华为每年的产品需要数百万芯片，每年可节约上亿美元成本。

早在1991年，华为就设立了ASIC设计中心。2004年12月，华为ASIC设计中心独立出来成立深圳市海思半导体有限公司。作为独立运作的芯片供应商，同时向华为和其他通信设备商供货。

华为之所以能够快速推出新产品，关键因素之一是自主研发ASIC芯片。考虑产品的设计时同步考虑芯片设计，并基于自研芯片构筑竞争力。

坚持平台累积是大公司的制胜法宝

对于产品开发而言，基于共用平台进行系列产品开发，能够快速、高质量地、低成本地推出新产品，取得市场竞争优势。对于一个创新型企业而言，基于产品开发平台、工程工艺平台和流程化的管理平台，能够源源不断地开发创新产品，获得持续竞争力。

通过平台化、构件化的交付，降低研发成本，提高研发效率和产品质量，构筑信息安全，缩短产品上市周期，使得我们以更低的运作成本更快地响应客户需求。华为能够从后来者赶上，走上业界一流的道路，靠的就是平台战略。经过十多年默默耕耘和艰辛努力，已经初步建成了有竞争力的软硬件平台、工程工艺能力、技术管理体系，打造了百年教堂的平台基础。（2008年）

产品间的竞争从长期来看，归根结底在于基础平台的竞争

一款产品的成功，很可能是运气的原因，能够持续开发出成功的创新产品，则一定有基础平台作为保障。可以说，小胜抓机遇，大胜建平台。

技术日益趋同，客户需求日益多样化，只有靠平台的支撑，才能更快速地满足新形势下的客户需求。产品间的竞争从长期来看，归根结底在于基础平台的竞争。一个产品不能完全从零开始做起，要有丰富的平台、CBB支持，要有强大的工程工艺能力和技术管理体系支撑，使得产品的成本、质量能在一个很好的平台体系上得到控制。华为公司要继续坚持平台战略，持久地大规模投入，要研究适应客户的各种需求，把握住客户的可靠性、节能环保、可服务性等各种关键要素，构筑华为公司在新时期的竞争优势。当然这个平台不仅仅是研发，还包括财务、供应链、交付

……这些建设平台的人长期默默无闻的奉献,成就了华为的伟大。(2008 年)

加大平台投入,推行以客户为中心的产品方案

2010 年以前,华为公司的无线产品方案、网络解决方案等都是基于公司内部提出的,并没有从客户的视角提出综合性的解决方案。2010 年,任正非提出华为的研发体系要以客户为中心,推行运营商解决方案、企业解决方案和消费者解决方案。

在运营商方案上,华为要加大对平台的投入,提供超大容量、超高速度、多维复杂的交换、传输产品方案。企业解决方案基本被思科垄断,但华为还有很大的发展机会,如推行消费者解决方案,要快速理解消费者的需求变化,末端接入要实现多元化。在 2010 年的某次讲话中,任正非谈到了三大产品方案平台建设的思路。

我们要加大对平台的投入,构建明天的胜利,未来的竞争是平台竞争。三个解决方案都需要大的平台,我们又有充足的利润,为什么不加大平台投入,超前竞争对手更多呢。我们要思考怎么从话音时代走向数据时代……我们要抓住这个机会,就一定要加大对平台的投入,确保竞争优势。我希望把深圳建成一个平台研发机构,而把一些产品研发机构迁到研究所去。我们一定要在平台建设上有更多的前瞻性,以构筑长期的胜利。但研发现在对平台的投入还不足,投入不足的原因是我们的管理水平,不知道往哪里投钱,如果我们不能把钱很好地花出去,说明没本事。(2010 年)

技术并购与合作研发:缩短差距,构筑领先

华为在自主研发的基础上,积极开放合作,采取技术并购、建立联合研发中心、成立合资公司等多种方式与客户、相关机构甚至竞争对手合作,双方优势互补,共同开发新技术、新产品,更好地服务客户。

通过购买技术缩短差距并构筑领先

事实上,在产品的工程实现技术方面,华为也经常遇到瓶颈,包括算法、散热技术、工艺技术、能源、节能等在内,都时常成为华为在竞争中获得优势的障碍。为了解决这些问题,克服发展障碍,华为也不全靠自主研发,因为等自主研发出来了,市场机会早没有了,或对手已在市场上构筑了优势,华为没法在竞争的市场上获利。所以,华为经常采用直接购买技术的方式来缩短差距并构筑领先优势。

我们有一款全球领先而且份额占据第一的产品，在功能、性能上超越竞争对手的一个关键技术，是我们通过购买某外国公司的技术而获得的。我们寻找并选择了一家在超长光传送技术和产品解决方案研究上非常领先的厂家，其技术主要应用在骨干长途光传送系统中，该技术在网络中的地位非常重要。我们经分析，认为其产品和技术具有很高的市场价值，最后决定购买该技术。经过技术转移和二次开发，以及必要的法律手续，在短短的9个月时间内完成了集成开发，成功推出应用了新关键技术的产品，实现了大容量、长距离（4600公里）无电中继的光传输。2003年推出该解决方案以来，在相关市场上得到快速发展，从最初的全球名不见经传的长途传输厂家，到2005年就已经快速成长为全球长途传输市场的知名厂家，并保持稳固的地位。特别值得一提的是，依靠优异的性价比，我们在拉丁美洲最大的固定运营商Telemar的653光纤系统上，依靠比其他厂家更强的带宽传送能力，实现了市场的突破性应用。（2006年）

与运营商等合作建立联合创新中心，深入贴近客户需求

华为与国际一流运营商的合作，除了产品和网络建设，还通过联合组建创新中心来进一步加深合作。2006年以来，华为与沃达丰、加拿大电信、意大利电信、荷兰皇家电信等运营商成立了多个联合创新中心（JIC，Joint Innovation Center），双方共同在新技术、新产品以及应用上进行联合研究与产品规划，进一步加深战略伙伴合作关系。

表15-2　华为建立多家联合创新中心

时间	主要合作内容
2006年7月	与摩托罗拉合作在上海成立联合研发中心，开发UMTS技术。
2006年10月	与沃达丰在西班牙成立第一个移动联合创新中心MIC。
2007年	与意大利电信（TI）建立联合创新中心，共同设计研发新产品，涉及固网、无线通信、光网络等领域。
2007年年底	与沃达丰在马德里成立应用创新中心AIC，其目的是为沃达丰带来丰富的软件和应用。
2008年	与沃达丰成立核心网创新中心CIC，以匹配沃达丰核心网策略，支撑其网络结构演进。
2010年	与沃达丰进一步加强合作，在意大利米兰成立固定-移动融合创新中心，共同在移动及固定宽带以及FMC融合（固定与移动网络融合）等领域展开更广泛的端到端合作。

与 3Com 合资，提升数据通信产品竞争力

3Com 公司是率先进行 IP 领域研究开发的公司，其专利拥有量甚至超过了思科公司，在全球有近 5 万家渠道营销体系。

2003 年 3 月，经过 9 个月的艰苦谈判，华为和美国 3Com 公司达成协议成立合资公司，共同经营数据通信产品的研究开发、生产和销售业务。3Com 以 1.6 亿美元外加技术产品专利授权和中国区的所有资产占股 49%，华为以现有路由器、以太网络交换器及相关技术、销售投资占股 51%。新公司主席将由 3Com 执行长 Bruce Claflin 担任，而华为总裁任正非被任命为执行长。借此，华为 3Com 的数据通信产品在 2004 年实现了销售额的 100% 增长。

2005 年 11 月，3Com 以 2800 万美元收购华为 2% 的股份，持有华三 51% 股份成为控股股东。但是华为也得到了相应的利益，拿到北美市场的通行证：原来由 3Com 负责的二十多个国家，包括北美市场将全部开放给华为。

与西门子合资，拓展 3G 移动通信业务领域

国际主流的 3G 移动通信标准有 3 个：CDMA2000（美国），WCDMA（欧洲）和 TD-SCDMA（中国）。1998 年开始，华为开始启动 WCDMA 产品方案的研发工作，2003 年成功推出自主研发的全套解决方案。西门子移动早在 1998 年就开始 TD-SCDMA 技术的研发，累计投资已达 1.7 亿美元，因此华为选择与西门子合作研发，加快产品方案的商用进程。

2004 年 2 月 12 日，西门子信息与移动通讯集团（西门子移动）和华为公司宣布成立 TD-SCDMA 合资公司，专注于 TD-SCDMA 技术及产品的开发、生产、销售和服务，以推动 TD-SCDMA 的进一步发展。2004 年 10 月 18 日，合资公司正式成立，总投资超过 1 亿美元，其中西门子移动和华为公司分别占 51% 和 49% 的股份。西门子移动把 TD-SCDMA 业务相关的技术、产品以及在北京工作的 200 名西门子员工投入到合资公司，华为也投入 100 名员工。

2004 年年底，合资公司推出业界领先的 TD-SCDMA 产品方案。华为与西门子合资，充分利用全球领先的技术与经验，有利于降低双方的研发成本，进一步扩大双方的市场份额。

与赛门铁克合资，开发安全存储产品方案

经过十几年的海外积累，华为的产品已经被越来越多的运营商所接受。在亚洲、欧洲和非洲，华为已经有了大量的订单和客户。全球知名的运营商沃达丰、英国电信等也已经对华为敞开了大门。但在利润丰厚的电信软件市场，依然是思科、EMC、IBM、惠普等传统企业的天下。作为新来者，华为急需借助赛门铁克强大的品牌和技术，进入这片肥沃的土地。

2008年2月，华为与美国赛门铁克合资公司正式成立，为电信运营商和企业用户提供和开发网络安全、存储和系统管理解决方案。华为占股51%，赛门铁克占股49%，新公司总部设在成都，CEO由华为总裁任正非担任，董事长由赛门铁克董事长兼CEO John W. Thompson担任。此次合作是双赢的，一方面有利于赛门铁克打开电信市场的大门，另一方面有利于华为拓展利润更高的海外市场。

与全球海事建立合资公司，切入海底光缆市场

2007年12月，华为与业界领先的海底光缆工程系统公司Global Marine System Limited（全球海事系统有限公司）签署合作意向，合资建立华为海洋网络有限公司。全球海事是一家具有150年以上历史的海上工程公司，在全球海底光缆安装与维护领域一直处于领先地位。

2008年12月18日，华为海洋正式成立，总部设在天津，并在北京、深圳及英国设有研发和生产系统。2009年12月，华为海洋与印尼电信签署了MKCS海底光缆通信系统项目。2010年1月，华为海洋获得利比亚海底光缆项目，连接利比亚沿海城市Tubrok和Emasaed，总长度177千米，最大设计速度3.2T/秒。

IT与知识管理：要把公司建设成一流而非把IT建成一流

华为强调，IT是为公司发展服务的，不要追求将IT建设成为世界一流，而要通过IT建设将公司建设成为世界一流。要将稳定运行的流程固化到IT中，通过信息化大幅减少中层岗位。要减少网上垃圾数据，提高网络的安全防护水平。

将稳定运行的流程固化到IT中

华为先在顾问公司的帮助下，建立端到端的流程，然后经过运行完善和优化这些流程，最后再将管理流程通过IT工具进行固化。

沿着客户价值创造链梳理，打通端到端的流程。将这些经过检验并稳定运行的流程固化到企业信息化系统中，使这些流程管理电子化，同时将他们运行的数据固定到数据库中，实现从客户端（需求）到客户端（供应）最简洁、最规范、最不情绪化的控制有效地连通，摆脱了对人的依赖。（2005年）

信息化大幅减少中层岗位

通过流程规范和信息化，华为在 2005 年裁减了约 2000 个中层岗位，大幅提升了工作效率，大幅降低了公司运营成本。

讲到企业的信息化，很多人认为企业的信息化就是办公自动化，很多企业提出一两年就把企业信息化目标完成。但从我们这么多年企业信息化的理解来看，这只是九牛一毛，差得很远。主要是企业管理的商业模型数学化难于归纳完成，一个企业的信息化，它应该包含把企业所有管理成熟的流程制度根植于数据库里面，根植于 IT 网络里面，使任何行政业务处理都能够通过企业信息化系统来支持。经过数年的努力，我们已经建立一个面向全球的企业信息化系统，90% 以上的行政和业务都可以在这信息化系统里面完成。建立信息化的阻力来自内部，因为信息化后领导就没权了，权都到扳道岔的人手里去了。扳道岔的人也不能为所欲为，他受到制度的监控。同时我们裁减了 2000 个中层岗位，很多变革者变革完成后就没有岗位了。（2005 年）

建立全球信息化网络

到 2005 年，华为公司已经初步建立起了全球的信息化网络，全公司 3 万余名员工可以 7×24 小时通过网络进行沟通和工作。

现在，全球哪里有机构，我们的 IT 就支撑到哪里，而且我们所有的员工都能享受到这个系统的服务，这是我们建立的一个企业信息化网络。也就是说，我们现在几乎所有的行政和业务运作基本流程都能够实时完成沟通、信息共享、业务审批和跨部门协调，不受地理位置和业务流程环节的限制。分布在各国家地域的 14000 名研发人员，可进行 7×24 小时全球同步研发和知识共享；在全球办公或出差的员工，任何时间、任何地点，都可使用网上报销系统，在 7 天内完成费用结算和个人资金周转；整个公司，在财务管理上实现了制度、流程、编码和表格的"四统一"，通过在 ERP 中的财务系统建立了全球财务共享中心，具备在 4 天内完成财务信息收敛和结账的能力；华为的客户、合作伙伴和员工，能够 24 小时自由安排网上学习和培训考试，并采用网上招聘和网上考评；通过连接每一个办公区域的一卡通系统，人力资源部可每天对 3 万人实现精确的考核管理，准确地把数据纳入每月薪酬与福利计算；ERP 系统，实现端到端集成的供应链，供应链管理人员一天就可执行两次供需与生产计划运算，以"天"为周期来灵活快速地响应市场变化，客户还可以网上查询和跟踪订单执行状态；全球的电视电话会议系统，每年节省差旅费 3000 万元，并大大增强了时效性；是国内率先通过 BS7799 信息安全国际认证，建立了主动安全的预防和监控管理机制，华为的知识产权和机密信息逐步得到保护；在客户现场的服务工程师，可以随时网上调阅客户工程档案和相关的知识经验案例，网上发起并从公司总部或各地区部获得及时的技术与服务协调，孤身前往的工程师不再感到孤立无援。（2005 年）

要把公司建成一流而非把 IT 建成一流

任正非强调，IT 部门不能技术导向，而要客户需求导向。不要试图将 IT 水平建设成为世界一流水准，而要将公司建设成为世界一流，IT 是为公司发展服务的。

关键是要以客户为中心，产生价值；以自我为中心，是不能产生价值的。要把公司建成一流而非把 IT 建成一流。把 IT 建成一流水平是错误的，把公司建成一流水平才是对的。把外部服务好，把困难留给自己。公司 2007 年盈利会超 150 亿美元，2008 年盈利将达 200 亿美元，你们要考虑如何支撑。不要什么都追求精品，IT 服务一定要打通主流程，忙于支流是没用的。（2005 年）

坚持标准软件包驱动和最小化开发原则，强推 IT 标准版本

任正非强调，要坚持标准软件包驱动和最小化开发原则，强推 IT 标准版本，要尽可能减少个性化开发工作量。

IT 一定要标准化，有问题向变革指导委员会反映。请 Oracle 来向业务部门介绍他们的应用解决方案，实施标准模块，减少自行开发。爱立信能用的，我们为什么不行？哪个部门有 IT 开发人员，你们报给我，一律把他们收编到你们部门。你们以我（任总）的名义起草一份文件，强推软件包驱动，凡软件包推到的地方，决不允许再做开发。（2005 年）

分层建立逐步收敛的数据体系，消灭网上垃圾数据

任正非强调，要解决系统性能和容量方面的矛盾，应分层建立逐步收敛的数据库体系，将业务运作系统环境与查询环境、历史环境分离开，建立数据清理、归档制度和相应的 IT 支持，减少网上信息垃圾，加快系统运行，提升运行效率。

目前公司恢复了变革管理委员会，业务需求、数据管理（如归入历史环境等）应该由他们确定，IT 要提出建议。要在变革委员会中建立 IT 的发言权地位，要多和领导沟通，而不是跟员工沟通。

数据库也是可以收敛的。子公司自己建数据库，小循环、大循环要分流，先开放，后收敛。看比赛，万人同时进是进不了场的，只能按票依次进入。常用的数据、非常用的数据要分开。数据要分层、分级管理，如交换机的框、板、元件。数据结构要标准化，编码要一致。人力资源数据一定要进行项目核算。

要消灭垃圾数据。业务部门要求数据保存期很长是不合理的。能查我 17 年前的工资吗？有必要吗？是为了给我补发吗？你们认为不合理的可报变革管理委员会。要加强对网络垃圾的清理工作，减轻网络负担，上网的数据，都要求有周期，过期要下网、存档。清除信息垃圾，一定要狠抓，一把手负责，可以实行到点就关，通过电子邮件、短信通知。要清理群组群发，要有标准的电子格式，邮件要注明请阅、请批示、供参考。要禁止发送图片，即使要发送，也要晚上发。历史数据不要放在运行数据库中，需查询的数据到另一环境中查询。（2005 年）

要提高网络的安全防护水平

任正非强调，一定要不惜任何代价，将网络安全提高到非常高的高度，这是公司长远生存的保证。

信息安全问题要解决。我们请了一个信息安全的科学家，帮助你们一起理解网络的安全性。要保住我们的家产，××公司让我们损失了几十亿。在信息安全上不惜花任何代价，要提高到非常高的角度。安全区分电子安全与信息安全，对安全一定要高标准。这是对公司长远生存的保证。我们有什么财富？人、产品、信息。

我们的网络还很脆弱，要请最好的测试专家，要提高我们的防护水平。（2005 年）

要坚持信息安全管理

任正非强调，在努力创造成果、打造百年教堂的同时，要坚持信息安全管理。在信息安全上也要学"灰色"，不要防卫过度。

不能孤立来抓信息安全，要与商业战略紧密结合起来。只有把信息安全与商业战略紧密结合起来，真正在产品上拉开了与竞争对手的差距，让竞争对手没法跟我们共享供应商，这才是最大的信息安全。如果与竞争对手功能上是一样的，设计上是一样的，想做信息安全会很难。要把平台交付件和 ASIC 作为实现信息安全的有效手段，摆脱低层次同质化竞争。造成产品拉不开差距，市场竞争白热化，我们的成果和成绩一定会大打折扣。一旦我们团队陷入沼泽和泥泞，市场获利肯定就会少，大家前途就不会太光明。要干得好，要有发展机会，就必须保护好我们自己创造的劳动成果。（2008 年）

知识产权管理：未来的企业之争就是 IPR 之争

华为认为，未来的企业之争就是 IPR 之争，没有核心 IPR 的企业，不可能成为持续发展的有竞争力的企业。华为强调构筑强大的专利体系，通过国际惯例，实现专利交叉许可。

未来的企业之争、国家之争就是 IPR 之争

任正非认为，未来具有附加值的利润产生在销售网络的构造中，销售网络的核心就是产品的研发与 IPR（专利）。因此，未来的企业之争、国家之争就是 IPR 之争，没有核心 IPR 的国家，永远不会成为工业强国。

任正非说，在科学技术上，特别是基础理论上，我们要有耐心，不能急于求成，拔苗助长。太急功近利了，会丧失许多机会。

IPR（专利）是国际市场的入门券，没有它，高科技产品就难以卖到国际市场。华为虽然每年按销售收入的 10%～15% 投入研究开发，在研究经费的数量级上缩小了与西方公司的差距，也在 IPR 上缩小了差距。华为目前已有 8000 多项专利申请，但相对世界几十年的积累是微不足道的。IPR 投入是一项战略性投入，它不像产品开发那样可以较快的、在一两年时间内就看到其效果，它需要一个长期的、持续不断地积累过程。多年来,华为一方面加大 IPR 研发的投入,一方面真诚地与众多西方公司按照国际惯例达成了一些知识产权的交叉许可协议,有些还在谈判并继续达成协议的过程中。思科起诉华为,只是所有这些谈判中没有取得一致意见的一例。在西方发达国家,这种官司非常普遍,华为在这场诉讼中证明了自己是清白的,是讲诚信和值得客户及竞争伙伴信任和尊重的。现在这个官司已经结束了,它没有影响华为与思科继续合作。国际市场是一个法治的环境,也是一个充满官司的环境,华为有了这些宝贵的经验,今后就不会慌张失措了。华为以后主要的销售在海外,没有与西方公司达成的许可协议和由此营造的和平发展环境,这个计划就不能实现。我们是付出了少量专利许可费,但我们也因此获得了更大的产值和更快的成长。(2005 年)

构筑强大的专利体系

经历 2003 年思科起诉的知识产权案件后,华为对专利和知识产权的关注提高到前所未有的高度。为此提出了"08 战略"专利计划:希望花 5 年的时间,在 2008 年能够构筑一批核心专利及大量普通专利。核心专利是毁灭竞争对手的武器,普通专利则是为了捍卫核心专利,可用于专利互换。

专利战略取得了初步成功。2008 年华为专利申请 1737 件,居全球第一。截至 2010 年 12 月月底,累计申请中国专利 31869 件,连续 8 年蝉联中国第一,其中绝大部分为发明专利。PCT 国际专利申请 8892 件,海外专利 8279 件;已获授权专利 17765 件,其中海外授权 3060 件。在 LTE/EPC 领域,华为基本(核心)专利数量全球领先。通过持续的大力投入,华为在成功拥有同步业界的核心技术体系和受市场欢迎的先进产品的同时,也积累了大量的知识产权成果,保障了华为的持续健康发展。

呼吁全社会重视知识产权保护

2005 年 12 月,任正非在《科技日报》中撰文呼吁"鼓励自主创新更需保护知识产权",希望全社会重视知识产权保护问题。

我认为必须把知识产权作为自己国家所必需的国家战略来推行,变防御、解释为自己主动建立知识产权体系,包括重视开发、重视知识产权积累、重视知识产权转化、重视保护知识产权,没有知识产权的严格保护原创发明人享受应得的利益,就不会有人前赴后继、奋不顾身地去探索奋斗,就不会有原创发明,没有大量中国

公司的原创发明，中国就永远进不了"高地俱乐部"，就得永远受制于人。（2005年）

通过支付专利费、交叉许可等方式降低开发成本

华为的技术专利主要是应用性专利，缺乏原创性的基础专利。如在3G移动通信领域，爱立信和美国高通拥有大量的核心技术专利根本无法避开，因此华为采用直接购买成熟技术的合作方式。华为每年付出的专利许可费大约3亿美元，这大大加快了产品研发的进程，并大幅降低了研发成本。

2006年，任正非在某次讲话中提到了华为的专利现状与发展策略。

经过18年的艰苦奋斗，迄今为止，华为没有一项原创性的产品发明，主要做的、所取得的是在西方公司的成果上进行了一些功能、特性上的改进和集成能力的提升，更多的是表现在工程设计、工程实现方面的技术进步，与国外竞争对手几十年，甚至上百年的积累相比，还存在很大差距；对于我们所缺少的核心技术，华为只是通过购买的方式和支付专利许可费的方式，实现了产品的国际市场的准入，并在竞争的市场上逐步求得生存，这比自己绕开这些专利采取其他方法实现，成本要低得多。由于我们的支付费用，也实现了与西方公司的和平相处。（2006年）

还有部分专利通过交叉许可的方式，华为有条件地与其他企业互补使用，以减少交易成本，提升专利的使用价值。华为与多个西方公司进行了知识产权谈判，达成了交叉许可，如与阿尔卡特达成宽带产品DSLAM的专利许可，在3G领域与爱立信、诺基亚等达成3G产品专利交叉许可协议。

按照国际惯例，实现专利交叉许可

华为公司清醒地认识到，华为在技术上需要韬光养晦，必须承认国际厂商领先了许多，这种巨大的差距是历史形成的。一方面，由于发达国家创新机制的支持，普及了创新的社会化，技术获取相对容易；另一方面，当华为还在创始时期、起步阶段，国外有些专利就已经形成了，无论是系统实现原理的还是技术实现细节的，国际领先厂商已经领先了一大步。市场本身是开放的，但是华为要真正在全球市场上能够占有一席之地，使华为的产品和系统能够进入国际市场，只有通过谈判、支付合理的许可费用，才能够使得市场对华为也是开放的；也只有这样，才能扩展华为的市场空间，扩展华为的生存空间。这对华为是有利的，至少可以利用华为的相关优势，拉动制造业前进。

今天，由于技术标准的开放与透明，未来再难有一家公司、一个国家持有绝对优势的基础专利。这种关键专利的分散化，为交叉许可专利奠定了基础，相互授权使用对方的专利将更加普遍化。由于互联网的发达，使创造发明更加广泛化、更容易了。我们充分意识到需要在知识产权方面融入国际市场"俱乐部"。知识产权是国际市场的入门券，没有它，高科技产品就难以进入到国际市场。（2006年）

友商兴衰：巨头陨落，中华崛起

21世纪初的互联网泡沫危机爆发后，国外的思科和爱立信通过一系列措施顺利走出困境，营收平稳增长。阿尔卡特与朗讯、诺基亚与西门子则陷入持续亏损，2006年合并为阿朗和诺西两大集团，但是合并后发展并不顺利，两家新公司依旧大幅亏损。经历2008年的全球金融危机后，思科、阿朗和诺西2009年的营业收入都有不同程度的下滑，只有爱立信的营业收入实现了11.7%的增长。北电网络则因财务造假于2009年破产倒闭。

国内通信厂商华为、中兴在海外市场开拓中不断取得新的突破，营业收入快速增长。其中，华为在2005年海外收入首次超过国内，中兴则在2007年实现海外营业收入首超国内。大唐电信虽然在3G的技术研发方面占据先机，但是产业化并不理想，主营业务持续亏损，逐渐退出通信厂商的第一阵营。港湾网络的数据通信产品在创立之初增长十分快速，2004年遭到华为的强力反击后，2006年被华为收购。

2010年，华为营业收入高达283亿美元，海外市场收入占比超过65%，海外员工2.17万人。华为已经成长为国际化的通信企业，2010年营业收入比肩爱立信（308亿美元），超越阿朗（229亿美元）和诺西（181亿美元），大幅领先国内友商中兴（107亿美元），与思科相比尚有较大差距（400亿美元）详见表15-3。

表15-3 华为主要友商营业收入情况（亿美元）

	2004年	2005年	2006年	2007年	2008年	2009年	2010年
华为	55.8	58.9	84.5	125.6	183.3	218	283
思科	220	248	284	349	395	361	400
爱立信	159.3	175.3	207.7	218.2	256	286	308
阿朗	——	——	——	——	235.5	212	229
诺西	——	——	——	214.3	199.2	176	181
中兴	27.4	26.3	29.1	47.6	64	88	107

在2000年互联网泡沫破灭时，阿尔卡特、朗讯、北电网络等国际巨头就遭遇了危机，开始走下坡路。2009年的金融危机彻底将阿朗、诺西、北电网络等五大国际通信巨头挑下了马，并且已经无缘东山再起。思科、爱立信在金融危机中稳住了阵脚，经受住了考验。华为、中兴在此阶段逆势崛起，大幅缩小了与通信设备供应商领先者爱立信的差距。至此，在全球市场上，电信设备厂商只剩下了爱立信、华为和中兴三个主要企业；企业数据通信设备厂商只剩下思科和华为两家企业。

大唐固守3G标准，未能与时俱进，已经不再成为华为、中兴真正意义上的"友商"了。至此，20世纪90年代初崛起的中国本土通信设备厂商"巨大中华"四朵金花，已经只剩下"中华"了，而且华为已经与中兴大幅拉开了差距，华为已呈一骑绝尘之势！

正如任正非所言，在金融危机到来之时，"强者恒强、弱者恒弱"的局面已经形成了。综观华为国际先进阶段7年间的友商兴衰，笔者总结了以下观点供大家参考：

① **强力投入技术和产品研发是企业实现追赶和保持领先的必要手段**。思科以平均年收入13%以上比例的费用投入研发保持了在数据通信产品方面的全球领先地位和垄断地位。华为以平均年收入10%左右比例的费用和员工总数45%以上的人数投入研发，实现了对电信设备全球领先厂商爱立信的有效追赶。2010年，华为的营业收入已经接近爱立信，华为的年研发投入也与爱立信相当。对于技术快速进步和更新的高新技术企业而言，小投入小回报，大投入大回报，不投入无回报。创新有风险，不创新风险更大。

② **危机预见及应对能力是企业的核心领导力**。思科、爱立信在互联网泡沫破裂、金融危机到来时也受到了较大的影响，但是由于及时采取了有效的变革措施，能够较快从危机中走出来，实现持续增长。然而阿尔卡特、朗讯、诺基亚、西门子、北电网络等企业由于反应速度太慢、应对措施不当、执行不力等原因走向了合并、衰败与破产。当然，最好像华为一样，能够提前预见冬天的到来，能够提早准备好"过冬的棉袄"，这是主动的、损害最小的做法。

③ **合并不一定是应对危机的有效办法，一加一并不一定大于二**。2006年阿朗、诺西等巨头的合并只是延缓了死亡，并没有帮助这些企业成功存活。汽车等行业的合并也鲜有成功案例，联想多次并购IBM的相关业务并未能使联想强大起来。企业之间合并不是简单的合并财务报表这么简单，牵涉到价值观、文化、地域、组织模式、管理模式等诸多方面，可以说真正成功的案例非常鲜见。

④ **在快速发展变化的行业中，一旦落后很难再有东山再起的机会**。在高新技术行业，3~5年可以完成一代产品的更新换代，一代跟不上，下一代就更跟不上。比

如说某企业移动网络的3G没跟上，4G就很难有机会跟上，5G更跟该企业没关系了。因此，高新技术企业之间的竞争是逆水行舟，不进则退，进步慢了也是退步。比如大唐在移动通信领域是不可能再追赶华为、中兴了，诺基亚在智能手机领域也不太可能再追赶苹果、三星和华为。正如任正非所言，在高新技术行业要么领先，要么死亡，企业没有第三条路可走！

⑤ **"路径依赖"是阻碍企业持续创新的大敌**。"路径依赖"是指固守以前的成功，认为以前的成功做法可以持续下去。"路径依赖"的企业对环境、技术、市场、客户需求以及竞争对手等的巨大变化视而不见，或者反应迟缓，等到反应过来时已经为时过晚，大势已去。比如诺基亚固守功能手机的辉煌，对苹果智能手机的出现反应迟缓，最终由手机市场的全球领先者沦落为被微软收购的命运。UT斯达康固守小灵通、大唐固守自己的3G标准、柯达固守胶片相机市场、戴尔固守台式机及其分销渠道等都是"路径依赖"导致企业走向衰败的典型案例。世易时移，变化宜矣！

本章小结

在国际先进阶段，华为的管理举措主要面向国际化发展和每年新增上万名员工的有效管理。华为强调要基于客户需求导向进行企业管理，企业所有管理举措最终都要导向为客户创造价值，帮助客户成功。

笔者将本阶段华为管理举措的主要内容小结如下，供大家参考：

① **客户需求管理**：为客户服务是华为存在的唯一理由，要把握客户关键需求，要优先满足客户需求，要帮助战略客户提升竞争力和盈利能力，要让听得见炮声的人来决策，要面向客户的"铁三角"作战单元。

② **基于客户需求导向的企业管理**：基于客户需求进行组织建设，基于客户需求进行产品投资决策和产品开发决策，基于客户需求进行人力资源及干部管理，建设基于客户需求导向的、高绩效的、静水潜流的企业文化，在产品开发过程中构筑客户关注的质量、成本、可服务性、可用性和可制造性。

③ **研发组织模式建设**：建立跨职能的、全球同步的研发团队；减少管理层级，增加团队管理跨度，减少部门数量；减少干部数量，提升人均效益。

④ **研发团队管理**：以责任结果导向考核研发人员；研发人员的艰苦奋斗就是把本职工作做好。

⑤ **员工培养**：加强全体员工的诚信教育；鼓励新员工到艰苦地区去奋斗；要集中精力发扬优势；要理解、支持"歪瓜裂枣"式的人才。

⑥ **对员工的要求**：爱亲人、爱别人、爱自己；人生需要奋斗；不要做完人；不要过高估计自己；不要盲目攀比；所有奋斗的员工都是我们的英雄。

⑦ **薪酬与绩效管理**：基于平衡记分卡进行绩效考核；推行"以岗定级、以级定薪、人岗匹配、易岗易薪"的工资制度；对奋斗者与劳动者实行差别待遇。

⑧ **平台与基础技术研发**：自主研发芯片；坚持平台累积，将平台作为竞争基础；提高技术重用与共享。

⑨ **技术并购与合作研发**：通过购买技术缩短差距并构筑领先优势；与电信运营商等建立联合创新中心，深入贴近客户需求；与多家企业合作，快速切入新的领域。

⑩ **IT与知识管理**：要把企业建设成一流而非把IT建成一流；将稳定运行的流程固化到IT中；通过信息化大幅减少中层岗位。

⑪ **知识产权管理**：未来的企业之争就是IPD之争；通过支付专利费、交叉许可等方式降低开发成本。

本篇总结

2004年—2010年，华为年营业收入从300多亿元增长到1800多亿元，7年增长了6倍。2005年华为海外年营业收入开始超过国内，2010年华为海外年营业收入占公司总收入的65%。通过7年时间，华为崛起为一家国际化的千亿级企业。在此期间，华为曾经望尘莫及的国际友商阿尔卡特、朗讯、诺基亚、西门子以及北电网络等风光不再，陷入合并、亏损或破产的境地。本篇华为及其主要友商的经营理念与管理举措，对于正在由国内走向国际的企业具有诸多值得学习与借鉴之处。

笔者总结以下华为国际先进阶段的"关键成功要素"，供国际化企业参考：

① **坚定不移地走向国际市场**。华为在取得国内通信市场领先地位后，并没有"小富即安"，而是坚定不移地走向国际市场，扩大企业生存空间。华为首先进入亚非拉等国际竞争相对不太激烈的市场，然后进入欧洲、日本等西方发达国家市场。华为从国内抽调优秀市场人员奔赴海外，继续发扬艰苦奋斗精神，坚持不懈地逐个突破各个市场。华为国际市场的拓展反过来促进了国内市场份额的进一步提升。

② **技术与产品研发瞄准业界最佳**。华为持续在资金、人才方面强力投入技术和产品研发，紧盯爱立信和思科等全球领先企业，在多个领域率先推出产品和解决方案。华为在所有产品开发中全面应用IPD集成产品开发体系以大幅提升产品开发效率和质量，通过持续优化IPD体系实现研发与创新管理水平与全球业界最佳看齐。华为开始注重技术平台、芯片和基础技术研究，奠定企业发展的长远竞争力。华为通过适度技术并购缩短技术差距，构筑领先优势。华为通过与运营商等客户建立联合研究中心，贴近客户需求。华为通过与多个企业合作，共同研发产品，共同拓展市场。

③ **正确预见与有效应对全球金融危机**。华为提出在危机中胜利的曙光就是"活下去"。华为通过出售合资企业股份、分拆业务引进战略投资者、及时回收货款等方式保证企业在困难时期有足够抵御危机的现金。华为在危机中能够看到行业发展的机会，并且紧紧把握住机会，实现了"强者恒强"。华为的诸多友商如诺基亚、朗讯等则由于未能正确预见和有效应对危机，走向衰败和消亡，验证了"弱者恒弱"的丛林法则。

④ **坚持"深淘滩、低作堰"的企业治理原则**。"深淘滩"是持续从企业内部挖掘潜力。华为通过全员艰苦奋斗、持续的管理变革和管理优化，为客户提供质量好、成本低的产品和服务。"低作堰"是尽可能让利给客户和合作伙伴。华为不追求高额利润，只追求持续成长。华为为客户着想，让利给客户则有越来越多的客户选择

华为。华为在困难时期不亏待分销商,将分销商当作同盟军,让分销商生存下去,则有越来越多的分销商凝聚在华为周边,为华为开拓更多客户,带来更多收益。

⑤ **主动由集权管理过渡到分权制衡管理**。随着人员的大幅增加、产品类别的增多以及市场范围的扩展,总部机关集权式管理越来越不适应华为的发展。任正非主动放弃集权管理,公司逐步过渡到分权制衡管理,以提高决策正确性和决策效率,提升企业响应市场及客户需求的速度,提升各级干部的决策和管理水平。实行EMT轮值主席制度、设立蓝军参谋部、组建"铁三角"作战机制、前方指挥后方等都是华为由集权管理走向分权制衡管理的关键举措。

⑥ **持续推进管理变革和管理优化**。为了适应国际化的复杂环境与激烈竞争,华为在国际先进阶段启动了EMT决策制度变革、领导力开发变革、干部管理制度变革、IFS财经变革、LTC端到端流程变革等。2004年—2010年,华为员工人数从2万人增长到11万人,2010年华为海外雇员人数超过2万人。通过持续管理变革和管理优化,华为在人员和业务快速扩张的过程中没有走向崩溃,没有走向官僚化,实现了年营业收入增速高于员工人数增速,体现了"管理出效益"。

⑦ **注重培养大批德才兼备的各级干部**。员工快速增长而人均产值和人均效益不下滑的一个重要支撑是干部队伍的建设和管理。在本阶段,华为推行了领导力开发变革,以培养大批面向全球的领导者。华为发动的变革使工作年限超过8年的7000人辞职,激活沉淀层。华为坚持从艰苦地区选拔干部,坚持选择品德好的员工当干部,坚持选择业绩好的员工当干部。华为通过正式成立华为大学给干部赋能,使华为大学成为"将军的摇篮"。

⑧ **有效激励奋斗者**。企业的业绩最终是通过面向客户的一线员工干出来的。华为向员工灌输奋斗文化,鼓励新员工到艰苦地区去奋斗,将所有奋斗的员工视为英雄。华为决不让奋斗者吃亏,对奋斗者与劳动者实行差别待遇,拉大奋斗者与劳动者的收入差距。华为2008年实行大规模配股,所有工作一年以上的员工都可获得配股权,让尽可能多的奋斗者分享公司成长的收益。

附录：华为国际先进阶段发展大事记

年份	年销售收入（亿元）	员工人数	华　为	友　商
2004	313	22000	实行 EMT 轮值主席制度	北电网络严重亏损，大幅裁员；中兴在港交所上市
2005	453	30000	成立华为大学，系统培养干部；推行领导力开发变革，培养面向全球的领导者；海外收入首超国内	
2006	656	61909	推行以岗定级的标准工资制度改革；8.8 亿美元出售 H3C 股份；收购港湾	钱伯斯任思科董事长兼 CEO；年底阿尔卡特与朗讯通信业务合并；年底诺基亚和西门子通信业务合并；北电网络将 3G 业务出售给阿朗
2007	938	83609	与 IBM 合作启动 IFS 财经变革项目；7000 人集体辞职；实施"掺沙子"行动，提高海外员工本地化率	思科 32 亿美元收购网络会议公司 WebEx；中兴海外收入首超国内
2008	1252	87502	与埃森哲合作启动 LTC 变革项目；提出"开放、妥协、灰度"是华为文化的精髓；启动新一轮大规模配股	思科耗费 118 亿美元巨资收购 4 家公司；新 CEO 韦华恩上任，对阿朗进行战略重组，并推动一系列变革；华为收购北电网络以太网业务失败
2009（全球金融危机爆发）	1490.6	95000	组建"铁三角"作战机制，提升一线团队决策权	业绩下滑，爱立信实施成本缩减措施，裁员 6500 人；北电网络 LTE 和 CDMA 业务出售给诺西，退出通信行业；北电网络申请破产保护
2010	1851.76	11.19 万人，海外 2.17 万人	将整个公司分为运营商 BG、企业 BG 和消费者 BG 三大业务集团	业绩不佳 CEO 思文凯离职，前 CFO 卫翰思于 2010 年 1 月起担任爱立信新 CEO；大唐电信以"集成电路+"为核心战略转型

第四篇　全球引领阶段（2011—）

华为发展到业界领先阶段，要用最先进的工具做最先进的产品，要敢于投入，要抢占制高点。越敢于投入，越有可能获得更大的回报；越不敢投入，越没有未来。

——任正非（2013年）

华为全球引领阶段要点扫描

◇ 时间阶段：2011年—
◇ 任正非年龄：67岁~
◇ 公司人数：从2010年的11万人增长到2015年的17万人，5年增长约50%
◇ 营业收入：从2010年的1852亿元（国际收入占比65%），增长到2015年的3950亿元（国际收入占比65%），5年增长1倍多
◇ 客户与市场：从运营商市场拓展到企业网和消费者市场，客户遍布全球170多个国家地区，全球设立了瑞典、俄罗斯、美国、印度等16个研究所，31个与客户共建的联合创新中心
◇ 产品与服务：运营商用户产品全球引领，智能手机全球前三
◇ 关键词：全球化、事业部、轮值CEO、领路人、多个领域全球引领
◇ 核心管理团队：任正非（1987年）、郭平（1989年）、胡厚崑（1990年）、徐文伟（1991年）、孙亚芳（1992年）、李杰（1992年）、李今歌（1992年）、徐直军（1993年）、余承东（1993年）、孟晚舟（1993年）、陈黎芳（1995年）、丁耘（1996年）、万飚（1996年）、张平安（1996年）、李英涛（1997年）、何庭波（1996年）、王胜利（1997年）、阎力大（1997年）、邹志磊（1998年）

本篇阅读思考

◇ 华为为什么要实行轮值CEO制度？该制度的优劣如何评价？该制度适合我们企业吗？

◇ 华为在什么情境下实行事业部制？华为为什么要实行事业部制？华为的事业部制与我们通常理解的事业部制有何异同？

◇ 华为为什么要加大基础研究力度？华为是如何展开基础研究工作的？

◇ 华为为何要加大对一线组织的授权？华为在全球组织管理的哪些做法值得我们借鉴？

◇ 华为为何要在全球推行TUP员工持股计划，这种持股计划的好处是什么？我们是否可以借鉴这种股权分配制度？

◇ 华为为何在本阶段提出"开放、妥协、灰度"文化？华为在全球推行企业文化的哪些做法值得我们学习？

◇ 华为为什么不上市？上市与不上市各有何优劣？
◇ 华为为何要坚持聚焦主航道，为何要坚持针尖战略？

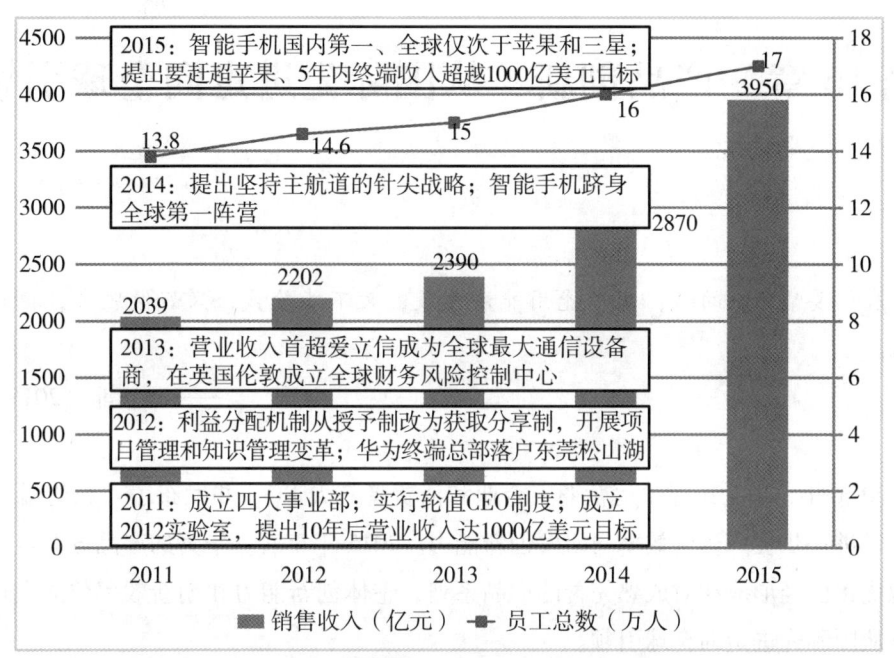

华为全球引领阶段发展概况及关键事件

2011：成立四大事业部；实行轮值CEO制度；成立2012实验室，提出10年后营业收入达1000亿美元目标

2012：利益分配机制从授予制改为获取分享制，开展项目管理和知识管理变革；华为终端总部落户东莞松山湖

2013：营业收入首超爱立信成为全球最大通信设备商，在英国伦敦成立全球财务风险控制中心

2014：提出坚持主航道的针尖战略；智能手机跻身全球第一阵营

2015：智能手机国内第一、全球仅次于苹果和三星；提出要赶超苹果、5年内终端收入超越1000亿美元目标

销售收入（亿元）：2039（2011）、2202（2012）、2390（2013）、2870（2014）、3950（2015）
员工总数（万人）：13.8、14.6、15、16、17

在2011年—2015年的5年间，华为年营业收入从2000亿元增长到近4000亿元，员工人数从14万人增长到17万人，重点业务领域也由运营商业务扩展到消费者业务和企业业务。华为开始实行轮值CEO制和事业部制，进一步加大全球本地化管理变革，加大对一线的授权。华为的运营商业务已经超越爱立信成为全球引领者。华为企业业务在技术和产品方面可以比肩思科，但市场份额方面还有很大的追赶空间。在消费者业务方面，华为的手机业务异军突起，成为国内第一、全球第三的重要企业。2015年，华为的消费者BG营业收入近1300亿元，年增长率超过70%。以手机为代表的消费者业务正在成为华为的重要增长点，华为期望通过手机业务的快速增长赶超苹果和三星，"再造一个华为"。

在此阶段，华为在运营商业务领域已经成为全球引领者，需要思考如何"引路"。在企业业务和消费者业务领域正在发力赶超思科、苹果和三星等业界领先者。在云计算、存储和服务器等领域正在成为亚马逊、微软、谷歌和IBM等的重量级"友商"。当下，华为需要思考和回答的是"如何走向引领"和"如何持续引领"两大问题，正在走向全球化的企业也可以结合这两大问题思考本企业的全球化路径。

第 16 章 产品创新：从国际先进走向全球引领

> 我们要拿客户的钱，又不能用非法手段，又不能抢钱，只好做服务，把产品做好。
>
> ——任正非（2015 年）

2011 年，华为组建了运营商、企业和消费者三大 BG，并发布了"云管端"战略，以进一步提升运营效率与研发创新能力。2015 年年底，华为的产品方案经过不断地优化已经形成相对成熟完善的产品系列，整体创新能力和创新效率位居全球前列，从国际先进走向全球引领。

为了应对全球电信需求趋于饱和的挑战、ICT（Information Communications Technology）与大数据浪潮的到来，华为积极调整产品发展战略，重点投资 5G 研发、云计算等战略产品领域，并成立 2012 实验室加强基础原创性研究。通过持续不断地研发投入，华为的多个产品方案已经达到国际领先水平。传统的运营商业务已经成为全球领先者，企业网业务在云计算、高端路由器等领域超越思科，消费者业务异军突起，智能手机快速跻身全球第三、国内第一。

本章重点介绍华为三大 BG 创新性或有重大突破的产品方案领域，如运营商用户的移动通信、接入网、光通信和智能网等领域，企业用户的高端路由器、云计算、IT 等领域，消费者用户的智能手机领域。

运营商用户产品研发：营业收入超越爱立信

2011 年以来，华为陆续发布了一系列国际领先的产品解决方案，帮助客户构筑云时代业务创新的技术基石，致力于在 ICT 融合的过程中建立一个开放、创新的产业生态体系，实现产业价值聚合。

在运营商业务领域，伴随着 4G 移动超宽带的加速部署，华为进入了莫斯科、里约热内卢、班加罗尔等 9 个海外大数据流量市场，华为的 4G 设备成功进入所有中国省会城市。华为的400G路由器获得了超过160个客户的认可，并与全球20家领先运营商开展NFV/SDN集成服务的联合创新，华为被越来越多的运营商视为转型期可信赖的战略合作伙伴。

针对运营商用户，华为提供了全球引领的解决方案、产品和服务，详见图16-1所示。

解决方案	产品	服务
·移动宽带 ·超宽带 ·电信IT ·运营及基础设施转型 ·视频无处不在	·无线网络 ·固定网络 ·核心网 ·电信软件 ·IT ·网络能源	·咨询服务 ·系统集成服务 ·管理服务 ·管理客户体验服务 ·网络部署服务 ·客户支持服务 ·培训服务

图16-1 华为运营商用户主要产品领域

运营商产品包括无线网络、固定网络、核心网、电信软件、IT基础设施和网络能源等6个主要产品领域。

表16-1 华为运营商用户主要产品

无线网络	固定网络	核心网	电信软件	IT基础设施	网络能源
·LTE FDD ·LTE TDD ·SingleRAN ·GSM&UMTS ·移动宽带分组核心网 ·Small Cell ·SingleOSS ·通信能源	·传送网 ·接入网 ·运营商IP ·固定网络OSS	·CS&IMS ·CloudCore ·融合数据 ·IOT	·客户管理 ·收入管理 ·大数据分析	·Fusionserver服务器 ·OceanStor存储 ·FusionCloud云计算	·通信能源 ·数据中心能源

移动通信：领导5G技术研发，率先获得业界"5G最杰出贡献奖"

早在2009年，华为就启动了5G的技术研究。仅5G的研究与创新方面，华为先后投入了 6 亿美金和 500 多人的专家团队，国内的深圳、上海、成都与美国、加拿大、瑞典、英国、法国、德国这六个国家的研发中心都参与了 5G 研究。对于下一步的 5G 产品开发，华为公司会有另外的费用预算，而且远远超过 6 亿美金的资金投入。

同时，华为采取开放式创新模式，与业界开展广泛合作。截至 2014 年年初，华为已经参与了欧盟的相关合作项目，在英国参与了 5G 创新中心（5GIC）的创建，并与哈佛大学、斯坦福大学、慕尼黑工业大学、清华大学等全球 20 多所顶级高校开展 5G 联合研究。此外，华为通过与中国移动、欧洲沃达丰、德国电信、日本 NTT DoCoMo、韩国运营商 LG U＋、KT 等多家业界知名运营商的 5G 战略合作，联合产业阵营的众多合作伙伴共同构筑 5G 生态系统、推动 5G 产业发展。

在 5G 的定义和研究方面，华为一直处于全球引领的地位。在 2011 年和 2012 年的移动世界大会上，华为展示了业界领先的峰值速率达 50 Gbps 的 5G 原型机基站。在 2015 年 6 月的 5G 全球峰会上，华为率先获得业界 5G 大奖——"5G 最杰出贡献奖"。

华为 5G 研发与产业化发展规划：2018 年前实现 5G 标准制定，并率先与合作伙伴开通 5G 商用网络；2019 年推动产业链完善并完成互联互通测试；2020 年 5G 正式商用，届时移动宽带用户峰值速率将超过 10Gbps，是当前 4G 网络速度的 100 倍。

接入网：发布全球引领的 40G TWDM－PON，并实现全球首次试商用

2014 年 2 月 17 日，华为发布了全球领先的 TWDM－PON 系统二代样机，并在瑞典举行的欧洲 FTTH 大会上进行演示。继 2011 年 9 月华为在业界率先发布 40G TWDM－PON 第一代样机后，华为持续攻克多个核心的关键技术难题，有力推动了 TWDM－PON 商用化进程，具有里程碑式意义。

2014 年 3 月 28 日，华为宣布与阿联酋电信（Etisalat）集团共同签署了关于 40G TWDM－PON 的谅解备忘录，启动全球首个 40G TWDM－PON 的试商用，为下一代超高速连接提供基础。2015 年 8 月 31 日，华为与中东巴林电信共同宣布 40G TWDM－PON 实验局项目圆满成功。

智能网：业界率先发布 SPTN 解决方案

2013 年 9 月 26 日，华为在业界率先发布了 SPTN（Single Protocol Transport Network，单个传输网络协议）解决方案（2007 年率先发布业界首款 PTN 产品），构建面向业务的智能分组传送网络，向运营商提供快速业务布放、智能业务调度、灵活维护管理的 LTE 智能移动承载网，实现了 LTE 时代新业务和 PTN 承载网的协同发展。

光通信：光传输技术全面领先，T–SDN 全球首商用

经过二十多年的厚积薄发，华为在光传输领域实现了从"率先"到"领先"、从"领先"走向"卓越"的跨越。

（1）与英国电信合作，完成业界最高速率 3T 的现网传输测试。

基于持续的研发投入与深厚的技术积累，华为的光传输技术全面领先，自 2011 年以来取得了一系列重大的进展：

2011 年，成功推出拥有知识产权的 oDSP 芯片和相关软件算法，与 Ciena（美国讯远通信公司）、阿尔卡特、朗讯三足鼎立；

2012 年 6 月，华为与荷兰 KPN 合作完成业内首个 400G 现网测试；

2013 年 7 月，与智利 Telefonica 成功商用全球首个 400G OTN 网络，网络容量达到 16T，此次商用的是华为新一代 OTN 旗舰产品，全面支持 200G／400G／1T 平滑演进；

2014 年，华为完成第二代 100G 关键芯片和算法的自主研发，传输性能同比提升至少 30% 以上，与 10G 相当，无中继传输距离达到 4000 千米。4 月，基于自主研发的频谱压缩和信号补偿算法（FTN），华为携手 TATA 成功完成业界首个跨大西洋超长距海缆 400G 波分测试，传输链路长达 6577 千米。9 月 23 日，华为携手中国移动率先完成国内首个 400G OTN 的测试。10 月，华为与英国电信 BT 合作完成业界最高速率 3T 的现网传输测试。

图 16–2　华为 OptiX OSN 9800 系列产品（支持 100G 及超 100G）

(2) T-SDN 主导国际标准制定，全球首商用。

当前网络系统架构依然不够开放、灵活和高效，T-SDN 是承载网络架构变革的重要一环。华为是 SDN 各标准组织的主导性力量，担任了 ONF 组织最重要的 SDN 工作组 OTWG 的副主席以及 SDN 迁移工作组的主席，并贡献了现有 9 个 SDN 应用中的 7 个方案；在 IETF 组织编辑超过 50% 的 SDN 协议文稿。

2013 年 10 月，华为发布了业界首款电信级 SDN 控制器。随后与主流运营商联合 T-SDN 创新，包括西班牙电信（IP+光）、沃达丰（自动化运营）、巴蒂电信（虚拟传送服务）等。

2014 年 8 月，华为与南非 MTN 联合成功完成了 T-SDN 及 2.4T 波分现网测试，作为当前最智能、最高速的软件定义弹性光网络（SDN-Based Flex Optical Network），其 T-SDN 解决方案帮助 MTN 高效应对未来数字洪水的挑战，同时提供更多创新业务，因此获得南非电信展（Africa Com）大奖。

2014 年 11 月，福建电信实现了业界首个 T-SDN 商用部署，全面开启传送 SDN 商用进程。

图 16-3　中国电信全球首个 T-SDN 创新发布仪式

SingleSON 创新解决方案领跑 SON 技术发展

随着 MBB（Mobile Broadband，移动宽带）时代的到来，海量数据业务迅速增长，多制式、多层网络应运而生。如何更快速优化网络性能、精准满足终端体验要求，是当前运营商面临的主要问题。

2011年，华为发布业界首个多制式、多层网络的 SingleSON 解决方案。2012年2月，华为在德国科隆 LTE 商用网络上成功商用 SingleSON ANR 功能，标志全球首次在商用网络实现了自动邻区配置功能。2012年6月，在香港验证 aICIC，密集组网小区边缘用户速率最高提升 30%。2012年10月17日，华为在 2012 SON 峰会（Self – Organizing Networks，自组织网络）上发布最新版本的 SingleSON 解决方案，再次吸引全球运营商的目光。2013年，华为在多制式商用网络上完成 SingleSON 的首次自动闭环测试。

针对 LTE 时代的多网运营，华为推出的 SingleSON 解决方案可同时支持 GSM/UMTS/LTE "5频3模"的网络维护管理，有效应对多模多频带来的邻区优化、移动性管理以及覆盖优化等难题。目前，SingleSON 解决方案已成功应用于沙特 STC 和中国移动。

企业用户产品研发：部分领域超越思科

在企业业务领域，华为坚持"被集成"，坚持开放合作，与 SAP、Accenture 等战略合作伙伴联手，在云计算、大数据等领域开拓创新。华为在全球已为客户建设了 480 多个数据中心，包括 160 多个云数据中心。华为的敏捷网络及敏捷交换机 S12700 自发布以来，在数百家高端行业客户中得到广泛应用。

针对企业用户，华为提供了丰富的产品组合，以及领先的解决方案，详见表 16 – 2。华为企业 BG 近几年快速发展，在云计算、高端路由器等领域引领全球，销售收入快速增长，占总收入的比重也在不断提升。

表 16 – 2　华为企业用户主要产品领域

产品			解决方案
·交换机	·安全	·联合通信	·云数据中心
·路由器	·接入网	·联络中心	·企业网络
·无线局域网	·传送网	·eLTE 宽带集群	·企业无线
·服务器	·网络能源	·eLTE 宽带接入	·协作
·存储	·智真和视讯	·GSM – R	·云计算
·云计算	·视频监控	·网管与 SDN 控制器	·敏捷网络 SDN
			·BYOD 移动办公

领跑云计算

2010年11月29日,华为在北京正式面向全球发布云计算战略及端到端的解决方案,并启动"云帆计划2011"。从2011年开始,华为就不断加大对云计算的整体投入,在云计算领域研发人员超过6000人,未来还将持续增加,云计算研发团队分布在美国、加拿大,及深圳、北京、西安、杭州、上海等地。

按照"开放合作"的宗旨,华为已与Intel、IBM、Accenture、Citrix、CA等三百多家合作伙伴携手,积极推动产业链发展。华为希望通过构建专业个性化的云计算平台,不断推动业务与应用云化,构筑共赢的产业生态链。

在2014年云计算大会上,华为诠释了以云计算为中心的IT战略。华为轮值CEO徐直军说:"华为致力于为客户提供创新、差异化、领先的产品和解决方案。华为在此次云计算大会上展示的产品和解决方案,都将以开放、融合、创新的技术,帮助客户简化传统的IT基础设施,让系统更精简、业务更敏捷,为客户带来更大的价值。"

在2015年9月18日举行的云计算大会上,华为发布了云操作系统、数据服务平台等产品方案,以先进的技术设计得到客户的一致肯定。此次大会期间,华为还和行业合作伙伴联合展示了共建云生态的成果,为云时代的商业合作实践树立了新标杆。

图 16-4 华为 2015 云计算大会

高端路由器技术比肩思科，但市场份额思科大幅领先

2010年，华为100G核心路由器技术进展已经与思科持平。2011年4月，华为全球发布首款200G路由线卡，"2+8"集群系统可以支持256个100G端口或者2560个10G接口，转发能力提升至50T，并提供给全球年度互联网盛会"The Gathering"现场业务测试使用，当时被称之为"宇内极速"。

2012年9月底，华为发布了400G核心路由器，技术领先思科半年多。2013年7月，400G核心路由器已在沙特、俄罗斯和泰国等国商用部署。2013年4月，华为第十届全球分析师大会上，华为首家发布了1T路由线卡和业界最大容量100T多框集群路由器。

与此同时，全球最大的核心路由器搬迁工程——2012年无锡169骨干网在线搬迁完成。这个难度近乎等同于"在飞机行进中更换发动机"的工程，一方面证实了华为的实力，另一方面也给全球运营商传递了一个信号：如果你对现网不满意，华为可以帮你"更换心脏"。

在路由器领域，华为在技术上已经走到金字塔顶端，但思科在全球市场份额中仍然保持领先地位。在全球企业路由器市场，2014年思科占据71.5%份额，而华为仅占6.4%，如图16-5所示。

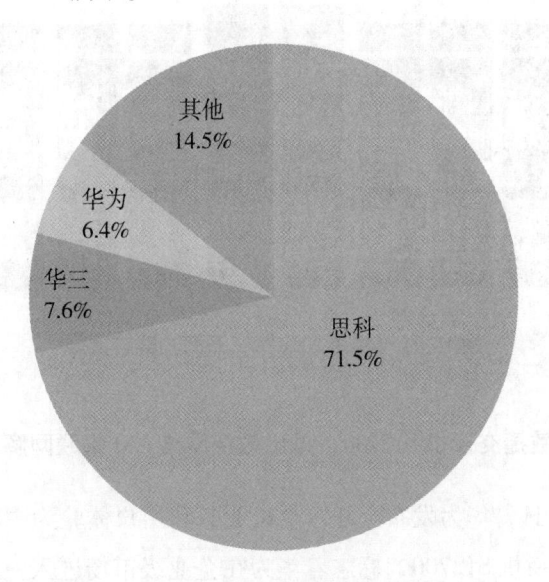

图16-5 2014年全球企业路由器市场份额

在中国企业路由器市场，2014年华三以44.3%位居第一，思科和华为分别以17.4%、14.3%位居第二和第三，如图16-6所示。

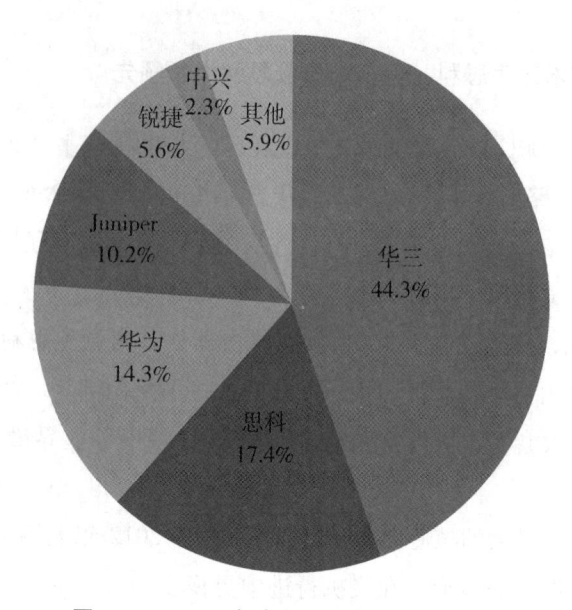

图 16 - 6　2014 年中国企业路由器市场份额

2015 年 6 月，NE5000E 400G 集群路由器凭借业界最大容量以及最低功耗，在日本 Interop 展征服严苛的日本评委，荣获最高荣誉金奖。截至 2015 年年底，华为 400G 路由器解决方案已在全球超过 200 个局点成功商用。

图 16 - 7　华为 NE5000E 系列集群路由器

发布全球首款敏捷交换机 S12700，推出敏捷网络 3.0 物联网解决方案

2013 年 8 月 8 日，华为发布全球首个以业务和用户体验为中心的敏捷网络架构及全球首款敏捷交换机 S12700，标志着华为在企业级市场进入一个新的阶段。该产品主要满足企业在云计算、BYOD 移动办公、SDN（弹性光网络）、物联网、多业务以及大数据等新应用方面对更可靠、大带宽、更大规模以太网的要求。

2014 年，华为提出敏捷网络 2.0，将敏捷网络从园区网覆盖到企业分支，以及数据中心，完成了面向园区、广域、数据中心和企业分支四大领域的全面覆盖。

2015年，华为推出敏捷网络3.0，第一次将SDN网络架构带入到物联网领域。敏捷网络3.0物联网解决方案主要包括最轻量级的物联网操作系统Liteos、敏捷物联网关、敏捷控制器三部分。华为希望敏捷物联网解决方案的发布使企业能快速构建一张拥有"无尽可能"的物联网基础架构，实现生产、制造、物流等领域的智能化。

图16-8 华为战略Marketing总裁徐文伟发布物联网操作系统LiteOS

率先发布敏捷园区全光网络解决方案

近年来，产业集中化趋势催生了大量园区，如物流园区、科技园、工业产业园、大学城等，而住宅小区、购物商城、酒店等，也可以看成一个园区。随着智能终端、无纸办公、BYOD、智能家居、云计算、云存储等新业务不断发展，园区网正步入以网络融合和大带宽为特征的物联网时代。

2013年11月8日，华为在云南腾冲发布全球首个以全光为网络架构的敏捷园区全光网络解决方案，旨在打造一个可靠、开放的园区信息化新平台，实现以人为本的智慧园区。多家主流ICT媒体及油田、电力、地产、高校等领域的大型客户参加本次发布会，分享先进的园区网解决方案与实践。

华为企业业务BG基础网络总经理李向军表示："在大量园区应运而生的背景下，华为以打造高品质园区网络为目标，结合在园区通信领域的多年积累，推出了新一代敏捷园区全光网络解决方案。希望借助华为建设的园区网平台，助力政企实现信息业务精细化、移动化、协作化。"

华为敏捷园区全光网络解决方案正助力全球政企客户实现智慧园区建设，目前已在迪拜塔、西班牙 Benetronica 智慧园区、上海月星环球港、成都双流机场、东风汽车集团、云峰山玉墅酒店等项目成功应用。

消费者用户产品研发：智能手机跻身全球前三

在消费者业务领域，华为实行"华为+荣耀"双品牌运作，坚持精品策略，在多个国家成功进入智能手机第一阵营。2014年，华为品牌旗舰智能手机的市场份额大幅提升：P7全球发货四百多万台，畅销一百多个国家和地区；Mate7在高端旗舰领域人气攀升，供不应求；荣耀品牌创立一年以来，以互联网为渠道，全球销量超过2000万台，增长近30倍。

2011年年初，华为将旗下所有面向消费者的业务如手机、其他终端设备、互联网以及芯片业务（华为控股的海思公司）整合在一起，组成了消费者BG，余承东从战略与Marketing部门调任到终端公司担任负责人。

通过近5年的发展，华为消费者BG已经涵盖智能手机、平板电脑与笔记本电脑、穿戴设备、移动宽带、智能家居、笔记本电脑等产品系列。

表16-3 华为消费者用户主要产品领域

产　　品	软件应用
·智能手机：Mate系列、P系列、G系列、Y系列 ·平板电脑、笔记本电脑 ·穿戴设备：huawei watch、手环 ·其他产品：移动宽带、智能家居、配件	·EMUI产品 ·应用市场 ·云服务 ·PC软件

消费者BG销售收入快速增长，2015年销售收入近1300亿元。智能手机表现更为优异，2015年全球发货量1.08亿台，市场份额迅速跻身国内第一、全球第三的阵营，而且在中高端智能市场占据一席之地，Mate系列和P系列畅销欧美发达国家。

智能手机跻身第一阵营：国内第一、全球第三

在余承东的带领下，华为手机制定了新思路：做精品、做品牌，构筑长期发展核心能力。2011年，华为终端发货量为1.5亿台，其中手机发货量为5500万台，智能手机发货量为2000万台，同比增长500%。

2014年，华为消费者BG业务销售收入122亿美元，同比增长30%；智能手机业务出货量超过7500万台，同比增长45%。华为消费者BG 52%的销售收入来自海外，如西班牙、意大利等11个重点国家市场份额超过5%。

华为消费者BG在全球拥有630个品牌形象店，30000个专区专柜，7900人销售团队。华为消费者BG在全球设有16个研发中心，7000名终端研发人员，2014年研发投入超过12亿美元。累计申请专利62959件，其中终端相关专利超过12000件。

2015年，华为消费者BG业务收入1291亿元，同比大增73%。智能手机全年发货量1.08亿台，同比增长44%，成为中国第一家年发货量过亿的智能手机厂商，市场份额位居国内第一。在全球智能手机市场，华为位居前三，仅次于苹果和三星。

华为手机业务从2011年开始向自主品牌和中高端手机转型，2014年在中高端领域实现了全面突破，Mate 7手机销量超过200万台，P7手机6个月销量超过400万台，荣耀6手机6个月以来销售超过300万台。2013荣耀销售收入1.09亿美元，2014年达到24亿美元，同比增长超过21倍。

在高端智能机市场，2015年华为Mate7销量700万台，还一度出现"一机难求"的火热局面。11月26日，Mate8正式对外发布，凝聚了华为最尖端的技术，搭载了全球最强芯片麒麟950和容量4000毫安超大容量电池，支持快充和指纹识别等技术，上市仅一个月销量就突破了100万台，成为国产手机不可多得的精品之作。

图16-9 华为Mate8手机

发布首款笔记本电脑 MateBook，正式进入 PC 市场

2014 年 9 月 21 日，华为申请了名为"MateBook"的商标，引发了市场对其进入笔记本电脑市场的关注。2016 年 2 月 22 日，在 MWC 2016 巴塞罗那世界移动大会开幕前一天晚上，华为消费者 BG CEO 余承东正式对外发布了华为的第一款笔记本电脑产品 MateBook。

2016 年 1 月 13 日，任正非提出消费者 BG 在 5 年内要达到 1000 亿美元销售收入的目标。那么在未来的 5 年内，华为消费者 BG 每年平均销售收入要增长 200 亿美元。面对苹果在高端市场的垄断优势，以及智能机市场的需求疲软，华为进军笔记本电脑市场一方面是增加新的赢利点，另一方面是发现了市场的机会：之前的大部分笔记本电脑出现续航能力差、容易死机丢失信息等问题，华为通过调查发现二合一笔记本电脑（平板电脑加笔记本电脑）是未来的发展方向，消费者对时尚美观也提出了更高的要求，因此更好的续航能力、更优的产品性能和更美的时尚设计将成为消费者的强力诉求。

针对消费者的上述诉求，华为 MateBook 优越的性能值得期待：超长 10 小时续航，优雅时尚的外观设计，极致轻薄的便携性，支持"windows10 + 安卓"双系统，以及连接投影、电视机、U 盘等多种外设并与手机互通等。

2016 年 5 月 26 日，MateBook 正式在国内市场发布，5 月 31 日正式对外销售。国行版本最低配 4988 元、最高配 9688 元。

据新浪手机 2016 年 6 月 20 日资讯，华为 MateBook 将于近期在美国发售，起价 699 美元（约含人民币 4600 元），不含可拆卸键盘外壳和手写笔等配件。

图 16-10　华为 MateBook 笔记本电脑

本章小结

2011 年以来，华为运营商用户业务已经开始超越爱立信，走向全球引领阶段；华为企业用户产品全球市场份额还是远远落后于思科，但是在高端路由器、云计算等产品领域技术上已经比肩思科；华为消费者用户产品特别是智能手机快速发力，跻身中国第一、全球第三。

综观华为全球引领阶段的产品研发与创新，笔者总结如下要点供大家学习参考：

① **产品研发从国际先进走向全球引领，开始重视基础研究**。历经二十多年的发展，华为产品研发从跟随模仿走向国际先进，由国际先进走向全球引领。企业由跟随者走向领路人是创新模式的本质变化，意味着华为必须自己探索未来的方向，而不能跟在他人后边快速追赶。因此，华为成立 2012 实验室进行基础原创性研究，在全球技术人才密集的多个国家和城市设立研发中心，面向全球网罗各个领域的尖端科学家、数学家、美学家等。

② **为确保持续增长，强力投入新的战略增长点**。在本阶段，华为运营商业务增长缓慢，企业业务规模较小，华为将战略增长机会放在了以智能手机为代表的消费者业务方面。为了促进消费者业务增长，华为 2011 年开始正式设立消费者业务 BG，加大在手机芯片、操作系统、外观设计及产品本身研发方面的投入。2015 年华为手机业务收入近 1300 亿元（超过 200 亿美元），占全公司收入近 1/3。华为 5 年后手机业务的营业收入目标是 1000 亿美元，华为期待通过消费者业务的崛起"再造一个华为"。

③ **形成产品、服务和解决方案产品组合架构**。华为不但通过实物产品创造收入和利润，而且逐步通过服务产品以及解决方案产品创造收入和利润。这值得很多收入来源单一的科技企业参考和借鉴。

④ **充分利用全球分布的研发中心，实现全球协同研发**。作为一个全球化的企业，华为的研发中心也在全球多个国家和城市布局。不同技术、不同产品的研发可以在更具有相应人才优势的研发中心进行，部分产品和技术还可以在不同研发中心之间进行 7×24 小时接力研发。这样能大大降低研发成本，缩短技术和产品的研发周期。

⑤ **与大学、客户和合作伙伴进行开放式创新**。华为注重建立开放的生态系统，与多所大学、多个领先客户和多类合作伙伴共建联合创新中心，合作开发技术和产品。

⑥ **华为致力于为客户提供创新、差异化、领先的产品和解决方案**。这是全球引

领阶段华为产品研发与创新的定位，华为致力于在多个产品领域成为标准制定者和引领者。

⑦ **厚积方能薄发，没有核心技术的长期积累是不可能成为真正的行业领先者的**。华为手机业务在正式推出自主品牌前已经做了多年的运营商定制研发，华为在手机芯片、操作系统和外观设计等方面都进行了长期的、大规模的投入。华为现在智能手机使用的芯片主要是自己研制的海思芯片。这也可以解释为何国内大批山寨手机厂商相继死亡，个别依靠"商业模式创新"快速崛起的明星手机企业正在走向没落。

第 17 章　经营理念：追赶容易，领队不容易

> 企业要解决体制、机制问题，先要解决价值观问题，也就是说先要解决哲学问题。企业哲学问题解决了，才不会轻易摇摆，才不会在发展过程中出现大的动荡。
>
> ——任正非（2012 年）

2011 年以来，华为经营由追赶走向全球引领，以任正非为核心的华为管理团队的经营理念也在与时俱进，思考和回答如何做好"全球市场的领路人"。任正非感叹：追赶容易，领队不容易。追赶时你的前面有模仿和学习对象，而领队时你站在最前面，你成为了别人的模仿和追赶对象。领队时你前行的每一步都要靠自己去摸索，充满了不确定性，同时你还要避免被其他友商超越。

在经营理念方面，华为对企业成功关键要素、管理哲学、领先、开放、竞争、企业生存与发展辩证观等都有了诸多新的看法。这些看法指导华为如何实现全球持续领先，如何不走向衰败和消亡。

在任正非个人方面，任正非谈到了与媒体的关系、谈到了个人生活，也谈到了教育、社会与经济问题。从中我们可以看到一个更加真实的任正非，也可以看到任正非的家国情怀。

华为之所以独特是因为其创始人任正非完全没有受到传统商业理论的约束，他更多的是从人性和所从事的行业的性质来设计和构建这家公司，他和他的管理团队每天思考的重要问题是如何激励知识型员工、如何应对瞬息万变的技术世界，防止组织突然崩溃。

华为成功的关键要素：在正确的时点做正确的事

思想家的作用就是假设

任正非认为，思想家的作用就是假设，只有有正确的假设，才有正确的思想；

只有有正确的思想，才有正确的方向；只有有正确的方向，才有正确的理论；只有有正确的理论，才有正确的战略……

我们公司前段时间挺骄傲的，大家以为我们是处在行业领先位置。但是他们用了半年时间做了战略沙盘，才发现我们在全世界市场的重大机会点我们占不到10%，我们的优越感就没有了，知道如何努力了。这不是危机意识，这就是假设，假设未来的方向。

为什么我们能在行业中领先呢？就是因为我们率先提出"管道"这个概念，这也是个假设，当时我们还归纳不出大数据这个词。这比别人对"管道"认识早几年。但我们当时没有把"管道"归结为大数据，后来演变为大数据。那几年谁愿意做"管道"呢？自来水公司不如阿里、腾讯赚钱。我们现在领先世界一两年，因为早一两年准备了，所以我们的经营效果比别人好，不是机遇，是假设。我是假设个危机来对比华为，而不是制造一种恐慌危机。（2014年）

在正确的时点做正确的事

任正非强调，一个公司要持续稳健成长，要在正确的时点做正确的事。企业不仅要面对过去的历史来总结经验，还要面对今天的现实来确定明天的战略目标。

华为公司这25年的发展，基本踩对了鼓点。在世界整体经济大爬坡的时候，我们强调规模化增长，只要有规模，只要有合同，就有可能摊薄我们的变动成本，就一定有利润。当时如果卖高价，客户能买我们的吗？肯定不会。现在这种惯性思维在公司里还是很严重，大家抓订单、抓合同，不管是否是垃圾质量，只要能放到销售额里，就盲目做大做强。在前两年，如果没有我们加强合同质量管理和坚定不移地转变战略目标，坚持以利润为中心，那么今天我们可能就不是坐在这里开会，而是让大家回家了。所以我们这几年制定措施，比如管理服务、终端产品只谈利润，不算销售额；我们在控制各项考核指标时，就是在转型，当然我们的预算转型不够，再过一段时间，还会发生一些变化。（2014年）

华为公司未来的胜利保障三要素

任正非认为，华为公司未来的胜利保障主要是三点要素：领导集体、制度和规则、奋斗群体。在未来三五年变革过程中，如果华为坚定不移地基于"面对客户，创造价值",不断简化管理、优化流程,那华为就有可能在这三个要素的基础上,获得更大的成功。

华为公司未来的胜利保障,主要是三点要素:第一,要形成一个坚强、有力的领导集团,但这个核心集团要听得进批评;第二,要有严格、有序的制度和规则,这个制度与规则是进取的。什么叫规则?就是确定性,以确定性应对不确定性,用规则约束发展的边界;第三,要拥有一个庞大的、勤劳勇敢的奋斗群体,这个群体的特征是善于学习。(2014年)

以客户为中心,为客户做好产品,做好服务,而且比别的企业更勤奋

任正非认为,华为成功的秘密就是以客户为中心,为客户做好产品,做好服务,而且比别的企业更勤奋。

我认为第一点,华为没有秘密,第二点,任何人都可以学,华为也没有什么背景,也没有什么依靠,也没有什么资源,唯有努力工作,才可能获得机会。但努力工作首先要有方向,这个方向就是为客户服务。

因为我们只有一个来源,就是客户口袋里面的钱,我们要对客户不好,就拿不到这个钱。所以说我们要拿客户的钱,既不能用非法手段,又不能抢钱,只好做服务,把产品做好。市场经济两个要素,为客户服务,没有人做不到。(2015年)

支撑华为走到今天的三大关键成功要素

在与新员工座谈时,华为轮值CEO郭平谈到了支撑公司走到今天的三大关键成功要素:抓住大的市场机会、长期持续投入研发、坚持艰苦奋斗。

第一,以客户为中心,大市场孕育大企业。回顾一下历史,我们进入这个领域是无知者无畏,跳进来以后才发现通信行业的竞争异常激烈与残酷。当时,中国的电话普及率大约为1%,华为抓住了这个发展机会,从最早的程控交换机扩展到传输,再到无线,以及再后来的终端、企业业务,并由中国发展到全世界,实现了70亿人的连接。未来将实现全连接世界,即1000亿人和物、物和物的连接,基于此我坚信各位加入华为正当其时。只有大的市场空间才能孕育大企业,只有大的发展机会,公司才能不断发展。在公司业务发展的过程中个人也更有机会。

第二,"深淘滩、低作堰"。在华为早期的时候,我们的竞争对手可能犯了一些错误。在20世纪90年代,家里装一台电话必须要交5000元,还要提前九个月申请。那个时候为什么是5000元呢?因为当时每一线交换机西方公司卖500美金,华为自主研发,我们卖10万线就可以挣很多钱了,把挣来的钱投入研发,而且是长期持续地投入,我们起来了。对手追求太高的利润率,给了我们生存的机会。这就是为什么我们在新员工培训的时候,强调华为为客户服务,就是要质量好、服务好、运作成本低、优先满足客户需求,这是我们从别人的教训里学到的宝贵经验。

第三,也是最重要的,是以奋斗者为本,基于责任与贡献的回报机制,获取分享制。华为全体员工群体奋斗,共同努力抓住机会,同时也分享公司成长的利益,促进公司进一步发展。(郭平,2015)

关于管理哲学:需要辩证看问题,不能走极端

通过辩论学习华为的管理哲学

任正非认为,管理问题没有绝对正确的答案,大家可以通过不同观点的讨论、辩论达成妥协。没有一个人能绝对正确,关键是犯了错误能够及时改正。不能采用科学精神去处理人际关系,人与人之间相处要宽容。

在这个哲学学习中,不应该有标准答案,站在左边或右边的人都是正确的,辩论有利于更深刻的理解。因为在多元、多层、多个方向上,你们交流后会达成妥协,妥协就是阶段的结论。时代在变化,真理也不是绝对的,所以不能完全倾向某一个方向。华为的价值观只能说是相对正确,你可以反对华为的价值观,在反对的过程中可以更深刻地认识它。

第一,没有一个人能保证自己一生走得都正确。最根本的方法就是发现自己错了勇于改正错误,希望大家认识到事物的科学性和全面性。

第二,在促进人与人之间的关系上我反对科学。科学精神是什么?(学员回答:怀疑;最极端、最标准的状态;客观数据;精确地衡量出结果;非黑即白;大胆假设小心求证。)我觉得你们这个班比前面几个班学得好。科学精神不能解决人的关系问题和社会问题,科学精神就是不断深究,"行到底、刨刨刨。刨到原子、中子还在刨,刨到夸克还在往前刨……"人与人之间相处,多一些宽容,你不要管人家心里想什么,多看一些他的输出。不要用科学精神处理人和人之间的关系。中庸是

为了团结人，科学精神在处理人和人的关系、处理集团和社会的关系上是有缺陷的。

我很高兴，你们终于比前几个班学得好，坚持三到五年，我相信改革的土壤就全部刨松了。（2011 年）

企业先要解决哲学问题

任正非认为，企业先要解决体制、机制问题，先要解决价值观问题，也就是说先要解决哲学问题。企业哲学问题解决了，才不会轻易摇摆，才不会在发展过程中出现大的动荡。

这两天看王国维的电视剧，王国维是鲁迅先生骂的"不耻于人类的狗屎堆"，今天回过头看这个人的哲学思想是很伟大的，当年张之洞去开矿山、办工厂，李鸿章做洋务的时候，王国维说："振兴中华要靠哲学"。但是，他还是被抛进历史的角落，作为清华大学教授，最后投湖自尽。中国有两个痛苦的灵魂，以前说最痛苦的灵魂是鲁迅，现在往前走一步，王国维也是中国最痛苦的灵魂。王国维讲哲学才能改变中国，今天来看确实是这样的。英国、美国、日本、法国、德国及整个欧洲社会，他们在哲学体系上研究清楚了，这一点值得借鉴。（2012 年）

任正非主要通过讲话、通过思想进行管理

任正非说，自己主要是通过讲话、通过思想进行管理。自己的讲话都公布在网上，希望华为的员工都能学习。社会上的人通过阅读任正非的讲话如果能够有收获，这也是华为的一个社会价值。

以前我并不知道，但是我冥冥之中想到总会有人关心这些事情，只是一种感觉。我对公司的管理其实是思想上的管理，我的思想总是要告诉任何人的，知道的人越多越好。我希望 15 万员工都能去读我的邮件，应该有相当一部分人是不读的。如果大家都不读，华为就会逐渐灭亡。辛亏华为还有少数人愿意读，他们成长的速度就会很快。我认为自己没有任何秘密，都是开放的，至少我的思想是开放在公司的网站上。（2014 年）

关于管理变革：变革就是要做时代的企业

任正非说，华为学的方法是 IBM 的。IBM 教会了我们怎么爬树，我们爬到树上就摘到了苹果。我们的老师主要是 IBM。

推进管理变革，提升运营效率

任正非指出，华为要成为 ICT 行业的领先者，不仅要在技术上抢占战略制高点，还必须构建强有力的组织能力和管理体系，要不断提升一线组织的作战能力和公司整体运营效率。

我们要推进管理变革，提升运营效率。要成为 ICT 行业的领先者，我们不仅需要在技术上抢占战略制高点，还必须借鉴和学习其他企业的先进经验，融合我们已有的优势，构建强有力的组织能力和管理体系。为此，我们要聚焦于"基于市场创新的业务流"和"面向客户的业务流"，跨功能、跨流程、跨部门地实现 LTC、ISD、国家计统调、存货账实相符等变革项目在一线代表处的集成落地。继续深化德国综合变革试点，在取得阶段性成果的基础上，扩大综合变革的试点范围。在 ICT 基础设施在网络领域实现"2 年集成打通"的变革目标，并为 3 年账实相符、5 年"五个 1"奠定基础，以不断提升一线组织的作战能力和公司整体运营效率。（2014 年）

变革的目的是为了多产粮食和增加土地肥力

任正非强调，在未来变革过程中，华为要强调目的才是最重要的，目的就是要多产粮食、产生战略贡献和增加土地肥力，凡是不能为这两个目的服务的，都要逐步简化。这样才可能在以客户为中心的奋斗目标下，持续保持竞争的优势。

我们要接受"瓦萨"号战舰沉没的教训。战舰的目的就是为了作战，任何装饰都是多余的。我们在变革中，要避免画蛇添足，使流程烦琐。变革的目的要始终围绕为客户创造价值，不能为客户直接和间接创造价值的部门为多余部门、流程为多余的流程、人为多余的人。我们要紧紧围绕价值创造，来简化我们的组织与流程。

在一些稳定的流程中，要逐步标准化、简单化，提高及时服务的能力，降低期间成本和管理成本。将一些不确定出现的问题，转交由专业部门处理。

未来五至十年，我们将从中央集权式的管理，逐步迈向让听得见炮声的人来呼唤炮火。当前正在进行的管理从以功能部门为中心，转向以项目为中心的过渡试验，就是对这种模式的探索。若五至十年后，我们能实现管理权力下沉，后方支持的优质服务质量上升，那么我们及时满足客户需求的能力及速度就会增强，我们就能在大流量的汹涌澎湃中存活下来。（2015年）

落实流程责任制，严防贪污腐败

任正非强调，华为要严格落实流程责任制，明确每个流程环节的责任人，严防贪污腐败。

我们要推行流程责任制。我们在执行跨部门任务的时候，责任人是谁，谁应该来支付钱？我举一个例子，我们每次展览就买一大堆集装箱，现在生产中心后面有一大堆集装箱不知道该怎么处置，而且占用了停车场面积，大家天天吵着没有地方停车，这是谁的责任？其实当集装箱发回来的时候，如果再调度一下，一个集装箱至少能卖2万元。

若不把流程责任制建立起来，就没有人去事后追溯，然后就成为贪污腐败的最重要环节。我们现在的问题就是责任制不落实，功能部门管理的时候，发了一个邮件，从此就没有下文了。谁会去从几千万的邮件中发现一个问题，这其实就是账实不相符问题。（2014年）

坚持端到端的打通流程责任制的运行

任正非强调，华为在进一步扩大规模的同时，一定要通过有效的管理提高企业运作效率，降低成本，提高效益。有效的管理主要体现在实行流程责任制，打破部门墙。

第一，ST和AT要职责分工，希望人力资源委员会讨论出组织机制来。ST组织要依托流程建设，打通部门墙；AT组织可能是行政区块建设。现在我们的AT力量太强，把大权都揽在自己身上，这样不利于拆掉部门墙。要把业务流程的责任建立起来，逐步实现流程责任制。

第二，坚持逐步走向流程责任制，逐步给流程Owner赋权，加快基于流程的专家决策制度的建立。以前叫流程遵从，没有建立起流程责任制。现在我们建立起流程Owner和专家的权力后，层层级级流程岗位授权，建立起流程责任制。我们的奋斗目标是用三年时间实现账实相符，用五年时间实现"五个一"。

在这三至五年奋斗过程中，不仅销售收入做到通信领域第一，我们要更多在管理制度上优化。我们要把口号打响，账实相符及"五个一"是改善管理的第一步，从上到下都要坚定不移的围绕这个目标努力，相信一定会实现。若我们的管理成本下降20亿～30亿美金，我们的客户和员工都将获益，管理的改进对客户和我们每个人都是有意义的！（2014年）

由愿景驱动变革，要做时代的企业

华为公司轮值CEO、变革指导委员会主任郭平在2014年11月6日华为质量与变革联合颁奖典礼上讲话时，勉励公司全体员工积极拥抱时代变化，担负公司变革使命。在此次讲话中，郭平对华为持续变革的必要性、华为如何有效变革等进行了较为系统的阐述，要点摘录如下：

① 我们正面临着一个快速变化的时代，变革就是要做时代的企业。
② 变革不容易取得成功。变革要由愿景来驱动、形成一个整体，为公司增加收入、提升效率做出贡献。
③ 变革需要动力，要让公司上下全体员工都认识到变革的紧迫性。
④ 魔鬼在细节中，变革是个细致活，要扎实、有序地开展变革工作。
⑤ 提升变革领导力，在变革的"训战结合"中培养并选拔优秀人才。

华为2015年以后的变革方向

2015年4月，任正非在华为市场大会上，指明华为未来变革的方向，要点如下：

① 要站在全局的观点上，对未来信息传送的思想、理论、架构做出贡献。
② 要继续发扬针尖战略，用大压强原则，在大数据时代领先突破。
③ 要走在需求的前头。
④ 决不走低价格、低成本、低质量的道路。
⑤ 要高度关注大流量的大质量体系建设。
⑥ 不要在主航道以外争做鸡头。
⑦ 任何变革都要看近期、远期是否能增产粮食。
⑧ 未来十年的变革，逐步从屯兵组织，转变为精兵组织。

如何领先：敢于打破既得优势，敢于拥抱新事物

敢于去拥抱新事物，华为不一定会落后

任正非认为，大企业不是必然会死亡，不一定会惰怠保守的。否则不需要努力成为大企业。只要华为敢于打破目前既得优势，敢于去拥抱新事物，在发现一些战略机会点时进行后发式追赶，华为不一定会落后。

华为也就是一个"宝马"（大企业代名词），在瞬息万变，不断涌现颠覆性创新的信息社会中，华为能不能继续生存下来？不管你怎么想，这是一个摆在你面前的问题。我们用了25年的时间建立起一个优质的平台，拥有一定的资源，这些优质资源是许多高级干部及专家用许多资金和时间才积累起来的，是宝贵的财富。过去所有失败的项目、淘汰的产品，其实就是浪费（当然浪费的钱也是大家挣来的），但没有浪费，就没有大家今天坐在这儿。我们珍惜这些失败积累起来的成功，若不故步自封，敢于打破自己既得的坛坛罐罐，敢于去拥抱新事物，华为不一定会落后。当发现一个战略机会点，我们可以千军万马压上去，后发式追赶，你们要敢于用投资的方式，而不仅仅是以人力的方式，把资源堆上去，这就是和小企业创新不一样的地方。人是最宝贵的因素，不保守，勇于打破目前既得优势，开放式追赶时代潮流的华为人，是我们最宝贵的基础，我们就有可能追上"特斯拉"。（2013年）

追赶容易，领队不容易

任正非认为，华为在追赶的时候是容易的，但在领队的时候不容易，因为不知道路在哪儿。如果方向错误，企业很可能走向衰退甚至死亡。

我们在追赶的时候是容易的，但在领队的时候不容易，因为不知道路在哪儿。我当年精神抑郁，就是为了一个小灵通，为了一个TD，我痛苦了八至十年。我并不怕来自外部的压力，而是怕来自内部的压力。我不让做，会不会使公司就走向错误，崩溃了？做了，是否会损失我争夺战略高地的资源。内心是恐惧的。TD市场刚到来的时候，因为我们没有足够的投入，所以没有机会，第一轮招标我们就输了。第二轮我们投入了，赶上来了；第三轮开始我们就逐步领先了，我们这叫后发制人战略。但那八年是怎么过来的呀？要我担负华为垮了的责任，我觉得压力很大，这么多人

的饭碗要敲掉了。因为不知道，所以很害怕，才很抑郁。

现在你们也是高处不胜寒。无线走到这一步了，下一步要怎么走。到底我们将来技术思想是什么？技术路线是什么？我们假设这个世界是什么？我们假设对了，我们可能也就成功了。我们假设错了，那我们可能就会进入类似北电网络、MOTO一样的衰退。（2014年）

关于创新：越敢于投入，越有可能获得更大的回报

在全球引领阶段，华为强调要开放创新，要敢于投入，要从跟随走向领先。创新要聚焦主航道，要有边界。

模糊区域的创新要宽容失败

任正非认为，在高端研究领域，在模糊领域的创新要宽容失败。但是在确定性比较高的领域，在工程领域，要提高管理水平，尽可能减少失败。

第一，我们没有清晰的产权保护制度，没有一个宽容的精神，所以中国在"创新"问题上是有障碍的。大家也知道Facebook，它能出现并没有什么了不起的，这个东西要是在中国出现的话，它有可能被拷贝、抄袭多遍，不要说原创人会被抛弃，连最先的抄袭者也会家破人亡，被抛弃。

第二，在创新问题上，我们要更多的宽容失败。宽容失败也要有具体的评价机制，不是所有的领域都允许大规模的宽容失败，如高端研究领域就应减少失败，模糊区域应更多的宽容失败。有一些区域并不是模糊的，就不允许他们乱来，比如说工程的承包等都是可以清晰数量化的，做不好就说明管理能力低。若你们进入的是模糊区域，我们不知道它未来会是什么样子，会做成什么。因此，你们在思想上要放得更开，你们可以到外面去喝咖啡，与人思想碰撞，把你的感慨写出来，发到网上，引领一代新人思考。（2012年）

创新基于假设，要接受长期批判

任正非认为，创新是基于对未来不确定性的假设。假设正确，创新就可能会成功；假设错误，创新就会失败。因此，创新的假设要接受长期批判，在创新的过程中持续辨别和修正假设，以免走上错误的不归路。

一定要强调价值理论，不是为了创新而创新，一定是为了创造价值。但未来的价值点还是个假设体系，现在是不清晰的。我们假设未来是什么，我们假设数据流量的管道会变粗，变得像太平洋一样粗，建个诺亚方舟把我们救一救，这个假设是否准确，我们并不清楚。如果真的像太平洋一样粗，也许华为押对宝了。如果只有长江、黄河那么粗，那么华为公司是不是会消失呢？这个世界上消失的公司很多，北电网络就是押宝押错了。中国的小网通也是押错宝了，押早了。小网通刚消失，宽带就来了。小网通如果晚诞生几年，就生逢其时了。英雄常常是生不逢时的。(2012年)

越不敢投入，越没有未来

任正非强调，华为发展到业界领先阶段，要用最先进的工具做最先进的产品，要敢于投入，要抢占制高点。越敢于投入，越有可能获得更大的回报；越不敢投入，越没有未来。

我们现在打仗要重视武器，要用武器打仗。以前因为穷，所以我们强调自力更生，强调一次投片成功，强调自己开发测试工具，现在看来都是落后的方法。我们要用最先进的工具做最先进的产品，要敢于投入。把天下打下来，就可以赚更多的钱。(2013年)

"蓝军"要想尽办法来否定"红军"

任正非特别支持在各产品线成立"蓝军"组织。任正非说，要想升职，先到"蓝军"去，不把"红军"打败就不要升司令。"红军"的司令如果没有参加"蓝军"的经历，也不要再提拔了。你都不知道如何打败华为，说明你已到极限了。两军互攻最终会有一个井喷，井喷出来的东西可能就是一个机会点。

我们在华为内部要创造一种保护机制，一定要让"蓝军"有地位。

"蓝军"可能思想太过跳跃，敢想、敢说、敢干，博弈之后要给他们一些宽容，你怎么知道他们不能走出一条路来呢？

世界著名的马其诺防线就失败了。法国建立了马其诺防线来防德军，但德国不直接进攻法国，而是从比利时绕到马其诺防线后面，这条防线就失败了。

所以我认为防不胜防，一定要以攻为主。攻就要重视"蓝军"的作用，"蓝军"想尽办法来否定"红军"，就算否不掉，"蓝军"也是动了脑筋的。

三峡大坝的成功要肯定反对者的作用，虽然没有承认反对者，但设计上有许多都按反对意见做了修改。我们要肯定反对者的价值和作用，要允许反对者的存在。（2013年）

采取针尖战略，不盲目创新

任正非认为，要领先美国企业，必须将华为有限的能力聚焦在针尖大的领域，才能形成压强，才能有所突破，实现超越。如果盲目创新，在很多领域分散精力，华为就会走向灭亡。

我们是一个能力有限的公司，只能在有限的宽度赶超美国企业。不收窄作用面，压强就不会大，就不会有所突破。我估计战略发展委员会对未来几年的盈利能力有信心，想在战略上多投入一点，就提出潇洒走一回，超越美国的主张。但我们只可能在针尖大的领域里领先美国企业，如果扩展到火柴头或小木棒这么大，就绝不可能实现这种超越。

我们只允许员工在主航道上发挥主观能动性与创造性，不能盲目创新，发散了公司的投资与力量。非主航道的业务，还是要认真向成功的公司学习，坚持稳定可靠运行，保持合理有效、尽可能简单的管理体系。要防止盲目创新，四面八方都喊响创新，就是我们的葬歌。（2013年）

创新应该是有边界的

任正非强调，华为的创新应该是有边界的。华为的创新是为了成就华为的梦想，而不是人类的梦想。创新要聚焦在华为的主航道上，无边界的技术创新可能会误导企业的战略。

我们应该演变，即便有了长远的战略思想，也是在今天的思想上逐步演变，逐步改进。不要妄谈颠覆性，认为革命一定会被接受。苹果的成功是源于40年的积累，个人电脑就是苹果发明的，图形界面也是苹果发明，后来进入MP3音乐也成功了。MP3时我就说了一句话，这个加个通讯不就更厉害了吗？果然加了通讯，第一代就卖了900万台手机。你看苹果iphone的成功是四十年积累的突破，并非一日之

寒。有时候我们不要总想用革命性思想使自己颠覆，人类需要的不是颠覆，人类需要的是技术高质量的继承与发展。(2014年)

创新是一场"马拉松"

华为副董事长兼轮值CEO胡厚崑在第14届慕尼黑经济论坛发表演讲，分享了华为的创新理念。他指出，要想取得良好的创新成果，企业必须坚持长期研发投入。

"创新是一场马拉松，而不是百米短跑。"胡厚崑表示。自创立之初起，华为就坚持把至少年销售收入的10%投入研发。2014年华为研发投入达66亿美元，同比增长近30%，占2014年销售收入的14%。

"创新是华为的核心竞争力，并已经成为华为基因的一部分。"胡厚崑说，"我们全球170000多名员工中有将近一半是研发人员。过去10年，华为研发投入累计超过300亿美元。"

在创新上的持续投入为华为带来了丰厚的回报。截至2014年年底，华为累计获得专利达到38825件，其中90%以上为发明专利。根据联合国机构世界知识产权组织公布的报告，华为2014年申请国际专利3442件，在全球企业中排名第一。（胡厚崑，2015年）

创新从跟随走向领先，需要由工程师创新走向科学家创新

华为在发展早期作为行业追随者几乎没有自主性的原创技术，都是从集成、工程、工艺等方面进行创新。随着走向业界领先，华为开始由工程师创新走向科学家创新。

那时我们还是行业的追随者，主要是以工程师为中心的创新。现在我们终于走到行列前列，有能力进行前瞻性研究。华为涌现出了非常多的科学家，世界各国的很多科学家也来加入华为创新。

华为在全世界有几十个能力中心，这些能力中心就是科学家在探索，包括未来十年、二十年的技术思想、数学模型、算法……所以我们现在也正在为人类社会提供一些基础理论。(2015年)

关于开放与合作：推进"全球本土化"运营

学会给盟友分蛋糕，用开阔的心胸看世界，世界慢慢都是你的

任正非强调，华为要学会给盟友分蛋糕，要用开阔的心胸和战略眼光看世界，不要在乎一城一地的得失。

我们要走向开放，如果只想独享利益而不能学会给盟友分蛋糕，我们就将以自己的灭亡为下场。

不舍得拿出地盘来的人不是战略家，你们要去看看《南征北战》这部电影，不要在乎一城一地的得失。总有一天我们会反攻进入美国的，什么叫潇洒走一回？光荣走进美国。（2013 年）

走向世界走向开放，一杯咖啡吸收宇宙的力量

任正非强调，华为要走向世界，走向开放，华为的专家、干部要多参加国际会议，多与别人喝咖啡交流，多了解世界发展趋势，要通过一杯咖啡吸收宇宙力量。

高端专家、干部要多参加国际会议，多与别人喝咖啡交流，在宽松的环境下，可能听到世界最高层的人讲话的真谛。向上是大喇叭口望星空，吸收宇宙能量；向下喇叭口传达到博士、准博士……培育未来的土壤。这两个锥形体连接在一起就是一个拉法尔喷管，拉法尔喷管就是火箭的发动机，产生强大的动力，火箭就上天了。这样，华为的未来才会像火箭发射器一样。而现在华为很多高级干部还是关在家里做具体工作，守着时间打卡。参加国际组织不够多，参加组织不敢当主席，参加国际大会也不敢发言。我们现在也要走向世界，叱咤风云要到宇宙去叱咤，所以叫"一杯咖啡吸收宇宙能量"，这是传递给大家一个工作方法。（2014 年）

推进"全球本土化 Glocalization"运营，打造开放的全球价值链

截至 2014 年 5 月，华为在全球各地拥有优质资源的地方建立了 16 个研究所、28 个联合创新中心和 40 多个专业能力中心。华为通过这些研究所、联合创新中心和能力中心与全球几百个战略伙伴合作，将自己的全球价值链打造成了一个全球化的创新平台，华为全球的客户都可以通过这个平台用最短的时间分享来自全球不同地方的最新创新成果。

对于全球化，华为轮值CEO胡厚崑认为："全球化不仅仅意味着运营的全球化、投资的全球化，更需要建立一种新的商业理念。这种理念是将全球市场视为一个单一市场，像在单一市场一样构建全球的价值链，并将全球的优质资源都整合到这个价值链里面，使每一个单一节点上创造的价值都有可能在全球范围内被分享。"

对于本地化，胡厚崑认为："本地化不仅仅意味着本地雇用、本地纳税和提供适合本地需求的产品。更高层次的本地化应该是通过与本地优秀企业进行产业分工合作，将他们的创新能力整合到华为的全球价值链，并通过这个价值链将本地的创新成果推广到全球，使本地创造真正发挥出全球价值。"

与全球友商合作分享

任正非强调，华为的理念是与全球友商合作分享，与世界先进公司合作共同制定标准、路标，一起为社会做出更大贡献，而不是谋求垄断和消灭别人。

我们的分享制，从二十多年来对资本与劳动的分享实践，逐步扩展到对客户、供应商分享成功。同时，与先进公司合作共同制订标准、路标，一起为社会做出更大贡献。

我们没有狭隘到如何消灭别人。不断烧钱的目的，是烧到对手烧不动了，就垄断了。我们不谋求市场垄断。我们并没有蚕食他们，也从来不想蚕食他们，而是千方百计希望他们强大。像诺基亚和阿朗的合并，我们都非常高兴。

诺基亚的奋斗精神，我认为比别的公司要强，所以诺基亚能重新回到世界舞台上。我们加强和他们的合作，共同为这个社会提供服务。（2015年）

关于竞争：要进攻自己，逼自己改进

最好的防御就是进攻，要敢于打破自己的优势形成新的优势

任正非认为，进攻是最好的防御，要敢于打破自己的优势形成新的优势。自己不主动打破自己的优势，别人早晚也会来打破。要进攻自己，逼自己改进，从而产生更大优势。任正非强调，一定要把华为公司的优势去掉，去掉优势就是更优势。

要打破自己的优势，形成新的优势。我们不主动打破自己的优势，别人早晚也会来打破。我们在学术会议上要多和爱立信、阿朗、诺西等公司交流，并在标准和产业政策上与他们形成战略伙伴，就能应对快速变化的世界。

华为过去市场走的是从下往上攻的路线，除了质优价低，没有别的方法，这把西方公司搞死了，自己也苦得不得了。美国从来是从上往下攻，Google 和 Facebook 都是站在战略高度创新，从上往下攻。

WiFi 作为和 LTE 竞争的技术，你不能说美国不会玩出什么花招来，我们要以招还招。不要以为我们一定有招能防住它，我们公司的战略全都公开了，防是防不住的。我们要坚持开放性，只有在开放的基础上我们才能成功。（2013 年）

不要自己被自己颠覆

任正非认为，包括诺基亚、柯达在内的很多大公司的失败，不是被竞争对手所颠覆，而是自己颠覆了自己。

诺基亚所犯的错误是还停留在工业时代，工业时代讲究的是成本和质量，世界上能唯一还用二十年的手机就是诺基亚的手机。因为他忘却了，这个时代苹果所推动的移动互联网时代的进步，这点不等于别人颠覆了他，而是他自己颠覆了自己。还有关于数码相机的颠覆，数码相机就是柯达发明的，但他在机会上重视不够，也不是别人颠覆了他，还是他自己颠覆了自己。（2014 年）

最大的敌人就是我们自己

任正非认为，华为的竞争对手，就是华为自己。在华为公司的前进中，没有什么能阻挡我们；能够阻止我们的，就是内部腐败。最大的竞争者就是我们自己。华为碰到的最大敌人，不是别人，而是我们自己。

我认为美国在电子信息这个技术上，过去是绝对的强势。而且，未来几十年美国还会是相对的优势。华为这个"小草"，不可能改变时代列车的轨道，但是，我们"小草"在努力地成长，我们也希望把自己脱胎换骨，从"小草"变成"小树苗"，我们正在向西方学习各种管理的东西，正在改变自己。我们的改变有没有可能成功呢？还看我们自己。

所以，我们真正碰到的最大敌人，不是别人，而是我们自己。我举个例子，我不知道他们想不想听。

我讲讲,我们这次宽恕那些事情。比如说,我们要用五年的时间实现账实相符,账和实际是相符的,但是我们现在做不到。所以我们去年12月31日,赦免大家坦白从宽,凡是业务上做假都坦白从宽,我们坦白的人是四千到五千人。四千到五千人,是什么人?小兵,没有他的份儿,小兵想坦白,他有啥?都不能做这个结构。就是说,我们内部的治理结构还是有非常多的工作要做。(2015年)

企业生存与发展辩证观:公司越强大会越困难

我们无法准确预测未来,仍要大胆拥抱未来

任正非认为,我们无法准确预测未来,仍要大胆拥抱未来。面对潮起潮落,即使公司大幅度萎缩,我们不仅要淡定,也要矢志不移地继续推动组织朝向长期价值贡献的方向去改革。要改革,更要开放。要去除成功的惰性与思维的惯性对队伍的影响,也不能躺在过去荣耀的延长线上,只要我们能不断地激活队伍,我们就有希望。

历史的灾难经常是周而复始的,人们的贪婪,从未因灾难改进过,过高的杠杆比,推动经济的泡沫化,总会破灭。我们唯有把握更清晰的方向,更努力地工作,任何投机总会要还账的。经济越来越不可控,如果金融危机进一步延伸爆炸,货币急剧贬值,外部社会动荡,我们会独善其身吗?我们有能力挽救自己吗?我们行驶的航船,员工会像韩国人卖掉金首饰救国家一样,给我们集资买油吗?历史没有终结,繁荣会永恒吗?我们既要有信心,也不要盲目相信未来,历史的灾难,都是我们的前车之鉴。我们对未来的无知是无法解决的问题,但我们可以通过归纳找到方向,并使自己处在合理组织结构及优良的进取状态,以此来预防未来。死亡是会到来的,这是"千古兴亡多少事,一江春水向东流",流过太平洋,流过印度洋……不回头。(2011年)

公司越强大会越困难

任正非认为,公司越强大,面临的竞争对手也会越强大,因而公司越强大会越困难,需要具有更强的领导和管理能力才能持续生存和增长。

现在我们没有纯粹要增长。增长的目的是让大家不要窝在内部搞分权、分利，而是要到外部抢东西，减少内部分歧和矛盾。能增长的地方就要增长，不能增长的地方你就要创造效益，创造不了效益你可以把人、资源让出来，调到其他国家或地区去。太具体的事情是你们要做的，我只是告诉你们，我们今天处在最好的历史时期，以后会越来越困难、越来越差。美国为什么要"打"我们，就是因为我们公司强大。我们以后还会更强大，那以后就会更困难，不要指望以后日子比今天更好过，以后的日子比今天要难。你们用什么方法来解决具体问题，就是要把理论和你的具体实践相结合。（2011年）

要将已有的优势耗散掉，形成新的优势

任正非提出，华为要将已有的优势耗散掉，形成新的优势。要敢于加大对未来的投资。

如果在短期投资和长期利益上没有看得很清楚的人，实际上他就不是将军。将军就要有战略意识，没有战略意识怎么叫将军呢？这是第一个问题。第二个问题又要讲到耗散结构，华为公司实际上是处在一个相对较好的时期，要加大投入，把这些优势耗散掉，形成新的优势。整个社会都在衰退，经济可能会循环衰退，我们虽然跟自己过去相比下降了，但和旁边相比，活得很滋润，我们今年的纯利会到20亿~30亿美金。因此，对未来的投资不能手软。不敢用钱是我们缺少领袖，缺少将军，缺少对未来的战略。（2012年）

挣大钱死得快，挣小钱不用死

任正非认为，挣大钱的公司因为大家眼红，拼命进入，容易导致恶性竞争而死得快。挣小钱的公司大家看不上，竞争不会那么激烈，只要坚持做，充分发挥自己的优势，往往能持续存活。

华为公司也曾多次动摇过。人生还是要咬定自己的优势、特长持续去做。刚才那个同事说我们做芯片不挣钱，人家做半导体的挣大钱，但是挣大钱的死得快，因为大家眼红，拼命进入。我们挣小钱怎么死呢？我们这么努力，比不上一个房地产公司，上帝先让我们死，就有点不公平。我和欧盟副主席聊天，他问我，全世界的经济都这么困难，你怎么敢大发展？

我说第一点，我们的消费是小额消费，经济危机和小额消费没关系，比如你欠我的钱，我还是要打电话找你要钱，打电话就是小额消费。第二点，我们盈利能力还不如餐馆的毛利率高，也不如房地产公司高，还能让我们垮到哪儿去，我们垮不了。所以当全世界都在摇摆，都人心惶惶的时候，华为公司除了下面的人瞎惶惶以外，我们没有慌，我们还在改革。至少这些年你们还在涨工资，而且有的人可能涨得很厉害。我们为什么能稳定，就是我们长期挣小钱。（2012年）

华为走的路都是爬北坡的路

华为轮值CEO徐直军说，华为走的路跟中国其他民营企业走的路完全不同，华为走的都是最难的路，都是爬北坡的路。华为不受外界各种赚大钱的短期机会的诱惑，一门心思盯着客户，一门心思投研发，一门心思做好自己的事。

华为的成长道路跟中国大多数企业走的是完全不同的。我们走的路都是爬北坡的路，不是一般人理解的民营企业应该走的路，完全不是。别人该上市的时候上市，我们不上市；别人该投房地产的时候投房地产，我们不投；别人有钱投到其他领域，我们天天投研发。我们就是一门心思盯着客户。我们公司的高管从来不上电视媒体，不是有规定，谁都不愿意。原来跟你们杂志见面都不愿意，现在好一点，是因为号召大家要多跟媒体打交道。我们公司做事的风格就是只知道做事，踏踏实实地把事做好。因为走的路跟其他企业不一样，就造成了中国不理解华为，国外也不理解华为。

中国不理解华为，就是不知道华为怎么能够成长到现在，华为走的这条路，中国公司很少走过。第一个是我们研发的投入，第二个是我们真正的全球市场，第三是我们这么大规模的管理变革投入，一般1%~2%的收入投资在IT和管理变革——我们整个管理变革要落到IT系统上。（徐直军，2012年）

有没有互联网精神不要紧，最要紧的是能活下去

任正非认为，互联网只是一种工具，华为可以善加利用。华为有没有互联网精神并不重要，重要的是华为的精神能够保证公司持续活下去。

不要为我们有没有互联网精神去争论，互联网有许多好的东西，我们要学习。

我们有属于适合自己发展的精神，只要适合自己就行。五千年后，若还有人想吃豆腐，就总会有人去磨豆腐的。我强调的是，我们为信息互联的管道做"铁皮"，这个世界能做"铁皮"的公司已经只有两三家了，我们也处在优势，不要老羡慕别人。现在我们很多的员工，一提起互联网，就不断地说："我们不是互联网公司，我们一定要失败。"他们没有看到，能做太平洋这么粗管道"铁皮"的公司已经没几家了，我们一定是胜利者。所以要坚定一个信心，华为是不是互联网公司并不重要，华为的精神是不是互联网精神也不重要，这种精神能否使我们活下去，才是最重要的。乌龟就是坚定不移往前走，不要纠结、不要攀附，坚信自己的价值观，坚持合理的发展，别隔山羡慕那山的花。（2013 年）

聚焦，不多元化

任正非认为，华为要聚焦，不多元化。经过二十多年的发展，华为的管理体系还未完全理顺，如果多元化发展就会导致管理混乱，这样会对公司发展带来不利影响。

如果大量资本进入华为，结果是什么？一定是多元化，就会摧毁华为二十多年来还没有全理顺的管理。我们今天这么聚焦，管理还做不到端到端打通。多元化管理我们更不适应。我们一定要在 5~10 年内使自己无生命的管理体系，赶上西方优秀企业，就得聚焦，少点繁杂。否则这二十多年引进的管理就冲乱了。如果，不多元化，我们没有资金困难。未来研发经费在 80 亿~100 亿美元以内，我们有能力。如果变革的速度太快，就有可能失去自己所有积累。所以我们决心不进资本市场，不多元化，如果我们的发展不需要太大规模，怎么会出现资金短缺的问题呢？（2014 年）

在最好、最繁荣的时候讨论华为的崩溃和衰退

任正非认为，应该在最好、最繁荣的时候讨论华为的崩溃和衰退，也许能找到一条路来。任正非提出，公司管理团队要持续思考：我们会怎么失败，华为会怎么垮掉？

历史上多少大公司是在非常成功之后走向大衰弱。20 世纪 70 年代日本电子工业很成功，钱多到可以把美国买下了。日本在模拟电子很成功，但在数字转型的时候保守了，让美国超越了。美国在 CT 领域也保守了，被华为超越了，但后来，美国又从 IT 领域重新打回 CT 领域，今天甚至可能颠覆 CT 领域。

MOTO 是蜂窝移动通信商用系统的发明人，模拟时代太成功了，就在数字化时代退出了市场。北电 10G 太成功了，却错失了 40G/100G 的转型。过去的 AT&T 为什么失败？他判断这个世界以 2M 带宽为通信带宽基础的，这里指的话音时代，他们没有想到大数据时代，当然我们当时也没有完全想到。（2014 年）

平衡好长期战略利益与短期效益之间的关系

任正非强调，企业经营要平衡好长期战略利益与短期效益之间的关系。如果企业没有短期效益，那么谈长期战略利益就没有意义。如果企业为了短期效益而牺牲长期利益，那企业也不会有未来。没有短期的成功，就没有战略的基础。没有战略的远见，没有清晰的目光，短期努力就会像几千年的农民种地一样，日复一日。

持续有效增长，当期看财务指标；中期看财务指标背后的能力提升；长期看格局，以及商业生态环境的健康、产业的可持续发展等。商业成功永远是我们生命全流程应研究的问题。管理要权衡的基本问题是现在和未来、短期和长期。如果眼前的利益是以损害企业的长期利益，甚至危及企业的生存为代价而获得的，那就不能认为管理决策做出了正确的权衡和取舍，这种管理决策就是不负责任的。

商业活动的基本规律是等价交换，如果我们能够为客户提供及时、准确、优质、低成本的服务，我们也必然获取合理的回报，这些回报有些表现为当期商业利益，有些表现为中长期商业利益，但最终都必须体现在公司的收入、利润、现金流等经营结果上。那些持续亏损的商业活动，是偏离和曲解了以客户为中心的。（2015 年）

低价格、低质量、低成本，会摧毁我们未来的战略竞争力

任正非认为，低价格、低质量、低成本，会摧毁华为未来的战略竞争力。企业必须有合理的盈利，才会去持续投资研发。没有适当的利润积累，把利润打这么低的时候，实际上是在战略上破坏这个产品。

任正非谈与媒体关系：我一贯不是一个低调的人

任正非说，自己一贯不是一个低调的人，否则不可能鼓动十几万华为人。任正非说，自己在家平时都和小孩一起疯。家里读书的小孩经常和他聊天，他很乐意夸夸其谈。

我几乎是全透明的

任正非认为，自己虽然很少接受媒体的采访，但经常在网上看大家关注的问题。自己写了很多文章，这些文章是全公开的，也可以认为是书面接受了媒体的采访。

对于媒体来说，我几乎是全透明的。二十几年来，我写了多少文章，除了在欧盟的发言，全部都是我思考和执笔的，完全代表我的心声。不一定非得面对面接受采访才算透明，以文会友也是可以的。这些文章，是全开放在公司网上，外部也能透明看到的。我认为文章是全公开的，因此，我也算书面接受了媒体采访。我常在互联网上看大家关注的问题，针对这些问题，实际上我在文章中已经回答了。（2013年）

为什么不愿意面对媒体

任正非说，自己以前不太愿意面对媒体，主要是个人比较羞涩，不愿意面对社会的荣誉。

大家都说我这个人不愿意见媒体，从而说公司很神秘，其实是我个人性格问题，而不是其他原因。因为我个人比较羞涩，不愿意面对社会的荣誉，回避这些的时候，就回避了媒体。所以我也慢慢走向开放，让大家看到我是什么样的人，从而让华为最后一点神秘的面纱被撕掉。（2014年）

谈为何那么低调

任正非认为，自己很多东西都不懂，所以尽量少在公共场合亮相，不是刻意保持低调或神秘。

说我神秘，我有啥神秘？其实，我就是无能。你想想，我又不懂技术，又不懂财务，又不懂管理，其实我就是坐在他们的车上，他们在前面拉，我出来看一看，大家以为都是我搞的。你问我一个问题，我肯定都答不上来，因为刚才我还在复习，说有人可能会提一个关于工业4.0的问题。我还在看怎么回答。所以，我不像想象的什么都有，所以我认为，既然什么都没有，你最好别亮相，一亮相别人看见你裤子后面，有一块坐在地上很脏的东西，我自己只能看见前面，我就觉得尽量还是少抛头露面。不是说我真的是很了不起，我从来没有什么了不起，我们家里人都是老批评我的。（2015年）

任正非谈个人与生活：我最大的问题就是傻、执着

我从来没有考虑过财产怎么分配的问题

任正非说，自己没有考虑过个人财产传承问题，自己也没有多少钱。自己关注的是如何教育好子女，将子女培养成有能力的人。

我在开放改革的整个历史过程中仅仅是个过客，我没想过身后什么事，我太太的观念是把儿女培养成有能力的人。她说前面十几年辛苦，后面一辈子都不苦。如果前十几前没有努力教育好孩子，孩子没有教育好，后面几十年都是痛苦的。我赞同她的观点。我太太为了教育孩子，一生就是做了家庭妇女。因为我孩子总体教育是成功的，所以我从来没有考虑过财产怎么分配的问题。（像比尔·盖茨）我没有比尔·盖茨有钱。（2013年）

我实际上是个宅男

任正非说，自己实际上是个宅男，下班回家主要是看书，看的书很多，具体哪本书对自己影响大自己也搞不清。

我实际上是个宅男，我没有其他的生活爱好，下班就回家，不是读书就是看电视，看纪录片，看网络。我阅读速度非常快，书读得很多，不知哪本书影响了我，哪件事影响了我，思想是怎么生成的。我脑袋里产生的想法我也找不到源头在哪。（2013年）

个人生活比较单调

任正非说，自己个人生活比较单调，除了工作外，没有什么爱好。

我个人除了工作外，好像没有什么爱好。小时候家里穷，除了读书做作业，其他什么爱好都没有形成，连喝酒抽烟都不会。长大后，这些习惯就被固化了。总体来讲，我的生活还是比较单调的。(2014年)

我没有使用微信、微博，也没有朋友圈

任正非说，我没有使用微信、微博，也没有朋友圈。自己的观点来源于广大员工，自己善于向他们学习，才有了这些观点。

为什么来深圳

任正非说，深圳是中国最早开放的地方，所以自己就来到了深圳。

深圳是中国最早开放的地方，所以我就来到了深圳。深圳的故事就跟硅谷的故事一样，我们只能从书面上看见美国硅谷的故事，不能感知，但是深圳，我们可以投进去亲身感知。不知有多少与我同时代的人投进去了，可能有许多人被"烧死"，而我是侥幸从火里飞出的飞蛾。在中共十八大三中全会的伟大决定指引下，中国未来二十年经济发展应该是非常迅速的。深圳是中国最先走开放改革道路的地方，不管人才如何流失，深圳还是会留下很多发展的基因。(2014年)

我最大的痛苦，就是没有及时孝敬父母

任正非说，自己最大的痛苦，就是没有及时孝敬父母。

其实我年轻时，身体非常好，后来在华为经历的种种危机，让我心力憔悴，比如资金断裂风险、通货膨胀风险、员工危机管理等。如果说华为和深圳留给我人生最大的回忆，就是痛苦。我最大的痛苦，就是没有及时孝敬父母，当我醒悟到要去孝敬父母时，他们已经不在人世，留给我终身遗憾。(2014年)

个人信仰是什么

任正非说，自己的信仰就是现在的国家。任正非相信，中国一定会先崛起。

我有信仰，就是信仰现在我们的国家。我们曾经认为资本主义社会是可以极大地解放生产力，但是我们发现，社会差距扩大以后，出现的问题，也使发展停滞。中国正在走一条正确的路。美国、欧洲、中国三大板块谁先崛起，以前我们也想不清楚。现在想清楚了，中国一定会先崛起。中国最近遇到的是中短期转型困难，长时间一定会解决的，后面发展会越来越强劲。

社会一定要发展，发展需要差距，火车头需要动力。但发展的目的是社会共同进步。（2014年）

个人时间安排

任正非说，自己在家呆着无聊，经常去办公室，但是不管具体事。

如果我不去办公室，在家呆着，不是更无聊吗？在公司还能玩一下。第二，公司大量的工作，有正常的运作机制、合理的授权，并非事事都要经过我。我跟大家沟通一下，听听大家的意见，跟大家讲讲话。生活也还丰富。（2015年）

我最大的问题就是傻、执着

任正非说，自己有所成绩的最大的原因就是傻、执着。

我最大的问题就是傻、执着，这是我太太说的。我啥爱好都没有，我就是聚焦在一个窄窄的面上，不做点事，不无聊吗？（2015年）

任正非谈教育：要让最优秀的人才培养更优秀的人

国家应重视农村教育

任正非认为，国家要进一步重视教育，特别是农村教育，要重视学校硬件建设，更要改善教师待遇，要让最优秀的人才培养更优秀的人。

我们对中国社会最感谢的是什么，最感谢中国的教育，因为教育才能给我们提供这么多人才，我们才能作战。教育最感谢的是农村教育的改进，因为没有农村几亿孩子的进步，就没有高等教育的基础。但是我们认为目前对农村教育的重视不够，要改善农村教师的待遇，吸引更多人才，让优秀的人才能培养更优秀的人，未来中国不可估量。未来10~20年内一定会爆发一场技术革命，从硅时代跃进到石墨时代，你怎么知道农村孩子不能成为世界技术革命的主力军呢？今天的孩子就是二十年以后的博士、准博士，他们担负起祖国为世界做出贡献的责任。当然他们也可能会是工人、技师、职业经理人……打好了社会基础，使得中国社会能持续前进，几十年后，中国梦就可能实现。(2014年)

美国教育培养领袖，中国教育培养工程师

任正非认为，英美等国家的教育是培养领袖，创新精神强；中国教育主要是培养工程师，模仿能力强，创业成功率比较低。

中国文化和美国文化有很大区别，美国、英国这些国家的孩子上课时，讲的是大视野、大历史，如何做领袖，到全世界去"捞钱"。中国文化是要好好做工程师，是工程师的摇篮。为什么我们的创新文化不够？因为我们定位的不是做领袖，而是做工程师，工程师的方法就是模仿。在这个文化的基础上，照着书上去创业，不一定会成功。(2014年)

社会对人的缺点要宽容，宽容使人伟大

任正非认为，社会要宽容人的缺点，不要追求完美，往往是优点很突出，缺点也很突出的人才能做成大事。

希望社会要宽容，人都是有缺点的，他自己会改进的，不必大家这么费心去帮他寻找。乔布斯、比尔·盖茨他们都有缺点，宽容使他们伟大。一个人完美多累啊，他在非战略机会点上，消耗太多的战略竞争力量。孩子应该是优点突出、缺点突出，他才能找到自己的爆发点。(2014年)

本章小结

华为在全球引领阶段的经营理念，指引华为公司从追赶者走向领路人。对任何创新企业家而言，成为行业"领路人"是企业经营的终极理想！山高人为峰，企业创始人及管理团队的经营理念最终决定了一个企业能否登上顶峰，能否长期屹立潮头。

对于华为而言，二十多年的领路人任正非已经年近古稀，后续接班人能否坚持现有经营理念，能否随着公司的发展与时俱进地优化企业经营理念，对华为的持续增长至关重要。

笔者小结华为 2011 年以来的经营理念如下，供大家思考、学习、借鉴。

① **华为成功的关键要素**：思想家的作用就是假设，有正确的假设才有正确的思想；把握好企业发展节奏，在正确的时间点做正确的事；以客户为中心，为客户做好产品、做好服务，而且比别的企业更勤奋。

② **关于管理哲学**：企业需要先解决哲学问题；通过辩论学习华为的管理哲学。

③ **如何领先**：敢于拥抱新事物；追赶容易，领队不容易，企业不能犯方向性错误。

④ **关于开放与合作**：推进"全球本土化"运营，打造开放的全球价值链。

⑤ **关于竞争**：最好的防御就是进攻，要敢于打破自己的优势形成新的优势；要进攻自己，逼自己改进；不要自己被自己颠覆；最大的敌人就是我们自己。

⑥ **企业生存与发展辩证观**：虽然无法准确预测未来，但要大胆拥抱未来；公司越强大会越困难；要将已有优势耗散掉，形成新的优势；挣大钱死得快，挣小钱不用死；主动走没人愿意走的难走的路；聚焦，不要多元化；在最好、最繁荣的时候讨论华为的崩溃和衰退；平衡好长期战略利益与短期效益之间的关系；低价格、低质量、低成本，会摧毁我们未来的战略竞争力。

⑦ **任正非个人自评与观点**：自己不是一个低调的人，几乎是一个全透明的人；个人生活比较单调，就是傻、执着地去做好一件事；国家应重视农村教育；要培养工程师，更要培养领袖；社会对人的缺点要宽容，宽容使人伟大。

第18章　企业文化：让华为文化生生不息

> 世界上对我们最好的是客户，我们就要全心全意为客户服务。
>
> ——任正非（2014年）

华为高层管理者认为，坚守核心价值观是华为公司成功的根本原因。"以客户为中心，以奋斗者为本，长期坚持艰苦奋斗"是华为公司成功的根本原因。一直遵循这个核心价值观，华为进入任何行业都可能获得成功。

华为的核心价值观有三点，即"以客户为中心，以奋斗者为本，长期艰苦奋斗"。再下去就是"开放、妥协、灰度"。再下去就是开放进取、自我批判、至诚守信等。长期努力的方向是以客户为中心，为客户创造价值。

有新员工问华为轮值CEO郭平，随着时代的发展，会有越来越多的所谓"明白人"或"新生代"加入公司，如何确保公司文化和核心价值观不被稀释，让华为文化能够生生不息？

首先，华为的文化是一种普世的文化，并不是要进行洗心革面传销式的灌输，华为所做的和所坚持的，就是简单三句话：以客户为中心，以奋斗者为本，长期艰苦奋斗。

在所有的对外关系里面，我们以什么为中心？以客户为中心。华为是商业公司，要追求商业性的成功，持续给我们带来订单的客户是华为的生存之本。只有为客户服务，才能创造价值。这个说起来非常容易，但当出现矛盾的时候，你是盯着领导的屁股呢还是盯着客户呢？希望大家通过自己的行动真正为客户创造价值，让客户体会到华为的产品与服务的与众不同。这不是那么难做到的，但也不容易做到。

其次，公司已经有十几万人，我们要选择什么样的人？要依靠怎样的人？最关键的就是以奋斗者为本。如果加入华为是因为华为不错，想来捞一把、赚一把的人，或者只是来混几年的人，这不是华为依靠的对象，"依靠奋斗者"是我们调节内部关系的基础。

第三，长期艰苦奋斗。这不是说让大家生活上如何艰苦，穿破袜子，新三年旧三年，缝缝补补又三年，而是要在思想上艰苦奋斗。和创业时期比，现在我们工作的物理环境的艰苦性已经有了明显的改善，但我们脑力上面临的挑战压力丝毫没有降低，客户需求不断更新，技术不断发展，行业的商业模式、竞争对手等所有的因素都在迅速变化与进步着，任何躺在过去的成功上睡觉的公司都很快被市场所淘汰，所以华为核心价值观提出"长期艰苦奋斗"必须有。我们为客户做一个产品开发或解决方案设计时，马马虎虎是绝不行的，要有一种持续精益求精的精神。

我相信这几点不仅是中国人坚守的道理，也是华为二十多年的践行证明，不同国籍的员工也是可以接受的。最重要的，不是培训时学了这几句话，而是真正地落实在工作中和行动上。能够为客户提供有价值的服务，才是生存之道。（郭平，2015年）

服务文化：以客户利益为核心价值观

华为的董事会明确不以股东利益最大化为目标，也不以利益相关者（员工、政府、供应商……）利益最大化为原则，而坚持以客户利益为核心的价值观，驱动员工努力奋斗。

为客户服务，为客户奋斗，去赚客户口袋里的钱

任正非说，我们是为客户服务，为客户奋斗，去赚客户口袋里的钱。所以华为没有独特的文化，没有超越中国五千年的基础文化。将这种文化精神付诸实施，比如"艰苦奋斗""冲锋在前"等。

其实我们总结的方法来自于中国五千年的文明。五千年文明讲"童叟无欺"，就是以客户为中心。我们为客户服务，我想赚你的钱，就要为你服务好。客户是送钱给你的，送你钱的人你为什么不对他好呢？其实我们就这点价值，没有其他东西。（2014年）

世界上对我们最好的是客户，我们就要全心全意为客户服务

2014年，任正非简要地解读了华为的核心价值观"以客户为中心，以奋斗者为本，长期艰苦奋斗"。任正非说，世界上对我们最好的是客户，我们就要全心

全意为客户服务。我们想从客户口袋里赚到钱,就要对客户好,让客户心甘情愿把口袋的钱拿给我们,这样我们和客户就建立起良好的关系。怎么去服务好客户呢?那就得多吃点苦啊。要合理地激励奋斗的员工,资本与劳动的分配也应有一个合理比例。你想多赚钱,就得多干活,为客户提供有价值的服务。外籍员工应该也同样可以理解。多劳多得,这是华为文化的本质,这也是朴实、普适的道理。

这是我们二十多年悟出的道理,是华为文化的真实反映。我们所有的一切行为都归结到为客户提供及时、准确、优质、低成本的服务。以客户为中心,道理不用多说了,没有客户我们就饿死了。以奋斗者为本,其实也是以客户为中心。把为客户服务好的员工,作为企业的中坚力量。

长期艰苦奋斗,也是以客户为中心。你消耗的一切都来自客户,你的无益的消耗就增加了客户的成本,客户是不接受的。你害怕去艰苦地区工作、害怕在艰苦的岗位工作,不以客户为中心,那么客户就不会接受、承认你,你的生活反而是艰苦的。当然,我说的长期艰苦奋斗是指思想上的,并非物质上的。我们还是坚持员工通过优质的劳动和贡献富起来,我们要警惕的是富起来以后的惰怠。(2014年)

将维护网络安全稳定作为华为最大的社会责任,从而赢得客户信任

华为的员工在巨大灾难面前,逆避险的方向,去履行自己的责任。华为将维护网络的安全稳定,作为自己最大的社会责任,因而赢得了客户的信任。

如何对客户定向宣传呢?当利比亚战争发生时,我们没有撤退,当地员工自己分成了两派,一派支持政府,留在了的黎波里;一派反政府就去了班加西,各自维护各自地区的网络。中间交火的地区的网络,就由华为的员工维护。我们不怕牺牲,用实践说明了我们对客户的责任。维护网络的安全稳定,是我们最大的社会责任。当日本"3·11"地震海啸发生时,福岛核泄漏,我们员工背起背包,和难民反方向行动,走向海啸现场、核辐射现场、地震现场,去抢修通信设备。当智利九级地震发生时,我们有三个员工困在中心区域,当恢复通信后,他们打来电话,接电话的基层主管说地震中心区有一个微波坏了,要去抢修。这三个员工傻乎乎地背着背包,就往九级地震中心区去抢修微波。逆避险的方向,去履行自己的责任。对客户,华为已经做了全世界最好的广告。因此,在信息安全被炒作得一片火光中,客户还是信任我们,现在华为还在不断发展。(2014年)

奋斗文化：华为给员工的好处就是"苦"

要持续不懈地努力奋斗

任正非强调，华为要发扬乌龟精神，持续努力奋斗，持续追赶优秀企业。努力奋斗不是口号，任何工作都要用创造价值来评价。

乌龟精神被寓言赋予了持续努力的精神，华为的这种乌龟精神不能变，我也借用这种精神来说明华为人奋斗的理性。我们不需要热血沸腾，因为它不能点燃为基站供电。我们需要的是热烈而镇定的情绪，紧张而有秩序的工作，一切要以创造价值为基础。（2013年）

客户出钱，就是让你要艰苦点，好好干

在回答媒体提问时，任正非说，客户出钱，就是让你要艰苦点，好好干，而不是让你享受的。华为要持续存活，就要持续坚持艰苦奋斗，否则客户就不会给企业钱，企业就存活不下去。

我们把价值观分开，没有你们想象中那么好的激励机制能留下人。第一类，华为最聪明、最优秀的人，认为自己的个体价值很高，可以投身到另外的领域；第二类，还有一种员工很聪明，能力也很强，认为外面的公司能够有更大的平台，他们发挥更大的作用，我们也挡不住流失。第三类，华为早期留下的员工都是"傻瓜"，不傻怎么会留下来，慢慢爬到这么高的位置？因为相信我们，跟着傻乎乎走到现在。为什么我们是"傻瓜"也成功了？因为我们向西方学习形成了一个大平台，大平台弥补了我们的笨拙。一两个人在前面作战，但后方有几百人、数千人在提供支持，让前面的"傻瓜"看起来就不傻了。（2014年）

肯定英勇作战的奋斗者

华为坚持以奋斗者为本，坚持让艰苦奋斗者得到合理回报。干部破格提拔是基于：贡献、责任、牺牲精神。

华为公司到底是肯定英勇作战的奋斗者，还是肯定股东？外界有一种说法，华为股票之所以值钱，是因为华为员工的奋斗，如果大家都不努力工作，华为股票就

会是废纸。是你们在拯救公司，确保财务投资者的利益呢？作为财务投资者应该获得合理回报，但要让"诺曼底登陆"的人和挖"巴拿马运河"的人拿更多回报，让奋斗者和劳动者有更多利益，这才是合理的。

华为确保奋斗者利益，若你奋斗不动了，想申请退休，也要确保退休者有利益。不能说过去的奋斗者就没有利益了，否则以后谁上战场呢？但是若让退休者分得多一点，奋斗者分得少一点，谁会去奋斗呢？因为将来我也是要退休的，如果确保退休者更多利益，那我应该支持这项政策，让你们多干活，我多分钱，但你们也不会干。因此价值观不会发生很大变化，传这种话的人都是落后分子。华为将来也会规定，拥有一定股票额的人员退休后不能再二次就业。（2014年）

华为给员工的好处就是"苦"

任正非认为，华为给员工的好处就是"苦"，没有其他。"苦"后有什么？有成就感、自己收入有改善、看着公司前进有信心……，这就是新的东西，这就是吸引员工的地方。任正非强调，华为长期艰苦奋斗的文化是不会变化的。这不是中国特色，这是人类特色。第一，你要成功，就要奋斗。第二，你要想吃饭，就得要做工，没人为你做马牛。凭什么你享乐的时候，让我们挣钱养活你啊。

咖啡厅里坐坐，快快乐乐，喝喝咖啡就把事情做成了，这也许可能不是大发明，多数是小发明。互联网上有很多小苹果、小桃子，这也是可能的。

我们在主航道进攻，这是代表人类社会在突破，厚积还不一定能薄发，舒舒服服地怎么可能突破，其艰难性可想而知。不眠的硅谷，不是也彰显美国人的奋斗精神吗？这个突破就像奥运会金牌。我们现在跟奥运会竞技没有什么区别。

在主航道，美国公司的很多企业领袖们也是很辛苦的。美国真正成为大人物的人，付出的辛劳代价，不比我们少。我和美国、欧洲公司的创始人在一起聊天，发现他们领导的文化也是艰苦的，真正想做将军的人，是要历经千辛万苦的。（2015年）

自我批判文化：勇敢地去拥抱颠覆性创新

自我批判是拯救公司最重要的行为

任正非认为，"烧不死的鸟是凤凰""从泥坑里爬出的是圣人"，华为很早就开始了自我批判。正是这种自我纠正的行动，使公司这些年健康成长。

满足客户需求的技术创新和积极响应世界科学进步的不懈探索,以这两个车轮子,来推动着公司的进步。华为要通过自我否定、使用自我批判的工具,勇敢地去拥抱颠覆性创新,在充分发挥存量资产作用的基础上,也不要怕颠覆性创新砸了金饭碗。

我们的 2012 实验室,就是使用批判的武器,对自己、对今天、对明天批判,以及对批判的批判。他们不仅在研究适应颠覆性技术创新的道路,也在研究用今天技术延续性创新迎接明天的实现形式。在大数据流量上,我们要敢于抢占制高点。我们要创造出适应客户需求的高端产品;在中、低端产品上,硬件要达到德国、日本消费品那样永不维修的水平,软件版本要通过网络升级。高端产品,我们还达不到绝对的稳定,一定要加强服务来弥补。

这个时代前进得太快了,若我们自满自足,只要停留三个月,就注定会从历史上被抹掉。正因为我们长期坚持自我批判不动摇,才活到了今天。今年,董事会成员都是架着大炮《炮轰华为》;中高层干部都在发表《我们眼中的管理问题》,厚厚一大摞心得,每一篇的发表都是我亲自修改的;大家也可以在心声社区上发表批评,总会有部门把存在的问题解决,公司会不断优化自己的。(2013 年)

自我批判永远是自我纠偏、自我改进的利器

在 2016 年新年致辞中,华为轮值 CEO 郭平指出,自我批判永远是自我纠偏、自我改进的利器。一个组织,无论现在多么优秀,如果没有自我批评的纠偏机制,也注定是没有希望的。

每半年一次的常务董事自我批判的民主生活会已坚持了三年,各体系团队也正蓬勃开展,直面问题,客观理性分析,推动自我改进。公司的目标只有一个,就是胜利,聚全体员工的努力,"力出一孔,利出一孔",在正确方向的指引下,攻击、前进。民主生活会的制度化和外部顾问委员会的召开,标志着华为纠偏机制的建立和持续开展。当年我们搞"红蓝军"对抗的想法,就是考虑到与其让别人搞"黑天鹅",不如我们自己找"黑天鹅"。外界感到好奇,"蓝军"真正能在内部反对华为吗?任总回答"是可以的,而且红军司令也应从'蓝军'中产生"。我们要真正贯彻把"红军"主管放到"蓝军"去磨砺,如果他不能率领"蓝军"找出"红军"的破绽,狠狠地打击"红军",就证明他只是一个守城的人,没有创建的能力。我们通过民主生活会、蓝军、心声社区、管理优化报等各种机制来保证公司内部自我批判的力量是很强大的,就自我纠偏了。(郭平,2015 年)

开放、妥协、灰度文化：以自己为中心迟早是要灭亡的

华为董事长孙亚芳谈灰度

华为董事长孙亚芳从自身经历与员工分享对灰度的理解，强调处理人际关系不要走极端，要学会自我欣赏。

给大家推荐一本书，叫《事事本无碍》，英文叫《No Boundary》，我用自己的例子跟大家分享，我也是个很讲原则的人，黑白分明。这本书让我悟到黑白的界线是自己在定义的。我在任总那里学到很多东西，当时怎么学呢，就是反思"他为什么这么做？为什么要这样处理"。从任总处理问题中看到他对灰度的把握。这本书讲到，我们人类社会制定的种种标准，所有的好和坏、对和错是人为定义的，每个时代，每个国家、社会、家庭都定有自己的标准。如果我们学会从人为的对与错中跳出来，从哲学的角度去理解发生的事，我们处理事情（尤其是与人有关的事）就不那么容易走极端，对灰度的把握就容易一些。就像胡厚崑说的一样从望远镜或从另一个星球看在地球这里发生的事，你就不会那么生气、那么要求公平了。（孙亚芳，2011 年）

华为内部也是很开放的

华为不但要求对外开放，对内部员工也是很开放的。华为内部有心声社区，每个员工都可以匿名发言，可以批评公司，公司不会删帖，也不会查是谁发的帖子。

我们内部也是很开放的，我们的网上也有很多批判性的文章。最近人力资源部做了个决定，大概有 70 万次点击批评。就给去年评 A 的员工多发点奖金，结果网络一片批评，说你们这个决定是有没有规律，做决定不能这么随心所欲……你们以后还会不会这样，没有规律员工就不知如何遵从。（2014 年）

开放合作，持续建设和谐的商业生态环境

任正非强调，华为即使已经走在引领世界前进的位置，也要开放合作，持续建设和谐的商业生态环境，不能以自己为中心。以自己为中心迟早是要灭亡的。

一旦战略方向及布局确定后，我们要坚定不移向前进，决不动摇，毫不犹豫。

未来二三十年世界会爆发一场巨大的技术革命，这是人类社会五千年来不曾有过的，其深度、广度我们还想象不到，但是过去的二十多年，我们十几万人一同努力划桨，已经把华为的航母划到起跑线上了。我们要力出一孔、利出一孔，密集炮火攻击前进，努力进入无人区。当我们逐步走到领先位置上，承担起引领发展的责任，不可以自己为中心，不能以保护自己建立规则。我们要向ITU／3GPP／IETF学习，建立开放的架构，促使数万公司一同服务信息社会，以公正的秩序引领世界前进。没有开放合作，我们担负不起为人类信息社会服务的责任，所以，我们要像3GPP一样的开放，像苹果、Google一样的链接数十万合作伙伴，持续建设和谐的商业生态环境。以自己为中心迟早是要灭亡的。（2016年）

宽容失败：需要包容合理的试错成本

要宽容，要敢于试错，不要太追求完美

在2016年新年致辞中，华为轮值CEO郭平指出，我们要宽容，要敢于试错，不要太追求完美。环境的复杂多变使得技术、商业、管理上的持续创新成为必须。在对不确定性的探索中，需要包容合理的试错成本，公司要有宽阔的胸怀来包容干部在业务不确定探索中的犯错。

二战中，珍珠港被日本炸掉以后，美国总统和参谋长联席会议主席连续发电报给麦克阿瑟，要他警惕菲律宾可能遭遇日军袭击，可麦克阿瑟还是掉以轻心。十几天后，日军发动袭击，把美军在菲律宾的200多艘军舰全部炸毁了。日本军队登陆菲律宾，俘虏了7万美军，包括中将都投降了。遭遇这样的惨败，美国政府并没有把麦克阿瑟赶出军队。几年后，麦克阿瑟又率领美军打回来，一鼓作气击败日军。我们要想一想，如何胸怀世界，气吞山河。（郭平，2015年）

工匠精神：精益求精，精雕细琢

学习日本工匠精神，一生专注做一事

2015年11月17日，华为总裁任正非签发内部邮件，要求华为全体员工"学习日本工匠精神，一生专注做一事"。任正非在编者按中写下了以下一段话：

我们公司也有工匠精神，我们从一个年产几百万，到年产4000亿是怎么过来的，多少辛酸泪。我们要重视技师文化的建设，给他们合理报酬和激励，文员、支付系统的员工……都是一种特殊的技师，我们都要关怀。李建国是工匠第一人，他的任务是要让千万技师、技工成长起来，我们要后继有人。我们质量要百尺竿头更进一步。（2015年）

截至2013年，全球寿命超过200年的企业，日本有3146家，为全球最多，德国有837家，荷兰有222家，法国有196家。为什么长寿企业扎堆这些国家，是一种偶然吗？他们长寿的秘诀是什么呢？答案就是：他们都在传承着一种精神——工匠精神。所谓工匠精神其核心是：不仅仅是把工作当作赚钱的工具，而是树立一种对工作执着、对所做的事情和生产的产品精益求精、精雕细琢的精神。在众多的日本企业中，"工匠精神"在企业上下之间形成了一种文化与思想上的共同价值观，并由此培育出企业的内生动力。他们对自己的出品几近苛刻，对自己的手艺充满骄傲甚至自负，对自己的工作从无厌倦并永远追求尽善尽美。如果任凭质量不好的产品流通到市面上，这些日本工匠（多称"职人"）会将之看成是一种耻辱，与收获多少金钱无关。这正是当今应当推崇的工匠精神。

本书摘录中国精细化管理研究所所长汪中求撰文《匠人精神：一生专注做一事》的一个故事说明什么是真正的匠人精神。

梅原胜彦从1970年到现在始终在做一个小玩意——弹簧夹头，是自动车床中夹住切削对象使其一边旋转一边切削的部件。梅原胜彦的公司叫"A-one精密"，位于东京西郊，2003年在大阪证券交易所上市，上市时连老板在内仅有13个人，但公司每天平均有500件订货，拥有着1.3万家国外客户，它的超硬弹簧夹头在日本市场上的占有率高达60%。"A-one精密"一直保持着不低于35%的毛利润，平均毛利润41.5%。

"豪华的总经理办公室根本不会带来多大的利润，呆坐在豪华办公室里的人没有资格当老总。"梅原胜彦的信条是：不做当不了第一的东西。有一次，一批人来到A-one精密公司参观学习，有位大企业的干部问："你们是在哪里做成品检验的呢？"回答是："我们根本没时间做这些。"对方执拗地追问道："不可能，你们肯定是在哪里做了的，希望能让我看看。"最后发现，很多日本公司真的没有成品检验的流程。

本章小结

在全球引领阶段,华为进一步强调"以客户为中心、以奋斗者为本,长期坚持艰苦奋斗"的核心价值观,认为华为的核心价值观具有普遍适应意义,既适应中国的华为员工也适应其他发达国家、发展中国家的华为员工;既适应"70后""80后"员工,也适应"90后"甚至以后的"00后"员工。核心价值观是华为持续成功的"基因",是华为持续成功的"关键成功要素"。

华为继续强调服务文化,因为世界上对我们最好的是客户,是客户给我们钱,我们就要全心全意服务好客户,让客户满意。客户给企业钱是让企业艰苦点,好好干,而不是给企业去挥霍的,因此企业要持续坚持艰苦奋斗。

华为持续坚持自我批判,认为自我批判是拯救公司最重要的行为,自我批判永远是自我纠偏、自我改进的利器,华为要勇敢地去拥抱颠覆性创新。

华为继续坚持开放、妥协和灰度文化,要开放合作,持续建设和谐的商业生态环境,认为以自我为中心迟早是要灭亡的。

在创新方面,华为提出要宽容失败,要敢于试错,不要太追求完美,要包容合理的试错成本。

华为强调学习日本的工匠精神,一生专注做一事,精益求精,精雕细琢。

第19章 战略管理：始终对准一个城墙口持续冲锋

> 如果能够做到"力出一孔、利出一孔"，下一个倒下的就不会是华为。
>
> ——任正非（2012年）

2011年，华为提出了到2020年要实现年营业收入1000亿美元的目标。2015年，华为已经实现了年营业收入608亿美元。2016年，任正非提出华为的消费者业务要在未来5年内实现1000亿美元的目标，"再造一个华为"。本章总结了华为在全球引领阶段的战略思想、战略目标和战略要点，大家可以从中感悟到华为是如何一步步走向世界领先地位的。

战略思想：全体员工始终对准一个城墙口持续冲锋

二十多年坚持做好一件事

任正非强调，华为二十多年坚持做一件事，坚持管道战略，从艰难创业走向了世界领先。

我认为你（孙亚芳，编者注）的人生历史就是一部华为历史，华为二十几年都只做一件事，就是坚持管道战略。你的13年只做了一件事，就是配置器。你的人生路就是华为的路，你的人生为什么那么成功，因为你只走了这一条路。人只要把仅有的一点优势发挥好了就行了，咬定青山不放松，一步一步就叫步步高。有些人就是不停地换，说是兴趣爱好，包括炒菜、扫地等什么都会做，但他并没有得到太太的表扬。（2012年）

如果能够做到"力出一孔、利出一孔"，下一个倒下的就不会是华为

任正非认为，"力出一孔"就是要聚焦，要将公司所有力量聚焦于一个战略方向，形成世界竞争力，走向世界领先。力出一孔，要集中优势资源投入在主航道上，敢于去争取更大的机会与差距。"利出一孔"就是华为所有员工的收入只能来源于正规渠道，不容许任何人谋私利。如果能够做到"力出一孔、利出一孔"，下一个倒下的就不会是华为。

轮值CEO的新年献词"聚焦战略，简化管理，提高效益"，彰显了我们新一年的目标。我们就是要聚焦在自己的优势的地方，充分发挥组织的能力，以及在主航道上释放员工的主观能动性与创造力，从而产生较大的效益。

大家都知道水和空气是世界上最温柔的东西，因此人们常常赞美水性、轻风。但大家又都知道，同样是温柔的东西，火箭可是空气推动的，火箭燃烧后的高速气体，通过一个叫拉法尔喷管的小孔，扩散出来的气流，产生巨大的推力，可以把人类推向宇宙。像美人一样的水，一旦在高压下从一个小孔中喷出来，就可以用于切割钢板。可见力出一孔，其威力。华为是平凡的，我们的员工也是平凡的。过去我们的考核，由于重共性，而轻个性，不注意拉开适当的差距，挫伤了一部分努力创造的人，有许多优秀人才也流失了。但剩下我们这些平凡的十五万人，25年聚焦在一个目标上持续奋斗，从没有动摇过，就如同是从一个孔喷出来的水，从而产生了今天这么大的成就。这就是力出一孔的威力。我们聚焦战略，就是要提高在某一方面的世界竞争力，也从而证明不需要什么背景，也可以进入世界强手之列。

同时，我们坚持利出一孔的原则。EMT宣言，就是表明我们从最高层到所有的骨干层的全部收入，只能来源于华为的工资、奖励、分红及其他，不允许有其他额外的收入。从组织上、制度上，堵住了从最高层到执行层的个人谋私利，通过关联交易的孔，掏空集体利益的行为。二十多年来我们基本是利出一孔的，形成了十五万员工的团结奋斗。我们知道我们管理上还有许多缺点，我们正在努力改进，相信我们的人力资源政策，会在利出一孔中，越做越科学，员工越做干劲越大。我们没有什么不可战胜的。

如果我们能坚持"力出一孔，利出一孔"，"下一个倒下的就不会是华为"，如果我们发散了"力出一孔，利出一孔"的原则，"下一个倒下的也许可能就是华为"。历史上的大企业，一旦过了拐点，进入下滑通道，很少有回头重整成功的。我们不甘倒下，那么我们就要克己复礼，团结一心，努力奋斗。（2012年）

学习"乌龟精神",追上"龙飞船"

任正非认为,华为是一个能力有限的企业,只能在有限的宽度赶超美国企业。因此,任正非提出华为要学习"乌龟精神",要通过心无旁骛地持续地艰苦奋斗赶超世界一流,追上"龙飞船"。

我们是一个能力有限的企业,只能在有限的宽度赶超美国企业。不收窄作用面,压强就不会大,就不可以有所突破。我估计战略发展委员会对未来几年的盈利能力有信心,想在战略上多投入一点,就提出潇洒走一回,超越美国的主张。但我们只可能在针尖大的领域里领先美国企业,如果扩展到火柴头或小木棒这么大,就绝不可能实现这种超越……

"乌龟精神"是指乌龟认定目标,心无旁骛,艰难爬行,不投机、不取巧、不拐大弯弯,跟着客户需求一步一步地爬行。前面二十五年经济高速增长,鲜花遍地,我们都不东张西望,专心致志;未来二十年,经济危机未必会很快过去,四面没有鲜花,还东张西望什么。聚焦业务,简化管理,一心一意地潇洒走一回,难道不能超越?(2013年)

华为不缺能力,而是缺战略意识

任正非认为,华为不缺能力,而是缺战略意识。任正非要求高管团队建立战略沙盘,分析价值市场、价值地区和价值客户,以策略性地抢占大数据流的战略高地。

上月,我们在东部华侨城已草拟出公司的大数据流的技术结构图,再次明确公司的管道战略。我们要聚焦投资,提升战略竞争力。华为不缺能力,而是缺战略意识。如果只提"能力",很容易被片面地解读为近身搏击。

我们在大华兴酒店高层民主生活会上确定了我们在战略上的伙伴以及市场竞争的友商,在无线、有线领域我们要确保三足鼎立的存在。未来应该大约在10%的地区会聚集90%的信息流量,在争夺这些机会窗时,如何顾及友商。我们很快要成为行业领导者了,一定要有正确的心态,否则最终是要灭亡的。我们的态度是决不独占市场,我们只是争取服务全球的一部分。大数据模型的数学模型正在变化,我们要以此分析价值市场、价值地区、价值客户。徐直军、丁耘主导建立一个战略沙盘,全球所有地区部、代表处都可以来参与,战略沙盘要对未来市场的指导和考核发挥作用。当我们在某个地区遇阻严重、久攻不下时,留下新员工为主的围城部队,把这个地区的战略力量撤到其他主攻地方去,争取一部分地方的胜利,避免在一些极困难地区纠结过久，错过了别的地方的战略机会窗。其实对于一个大城市，我们真正做好一家、两家，就是胜利。我们要的是胜利，不是山头。（2014年）

要从战略格局构建我们未来基本技术理论和思想

任正非强调，华为要持续引进高端人才进行基础研究，要从战略格局构建未来基本技术理论和思想。

我们在无线上数学的突破还是有基础的，但在有线网的数学上投入是不够的。我在莫斯科研究所的时候说，无线数学科学家要扩充到140人，现在是70人。我们在有线网数学家要开始培养，包括引入准博士，在中国也要这样做。

我们还要走向世界级。现在我们缺思想家和战略家，只停留在将军层面。如果我们都只会英勇奋战，思想错了，方向错了，越厉害就越有问题。所以我们希望你们中间能产生思想家，不光是技术专家，要产生思想家，构筑未来的世界。我们为什么起一条路叫稼先路，就是无名英雄，为什么起了一条路叫隆平路，就是说不要在乎你的学历，不要有自卑感，人人都能做出贡献。所以，我希望你们上研所也能出现一批思想家，我们已经有些将军了，下面要成为思想家的时间更漫长，已经等不了这么多时间，三五年内一定要决策战略是什么。（2014年）

沿着主航道，把握好大江大河，我们一定能走到大海

任正非强调，华为一定要坚守自己的管道战略，不要东张西望，左顾右盼，不要受各种短期诱惑影响，这样才能持续成功，持续增长。我们不追求高利润及财务指标的漂亮，我们追求内部管理的合理性。

以前有人批评我们，说你们有线也做，无线也做，怎么能成功呢？爱立信就只做无线。我当时回答说，有线、无线将来都是个传输信息的东西，我那时还想不到信息技术后来会发生这么大的变化。基于这样的认识，我们坚持了下来，走到了今天。往前走，有线、无线这两条河就合拢了；继续往前走，还会有一个河口……这个世界就是不断把下一个河口告诉你，但实际上还是这条河流。不认识到这一点，大家以为公司的战略总在变，长江流到宜昌了，大家喊我们到宜昌啦，三峡多美啊！到武汉了，大家喊我们到武汉啦，江汉平原多富饶！到南京了，说长江中下游鱼米之乡！到上海了，说我们终于走向大海了！……我们看整个过程，其实还是长江，这个主航道并没有变化。所以，在这个问题上我们也要有个正确的牵引，让我们广大干部员工也能明白。华为公司在今天千军万马的时候，一定要找到出口，出口就

是品牌战略做出的假设。有假设，有牵引，万江才能汇流。（2015 年）

突破是要有战略定力和耐性的

2015 年，任正非在接受记者采访时，回答了华为是如何取得国际市场成功，如何继续寻求战略突破的。任正非认为，厚积才能薄发，高层要着眼未来 5~10 年的战略构建。突破是要有战略定力和耐性的。

所以说，要厚积才能薄发。我们是非上市公司，高层都是着眼未来五至十年的战略构建，不会只考虑现阶段，所以我们就走得比别人快、比别人前瞻。突破是要有战略定力和耐性的。十年、二十年没有突破，甚至一生也没有突破，一生都是世界备胎。

我们现在不是靠赌哪一种技术、哪一种方向，"赌博"一种路线是小公司才会干的，因为他们的投资不够。大公司有足够的资金，在主航道里用多路径、多梯次的前进，使用密集型投资方式，来缩短探索方向的时间。

在多重机会的作战过程中，可能某种机会成为业界的主潮流，战线变粗，其他战线会慢慢变细了，但也不必关闭别的机会。把有经验的干部调到主线作战，把一批新干部调到支线作战去，继续进攻。

前进的人来自于多元化视角，并不是只有一条路线思想，他带来的是有失败经验的思想在前进，我们就一定会爬到顶端。美国军队要打胜仗，不计弹药量，大家以为他是浪费，其实是靠投资密集度来攻占。

此外，我们有广泛吸纳人才的机制，而且，十五万人"力出一孔，利出一孔"，我们除了胜利，已经无路可走了。（2015 年）

对准同一个城墙口持续冲锋

在 2016 年新年致辞中，华为轮值 CEO 郭平阐述了华为的核心战略思想就是 28 年来，华为全体员工始终对准一个城墙口持续冲锋，终于取得了突破，处于世界领先地位。

2015 年，华为预期实现销售收入 3900 亿人民币左右，利润、现金流也稳定增长，这是我们聚焦管道战略以来见效显著的一年。28 年来，我们从几百人对准一个城墙口冲锋，到后来，几千人、几万人、十几万人对准同一个城墙口持续冲锋，从不畏惧，决不屈服，英勇奋斗。我们现在每年投入 1000 多亿人民币（约研发 500 亿、市场服务 600 亿），仍然对准同一个城墙口：大数据传送，终于取得了突破，处

在世界领先位置。(郭平,2015年)

要把握住正确的战略方向

在2016年新年致辞中,华为轮值CEO郭平指出,把握住正确的战略方向对于华为而言是最重要的。华为保证自己不犯方向性错误的最重要的举措就是强化对不确定性的投入,通过持续不懈地对不确定性的探索寻找公司正确的方向。

把握住正确的方向最重要。在这个复杂多变的时代,华为怎么保证自己不犯方向性的错误?要强化对不确定性的投入。各层各级组织都要把确定性的工作与不确定性的工作区别管理:不确定性的工作考核结果,确定性的工作考核效率、效益。要针对确定性来推进公司内部深化改革,构建应对未来风险和变化能力的基础与平台。在不确定性方面的改革,要以结果为中心,考核要宽容失败。现在战略Marketing部就在带头改革,他们把主要精力聚焦在关注产业不确定性,沿着主航道牵引公司未来的发展方向,而把一些确定性的工作模块化,把一些耦合度不高的模块逐步地剥离出去。找到正确的方向后,还要几十年如一日地坚持正确方向,坚持自我批判不断纠偏,才能厚积薄发。在主航道上创新是非常难的,要耐得住寂寞。(郭平,2015年)

战略目标:要在多个领域做世界第一

2011年,任正非提出,华为不是在一个领域做世界第一,华为要在多个领域做世界第一,只要想就可以世界第一。

提出到2020年实现营收1000亿美元目标

2011年,华为提出10年内(2020年)营业收入达到1000亿美元的宏伟目标。为了实现这一战略目标,华为将其业务重组为四大块:电信运营部门、企业部门、设备部门和其他部门。当年,华为新招3万人,积极布局云计算、数据中心和消费者终端等业务。

打造大平台,在多个领域做世界第一

任正非强调,华为要通过打造更为科学合理的管理体系、分配体系平台,基于这个大平台在多个领域做到世界第一。

我们集中了中华民族甚至世界一批最优秀的儿女，这些年干了一些并不怎么赚钱的活儿。社会说我们"床垫文化"、过劳死……都是表明了我们奋斗的艰苦。在这个泡沫的大时代，这么多优秀的人踏踏实实地做实事，一点一点地抠成本，这是十分伟大的。大家想一下，我们这二十年做了多么伟大的一件事情，建立了一个大的平台，这个平台将来可以做许多事，可以有较大的增值。但管理体系、分配体系都没有科学化时，过早的增值，这个泡沫可能让人心毛了，公司就更干不成事了。

这二十多年的磨合，我们已经建立了大平台，如果我们在新时代、新班子的领导下，我们用十年时间把这个平台打造得比较科学合理，这个时候干部也成熟了，我们不是在一个领域做世界第一，我们要在多个领域做世界第一，只要想就可以世界第一。那个时候我们的东西才能增值起来，股票才能增值起来。现在我们还要共同去努力，把这个平台的问题做好，努力优化好。（2011年）

要由国际化走向全球化

华为公司前二十年是推行国际化，是以中国为中心走向世界，华为后二十年是全球化，以全球优秀人才建立覆盖全球的能力中心，来辐射管理全球业务。华为轮值CEO徐直军认为华为正在由跨国运营走向全球化，华为还没做到真正的全球资源整合。

业界对全球化有三个层次的定义：第一是走出去，主要是走出去卖产品；第二是跨国运营；第三是真正的全球化。我们跨国运营是有了，已经在一百四十多个国家开展业务、在当地有机构，但我们还处在跨国运营到真正全球化的路上，还不能算真正的全球化。差距在哪里？我们明确把全球化作为华为公司的一个战略，但现在我们在全球化上有三点还没有做得很好：第一，我们没有做到真正的全球资源整合。即利用全球资源基于可比优势来做全球的生意。比如说这个能力哪个国家的性价比最好，我们就放到这个国家去，这就是最优的，效率最高。客观讲，我们还没有完全做到，我们目前的研发基本做到了，研发我们利用了欧美、日本和中国资源的优势，我们把欧美的优势与中国的优势结合起来了。中国的优势是成本相对低一点，人多嘛，经营体系相对稳定；美国有创新思想，有架构设计能力，能够触到技术前沿的脉搏；欧洲在工程能力上很强。这些能力我们现在都有了。在其他领域我们还没有做到，毕竟我们所有的部门总部还在中国。至于你说的高层有没有外籍不重要。找到合适的人就行了，不是一定要找一个洋人来，才算有全球化视野。

第二，本地化。全球化与本地化是结合在一起的。说到本地化很多人就以本地化员工的比例来衡量,包括是不是本地化的主管。我们认为这不对,我们认为本地化在于本地化的这个团队能不能真正面向客户的业务单独地做经营决策。

第三,我们要在所有有业务运营的国家与当地政府和社区建设一个良好的商业环境,使得他们都感觉到,我们在每一个国家的机构都能融入当地社会。(徐直军,2012年)

战略目标:有效增长,和平崛起,成为ICT领导者

华为坚持聚焦管道的针尖战略,将战略目标设定为:有效增长,和平崛起,成为ICT领导者。

我有一个想法,针尖战略的发展,其实就是和平崛起。我们逐渐突进无人区,踩不到各方利益集团的脚,就会和平崛起。坚持这个战略不变化,有可能在这个时代行业领先,实际就是超越美国。因此战略目标中,将"超越美国"这句话改为"有效增长,和平崛起,成为ICT领导者"。将来业务政策、人力资源政策等各种政策都应支撑和平崛起这样一种方式。(2014年)

要做谦虚的领导者

任正非认为,战略聚焦后,华为在管道领域可能会变得越来越强大,竞争力越来越厉害。过去华为是小公司,真不懂电信才走向电信,客户因为需要,就不断牵引华为,华为跟着客户屁股后面前进,充分满足客户需求。西方大公司在主干上满足客户需求,华为在枝节上满足了客户需求,从而获得很多边缘合同,对公司的早期成长起到了重要推动作用。现在华为以两个车轮子推动公司前进:满足客户需求的技术创新和积极响应世界科学进步的不懈探索,除了能满足客户需求外,还可能具备在管道的未来方向上牵引客户的能力。在这种历史时期,华为如何战略定位自己?如何保持对客户的尊重?通过帮助价值客户商业成功的过程中,增加客户对华为的"黏性",而决不"敲诈"对华为黏性很大的客户,这对全公司是一个考验。

任正非强调,怎么做一个谦虚的领导者?如何使华为的存在,客户认为是有益的,社会认为是有益的,竞争对手认为是有益的,供应链伙伴也认为是有益的,这就是华为的转型。

有时候必须像姚明一样蹲着说话,这并不是说你不优秀。谦虚来自自信,谦虚来自自身的强大。我认为不谦虚是指颐指气使、趾高气扬、目中无人、盲目自大、

自我膨胀等不平等的待人方法，以及不按合同执行的店大欺客行为。销售团队在与客户交流时，一定不能牛气哄哄的，否则我们在沙漠里埋头苦干半天，客户也不一定认同。无论将来我们如何强大，我们谦虚地对待客户、对待供应商、对待竞争对手、对待社会，包括对待我们自己，这一点永远都不要变。（2014年）

战略要点：坚持主航道的针尖战略

制订五年规划，分析业务增长趋势

2012年，华为轮值CEO徐直军在回答媒体提问时比较详细地分析了各块业务的增长趋势，对未来的增长目标进行了分解。

未来相当一段时间世界经济进入循环衰退是必然的，在这种经济衰退的过程中，华为面临什么挑战，这是我们正在思考的，因为我们在制订未来五年发展规划。未来五年全球经济形势肯定不乐观，对华为是有挑战，但华为还有没有增长，增长空间又在哪里，这是我们关注的问题。

我们认为在经济循环式衰退的情境下，对华为仍然是机会与挑战并存。第一，我们20多年积累的运营商网络业务，我们仍然可能保持增长：首先，欧洲整个经济在下滑，电信设备的投资也是在下滑，欧洲的传统电信运营商的下滑是必然的，但我们因为在欧洲盘子很小，前几年我们在欧洲市场拿了很多框架合同，因此我们今后两年在欧洲市场反而是增长的。我们欧洲市场今年有增长，明年还能增长25%左右，后年还有增长。华为在欧洲的业务情况是反周期的；其次，我们的主体业务是在发展中国家市场，而这块的通信市场还处在发展期，总体上是小幅平稳增长，因此我们在这个市场上增长也没有问题；最后，我们这些年快速给客户建设了一些网络，而这些网络正在走出合同免费维护期，进入收费服务期，所以我们的收费服务能够保持增长。根据上面三点，我们预测未来五年我们的运营商网络业务保持每年10%的增长率还是非常有可能的。这块业务目前占我们收入的70%以上，如果能保持增长，那么我们总体上增长就比较容易了。

第二块业务是终端业务，即手机。首先，不管经济有多差，从原来的手机换成智能手机的趋势是不可改变的。其次，经济怎么差还影响不到我们的手机业务，因为我们的量还很小，我们才做了七十多亿美元，像苹果那么大规模才可能会受经济影响。这两年我们在智能手机上的投资比较大，今年P1和D1系列手机出来，我觉得我们的手机可以用了，原来我们自己不用自己的手机，现在我们自己也开始用了。

产品能力提升以后，我们终端这块业务保持一定的增长没有问题，因为市场很大，中国做得好就可以做100亿美元，中国市场手机保有量12亿，每年需求大概在4亿~5亿。我们手机业务以追求盈利为导向，不以规模为导向，追求规模的风险还是比较大的，怕出现库存积压。我们宁愿规模做小点，但要保持每年稳定的盈利能力和基础。这块业务空间对我们是很大的。

第三块业务企业业务也是如此，我们才刚开始，全球盘子那么大，经济再差，我们才取那一点点，算不了什么。企业业务今年20多亿美元，明年再增加50%，也才30多亿美元，经济形势不会对我们产生太大的影响。

因此，后面这两块未来五年保持增长不会有问题。整体来看，最大的业务我们能保持增长，在未来五年经济不大好的情况下，我们对公司保持一定的增长还是有信心的。（徐直军，2012年）

华为的战略是沿着管道整合

任正非认为，历史上IBM在兼容机的横向整合上非常成功，而苹果公司在纵向整合上非常成功。华为的战略是沿着管道从太平洋一直整合到水龙头。

世界有两次整合是非常典型的成功案例。第一个案例就是IBM，IBM在PC机上就是抄了苹果的后路。在PC个人机上，IBM有巨大的贡献，但是在新技术产业扩张的时候，IBM已经应对不过来了，IBM就发明了一个兼容机，这个兼容机谁都可以去造，你给我点钱就行了，就是他横向把这个个人电脑整合完成了，这个是对人类的贡献，IBM的横向整合是很成功的。纵向整合我们现在讲的是苹果，它是纵向整合的成功案例。华为应该怎么整合？我们认为应该沿着管道来整合，通信网络管道就是太平洋，是黄河、长江，企业网是城市自来水管网，终端是水龙头。如果我们沿着这个整合，都是管道，对我们都是有用的。（2012年）

实施"云-管-端"战略

在接受媒体采访时，华为轮值CEO徐直军系统介绍了华为的"云-管-端"战略。华为的云计算、企业应用和手机终端等业务都是围绕管道战略展开的，都是管道体系中不可或缺的部分。

对"云"的理解每个人都不同，有人觉得是内容，有人觉得是应用，有人讲的是基础设施。我们讲的"云"是基础设施，我们做数字中心解决方案，包括计算、存贮等。我们公司的优势主要是硬件和嵌入式软件，积累都也在这两块，做业务就要发挥这两块的优势。我们做终端，名义上是向消费者逼近了，但我们不是做消费电子，我们的说法是做水龙头，我们要做与网络相连接的、一定要消耗信息产生信息，说到底就是智能手机、家庭终端，都是和网络相关的。不跟网络相关我们就不做。而消费电子太多了，我们还是做与通信和网络相关的。我们叫网络终端，最形象的说法是水龙头。

华为未来战略和主要投资方向是聚焦在管道体系。我们拿中国的水系来做比喻，我们的终端是水龙头，水龙头一扭水就能出来。打开水龙头不流水的终端我们不做。水龙头更便宜，水更容易流出来，水龙头更多，就可以把管道撑大。我们这个企业网络就相当于支流和城市的水管网络，这个管网做得好，就把水收到支流上去了。移动宽带、固定宽带，我们就认为是长江黄河，数据中心解决方案就相当于洞庭湖，我们骨干网解决方案这些就相当于太平洋。所以华为聚焦在做承载水的管道体系，企业业务、终端业务从严格意义上讲也不是新业务，它们都是华为管道体系中的不可或缺的部分。（徐直军，2012 年）

做操作系统和芯片的主要目的不是替代，而是备用

当前在终端 OS 领域，Android、iOS、Windows Phone8 三足鼎立，形成了各自的生态圈，留给其他终端 OS 的机会窗已经很小，那么华为为什么还要做操作系统，还要做芯片？任正非说，华为做操作系统和芯片的主要目的不是和已有的各大巨头竞争，而是要考虑备份，在各巨头不与华为合作时，自己的操作系统和芯片能顶上去。

如果说这三个操作系统都给华为一个平等权利，那我们的操作系统是不需要的。为什么不可以用别人的优势呢？微软的总裁、思科的 CEO 和我聊天的时候，他们都说害怕华为站起来，举起世界的旗帜反垄断。我给他们说我才不反垄断，我左手打着微软的伞，右手打着 CISCO 的伞，你们卖高价，我只要卖低一点，也能赚大把的钱。我为什么一定要把伞拿掉，让太阳晒在我脑袋上，脑袋上流着汗，把地上的小草都滋润起来，小草用低价格和我竞争，打得我头破血流。

我们现在做终端操作系统是出于战略的考虑，如果他们突然断了我们的粮食，Android 系统不给我用了，Windows Phone8 系统也不给我用了，我们是不是就傻了？同样的，我们在做高端芯片的时候，我并没有反对你们买美国的高端芯片。我认为你们要尽可能地用他们的高端芯片，好好地理解它。只有他们不卖给我们的时候，我们的东西稍微差一点，也要凑合能用上去。

我们不能有狭隘的自豪感，这种自豪感会害死我们。我们的目的就是要盈利，我们不要狭隘，我们做操作系统，和做高端芯片是一样的道理。主要是让别人允许我们用，而不是断了我们的粮食。断了我们粮食的时候，备份系统要能用得上。（2012年）

把握客户的真正需求，坚持主航道的针尖战略

任正非认为，华为的客户应该是最终客户，而不仅仅是运营商。运营商的需求只是一个中间环节。任正非要求华为团队要真正把握最终客户的真实需求，坚持主航道的针尖战略。"针尖"战略是指收缩到窄窄的一点，投入在这点超强力量。华为有七八万研发人员，每年投入五六十亿美金或者更多，瞄准未来大数据流量，华为应该处在领先位置。有限的力量聚焦在窄窄的面上，华为才有可能长期处于领先位置。

现在有人在网络上描述华为的战略是针尖战略，我认为他说出了真理。我们收窄战略面，在针尖领域，踩不着别人的脚。我们在主航道上是针尖战略。针尖战略就是冲到最前面。不与别人产生利益冲突。（2014年）

聚焦主航道，抢占战略机会点

任正非强调，华为要聚焦主航道。非主航道业务首先要盈利，敢于放弃一些亏损项目，抢占战略机会点。

曼斯坦因的《失去的胜利》讲到"不要在非战略机会点上消耗了战略竞争力量"。我们公司一定要抢占战略目标的成功。把研发和区域切开了，研发是一个独立的模块。研发若跟区域捆在一起，就是去满足低端客户需求，放弃了战略机会。优质资源向优质客户需求倾斜，要放弃一部分低端客户需求。

将来我们不会在所有领域都做到世界领先，可能会收缩在一块领域，所以非主航道的领域，交不出利润来，就要缩减。而且我们实行薪酬包管理，"减人、增产、涨工资"，你不减人，怎么可能涨工资？（2014年）

如何抓住战略机会点，抢占战略制高地

任正非强调，华为管理层要针对在公司战略沙盘中识别的68个战略机会点，逐个分析，制定行动措施，采取针尖战略，抢占可能的战略制高点。任正非要求，公司各个层面都要聚焦到机会窗。华为在技术战略上强调"针尖"战略，加强压强原则，坚持只做一件事，坚持像"乌龟"一样慢慢地爬，才有可能在几个领域里成为

世界领先。

在公司战略沙盘的68个战略机会点中，我不知道有几个机会点是我们有把握的？（丁耘：现在剩下的都很困难。我刚才看胶片，比如中东沙特的利亚德，LTE这仗打完了，再想获得新的进入，难度比原来又要高一个等级。中东、亚太、非洲的格局：如果我们不能利用这两年时间，把LTE在价值城市进行突破，那么在未来五年内，我们进入900M和1800M的黄金频段的机会就基本丧失了。目前欧洲格局还可以。）如果我们不做这个战略沙盘，还沾沾自喜，自以为华为做得还不错。做了战略沙盘才知道别人怎么那么聪明，我们怎么那么笨。刚才丁耘也讲到，价值区域、价值资源和价值城市，别人早就占领了。你们别总说颠覆互联网，去试试看能不能颠覆，不是那么简单。（2014年）

硬件、软件及公司转型问题

在公司定位方面，任正非认为华为是一个硬件为主的公司，也会思考软件的改进，但是不会快速由硬件向软件转型。如果转型太快，可能华为在硬件和软件方面都形不成优势。

华为今天还是一个硬件公司，未来也还会是硬件为主。转型太快，华为未必能承担得了。华为坚信自己在纵向发展过程中，能提高对大数据流量的服务能力。我认为大数据流量是需要管道的，管道也是世界上很需要的东西，其实也越来越难做，华为也就越来越能多挣一些钱。

目前华为的软件工程师占了整个工程师的80%，但这些软件工程师真正还是为硬件服务的。今天我们看到美国软件的进步，也会思考我们自己软件方面的改进。但如果我们公司转型太快，最后硬件和软件都形不成优势。（2014年）

如何应对金融危机

任正非说，在我个人看来，所谓的金融危机还没有完全爆发，我们社会的改革速度能不能快过危机呢？现在不能肯定。如果说改革速度没有快过危机，当危机爆发的时候，社会这么大的波动，华为怎么办？财务曾算过账，华为公司的现金够吃三个月，那第91天时，华为公司如何来渡过危机呢？

第一，各个基础单位一定要有效益，否则公司就没有存活下去的基本条件。前段时间，常务董事会讨论时谈到，我们未来的改革一定要把销售收入、优质交付所产生的贡献作为基本薪酬和奖金。在这个时期，我们一定要坚定不移地贯彻干部的末位淘汰制。现在我们强调代表处代表和地区部总裁要实行末位淘汰，大家要比提高增长效益。

第二，我们一定要坚持从战略贡献中选拔出各级优秀干部。干部获得提拔的充分必要条件：一是要能使所在部门盈利；二是要有战略贡献。如果你不能使这个代表处产生盈利，我们就对你末位淘汰；如果你有盈利，但没有做出战略贡献，我们也不会提拔你。这两者是充分必要条件。现在我们选拔干部，就要慢慢调整结构，从而走向更有利于公司的发展方向。

第三，不要在一些非战略机会点上计较，否则局部利益牵制了战略竞争力量。战略机会对我们能开放的时间是3～5年，弟兄们从现状说说，你们有没有可能抢占？所以不要说考核残酷。有人说"我还可以"，我们不是仅仅要"可以"，我们对不同干部有不同要求，你们要思考怎么担负得起这个使命来。如果你的销售额及利润做不上去，不是我要拿掉你的官职，你没有利润，薪酬包就被挤小了，不够弟兄们分，在你的领导下，弟兄们都赚不到钱，那不推翻你才怪。你不如真正拿出自己的战斗能力，加强学习，加强对事物的认识，从而找到机会点。

我们现在工资、奖金的分配也有可能不公平，因为我们才刚开始实行获得分享制，可能有些地方分得很多，有些地方分得很少，但是我们慢慢就会摸到合理的线在哪儿。但是因为你没有做好少分，我不同情你。（2014年）

在向高端市场进军的过程中，不要忽略低端市场

任正非强调，华为在争夺高端市场的同时，千万不能把低端市场丢了。华为现在是"针尖"战略，聚焦全力往前攻，任正非很担心一点，"脑袋"钻进去了，"屁股"还露在外面。如果低端产品让别人占据了市场，有可能就培育了潜在的竞争对手，将来高端市场也会受到影响。华为就是从低端聚集了能量，才能进入高端的，别人怎么不能重复走华为的道路呢？

低端产品要做到标准化、简单化、生命周期内免维修。我们不走低价格、低质量的路，那样会摧毁我们战略进攻的力量。在技术和服务模式上，要做到别人无法与我们竞争，就是大规模流水化。客户想要加功能，就买高端产品去。这就是薇甘菊理论，而且我们现在也具备这个条件。（徐直军：应对中国的手机市场，一定要把品牌区分开。把中高端产品价格提起来，建立品牌，就能挣钱；低端产品，就是高质量、标准化、低价格、终生不坏、软件升级容易。）

面对大流量时代的流量管理方式发生变化，未来网络的稳定对品牌影响很大，我们要建立起大质量体系架构。过去我们的质量体系关注的是产品、工程，将来质量体系要从文化、哲学……各方面来看，所以我们要在中国、德国、日本联合建立大质量体系的能力中心。(2015年)

允许小部分力量有边界地去颠覆性创新

任正非说，互联网总是说颠覆性创新，我们要坚持为世界创造价值，为价值而创新。我们还是以关注未来五至十年的社会需求为主，多数人不要关注太远。我们大多数产品还是重视延续性创新，这条路坚决走；同时允许有一小部分新生力量去颠覆性创新，探索性地"胡说八道"，想怎么颠覆都可以，但是要有边界。这种颠覆性创新是开放的，延续性创新可以去不断吸收能量，直到将来颠覆性创新长成大树苗，也可以反向吸收延续性创新的能量。

公司要像长江水一样聚焦在主航道，发出巨大的电来。无论产品大小都要与主航道相关，新生幼苗也要聚焦在主航道上。不要偏离了主航道，否则公司就会分为两个管理平台。

大公司为什么运转很困难？以前我们一个项目决策，要经过四百七十多人审批，速度太慢，内部要允许大家有一条小路快走。而且主航道四百七十多人审批也太多了，应该先砍掉绝大部分。（丁耘：主流程应坚持简洁高效的原则，原则上不超过5个审批点。）（2015年）

调整格局，优质资源向优质客户倾斜

任正非强调，华为要调整格局，优质资源向优质客户倾斜，可以在少量国家、少量客户群中开始走这一步，这样华为就绑定一两家强的，共筑能力。

在这个英雄辈出的时代，一定要敢于领导世界，但是取得优势以后，不能处处与人为敌，要跟别人合作。有人问我，"你们的商道是什么？"，我说，"我们没有商道，就是为客户服务。"这些年教训也很深刻，不是所有运营商都能活下来，有些运营商拖着我们的钱不还，与其这样，还不如拿来给大家涨点工资。

另外，我不主张产品线和区域结合得太紧密，结合太紧密的结果，就是满足了低端客户的需求。因为区域所反映上来的不是未来需求，而是眼前的小需求，会牵制华为公司的战略方向。(2015年)

要敢于在战略机会点上，聚集力量，实施饱和攻击

在 2016 年 1 月 13 日华为市场工作大会讲话上，任正非指出：为了千亿的目标要敢于在战略机会点上饱和攻击。

当前 4K/2K/4G 和企业政府对云服务的需求，使网络及数据中心出现了战略机会，这是我们的重大机会窗，我们要敢于在这个战略机会窗开启的时期，聚集力量，密集投资，饱和攻击。扑上去，撕开它，纵深发展，横向扩张。我们的战略目的，就是高水平地把管道平台做大做强。

企业业务要抓住成功的部分，先纵向发展，再横向扩张。智慧城市、金融行业的 IT 向云架构转型、电力行业的数字化、政府和企业对云服务的需求，都是重要战略机会。平安城市是智慧城市的一个抓手。千万不要大铺摊子，失去战略聚焦的机会。

"一切为了前线、一切为了业务服务、一切为了胜利"，也许会成为变革时代的一个标志性口号。我们要在 10 年内实现大体系支撑下的精兵战略，逐步实行资源管理权与作战指挥权适当分离。指挥权要不断前移，让优秀将领不断走向前线，灵活机动地决策。以代表处为利润中心，对结果承担责任，指挥权、现场决策权首先前移至代表处。当然监督权也要不断前移，子公司董事会经过几年的发展，通过立足一线，不断摸索，在内、外合规的管理上逐步成熟，效果开始显现，我们在个别国家可以开始对一线业务部门实施授权试点。要扩大在代表处审结的内容和范围，这就是权力下放。流程要纵向、横向打通。要让听得见炮声的人能呼唤炮火，能呼唤到炮火。(2016 年)

运营商 BG 战略：高水平地把管道平台做大做强

运营商业务要从量变到质变，要成为客户面向未来的最佳合作伙伴

华为轮值 CEO 徐直军认为，电信运营商面临很大的挑战，主要来自互联网的竞争，短信市场已经快被互联网抢完了，以后语音、视频都面临类似的情况，运营商可能沦落成为管道提供商，而运营商又不愿意成为管道提供商；另外，就算他们愿意做管道提供商，但它现在的成本架构也是非常大的挑战。运营商肯定希望他的伙伴跟他一起来应对这种挑战，共同面向未来。

华为运营商业务要从量变到质变，要成为客户面向未来的最佳合作伙伴，成为行业的领导者，能够帮助客户解决问题。

我们公司内部不讲转型两个字。我们也确实不是转型。我们传统的运营商这块业务并没有什么问题，还是我们收入的主体，今年260亿美元，利润也是比较好的，而且这块市场将长期存在。我们不是这块市场出了问题，要进行转型，只是在原来这块业务基础上进行了适当的多元化。转型是原来的业务有问题，没有机会了，要转到新的业务上去。我们原来的业务还是发展的时候，爬坡的时候，刚开始在产品上与国际公司平起平坐。但客观讲，从运作的效率、从产业界的思想领导力，以及真正让客户感受到能够帮助他们解决问题、帮助他们成长上还是有差距，毕竟我们的历史只有二十多年。我们认为传统的运营商业务从现在走向未来还需要有一个质的飞跃的过程，即是不是真正能够成为运营商的最佳的战略合作伙伴，这需要质的提升。我们这块业务从量变积累到了质变，但还要有第二次质变。第二次质变就是从客户感受来看，我们就是行业内的领导者，就是他们面向未来的最佳合作伙伴，能够帮助他解决问题。（徐直军，2012年）

高水平地把管道平台做大做强

在2016年1月举行的华为市场工作大会上，任正非指出，华为运营商业务在网络及数据中心方面出现了战略机会，华为的战略目的就是要高水平地把管道平台做大做强。

当前4K/2K/4G和企业政府对云服务的需求，使网络及数据中心出现了战略机会，这是我们的重大机会窗，我们要敢于在这个战略机会窗开启的时期，聚集力量，密集投资，饱和攻击。扑上去，撕开它，纵深发展，横向扩张。我们的战略目的，就是高水平地把管道平台做大做强。（2016年）

企业业务BG战略：对于未来的战略制高点要敢于投入

未来3～5年要抓大数据机遇，要聚焦，不要盲目铺摊子

华为总裁任正非在2013年12月19日的企业业务座谈会上表示，未来的3～5年是华为抓住"大数据"机遇，抢占战略制高点的关键时期。对于未来的战略制高点要敢于投入。他称，企业业务目前取得了一些胜利，但也要聚焦，组织变革要围绕如何提升作战部队的作战能力。要盈利，不要盲目铺开摊子。任正非要求企业业务要学会战略上舍弃。

在我们这个时代，最近的 3~5 年，对华为至关重要的就是要抢占大数据的制高点。这 3~5 年如果实现了超宽带化以后，是不可能再有适合我们的下一个时代的。那么什么是大数据的制高点呢？我们在东部华侨城会议已有决议，按决议去理解就行了。不是说那个 400G 叫制高点，而是任何不可替代的、具有战略地位的地方就叫制高点。那制高点在什么地方呢？就在 10% 的企业，10% 的地区。从世界范围看大数据流量，在日本是 3% 的地区，汇聚了 70% 的数据流量；中国国土大，分散一点，那么 10% 左右的地区，也会汇聚未来中国 90% 左右的流量。那我们怎么能抓住这个机会？我认为战略上要聚焦，要集中力量。（2013 年）

对于未来的战略制高点要敢于投入

任正非强调，要把华为在运营商大规模部署的产品技术和网络经验运用到企业业务，对于未来的战略制高点要敢于投入。

我们现在要保持一定的投资强度，投资要聚焦到战略制高点上来，抢了战略制高点，不卖那么便宜，盈利的钱去做先进性的研究。我们已经不是完全以运营商为中心了，以前盯着运营商，是因为我们唯有靠运营商才能生存下来，现在我们继续向前走，运营商是我们近距离的客户需求，远距离的最终客户才是牵引我们的客户需求，这样的话，我们把握最终用户的感觉，我们做出来的东西就会得到欢迎。（2013 年）

要聚焦在少量有价值的客户，少量有竞争力的产品上，形成突破

任正非强调，华为企业业务要聚焦在少量有价值的客户，少量有竞争力的产品上，形成突破。企业业务不要盲目铺摊子，赶超主要竞争对手，而要创造利润，要活下去，剩者为王！任正非认为拳头握紧才有力量，分散是没有力量的。

我并不指望企业业务迅猛地发展，你们提口号要超谁超谁，我不感兴趣。我觉得谁也不需要超，就是要超过自己的肚皮，一定要吃饱，你现在肚皮都没有吃饱，你怎么超越别人。我认为企业业务不需要追求立刻做大做强，还是要做扎实，赚到钱，谁活到最后，谁活得最好。华为在这个世界上并不是什么了不起的公司，其实就我们坚持活下来，别人死了，我们就强大了。所以现在我还是认为不要盲目做

大，盲目铺开，要聚焦在少量有价值的客户，少量有竞争力的产品上，在这几个点上形成突破。(2013年)

开放合作，坚持被集成战略

与运营商业务的直销模式相比，企业业务中渠道、合作伙伴的角色更加重要。从运营商业务到企业业务，除了产品和解决方案的转变，华为还需要重新梳理和合作伙伴的关系，建立自身的 IT 解决方案生态圈。

华为 IT 产品线总裁郑叶表示，华为企业业务坚持"被集成"的路线。即华为跟合作伙伴一起赢得客户的尊重，而不是由华为更多地去面对客户。"我们相信企业业务的成功是生态链的成功，需要更多的合作伙伴一起来努力，所以我们现在很多政策、包括渠道政策、投资伙伴的激励政策，面向 ISV 的政策都在调整和不停地优化，让大家一起和华为做大产业和事业。"

在云计算方面，华为同样在打造健康的生态链条。华为 IT 云计算虚拟化产品总监张建华表示："华为云计算非常关注兼容性，全球有几百家伙伴一起在和华为进行兼容性的测试；华为同时在接口上更广泛支持标准组织的规范，以及全面兼容 OpenStack。华为云计算同样会坚定不移的和合作伙伴一起打造稳健、健康的生态链。"

任正非认为，合不合作都是利益问题，其个人是主张竞合。华为强调聚焦，聚焦后华为还是需要很多东西，就去和别人战略合作，而且是真心诚意的合作，华为就有帮手去抵抗国际上的压力。

合作要找强者合作，比如有时候我汽车没油了，我就蹭他的车坐一坐，总比我走路好，总比我骑毛驴好。所以我们要敢于、要善于搭上世界各种车，我们这个利益就多元化了，利益多元化，谁能消灭你？就像微软，多少人在微软 windows 上开发了二次应用、三次应用，如果微软没有了，他所有的应用都要重新搞一遍，他怎么会希望微软垮掉呢？苹果短期也不会垮掉，因为苹果有很多伙伴，你看现在教学系统都是用苹果软件，上苹果 APP Store，教材全下来了。我们也要向这些公司学习，也要走向这条路。

合作伙伴是越多越好，但如果我们去集成，我们就树立了一大堆敌人，就要去颠覆这个世界。谁要颠覆这个世界，那最后他自己灭亡了。所以我认为还是要利用盟军的力量，我只要搭着你的船，能挣点钱就够了，我为什么要独霸这个世界呢。我们走向被集成，那我们就要建立多种伙伴群，用伙伴群把产品卖给客户群。比如说 SAP 最早就是我给你们谈的，我说我们要成为战略性伙伴关系，我们永远不进入他的领域，我们就开始合作了，我们就有了机会。（2013 年）

保持合理的毛利水平，不破坏行业价值

任正非强调，华为企业业务产品要保持合理的毛利水平，不要卖低价，不要打价格战，不要破坏行业价值，不要破坏行业的游戏规则，这样大家才能共存共生。

在行业市场里面，我们要保持合理的利润水平，不能破坏行业价值。很多行业客户的领导都是职务非常高的人，你和这么高的人交流，学了很多东西，就要交学费。我们搞了二十几年才刚刚明白电信运营商需求大概的样子。那我们奋斗了 25 年还没有理解一个客户，你们企业网搞了这么多客户怎么理解他？我们理解不了，就要把理解客户需求的成本加到这个客户身上去。所以你要把价格卖贵一点，为什么卖那么便宜呢？你把东西卖这么便宜是在捣乱这个世界，是在破坏市场规则。西方公司也要活下来啊，你以为摧毁了西方公司你就安全了？我们把这个价格提高了，那么世界说，华为做了很多买卖，对我们价格没有威胁，就允许他活下来吧。（2013 年）

消费者 BG 战略：在大机会时代，千万不要机会主义

手机要大幅减少品类，要向苹果公司学习，要做精品

华为轮值 CEO 徐直军提到，华为的手机产品从运营商定制走向直接面向消费者，手机品类要大幅减少，要向苹果公司学习，做精品。

我们终端的产品已经在减少了，我们以前是做运营商定制，意味着每家运营商做一款。从你看到的还是多，但从我们看到的已经减少了很多了。任总希望再少，就做一款产品，像苹果一样。目前，我们现在已经聚焦到四个产品系列。（徐直军，2012 年）

手机业务要做成全球引领品牌

2012 年，华为轮值 CEO 徐直军对媒体称，消费者业务要在未来三年成为全球引领的手机品牌。

我们首先给余承东（华为消费者业务的负责人）把范围缩小了，你也不要追求消费品牌，成为全球引领的智能手机或者PAD品牌就行了。他们一直期望进入手机前三名，苹果、三星然后就是华为，我们期待他能做到。三星在五六年前也就一般般，真正做起来也就这两年。后来任总不准他们讲第三，现在改成了领先品牌，他们内心肯定还是前三。我们终端海外市场加起来比国内量大，国内今年竞争压力比较大。（徐直军，2012年）

坚持精品战略，发力中高端手机市场

2014年8月，华为终端CEO余承东透露，华为下半年将砍掉80%以上的机型，总机型不会超过10款。另外，华为将不再做超低端机型，准备重点发力电商渠道和社会渠道，而运营商渠道比例将压缩到20%左右。

超低端手机对华为是鸡肋，利润十分微薄，从2013年开始就逐渐削减500元以下的超低端机型。

2015年，华为手机出货量1.08亿部，同比增长49%，成为中国本土第一大智能手机厂商。而且，华为手机全球市场份额仅低于苹果和三星，P8、Mate7、Mate S、Nexus 6P等中高端手机深受全球消费者的欢迎。在西欧部分国家，华为智能机在400—500欧元档位的高端智能机市场份额突破了60%。2015年，Mate7全球销量700万台，P7的销量也超过700万台。这表明，华为手机的精品战略取得了成功。

在大机会时代，千万不要机会主义，要有战略耐性

华为总裁任正非于2014年3月11日在与消费者BG管理团队午餐会上发表讲话，称消费者BG应该坚持走自己的路，要学习苹果、三星、小米的长处，但不要盲目对标他们。华为公司要坚持跑马拉松，要具有马拉松精神，慢慢跑，要持续盈利。

在大机会时代，千万不要机会主义，我们要有战略耐性。

消费者BG一定要坚持自己的战略，坚持自己的价值观，坚持自己已经明晰的道路与方法，稳步地前进。现代的躁动会平息，活下去才是胜利。

消费者BG这两年来，从过去的低能状态已经开始走到有一定能量的状态，如果没有你们上万员工的努力，也就没有消费者BG的今天，这一点我们要肯定并祝贺！但是我们现在要清楚"我是谁，从哪里来，准备到哪里去？"今天之所以与大家沟通，就是担心你们去追求规模，把苹果、三星、小米作为目标，然后就不知道

自己是谁了。当然要向苹果、三星、小米学习他们的优处，但不要盲目对标他们。（2014年）

手机高端市场份额要赶超苹果

在2016年新年致辞中，华为消费者业务管理团队总裁余承东指出，华为要在高端市场竞争中获取更高份额，要赶超苹果。余承东预计未来3～5年，大部分手机厂商将在激烈的市场竞争中退出历史舞台，华为消费者业务不仅是能活下来的2～3家手机厂商之一，而且2016、2017年如果站稳了，华为的事业将迈向新的历史高度，真正走向崛起，成为全世界最主要的玩家。在此基础上继续努力，未来成为行业NO.1将势不可挡！

如果说2014年—2015年是决定我们是否能活下来的时期，2016年我们将来到改变产业格局、全球崛起战略机遇的拐点上。我们的目标不仅仅是活下来。海外市场各国家是否能快速扩大规模，取得更大成功？中国市场是否能进一步提高整体领先优势、且在高端市场竞争中获取更高份额，赶超苹果？这些都需要在未来两年内回答。华为消费者业务的全球化布局虽早已起步，但各区域的发展仍然很不均衡，面临全球市场竞争愈加白热化的局势，我们必须勇往直前，占领先机！份额未做到第一的区域，要敢于做到第一；已经处于领先的，继续扩大优势，迅速提升高端份额占比，实现超越；其他较落后的区域，短期内先努力争取做到15%的份额，只有超过15%这条持续发展的生存底线，我们的规模效益才有可能迅速提升。（余承东，2015年）

终端要敢于5年内实现超越1000亿美元的销售收入

在2016年1月举行的华为市场工作大会上，任正非指出，终端业务要敢于实现在5年内超越1000亿美元的销售收入目标。消费者业务是华为未来3～5年的战略机会业务，任正非强调要在战略机会点上聚集力量，实施饱和攻击。

在知识产权的核保护伞下，要加快170个国家的终端业务的布阵点兵（巴西例外），在终端组织能力不强的国家、各区域、代表处要尽快成立终端的销售、服务组织，与终端同考核、同待遇。对于战略重点市场，终端组织可以插进去直线管理，原创立代表处组织仍然要分享成功。对于非战略机会市场，可以交给当地代表处管理，消费者BG不要在这样的市场上耗费宝贵的精力，要聚焦能够形成规模的市场并努力尽快将这些市场做大。终端要敢于5年内超越1000亿美元的销售收入，在结构上、组织上、模式上要好好考虑。同时要保证合理盈利，库存风险可控。我们一定要立足打造中高端品牌，通过中高端带动中低端的销售。（2016年）

用户体验是最核心的竞争力

在2016年新年致辞中，华为消费者业务管理团队总裁余承东指出，用户体验是华为消费者业务产品最重要的核心竞争力。华为要围绕用户体验推出提升各方面的能力，推出精品产品与服务，产品易用性和用户体验要做到业界最佳。

用户体验是我们最核心竞争力所在，尤其要加强软件体验，在各专项核心技术上要引领行业创新，并率先把创新成果应用于消费者体验提升。在集团进一步加大授权过程中，围绕精品用户体验的质量、服务、供应链、流程IT、隐私保护与风险管控等核心能力构筑需进一步加快步伐，真正实现产品标准化、简单化、免维护。而我们也将更加注重有情感的品牌能力建设，继续探索科技与人文、时尚、美学、智慧生活的完美结合，向消费者传递华为品牌的温度。（余承东，2015年）

本章小结

在全球引领阶段，华为的战略目标是要在多个领域做世界第一。任正非反复强调，在大机会时代，千万不要机会主义，要有战略耐性，要聚焦主航道，要坚持"针尖"战略，要"力出一孔，利出一孔"，要始终对准一个城墙口持续冲锋，要抢占战略制高点。华为要由国际化走向全球化，要有效增长、和平崛起，成为ICT领导者，要做谦虚的领导者。

在运营商业务领域，华为希望成为客户面向未来的最佳合作伙伴，要高水平地把管道平台做大做强。

在企业业务领域，华为坚持"被集成"战略，要聚焦，不要盲目铺摊子，在未来战略制高点上要大力投入。要聚焦在少量有价值的客户、少量有竞争力的产品上，形成突破。企业业务要保持合理的毛利水平，不破坏行业价值。

在消费者业务领域，华为提出要坚持精品战略，提出用户体验是最核心的竞争力，手机要成为全球引领品牌，在高端市场份额上要赶超苹果。终端要在5年内实现1000亿美元的销售收入。

第20章　管理举措：由国际化走向全球化

华为公司前二十年是推行国际化，是以中国为中心走向世界；华为后二十年是全球化，以全球优秀人才建立覆盖全球的能力中心，来辐射管理全球业务。

——徐直军（2012年）

在全球引领阶段，华为由国际化走向全球化，由国际市场的重要参与者逐步成长为全球引领者，由运营商业务为主走向运营商、企业、消费者业务并举，企业人数由11万人发展到17万人，平均每年净增一万多人。华为的管理相应也由面向国际化走向面向全球化。华为本阶段的管理举措对于年营业收入千亿元以上，在全球数十个国家有业务的跨国企业具有重要参考价值。大家可以带着以下问题阅读本章：

① 华为为什么要采取事业部制？为什么在几千亿规模时才采取事业部制？华为的事业部制与我们通常理解的事业部制有何相同之处和不同之处？

② 在全球引领阶段，华为在研发与创新管理方面有哪些新举措？为什么要这样做？比如注重基础研究，与大学、客户成立联合创新中心等。

③ 华为是如何变革全球市场组织模式的？华为为什么要强调"班长的战争"？

④ 华为为什么要采取"获取分享制"的分配模式？为什么要在全球推行TUP持股计划？

⑤ 华为大学的定位和职责对企业人才培养和企业大学的设立有何启示？

⑥ 华为为何在全球引领阶段提出"开放、妥协、灰度"文化？

⑦ 华为为何要实行轮值CEO制度？这种做法我们的企业能否借鉴？

⑧ 华为为何不上市？上市有何利弊？

⑨ 任正非为何提出"家族成员永不接班"？华为是如何解决接班人问题的？

⑩ 华为为何在数千亿元的规模还提"针尖战略"？华为为何要坚持"主航道战略"？

事业部管理：不同业务采用不同管理方法

随着公司各块业务的快速增长，从 2011 年开始，华为将公司整体业务分拆成运营商 BG、企业 BG、消费者 BG 和其他业务 BG 等四大事业部，针对不同的客户需求提供不同的解决方案，提升公司整体运作效率和绩效。

采用事业部制，简化组织结构，提高运作效率

2011 年年初，华为成立了运营商网络业务、企业业务、终端业务和其他业务四大业务运营中心，分别设置了各自的经营管理团队（EMT），各自按照其对应客户需求的规律来确定相应的目标、考核与管理运作机制，在统一的公司平台上进行差异化的运作和经营管理。华为设立面向三个客户群的 BG 组织，以适应不同客户群的商业规律和经营特点，为客户提供创新、差异化、领先的解决方案。丁耘为运营商网络 BG 总裁，徐文伟为企业业务 BG CEO，余承东为消费者 BG CEO。

2014 年 4 月 8 日，华为公司发布管理层任命公告：原企业 BG 总裁徐文伟出任战略 Marketing 部总裁，原运营商 BG 总裁丁耘出任产品与解决方案总裁；邹志磊出任运营商 BG 常务副总裁（主持日常工作），阎力大出任企业 BG 常务副总裁（主持日常工作）。目前，邹志磊已担任运营商 BG 总裁，阎力大已担任企业 BG 总裁。

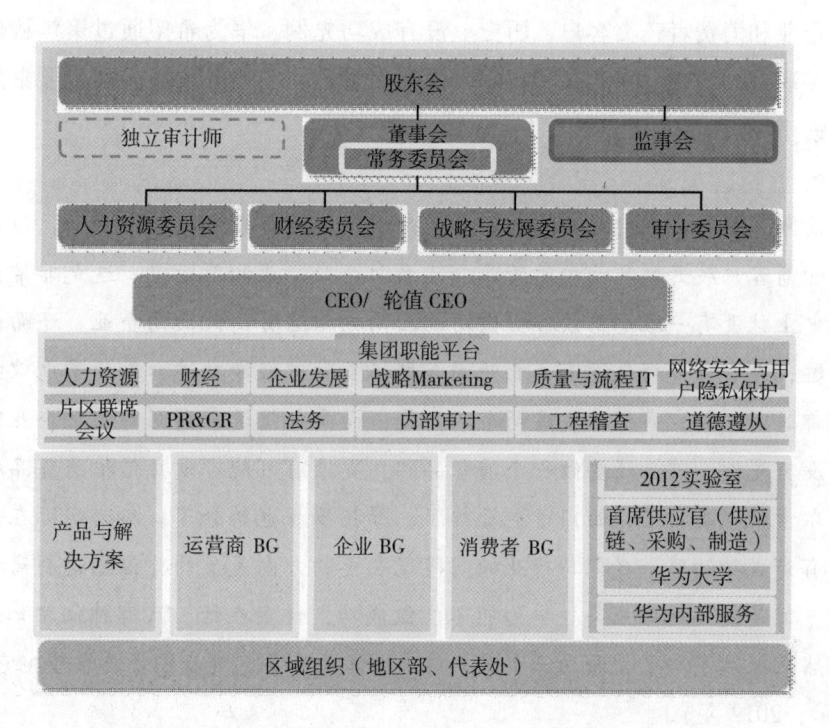

图 20-1　华为公司 2015 年的组织架构

任正非认为，华为将整个公司拆成几个BG，就是强调不同的客户需求要用不同的解决方案、不同的组织结构、不同的干部管理、不同的激励机制。组织结构简单了，流程缩短了，有利于效率的提高。

思科就是推行大量的委员会制度，使内部各个板块平衡，委员会的特点就是决策速度慢，但决策正确性高。它太笨了，让我们赶上了。

我们公司在重大问题的决策上实行委员会制度，在执行层面或贴近项目的决策层面推行行政首长负责制，所以我们决策速度快。代表不同BG的各行政首长怎么考核评价？先把粮食抢回来你一定知道怎么发，粮食都没抢回来怎么分？0乘以任何系数还是0，所以内部的分配改革一定要建立在有充分的粮食基础上。平衡是在动态中形成的，没有动态怎么形成平衡？改革以后最难的是代表处和地区部，特别是代表处，工资、奖金怎么平衡，这个挑战是最难的，留给你们年轻人动脑筋去想。
（2011年）

同时面向三类客户，没有成功先例

华为从2010年开始，业务由运营商扩展到企业业务和消费者业务，同时面向运营商、企业和消费者三类客户，历史上没有成功先例。华为希望通过聚焦战略取得成功，实现持续增长。在产品和技术方面聚焦管道，在业务区域方面也要聚焦有较大需求的市场。

从前年开始，我们把业务展开了。原来我们业务是聚焦电信运营商，现在把业务从运营商客户展开到既面向运营商，又面向企业行业和消费者。这是非常大的挑战，历史上就没有一家电信设备提供商既面向电信运营商又面向企业、还面向消费者成功过，或者说成功也没有太长时间。摩托罗拉曾经成功过、西门子也曾经成功过，但都时间不长。我们要突破两个不可能：面向电信运营商同时要把企业客户做好基本没有先例，然后还要做一个消费品牌，更没有可能：爱立信把消费品牌卖掉了，阿尔卡特也卖掉了，西门子也卖掉了，摩托罗拉也拆分了。华为实际在重复走前人没有走成功的路，我们与行业的同行现在走的方向是反的，他们是剥离掉这些业务，我们是发展这些业务。华为能不能做成功，说实在话，只有神仙才知道。但我们既然已经做了决策，面向三个客户群来做三块业务，那我们还是希望把它做好。
（徐直军，2012年）

不同业务要有不同管理方法

华为轮值 CEO 徐直军认为，不同业务的规律不同，不同业务要有不同的管理方法。华为的所有干部员工，从中高层管理者到基层员工都是来自于原来面向电信运营商市场的，面向消费者业务和企业业务时就需要较大转变。

消费品的做法与我们面向运营商的做法，差别大了，人家天天盯着的是消费群体，我们都是些工程师背景，是做 B2B 的，要真正转成以消费者的需求为导向，难呀！我们工程师经常做出一个产品，自己觉得好，好得很，但是消费者怎么不买；有时候看到一个机器觉得不好，但是为什么这个机器卖得很好呢？这个我们是需要付学费的。但是华为公司历史上都是付学费过来的。我们公司管理层没有一个人有管理过公司的经验，每一天都是新的。每个明天都是我们从来没有管过。管理层里没有一人能说，我曾经管过几百亿美元的公司，因此，每一天、每一年对我们都是新的，公司一直在变化成长，今年 360 亿美元，明年可能四百多亿美元，我们没有一个人管过四百多亿美元的公司。因此每一年每一天都在探索，而且每一年的管理都是新的，累就累在这里，我们没有任何经验可循，这也是我们为什么用这么多国际的咨询公司，包括 Hay（合益）、埃森哲、IBM。引入它们也是学习，问一问其他公司是怎么做的，业界是怎么做的。对我们来讲，每一天都是新挑战，每一个遇到的事情都是新的事情，包括任总本人也没有管理这么大公司的经验。

业务上也是。我们现在还是运营商思维，希望将来有一天我们的高层团队，管企业的说管企业的话，管消费者的说管消费者的话，管运营商的说管运营商的话。这个很难，包括任总一讲话还是运营商视角，我就提醒他，以后讲话要加个定语，这句话是对运营商讲的，这句话是对企业讲的，这句话是对终端讲的。我们三块业务的起点不一样：运营商市场我们已经在业界构筑了我们的地位；企业业务处于创业期，管法就完全不同；消费者业务的对象都不同了。（徐直军，2012 年）

进一步明确各 BG 职责，提升公司全球化运营效率

华为 2011 年启动的组织变革，初步建立了董事会领导下以 BG 为主要经营责任中心和利润中心的公司组织架构。该组织架构运行三年来，对公司企业业务、消费者业务的快速成长起到了积极的作用，但同时也出现了 BG 和区域责任不够清晰、BG 间结算较为烦琐等运作问题。

为聚焦战略、简化管理、提升效率，实现多业务全球化下有效增长的公司战略目的，华为经过近一年的多次酝酿和慎重研讨，围绕以下组织变革目标形成了公司组织变革的相应高阶方案，要点如下：

① 为使公司各类组织的责任定位更清晰、更有效地相互协同配合，公司组织架构由原来的基于BG（客户/产品）和区域两个维度的组织架构调整为基于客户、产品和区域三个维度的组织架构。三个维度的相应组织都是公司为客户创造价值的组织，共同对公司的财务绩效（收入、利润和现金流）有效增长、市场竞争力的提升和客户满意度负责，但所承担的责任各有侧重。

② 为适应ICT行业的技术融合趋势，对公司面向产品的组织进行整合，将分属原运营商网络BG和企业业务BG的各产品组织整合为公司统一的产品与解决方案组织。

③ 为适应不同客户群的业务特点，成立运营商BG和企业BG。其中：

运营商BG是公司面向运营商的解决方案营销、销售和服务的管理和支撑组织，并对解决方案的规划、设计及验证负责。运营商BG对公司所有产品及服务在运营商客户群的业务有效增长、市场竞争力和客户满意度负责；

企业BG是公司面向企业/行业客户的产品和行业解决方案营销、销售和服务的管理和支撑组织，并对行业解决方案的规划、设计及验证负责。对公司所有产品和服务在企业/行业客户群的业务有效增长、市场竞争力和客户满意度负责；

消费者BG是公司面向终端产品的端到端经营组织，对利润、风险、市场竞争力和客户满意度负责，消费者BG的原业务范围保持不变。

④ 对于各类区域组织的职责定位和组织形态做相应调整，其中：

地区部是能力中心、资源中心和利润中心，地区部组织对上承接公司组织要求，对下支持各类代表处的业务运作；

代表处是经营单元和利润中心，是公司战略在代表处所辖区域落地的执行者。代表处可根据各类业务的发展状况及管理成熟度，参考标准模型灵活设置代表处组织；

⑤ 片联是负责公司干部资格管理的机构，要推动公司干部的循环流动；作为中央特派员机构，负责区域与各BG及产品与解决方案组织间冲突的协调；并作为区域的归口组织，行使相关管理职责。

⑥ 为加强软件业务的效益管理，适应软件业务的管理特点，将原电信软件与核心网业务分拆成核心网业务、电信软件业务和IT云计算业务，其中核心网业务和电信软件业务分别作为产品与解决方案组织的下属组织，IT云计算业务合并入IT产品线。（2014年）

为了保证本次变革顺利推行，华为还明确了本次组织变革的总体管理原则：

① 组织变革须适配战略要求，体现战略对组织建设的牵引作用。
② 组织变革应利于业务发展、简化管理、精简组织、提升决策及运作效率。
③ 抓主要矛盾，逐步开展、持续优化，不追求理想主义和一步到位。
④ 各类组织调整在充分酝酿的基础上，应积极推动实施落地，原则上应明确其具体的组织变革完成（指组织发布和干部任命）的时间表。(2014年)

轮值 CEO 制度：是一种团队接班形式

轮值 CEO 制度的起源及运转

2011年，任正非介绍了华为轮值 CEO 制度的起源及运转模式。轮值 CEO 制度有助于发挥集体智慧，减少由于个人决策失误对公司造成的影响。轮值 CEO 制度也有利于减少各位高管之间的矛盾，团结一致促进公司战略目标的实现。

大约2004年，美国顾问公司帮助我们设计公司组织结构时，认为我们还没有中枢机构，不可思议。而且高层只是空任命，也不运作，提出来要建立 EMT（Executive Management Team），我不愿做 EMT 的主席，就开始了轮值主席制度，由八位领导轮流执政，每人半年，经过两个循环，演变到今年的轮值 CEO 制度。

也许是这种无意中的轮值制度，平衡了公司各方面的矛盾，使公司得以均衡成长。轮值的好处是，每个轮值者，在一段时间里，担负了公司 CEO 的职责，不仅要处理日常事务，而且要为高层会议准备起草文件，大大地锻炼了他们。同时，他不得不削小他的屁股，否则就达不到别人对他决议的拥护。这样他就将他管辖的部门，带入了全局利益的平衡，公司的"山头"无意中在这几年削平了。

经历了八年轮值后，在新董事会选举中，他们多数被选上。我们又开始了在董事会领导下的轮值 CEO 制度，他们在轮值期间是公司的最高的行政首长。他们更多的是着眼公司的战略，着眼制度建设。将日常经营决策的权力进一步下放给各 BG、区域，以推动扩张的合理进行。

这比将公司的成功系于一人，败也是这一人的制度要好。每个轮值 CEO 在轮值期间奋力地拉车，牵引公司前进。他走偏了，下一轮的轮值 CEO 会及时去纠正航向，使大船能早一些拨正船头。避免问题累积过重而得不到解决。我不知道我们的路能走多好，这需要全体员工的拥护，以及客户和合作伙伴的理解与支持。我相信由于我的不聪明，引出来的集体奋斗与集体智慧，若能为公司的强大、为祖国、为世界做出一点贡献，二十多年的辛苦就值得了。我的知识底蕴不够，也不够聪明，但我容得了优秀的员工与我一起工作，与他们在一起，我也被熏陶得优秀了。他们出类拔萃，夹着我前进，我又没有什么退路，不得不被"绑"着、"架"着往前走，一不小心就让他们抬到了峨眉山顶。我也体会到团结合作的力量。这些年来进步最大的是我，从一个"土民"，被精英们抬成了一个体面的小老头。因为我的性格像海绵一样，善于吸取他们的营养，总结他们的精华，而且大胆地开放输出。

那些人中精英，在时代的大潮中，更会被众人团结合作抬到喜马拉雅山顶。希腊大力神的母亲是大地，他只要一靠在大地上就力大无穷。我们的大地就是众人和制度，相信制度的力量，会使他们团结合作把公司抬到金顶的。

作为轮值CEO，他们不再是只关注内部的建设与运作，同时，也要放眼外部，放眼世界，要自己适应外部环境的运作，趋利避害。我们伸出头去，看见我们现在是处在一个多变的世界，风暴与骄阳、和煦的春光与万丈深渊并存着。（2011年）

轮值CEO制度与传统董事会领导下的CEO负责制的比较

任正非对华为轮值CEO制度和传统董事会领导下的CEO负责制进行了比较。传统企业董事会对股东利益最大化负责，CEO是职业经理，CEO个人的能力、精力对企业的经营绩效有很大的影响。华为是一家知识型企业，不以股东利益最大化为目标，而是以客户利益为中心，轮值CEO制度既充分发挥了企业领导团队的集体智慧，又可以有效规避个人决策带来的重大风险与失误。

传统的股东资本主义，董事会是资本力量的代表，它的目的是使资本持续有效地增值，法律赋予资本的责任与权利，以及资本结构的长期稳定性，使他们在公司治理中决策偏向保守。在董事会领导下的CEO负责制，是普适的。CEO是一群流动的职业经理人，知识渊博，视野开阔，心胸宽宏，熟悉当代技术与业务的变化。选拔其中某个优秀者长期执掌公司的经营，这对拥有资源，以及特许权的企业，也许是实用的。

华为是一个以技术为中心的企业，除了知识与客户的认同，我们一无所有。由于技术的多变性，市场的波动性，华为采用了一个小团队来行使CEO职能。相对于要求其个人要日理万机，目光犀利，方向清晰，要更加有力一些，但团结也更加困难一些。华为的董事会明确不以股东利益最大化为目标，也不以其利益相关者（员工、政府、供应商）利益最大化为原则，而坚持以客户利益为核心的价值观，驱动员工努力奋斗。在此基础上，构筑华为的生存。授权一群"聪明人"做轮值的

CEO，让他们在一定的边界内，有权力面对多变世界做出决策。这就是轮值 CEO 制度。

过去的传统是授权于一个人，因此公司命运就系在这一个人身上。成也萧何，败也萧何。非常多的历史证明了这是有更大风险的。传统的 CEO 为了不辜负股东的期望，日理万机地为季度、年度经营结果负责，连一个小的缝隙时间都没有。他用什么时间学习充电，用什么时间来研究未来，陷在事务之中，怎么能成功。华为的轮值 CEO 是由一个小团队组成，由于和而不同，能操纵企业不断地快速适应环境的变化；他们的决策是集体做出的，也避免了因个人过分偏执带来的公司僵化；同时可以规避意外风险带来的公司运作的不确定性。

他们轮值六个月之后卸任，并非离开核心层，他们仍在决策的核心层，不仅对业务的决策，而且对干部、专家的使用都有很大的力量与权威。轮值 CEO 是一种职责和权力的组织安排，并非是一种使命和责任的轮值。轮值 CEO 成员在不担任 CEO 期间，并没有卸掉肩上的使命和责任，而是参与集体决策，并为下一轮值做好充电准备。

轮值期结束后并不退出核心层，就可避免了一朝天子一朝臣，使优秀员工能在不同的轮值 CEO 下，持续在岗工作。一部分优秀的员工使用不当的情况不会发生，因为干部都是轮值期间共同决策使用的，他们不会被随意更换，使公司可以持续稳定发展。同时，受制于资本力量的管制、董事会的约束，又不至于盲目发展，也许是成功之路。不成功则为后人探了路，我们也无愧无悔。

我们不要百般地挑剔轮值 CEO 制度，宽容是他们成功的力量。(2011 年)

轮值 CEO 的职责与运作方式

轮值 CEO 之一的徐直军在接受媒体采访时阐述了轮值 CEO 的职责与运作方式。

EMT 主席轮值是由我们的顾问公司提出来的，也没有先例。CEO 轮值制度只能靠未来去检验，未经检验的东西你怎么能下判断呢？我们有一句话，这个东西效果如何，成功了，那一切都是对的。华为再过 10 年、20 年，如果说轮值 CEO 制度一直在转，而转得华为公司很好，那么大家就会说华为的轮值 CEO 制度是成功的；如果说最终转得华为没了，那肯定是失败的，没有什么说的。

我们是在有明确分工的基础上进行 CEO 轮值。我们有三个人各自有分管领域：一个是管人力资源委员会，我是管战略与发展委员会，还有一个就管财经委员会，也就是公司的人、财、事，这三个是固定分工。一个公司这三项管完之后还有多少事呢？剩下的就是公司运转过程中，内外部事务的处理。处理也不是轮值 CEO 一个人来处理,很多事情还是要召集大家来讨论,每个月都有董事会,还有日常例会。原来的 EMT 现在就是董事会。轮值 CEO 一个月只开一次会。具体来讲,像最近的危机公关,美国政府指责我们,我这个轮值 CEO 就要管事了。也就是说危机事件、内外事件的处理,轮值 CEO 要牵头;这一段时间内一些重点工作的推动,轮值 CEO 也要牵头。总体上,我们三个人各自有分工。轮值 CEO 期间做的事情是全面的,但自己分管的工作还是要做的。(徐直军,2012 年)

从 EMT 主席轮值到 CEO 轮值的转变过程

轮值 CEO 徐直军在接受媒体采访时,介绍了从 EMT 主席轮值转变为 CEO 轮值的过程。

在实施 EMT 主席轮值之前,是任总对所有人,组织架构都是平的,可能很多部门向任总汇报,但任总从来都没去过。自从 EMT 主席轮值制推出来之后,就从原来任总个人决策走向了团队决策,但团队决策时毕竟任总对全公司更熟悉,他要发挥更主导的作用。从 EMT 主席轮值到现在的 CEO 轮值,大的模式没有变。

2005 年推出是因为顾问公司帮助进行组织架构优化,优化之后就要开执行团队的会议,一个月开一两天的会,任总说他不开。说他坐不住。CEO 不主持会议,那怎么办?如果说当时任总同意主持开会,就没有后面 EMT 主席轮值这回事了。他不开会,我们就做工作,说以他感兴趣的议题开会,开会就要有人主持吧,这就产生了 EMT 主席,于是 EMT 主席轮值制度就出来了。开了会之后,任总变成很积极,觉得这一个月一次的会很有收效,发言最积极了。原来要他坐下来开一天会,是想都不敢想象的。他之前也会开会,但都比较随意。现在就是我们三个人(另外两位轮值 CEO 是胡厚崑和郭平)主持会议,日常工作都到业务部门去了,我们基本上没有日常工作。(徐直军,2012 年)

轮值 CEO 制度是一种团队接班形式

2014 年,任正非在接受媒体采访时,进一步谈到了接班与轮值 CEO 制度。轮值 CEO 制度是一种接班形式,是通过一个团队而不是一个人来接班。团队接班模式可以减少由于接班人离开公司带走一批人而对公司产生的不利影响。

我现在在公司所处的位置,是行使否决权,我没有决策权,已经实施了很多年。

现在由轮值CEO运作，效果良好，因此要继续努力去实践和改进。我拥有否决权，但我没有否决过，我想否决的时候，就去和他们商量，把我的想法和大家一起磋商，没有和将来接班群体产生硬的对抗，总体还是比较和谐友好的。

每一个轮值CEO在独立执政期间，完全是公司的一把手，现在他们已经有很大的独立承担能力。传统接班有一个缺点。是强调把公司交给一个人，还是交给一个团队，哪一个的贡献要大。人都有局限性，每个人对干部的认识都有偏好，如果他偏好重用一部分人，另一部分人就会离开公司，这些人可是公司用几十年的失败培养起来的，走了对公司是损失。如果这个CEO上来，不能担负起公司董事会所赋予的使命，董事会免掉他的职务，再换一个新的CEO上来，他走的时候又会带走一批干部，如此循环换几次以后，公司就有可能走向消亡。华为实施轮值CEO制度以来，干部要集体评议，没有流失多少干部，公司利润一直在增长，而且比预期还要好。（2014年）

华为的轮值CEO制度最终想找到一个机制，但现在我们还不知道这个机制是什么样子。君主立宪制使英国稳定了三百五十年，是否会对华为的机制有所启发，现在还不能肯定。我们会用哪种机制走这条路，我们的团队都在探索。（2014年）

接班人是为理想接班

家族成员永不接班

任正非在回应外界关于接班人问题时明确表示，家族成员永不接班。任正非认为，其家人不具备华为接班人所需的能力，因此永远不会进入接班人序列。

① 公司不是我个人的，因此接班人不是我说了算，而是大家说了算。外界神化了我，其实不是这样。创业之初，我是自视自己能力不行，才选择了任人唯贤，如果不是这样，也许早些年公司就被历史淘汰了。现在公司这么大了，不会再倒回去选择用人唯亲。由于公司是集体领导，许多成功的事，大家不知道帽子该戴在谁的头上，就摁到我的头上了。其实我头上戴的是一顶草帽。

② 今天的轮值CEO运行得很好，不见得明天的轮值董事会主席就运作不好。华为的董事会并不完全代表资本方，也代表着劳动方（目前董事必须是员工）。前面的25年的成功，我们平衡发展得很好，不见得未来20年就找不到更好的发展平衡方案。我们这3~5年将努力推动行政改革，3~5年后，我们会推动治理结构及

运作方式的改革。改革太快了，容易撕裂了艰难建立起来的管理，有了沟壑，行进会更加不顺利，欲速而不达。大量的资本流入，会使华为盲目多元化，而失速。

③ 我的家人有四人在华为公司上班。我以前讲过，二十多年前，有一个人在兰州用背包带，背着小交换机，坐火车到各县、区推广的是我的亲人；在西乡工厂做过半年包装工，穿着裤衩，光着上身钉包装箱，后来又在四川装机搬运货物，损伤了腰椎的是我的亲人；临产前两三天还在上班，产后半月就恢复上班的是我的亲人，他们都是凭自己的劳动，在华为努力工作。他们仅是一个职业经理人员，决不会进入接班人的序列。我对大家讲清楚是为了少一些猜疑，以免浪费了你的精力。

华为的接班人，除了以前我们讲过的视野、品格、意志要求之外，还要具备对价值评价的高瞻远瞩，和驾驭商业生态环境的能力。

华为的接班人，要具有全球市场格局的视野，交易、服务目标执行的能力；以及对新技术与客户需求的深刻理解，而且具有不故步自封的能力。

华为的接班人，还必须有端到端对公司巨大数量的业务流、物流、资金流，简化管理的能力。

这些能力我的家人都不具备，因此，他们永远不会进入接班人序列。（2013年）

年龄并不一定是退休的必然因素

2014年，任正非在接受媒体采访时，再次谈到了接班人问题。通过举两个朋友的例子说明年龄并不一定是退休的必然因素。另一方面，华为现在的接班人选不是太少，而是太多，不用担心接班人问题。

先讲我两个朋友的故事。一个朋友是 AIG 创始人莫利斯·林伯格，88岁，每天早上做50个俯卧撑，晚上做50个俯卧撑。他88岁到深圳来，跟我谈到三年以后他就退休了，他把公司交给谁。其实他找接班人的时候，也征求过我的意见，虽然我们是竞争对手，还是有有益的交流的，当然，我不知道他们谁接班更好。另一个朋友是马世民，现在应该是74岁了。大前年9月7号，在他伦敦办公室请我吃饭，让我伸头出去看碎片大厦。那个碎片大厦有1680英尺，老头子三天前沿着绳子，从上面顶上溜下来。我们出国，经常遇到七八十岁的老头亲自开飞机来接我们，也许是为了证明他们不老。在国外，很多人是生命不息、奋斗不息。我是中国人，不会像他们一样，是会老的。

华为公司接班机制已经在网上讲很多了，徐直军已在媒体上说过了，华为接班人是太多了，不是太少了。但有一点明确，我的所有家人永远不会接这个班，为避

免外界的猜测、舆论的猜测、内部的猜测，搞乱了公司。我已经发文说明过了。(2014年)

接班人不是为权力、金钱来接班，而是为理想接班

任正非认为，华为的接班人应该不是为权力、金钱来接班，而是为理想接班。为权力、金钱接班的人会很快导致公司崩溃。

华为文化不是具体的东西，不是数学公式，也不是方程式，它没有边界。也不能说华为文化的定义是什么，是模糊的。"以客户为中心"的提法，与东方的"童叟无欺"、西方的"解决方案"，不都是一回事吗？

他们不是也以客户为中心吗？我们反复强调之后，大家都接受这个价值观。这些价值观就落实到考核激励制上，流程运作上等，员工的行为就牵引到正确的方向上了。

我们盯着的是为客户服务，也就忘了周边有哪个人。不同时期有不同的人冲上来，最后就看谁能完成这个结果，谁能接过这个重担，将来就谁来挑。

我们还是一种为社会贡献的理想，支撑着这个情结。因此接班人不是为权力、金钱来接班，而是为理想接班。只要是为了理想接班的人，就一定能领导好，就不用担心他。

如果他没有这种理想，当他捞钱的时候，他下面的人很快也是利用各种手段捞钱，这公司很快就崩溃了。(2015年)

创新管理心得：市场成功是对创新的终极奖励

华为认为，有效的研发与创新管理体系是华为持续成功创新的保障。本节总结了华为20余年研发与创新的实践心得，包括如何做芯片、器件研发，如何核算软件价值等。

有效的研发与创新管理体系是华为持续成功创新的保障

华为轮值CEO徐直军认为，有效的研发与创新管理体系是华为持续成功创新的保障，能保证七万多人的研发队伍有效运转，能确保把产品做出来。华为的战略营销体系能保证洞察客户需求，在适当的时候做出满足客户需求的有竞争力的产品。

七万多人的研发队伍，还能有序地开展工作，这是我们 1998 年跟 IBM 开始的产品开发变革的贡献，我们叫 IPD（集成产品开发）。我们从 1998 年开始到现在不断在优化研发流程，不断在优化组织，不断在提升研发能力，从来没有停过。我个人从 2002 年开始，就一直负责研发，前年交给丁耘了，但我还是一直很关注研发。从一个创意到走向产品，整个的管理体系、流程、工具、能力提升，这个过程华为没有停止过。现在不管有多少人，别说 7 万人，再加 7 万人，我们管理也没有问题，能够有序地运作，确保把产品做出来，而且做出来的产品是稳定的、达到质量要求，这是我们这么多年管理体系和研发流程优化的结果。但是有最好的流程，不等于做出来的产品就做对了，我们以前做错过很多东西。我们在 2005 年前，客观讲，在产品方向是犯了不少错误的，这也是为什么我们要一而再再而三地强调要以客户需求为导向，以前我们还有一点技术导向、凭想象做事情。

流程管理没有问题，现在做什么就成了最关键的了。从 2005 年开始，我们就建立了一个战略营销体系，更多聚焦怎么倾听客户需求，怎么理解客户需求，跟客户探讨他到底要什么，然后来定义我们的产品和产品的规格。通过这些年的努力，这个体系也建立起来了。这就使我们做什么的判断能力、决策能力提升了。

研发首先是你有一个很好的组织流程和团队，这样产品才能做得出来。有了这个以后，就是不断提高效率的问题。接下来，"做什么、什么时候做、什么时候做出来"就成了最核心的问题。这两者是相辅相成的，光有研发队伍和流程是不够的。因为你可能让研发天天做错的东西，比如本来要做个手机，他却做个杯子出来。因此集成产品开发和战略营销体系这两者保证我们做出来的东西是真正符合客户需求的。在信息通信产业，如果你做出的东西不符合客户需求，又得等两年才能做出符合客户需求的产品，那你就落后了。每个产品、产业的竞争，都是在客户恰好要的时候，你就有；当然，竞争对手也会有；没有的厂家，这一轮竞争就出局了。但是你还得有竞争力，竞争力无非是三点：一是对客户需求的满足，第二是成本，第三是时间点。我们经常有一句话："在客户恰好要的时候，你恰好推出来，而且恰好是满足客户需求，相比竞争对手还有竞争力，那就是最伟大的"。我们的研发体系如果能达到这个目标，那就是最伟大的。

研发早了也不行，晚了也不行。早了效率低，晚了就出局了。（徐直军，2012 年）

同步做芯片、器件才可能领先同行

华为轮值 CEO 徐直军认为，作为业界领先的公司，不能被动等待别人将芯片、关键器件做出来之后再设计开发产品，那样会太晚，丧失市场先机。在面向未来的产品方面，华为的芯片、器件和产品开发是同步进行的，是用一个产业链把一个产品推出来。

华为到底做了多少东西可能外界很难知道，比大家想象要多。三星的崛起是一体化的成功，原因在于过去你可以在别人产品都做出来后，你再做。那时产业链是成熟的，别人的产品都出来了，所有器件都是现成的，你拿过来做就行了，只是设计和开发软件。走到今天，我们基本上是每个产品出来，从器件到芯片到产品，是同步进行的，比如像单波100G就是同步出来的，大家决定要做100G，是从芯片开始做的。华为要走向未来，那我们大量的产品应该是从芯片级开始做，不能从业界获得现成的芯片、器件要不就自己做，要不就和供应商一起做，是用一个产业链把一个产品推出来，这样我们必须有核心能力。如果没有核心能力是做不出来的，我们如果再等到业界的器件和芯片都出来了，再做产品，那就要落后别人两年，这是历史上的做法。现在我们是要在业界同步或者领先推出，在通信行业，很多核心产品我们现在都是领先推出，这就是因为我们"2012诺亚方舟实验室"拥有那些核心能力，我们会做器件，我们也会做芯片。软件有人总归是可以做得出来，关键是得有芯片，有器件。

拥有所有硬件的核心能力对于华为面向未来的竞争是非常关键的，要不你永远只能跟在别人后面。你要等着别人做出来。而且如果是供应商做的定制，供应商是不能直接卖给你的，必须要等到定制的做完，然后再开发一个标准化的芯片卖给你。我们在供应商那里订制的芯片也是不能直接卖给其他人的。

别人说华为公司是傻冒，我们也习惯了，就算芯片原来用的是别人，慢慢地我们也要做一个自己的出来。现在有些芯片是用我们自己的，这样可降低成本、进行差异化。任总在谈话中说的做备份的还是少数，是指一些非常难的东西，刚开始做做不到业界的水平一样。（徐直军，2012年）

如何核算软件价值

任正非认为，软件可以与硬件分开，单独销售。不能与硬件分开的软件，应该进行内部核算，以体现软件产品的价值。

我们过去在硬件系统里面写进去80多个软件包，目的是为了维护设备，结果使得管道不透明，流量速度不快，就像长江里面到处都是水草，水流量不快。如果我们把水草铲干净了，让管道的壁更干净，让水流的速度更快一点。这样我们在硬件管道上，把操作软件拿出来建立一个叠加系统，我们把它称作管道操作系统。

管道操作系统的某一项功能，如测试功能，我们把它再拿出来变成一个颗粒？这个颗粒我们可以挂网上，也可以单独销售，这样管道的硬件系统是个透明系统，你去检查吧，全透明的，没有网络安全问题，这个颗粒你挂不挂呢？要看国家法律批准，你说要挂你就去买，你可以向社会去购买，也可以向我买，反正我就透明化，软件就是这样子。软件要构筑市场价值，例如 ERP 低价都买不到。你的颗粒太小，让他们当作嫁妆了。婆婆应该给你钱。（2012 年）

市场成功是对创新的终极奖励

华为轮值 CEO 郭平认为，创新就是用全球化能力快速满足客户需求，市场成功是对创新的终极奖励。在技术创新方面，坚持科学家创新和工程师创新并举。技术实力支撑差异化的竞争优势和更高的利润。

（1）技术创新要以客户为中心，交付价值。

企业创新，追求的是能够成为受到市场追捧的宠儿，而不是为了能够获得诺贝尔奖。

华为在全球与客户建立了 26 个联合创新中心，了解客户及最终消费者的需求，帮助客户成功，提高满意度，市场成功是对创新的终极奖励。如，分布式基站在欧洲，解决了站址获取问题，拉开、拉远使得部署更加容易，成本也更低。因此，创新的最终目的是交付价值，创新就是用全球化能力快速满足客户需求。

（2）坚持科学家的创新和工程师的创新。

二十多年来，华为在科学产品创新方面持续投入，累计获批专利 38539 件，我们成立了 2012 实验室，专门从事基础研究创新，华为鼓励各个领域的科学家发挥自己的聪明才智，并且对于他们的失败给予更多的宽容，科学家们在基础科学如：5G，浸入式视频，全光网方面的研究和创新将奠定公司未来发展的基础。

工程师的创新成果或许更容易让人理解，我举一个 Mobile broadband dongle 的例子：华为 2005 年发明了 USB 口模拟读写功能用于通信的技术，创造了一个新市场；到今天为止，这类产品已经在全球累计销售了 6 亿台。进一步，工程师的创新实现了即插即用和全球普及，原 PCMCIA 卡 400 美金，华为的新发明只要 30 美金！欧洲一家运营商的 CEO 曾经对我说：华为 USB Dongle 的发明和推广，使我认识到华为是一个有发明创新，也有快速工程实现能力的公司。

作为一家追求科学家和工程师创新的公司，我们不仅追求产品设计优秀，还要求可制造，易维护，让人们用得起，让更多人可以享受到联接带来的快乐。

（3）一个大公司要存活和发展，总得有与众不同的竞争优势。

华为的选择是向底层基础技术投资。这个世界不存在什么反向创新，技术是平等的，华为只是总部在中国的跨国公司而已。

2013年，华为研发投资50亿美金，其中10%投向于基础研究，如算法、数学、基础材料应用。持续投资的结果是：我们过去十年的泛网络产品与竞争对手相比，毛利有10%以上的优势：盈利建立在差异上。举个例子：华为俄罗斯研究所重点在于数学算法，这主要得益于俄罗斯的科学家和工程师们超强的数学能力。通过数学算法的创新，俄罗斯工程师们发现移动网络中不同代的网络是可以通过软件打通的，在这个理论支持下，华为开发了业界首个SingleRAN技术。这项技术大大融合并简化了2G、3G和4G移动网络设备，使电信运营商可通过最少的硬件更换升级到最新一代的技术。这种平台统一在极端情况下，能够节省50%的成本，一般能够节省20%~30%。这最终反映出来华为解决方案的成本比较低，背后实际上是技术实力的支撑。（郭平，2014年）

华为的创新管理机制

华为轮值CEO郭平指出，如果把创新产品比作汗血宝马，没有合适的管理机制，创新是不可持续的。华为公司通过建立利益分享机制，通过坚持全球创新平台和中国低成本实现能力的结合，通过不断学习、改进，对标业界最佳实践，赋予了创新的机制性保障，华为不是偶尔能推出有竞争力产品的公司，而是可制度性地推出有竞争力产品和服务的公司。

今天的美国，特别是硅谷，仍然是全球范围内创新的领袖。随机应变、崇尚开放和敢于冒险的文化，具有甄选优秀创意并付诸实践的优势，并吸引全球英才来实现梦想的机制一直是华为刻意学习和建立机制的榜样。

（1）建立利益分享机制，让创新团队分享成功的果实，使企业充满活力。

华为从一个1987年底21000元人民币注册的公司，能够发展到今天，全世界三分之一的人口使用华为的产品和服务进行连接，今年上半年的收入有219亿美金，成功的原因之一是早年对手价格过高，使得我们只要小量就可以盈亏平衡，盈利再投入，在通信全球市场大发展的时期有了迅速做大的机会，为全世界电信网络的普及使用做出卓越贡献。因此华为"不贪婪"，对外追求合理的利益，将自己的创新成果与客户、供应商分享，做大做实产业的基础；对内通过员工持股计划与职员分享公司成长的红利，充分激发企业的活力。所以，华为成就的不是一个"首富"，而是造就了一大批有追求、有尊严的公司合伙人。分享，是持续创新的制度基础。

（2）坚持全球创新平台和中国低成本实现能力的结合。在全球比较优势下资源最佳配置，全球一起做创新。

华为在全球部署16个研究所，综合全球能力地图，创新为我所用；华为有俄罗斯员工做算法，法国员工研究美学/色彩，日本员工研究材料应用……华为建立了强大的学习发展能力，每年过万名新学生转化为合格的工程师。我们有最优秀的人做创意、最优秀的人做工程实现、最优秀的人做制造……我们的目标是通过创新能力的合理配置，实现华为产品和服务最优的市场竞争力。

（3）不断学习、改进，对标业界最佳实践。

ICT行业是一个变化非常快速的行业，近年来，我们花了近10亿美金的顾问费用，向全球的顶级顾问公司学习最佳实践，改进完善机制，正在完成从"fast follower"到"ICT领导者、客户问计对象"的转变。

创新，尤其是颠覆式创新，国家需要创造的是环境，企业要创造的是机制。

在华为，有了上面提到这几方面的努力，创新就有了机制上的保障：华为不是偶尔能推出有竞争力产品的公司，而是可制度性地推出有竞争力产品和服务的公司。（郭平，2014年）

我们所进入的领域是必须进行深度研发投资的

华为轮值CEO郭平说，华为所进入的领域都是必须进行深度研发投资的，遇到的都是全球最有竞争力的对手，不持续投入很快就会被淘汰。

我们所进入的领域是必须进行深度研发投资的，需要给客户提供非常良好的服务，需要不断提升自己的能力，否则就会被社会淘汰。最近这些年，华为的效率和效益不断提升，是靠我们对技术、对市场的深度投入来获取的。华为的发展，从来没有什么自然资源可以依靠，所有的资源全部在人的脑袋里，华为是一个智力型公司。在过去的二十多年里，我们是跟全世界最有竞争力的公司竞争。（郭平，2015年）

客户需求管理：客户需求驱动产品研发

客户需求驱动产品研发，而非技术驱动。华为由倾听客户需求，走向和客户共同碰撞出需求。通过洞察客户的真正需求，找到价值规律，实现商业成功。

产品研发是客户需求驱动，而非技术驱动

2012年，华为已发展成为世界领先的通讯设备公司，华为申请的专利是中国公司最多的，研发员工占比接近50%，14万名员工中有7万多研发员工。但华为轮值CEO徐直军不认为华为是技术驱动的公司了，而是客户需求驱动的公司。

我们不是技术驱动的公司，在我们公司这是受批判的观点。当然，我们是有技术情结的，但纯粹一个技术驱动的公司是不能走到今天的。客观讲我们是一家客户需求驱动的公司，说我们完全没有技术情结那也是假的。我们每年维持这么高的研发投入，是因为这对于公司竞争力的提升、价值创造是有用的。每年12%以上的研发投入，这是要保证的。我们终端业务的研发投资比例是6%，其他是12%，总体就是11%多，去年11.6%，今年估计要到12%。我们在中国公司中，这么多年来坚持在研发上保持这么高的投入强度，确实很少见，但最终也实现了价值。今年我们研发投资大概45亿美元，在全球公司里也是排在前面的。（徐直军，2012年）

由倾听客户需求，走向和客户共同碰撞出需求

华为持续倾听客户意见，不断改进组织和研发流程，提高效率，建立起了有效的研发体系，走到了业界领先的位置。华为轮值CEO徐直军认为华为未来的挑战是客户也不清楚自己要什么，华为团队不能简单地倾听客户需求了，而是要与客户一起互动、碰撞，共同探索需求。

新的挑战是：产业变化太快，竞争变化也太快了，我们的客户也不清楚要什么，客户也迷茫了。这种情况下就需要我们的能力进一步提升，不仅仅是倾听就够了，要跟客户共同碰撞出需求，需求不再是倾听回来的，是跟客户互动、碰撞，然后共同探索找到的。当然，我们不敢说像乔布斯一样先知先觉，但我们现在不能像原来一样简单地倾听需求。（徐直军，2012年）

找到价值规律，实现商业成功

任正非强调，企业发展一定要找到价值规律，洞察到客户的真正需求，才有可能实现商业成功。

日本手机的特点是短小精薄，诺基亚的手机非常可靠，能做到20年不坏，为什么它们在终端上都失败了？苹果手机是最不可靠的，为什么它能大量销售？是因为它能快速地提供海量的软件。日本厂家在平台上太严格，太僵化，跟不上快速变化，日本的手机厂商就破产了。

我们要坚定不移从战略上拿出一部分钱和优秀的人从事微基站的研究。微基站可不可以在超市中买，像手机一样用户可以自己开通。450LTE基站要不要研究？450终端会高成本，你的基站有什么用。为什么不去抢大数据流量、长线的产品。（2013年）

华为展厅应该从客户的痛点切入，只展示未来

任正非指出，华为展厅应该从客户的痛点切入，抓住客户的痛点进行表达，打动客户，让客户认可华为。华为展厅应该给客户展示未来，不展示历史。华为展厅应该让客户看到他的未来，认同这个未来，然后一起去找解。

你们知道世界上对男人的最佳表达是什么吗？电影《泰坦尼克号》告诉我们，在生死存亡的时候让女人先走，自己死掉，这就是对男人的最佳表达。

我们公司的最佳表达是什么？我们的展示应该从哪个地方切入？我认为应该是从客户的痛点去切入。

我们要搞清楚客户的痛点在哪里，我们怎么帮助客户解决他的痛点。抓住客户的痛点进行表达，才能打动客户，让客户认可我们。我们要让客户认识到华为才是他真正的盟友。当然除了技术，未来的商业模式等东西也是我们要表达的内容。

我们现在应该给客户展示未来，我们不展示历史。客户天天跟我们打交道，早就对我们很了解了，为什么还要叫客户复习一遍呢？客户只是不知道未来会是什么样子，我们也不知道客户的未来是什么样子。

在苹果公司推出iPhone之前，大家根本想不到移动互联网会大大地超过固定互联网。所以我们要知道客户到这个地方来他关心什么？人家是来研究人家自己看不到的未来。

我不主张平铺直叙。我们从一开始和客户的沟通，就是共同去探讨我们共同痛苦的点，探讨未来会是什么样子。一上来就要让客户感知到这个就是他想找的，让客户看到他的未来，认同这个未来，然后和我们一起去找解，看我们能给客户提供什么服务，帮助他走向未来。这样的沟通和探讨才能引人入胜，客户才会关注我们

解决这一问题的措施和方案。

只有当客户深刻地认识和理解了我们,他才知道我们这个战略伙伴和别人有什么不一样,才知道我们能提供给他的是什么样的未来,才会买我们的设备,我们才能活下来。(2013年)

基础研究:聚焦在应用层面

根据研发周期的不同,选择不同模式做基础研究。基础研究最终要为产品应用服务,要吸纳一些"歪瓜裂枣"式的特殊人才做基础研究。

分段选择不同模式做基础研究

在谈到基础研究时,华为轮值CEO徐直军说华为的基础研究是按照研究周期分为三段,不同周期的基础研究分别采取合作研究或者自主研究方式。

基础研究,要看多基础。硅谷也不做最基础的研究,都是要做产品化的。理论性的研究一般都是高校或者研究机构做的。企业做的研究肯定是未来三五年能够产品化的,能够有商业利益的。如果说要十年才能卖出去,企业是不可能做的。我们把研究分几段:一段是10年以后,一段是未来5~10年的,再一段是未来3~5年以内。10年以后,我们企业肯定是不碰的,交给高校和研究机构做;5~10年,我们是与高校或者研究机构合作,我们投钱;未来3~5年是我们自主研究的主要方向,但是也有合作研究。(徐直军,2012年)

研究要聚焦在应用层面

任正非认为,华为的研究应该聚焦在应用层面,而不是原理级的科学研究层面。原理级的科学研究周期太长、费用太高、成功的不确定性太大,华为不具备比较优势。华为可以在日本、德国等基础研究的基础上做应用研究,使用巧力,达成战略目标。

在材料科学上我更多倾向于应用,即应用最新科技材料。我们的基站为什么还达不到更高的水平,因为还有一些日本的材料成本太高,目前我们还不敢用。材料实验室能不能研究怎么用日本的材料,研究明白了,材料价格降下来时,我们就用

来武装自己，产品一下子就世界优秀了。我们不是要做一个全方位的综合科学院，什么都做，最后一事无成。(2012 年)

做基础研究要宽容"歪瓜裂枣"式的人才

任正非认为，公司做基础研究时，要招聘一些有奇思异想的人，要允许他们发表奇谈怪论，要带着战略眼光去看待他们的历史价值和贡献。

在看待历史问题的时候，特别是做基础科学的人，更多要看到你对未来产生的历史价值和贡献。我们公司要宽容"歪瓜裂枣"的奇思异想，以前一说歪瓜裂枣，他们把"裂"写成劣等的"劣"。我说你们搞错了，枣是裂的最甜，瓜是歪的最甜，他们虽然不被大家看好，但我们从战略眼光上看好这些人。今天我们重新看王国维、李鸿章，实际上他们就是历史的"歪瓜裂枣"。

从事基础研究的人，有时候不需要急功近利，所以我们从来不让你们去比论文数量这些东西，就是想让你们能够踏踏实实地做学问。但做得也不够好，为什么说不够好呢，就是我们的价值观也不能完全做到统一，统一的价值观是经过多少代人的磨合才有可能的，现在我们也不能肯定，但是我们尽力去做。(2012 年)

华为创造力还不如思科

任正非认为，华为不如思科先进，思科的创造力比华为强，思科在 IP 领域是引领世界，华为还处于跟随阶段。

我们和思科还不一样。思科要比我们先进。全世界走向 ATM 技术模式时，唯有思科走的是 IP 模式。结果我们全部都走错了，就思科走对了。思科就站在全世界的前面，领先了世界。我们现在还创建不到这么高水平，因为我们还是走向 IP 的路上，在这条路上的创造能力还不如思科。(2013 年)

合作研发：贴近客户需求，加快研发速度

在全球化竞争愈加激烈的形势下，华为通过多种方式加强与国内外伙伴的战略合作，进一步贴近客户需求，加快新技术、新产品的开发速度。

与加拿大电信运营商、大学联合建立云计算实验室

2011年6月,华为宣布与三大移动运营商之一的TELUS、排名全球Top500的卡尔顿大学签署合作协议,在加拿大联合建立云计算实验室。华为–TELUS企业云业务联合创新中心位于卡尔顿大学新落成的运河工程大厦,致力于企业云应用的研究。

与加拿大两大电信运营商分别合作建立联合创新中心

2011年,华为与加拿大两大电信运营商"贝尔加拿大"和"TELUS"合作建立了创新中心,分别与贝尔加拿大合作开发宽带无线网络技术、产品与服务,与TELUS合作开发有线、无线领域的宽带技术,合作期初定三年。

与法国电信集团全面合作

2012年,华为与法国电信集团共同签署合作备忘录,宣布为期2年的合作关系正式生效,双方协同产品研发、联合技术创新投资、发掘整合营销下的商业模式机会,为法国电信集团全球消费者提供更为期待的系列手机、移动宽带设备、平板电脑产品组合。

与东风汽车在车载领域进行合作

2014年10月17日,华为与东风汽车公司达成战略合作,双方约定在车载领域进行合作,包含车载电子产品、车联网、智能汽车等相关产品以及代表未来方向的车载通讯设备产品和解决方案。

与日本软银株式会社合作研发下一代移动通信技术

2015年6月26日,华为宣布与软银株式会社(以下称为软银)签署合作备忘录,同意利用软银的通信网络,共同开展验证实验、技术评价和研究开发,提升由华为提出的下一代移动通信技术TDD+。通过TDD+技术,能够使当前的AXGP网络的频率利用效率提升5倍左右,大幅改善消费者的用户体验。

与英国曼彻斯特大学合作研究石墨烯的应用

2015年10月23日,华为宣布与曼彻斯特大学合作研究石墨烯的应用,共同开发ICT领域的下一代高性能技术。该项目合作期初定为两年,研究如何将石墨烯领域的突破性成果应用于消费电子产品和移动通信设备。

曼彻斯特大学国家石墨烯研究所是石墨烯研究和商用的领先机构，推动学术界和产业界共同研究石墨烯的应用。目前，已有四十多家企业与曼彻斯特大学的235名研究人员合作开展石墨烯和相关二维材料的研究。英国国家工程和物理科学研究委员会和欧洲区域发展基金分别出资3800万英镑和2300万英镑建立了曼彻斯特大学国家石墨烯研究所。

与日本第四大数据中心运营商进行私有云联合创新

2015年10月28日，华为与日本第四大数据中心运营商Bit-isle共同宣布签署基于OpenStack的私有云联合创新备忘录。华为和Bit-isle的联合创新合作共分为四个阶段：联合开发、客户TRY、小规模商用以及规模商用阶段。华为IT云计算产品线副总裁陈锟、Bit-isle执行董事兼技术与服务部本部长成迫刚志等出席了此次合作签约仪式。

与西班牙电信联合进行5G研究

2015年11月18日，华为与全球引领的跨国运营商Telefonica（西班牙电信）在香港2015 Telefonica-Huawei无线战略峰会上签署了5G战略合作谅解备忘录，共同定义第五代移动网络（5G）的需求。两家公司将联合开展5G网络环境的评估和网络架构的研究，以满足5G网络对于超高速率和超低时延的应用要求。联合研究内容包括关键空口技术研究、性能评估及样机验证等。

研发组织建设：吸纳全球高端人才，实现前沿科学技术突破

华为充分利用不同国家和地区的人才优势，进行研发机构的全球化布局，在各个领域吸纳全球高端人才。

由金字塔式组织模式走向"铁三角"模式

任正非强调，金字塔人力资源组织模式由塔顶的将军指挥战争，适应过去的机械化作战。现代战争成为"班长的战争"，应由前线指挥后方，由一线"铁三角"呼唤炮火。华为未来组织的结构一定要适应信息社会的发展，组织的目的是实现灵活机动的战略战术。

我们用了二十五年时间，在西方顾问的帮助下，经数千人力资源的职业经理与

各级干部、专家的努力,我们基本建立了如胡厚崑所描述的金字塔式的人力资源模型,并推动公司成功达到400亿美金的销售规模。建立金字塔模型的数千优秀干部、专家是伟大的,应授予他们"人力资源英雄"的荣誉,没有他们的努力与成功,就不可能进行今天的金字塔改造。金字塔管理是适应过去机械化战争的,那时的火力配置射程较近,以及信息联络落后,所以必须千军万马上战场,贴身厮杀。塔顶的将军一挥手,塔底的坦克手将数千辆坦克开入战场,数万兵士冲锋去贴身厮杀,才能形成足够的火力。而现代战争,远程火力配置强大,是通过卫星、宽带、大数据,与导弹群组、飞机群、航母集群等来实现。战争是发生在电磁波中,呼唤这些炮火的不一定再是塔顶的将军,而是贴近前线的铁三角。千里之外的炮火支援,胜过千军万马的贴身厮杀。我们公司现在的铁三角,就是通过公司的平台,及时准确、有效地完成了一系列调节,调动了力量。今天我们的销售、交付、服务、财务,不都是这样远程支援的吗?前线铁三角,从概算、投标、交付、财务……不是孤立一人在作战,而是后方数百人在网络平台上给予支持。这就是胡厚崑所说的"班长的战争"。铁三角的领导,不光是有攻山头的勇气,而应胸怀全局、胸有战略,因此,才有少将连长的提法。为什么不叫少校?这只是一种形容词,故意夸大,让大家更注意这个问题,并不是真正的少将。谁能给你授少将军衔,除非你自己去买颗纽扣缝到衣领上,缝一颗算少将,缝两颗就是中将了。(2013年)

改良金字塔管理,用人才管理奠定胜利的基础

任正非强调,华为要改良金字塔管理,用人才管理奠定胜利的基础。保持金字塔的基本架构,拉开金字塔的顶端,形成蜂窝状,让引领发展的"蜂子"飞进来。异化金字塔的内部结构,业务、技术和管理关键岗位,优秀骨干与一般骨干,可以拉开差距。向外差异化对标,引入、用好更优秀的人才。

决定华为公司成败关键的重要时期,估计就在未来3~5年。在大数据超宽带时代,如果我们能够在制高点抢占到一定份额,其实就奠定了我们的胜利基础。人力资源政策要支持和平崛起,就是改良人才金字塔结构。

第一,拉伸金字塔顶端,形成蜂窝状。

需要一群外面的"蜂子"飞进来,就要有"蜂子"能够飞进来的空间。现在遇到一个问题,世界上有很多优秀人才进不来,不仅是工资问题,还有组织模型问题。科学家进来,因为较少涉及人际关系处理,所以能留下来。

但对于新招入的管理者,他领导的千军万马都是上甘岭来的兄弟连,谁服他?

所以这批人员先放到重装旅去参加循环打仗，打仗过程中，也会形成"兄弟血缘"关系，再任命时他已经适应华为文化。

第二，金字塔内部结构要异化。

我们人力资源有很多模块，以前薪酬待遇都是对标电子工程师，太标准化。现在金字塔架构体系不发生变化，但里面的各个模块要异化，各自去和市场对标。华为机器的核心制造和新产品制造去市场上对标，技师只要做到高质量，可以高工资。制造要尽快开始激活，把全世界最优秀的技师都挖到我们这里来，还做不出全世界最优秀的产品？也欢迎走掉的技师回来共创未来。（2014年）

加强对金字塔人力资源模型的优化

为了适应"班长的战争"，任正非要求对公司金字塔人力资源模型进行优化，具体提出了四条要求：

第一，加快对金字塔中直接面对客户的中基层，以及直接面对复杂项目、直接面对困难的优秀员工的任职资格及职级的优化。逐渐理解"班长的战争"的实现形式。我们现在要改良二十五年构筑的人才金字塔，人力资源体系也要对曾经为金字塔人力资源建设做出贡献的人给予表彰和肯定，把做出卓越贡献的已离职员工也要纳入进来。建立金字塔模型这些人是很伟大的，我们今天的改良，不是对他们的否定，而是进一步优化。

第二，继续对优秀人员的及时准确评价，加快优秀才俊晋升的考核与选拔。不仅仅在全公司，而且在全社会、全球，选拔具有全球化业务经验及视野的干部，担任高级主管；选拔能洞察客户、洞察市场、洞察技术、洞察国际商业生态环境的人做领袖。

第三，继续优化并坚持薪酬包管理制度，让各级管理者学会管理。你们愿意养懒人也是自己养，如果你愿意挤压，就让优秀分子起来，落后的人员流失。过一段时间，若挤压得太极端，我们再来看是否优化调整，但目前还是遵循这个模式。

第四，坚决坚持不懈地反对腐败、反对惰怠。作为第一层防线的各业务主管，在业务运作中控制风险，是最重要的防线。要杜绝腐败，最主要的监管还是在流程中。（2014年）

以"班长的战争"为作战理念，把责任和权力授予一线组织

华为持续优化区域组织，加大、加快向一线组织授权。任正非说，胡总说的

"班长的战争"是指权力下沉,"让听得见炮声的人来呼唤炮火"。那么,指挥权和项目决策权应该在区域,BG 作为资源中心支撑作战。BG 的目标是做大销售额,区域的目标是产生合理利润。区域未来 5~10 年从现在的屯兵模式,逐步走向精兵模式,不足兵力,由战略预备队作为机动部队协助作战。

针对未来的竞争,任正非提出主要为"班长战争"。任正非表示,经过 20 年的发展,华为已经从过去中央集权变阵,未来有可能通过现代化的小单位作战部队在前方发现战略机会,迅速向后方请求强大火力,用现代化手段实施精准打击。但他同时强调,"班长的战争"不是说班长可以为所欲为,而是需要资本的力量来监督。

任正非提出,华为要使组织运行更灵活机动、响应速度更快。以"班长的战争"的作战理念为指导,把责任和权力授予一线组织,并通过训战结合对一线组织赋能,尤其是要提高一线主管的战略思维能力;精简后方机构,加强战略机动部队的建设,增强作战的灵活机动和快速反应。在向基层授权的同时,加强监管体系建设,要从机制上保证流程责任人、业务管理者、子公司董事会真正承担起监管责任。

你们要去研究一下美国军队变革,乔良写的一本书叫《超限战》,军队的作战单位已经开始从"师"变成"旅",作战的能力却增强很厉害,而且美国还在变革,未来的方向是,作战单位有可能从"旅"直管"营",去除"团"一级,还要缩小成"排""班"……班长可能真就是"少将"或"少校",因为一个班的火力配置很强(巡航导弹、飞机、航母……),就没有必要大部队作战。

"班长的战争"这个理念应该这么来看,大规模人员作战很笨重,缩小作战单位,更加灵活,综合作战能力提升了,机关要更综合,决策人不能更多。让组织更轻、更灵活,是适应未来社会发展的,也是我们未来组织改革的奋斗目标。

将来华为的作战方式也应该是综合性的,我们讲"班长的战争",强调授权以后,精化前方作战组织,缩小后方机构,加强战略机动部队的建设。划小作战单位,不是指分工很细,而是通过配备先进武器和提供重型火力支持,使小团队的作战实力大大增强。(2014 年)

要让听得见炮声的人能呼唤炮火,能呼唤到炮火

在 2016 年 1 月举行的华为市场工作大会上,任正非指出,"一切为了前线、一切为了业务服务、一切为了胜利",也许会成为变革时代的一个标志性口号。华为要在 10 年内实现大体系支撑下的精兵战略,逐步实行资源管理权与作战指挥权适当分离。指挥权要不断前移,让优秀将领不断走向前线,灵活机动地决策。

以代表处为利润中心，对结果承担责任，指挥权、现场决策权首先前移至代表处。当然监督权也要不断前移，子公司董事会经过几年的发展，通过立足一线，不断摸索，在内、外合规的管理上逐步成熟，效果开始显现，我们在个别国家可以开始对一线业务部门实施授权试点。要扩大在代表处审结的内容和范围，这就是权力下放。流程要纵向、横向打通。要让听得见炮声的人能呼唤炮火，能呼唤到炮火。

要逐步形成各领域的专业职员层，他们不需要循环流动，不需要跨领域成长，只需要对自己的操作熟练、及时、准确。他们可以本地化，不受年龄限制，可以快乐地度过平凡的一生。使确定性的工作能简单、快捷。指令性的错误应由指令下达者负责。（2016 年）

成立 2012 实验室，为华为寻找信息洪流中的"诺亚方舟"

2011 年，华为高层多次提到公司将很快从技术的追随者向创新者转变，这需要华为公司自己去研发市场上全新的产品，甚至新的理论。在这个背景下，"诺亚方舟实验室"成立了。

"诺亚方舟实验室"设立在香港科学园，实验室面积超过 700 平方米，实验室主任由香港当地大学教授出任，并聘用内地和全球其他地区科研人员从事基础研究工作。华为"诺亚方舟实验室"的目标是致力于实现"从大数据到大智慧"的远景，主要围绕数据挖掘和人工智能展开研究。希望能经过多年的探索和研究，诺亚方舟实验室找到新的通讯理论，带领人类走出甚至驾驭"信息洪水"。

我们假设未来是什么，我们假设数据流量的管道会变粗，变得像太平洋一样粗，建个诺亚方舟救一救我们。诺亚方舟实验室要面对信息洪流的冲击，解决信息收集、处理、挖掘和分析等方面的挑战，构筑华为技术优势，成为 ICT 领域的领先者，要超越护航，要有新思想、新理论产生，要为华为找到信息洪流中的诺亚方舟。（2012 年）

在法国新增美学、数学和芯片三个研究所

利用法国人才优势，华为在法国新增三个研究所：美学、数学和芯片。作为业界领先的企业，必须在基础研究方面取得突破性的进展，才有可能持续保持领先。

我们在法国的发展，未来将新增三个研究所：第一个是美学，研究所关注于色

彩学，法国在色彩学上的积淀可以帮助华为的产品改变形象；第二个是数学研究所，未来的数字世界流的数据大的不可想象，我们不知道如何应对这样大的流量的。自来水在管道里面分子是一样的，从这个支路到那个支路流动的都是水。巴黎的自来水管网就非常复杂了。而在信息管道里面流的每一个分子都不一样，而且每个分子必须准确流到他想去的地方。如果，这个信息流比自来水大千亿倍，信息管道比太平洋还粗，如何办。我们就打算在数学领域加大投资，用数学的办法来解决这样一个大流量下的管理办法。我们十几年前在莫斯科投资了一个数学所，数十名数学家帮助华为的无线发展成为全球一流，也使华为从一个落后公司变成世界先进公司。我们觉得面对未来的大数据业务，数学能力支持不够，因此想在法国成立一个大的数学所，希望能解决大数据的问题；第三个是芯片设计中心，现在芯片技术美国最发达，我们在设计水平上已经达到了美国水平。我们想继续加大芯片投资，改变我们的落后状况。(2013年)

成立欧洲研究院

华为在欧洲商业峰会上宣布成立华为欧洲研究院（简称欧研院）。该研究院位于比利时鲁汶，是华为在实施全球创新战略过程中的重要举措，将协助欧洲达成数字议程目标，促进华为与欧洲行业实现互利共赢。

欧研院将负责管理华为在欧洲不断发展的研发分支，协调华为分布在欧洲八国的18个研究机构的工作，主要聚焦于新一代网络技术研究。华为目前在欧洲拥有超过1200名研发人员。

欧研院的成立也凸显了华为履行在欧加大投资的承诺。华为2000年进入欧洲市场，截至2014年年底，华为欧洲拥有9900名员工。华为同时积极开展和欧洲伙伴的合作，2014年，华为在欧洲开展技术合作项目超过200个，并参与了17个欧盟框架（"Framework Programme"）及"Horizon 2020"项目，陆续与160多位欧洲学者专家以及120多个学术机构进行了合作。(胡厚崑，2015年)

图20-2　华为轮值CEO胡厚崑在2015欧洲商业峰会上（左二）

人力资源政策：吸引优秀人才共同奋斗，防止怠惰

在全球引领阶段，华为人力资源政策的核心是要广泛吸引优秀人才，让他们进得来、干得好、留得住。

根据奋斗情况，将人分三类，分别实行不同的人力资源政策

华为根据奋斗情况，将人分三类：普通劳动者、一般的奋斗者和有成效的奋斗者。华为对这三类人分别实行不同的人力资源政策。华为期望有成效的奋斗者越多越好。

我对人力资源对象的政策理解分成三类：

第一类，为普通劳动者，暂时定义为12级及以下为普通劳动者。

这些人应该按法律相关的报酬条款，保护他们的利益，并根据公司经营情况，给他们稍微好一点的报酬。这是对普通劳动者的关怀。

第二类，一般的奋斗者，我们要允许一部分人不是积极的奋斗者，他们想小家庭多温暖啊，想每天按时回家点上蜡烛吃饭呀，对这种人可以给以理解，也是人的正常需要。

刚好我们就有一个小岗位在这个地方，那他可以坐上这个位置，踏踏实实做好小职员。对于这一部分人，我们有适合你的岗位可以给你安排，如果没有适合的岗位，他可以到社会上去寻求。只要他们输出贡献大于支付给他们的成本，他们就可以在公司存在。或许他的报酬甚至比社会稍微高一点。

第三类,就是有成效的奋斗者,他们要分享公司的剩余价值,我们需要这些人。分享剩余价值的方式,就是奖金与股票。这些人是我们事业的中坚,我们渴望越来越多的人走进这个队伍。(2011年)

要不断激活我们的队伍,防止怠惰

任正非强调,要按价值贡献,拉升人才之间的差距,给火车头加满油,让列车跑得更快些及做功更多。要不断激活队伍,防止"怠惰",防止"熵死"。

践行价值观一定要有一群带头人。人才不是按管辖面来评价待遇体系,一定要按贡献和责任结果,以及他们在此基础上的奋斗精神。目前人力资源大方向政策已确定,下一步要允许对不同场景、不同环境、不同地区有不同的人力资源政策适当差异化。

我把"热力学第二定理"从自然科学引入到社会科学中来,意思就是要拉开差距,由数千中坚力量带动十五万人的队伍滚滚向前。我们要不断激活我们的队伍,防止"熵死"。我们决不允许出现组织"黑洞",这个黑洞就是惰怠,不能让它吞噬了我们的光和热,吞噬了活力。(2013年)

将华为建设成吸引优秀人才共同奋斗、分享价值的事业平台

任正非强调,华为要继续用机会与回报吸引各类外来优秀人才,要通过提高激励方式的针对性来保证激励的有效性,要将华为建设成吸引优秀人才共同奋斗、分享价值的事业平台。

我们要努力将华为建设成吸引优秀人才共同奋斗、分享价值的事业平台。2014年,我们优先给一线作战部队和绩优员工提升了工资和激励水平,以导向冲锋;充分落实了"获取分享"的奖金机制;在长期激励方面,在全球范围推行了TUP,让全体优秀员工尤其是中基层骨干员工更多地分享公司长期有效发展的收益。2015年我们还将继续发挥激励的牵引作用,加大各层各类员工激励的差异性,通过提高激励方式的针对性来保证激励的有效性。在加大物质激励的同时,我们会继续通过表彰蓝血十杰、明日之星等多种方式,进一步丰富非物质激励的手段。我们要为各级绩优员工提供快速的职务、职级晋升通道,从而真正使优秀员工获得更多的发展机会和回报。我们要广纳天下英才，用机会与回报积极吸引各类外来优秀人才（包括那些已离开华为的优秀员工）加入我们的队伍，让他们进得来、干得好、留得住。我们将持续关注员工健康和整体幸福感，继续加强员工的健康管理；我们还将继续构建世界一流的办公环境，并持续增设健身设施、提升就餐条件。（2014 年）

人力资源要让"遍地英雄下夕烟"

任正非认为，华为已经形成了能够凝聚十五万人的机制，但凝聚得太紧了，不够活跃，就需要耗散，形成新的活力。

第一，改革的目的是为了作战。瑞典的"瓦萨号战舰"，这里装饰、那里雕刻，为了好看还加盖一层，结果出海风一吹就沉没了。战舰的目的应该是作战。

我们之所以攻不进莫斯科大环，仅靠物质激励没有用，缺少战略眼光。所以我总号召大家去看看《诺曼底登陆》。华为现在不缺乏"黄继光"这样的英雄，但是缺少战略家和思想家，大家都不愿意"望星空"，都想有实权。而且以前我们考核体系太具体化，让产生大智慧的人在华为没有地位。为什么这些种子出去也不成功呢？因为缺少大平台，没有土壤，也种不出来庄稼。

第二，我们拉长人力资源金字塔顶端时，要看到内生的新生力量，引进外来的"蜂子"，也要以内为主。不给内部人员一种希望，内部人努力就不够。华为公司做事总是喜欢循序渐进，我们在战略决策过程中，要善于转变，未来世界不一定掌握在有资历的人手里，我们要承认年轻人可能有未来，不要总是认为小年轻不能当上将。

我们要发现这种善于学习的苗子，敢于给他们去"上甘岭"打仗的机会，不死就是将军，死了就是英雄。这样让大家恢复信心。

第三，人力资源金字塔基座要异化，改变齐步走。我认为时代给我们的时间最多两年，如果人力资源政策调整不过来，就会面临大量人才流失。

这两年人力资源在改革，进步很大。除了今年改革的部门外，没有改革到的部门还在齐步走。抓住时代变革的转折机会，要重新做出人力资源模型，改变齐步走。这次我要在干部大会上讲，一个人在最佳角色、最佳贡献、最佳贡献时间段，要给他最合理的报酬。不同角色有不同时间段，不同专业有不同时间段，不同专业的不同角色也有不同时间段。为什么不让最佳贡献的人在冲上"上甘岭"时激励，非要等他老了才给呢？不能给级别，给奖金也行。我们要看到新生事物的成长，看到优秀的存在。

第四，时势造英雄，大时代一定会产生大英雄。我们一定要让公司50%～60%的人是优秀分子，然后在优秀的种子里再选更优秀的苗；中间分子20%～30%。让优秀分子来挤压稍微后进的人，这样他们可能也会产生改变。对英雄也不要求全责备，要接受有缺点的美。我曾在汶川抗震救灾的文件批示"只要过了汶川救灾线，尿了裤子的也是英雄。"一共427名，都发了金牌。有一点点成绩就是英雄，将来才有千军万马上战场。

薪酬包制度就是要把落后的人挤出去，"减人、增产、涨工资"。今年调整了中基层的薪酬结构，明年开始对高级干部、高级专家的薪酬改革。大数据流量的现实问题将摆在时代面前，两年后，就要开始冲锋了，我们有一支嗷嗷叫的队伍，该我们夺取胜利！（2015年）

在各个领域吸纳全球高端人才，实现前沿科学技术的突破

华为在各个领域吸纳全球高端人才，不同领域的人才通过思想碰撞和相互启发，实现前沿科学技术的突破。

我们支持这些研发中心，没有偏狭地认为要找到一种什么模式的人才。我有一篇讲话叫《一杯咖啡吸收宇宙能量》，我们有一个长远的战略目标，这目标其实就是面对未来大数据流量，一定要疏导。

瞄准这个目标，我们是开放的。科学家们只要在这方面有理解的，都进来。这些科学家研究的内容，我们也看不懂，我们没有能力去挑选他们。而是他们自成体系。很多伟大的突破是带有偶然性的，并非按预定计划发生。所以我们开放包容，不是狭隘地去找什么样的人才，而是比较广泛的领域里面都能吸纳很多人，不同领域带来了思想的碰撞及互相启发。这样我们在各个领域里面就是强大的。（2015年）

薪酬政策：利益分配机制从授予制改为获取分享制

华为的薪酬政策强调按贡献拿待遇，不能按工龄拿待遇。华为鼓励当期贡献，鼓励拉大不同贡献者的收入差距。华为的分配机制从授予制改为获取分享制，导向冲锋，激发员工活力，保持公司持续发展。

要按贡献拿待遇，不能按工龄拿待遇

任正非强调，华为员工要按贡献拿待遇，不能按工龄拿待遇。来公司时间长并

不是涨工资的理由。一些岗位的工资要封顶。在艰苦地区的岗位个人职级可以上浮。华为欢迎拿着高薪冲锋有使命感的人。

有的岗位的贡献没有变化，员工的报酬不能随工龄而上升。我们强调按贡献拿待遇，只要你贡献没有增大，就不应该多拿。我们公司把股票分给了员工，大家不仅获得了自己劳动的报酬，甚至还获得了资本增值的报酬，这种报酬比较多，对公司的影响就比较大。有人就因此惰怠。（2011年）

给优秀的奋斗者配股

在华为对员工的激励政策中，饱和配股是很重要的一部分，是非常大的一部分。这种激励手段本身是有利也有弊的。这么多年来，华为的饱和配股增加员工的凝聚力，给员工的贡献提供超额的回报。这个高额的回报就是不仅仅给你劳动回报，另外还给员工分享公司长期的价值增长。

华为的配股政策有利有弊，华为希望给优秀的奋斗者配股，激励优秀的奋斗者做出更大的贡献。2011年华为高管会议专题讨论了公司配股政策的优化思路，以下是笔者对要点的梳理：

① 要把奋斗者和不奋斗的人识别出来，把优秀的奋斗者与普通的奋斗者区分开来，从而在配股的过程中实事求是地决定哪些人应该获得配股，哪些人不应该获得配股；哪些人应该多配，哪些人不应该多配。

② 员工饱和配股来自于对员工每一年劳动绩效的评估。每年劳动绩效结果出来后，会根据大家的岗位贡献，根据个人绩效，给予大家饱和配股的额度，这个额度一旦获取之后，其实它未来的收益与每一个人未来长期的贡献没有那么强的相关性。一旦获得以后，有可能一劳永逸地吃大锅饭。配股没有周期限制的，这是很大一部分的惰怠产生的原因。应该给每次配股赋予时间周期。

③ 饱和配股的弊端是股票的高额回报有可能助长员工惰怠的思想。饱和配股的长期激励可能是无限期的长。在未来，华为的激励政策中，要考虑如何让激励政策真正覆盖到奋斗者身上，而不是覆盖到不愿意奋斗的人身上。不愿意奋斗的人，你给他激励的越多，他的惰性越强，个体的惰性越强，对整个组织的惰性的影响就更大。

④ 长期休假的人不应该获得饱和配股权，对享受配股的员工要有出勤率的要求。公司的股票是一种虚拟分配方式，是劳动的一种分配机制，必须干活才会有。

⑤ 奋斗者不拿加班工资，是从股票和年终奖中分享剩余价值。

⑥ 各级干部，要将10%的优胜者找出来，要将10%左右的后进者也找出来。必须坚决压制真正的无作为的人股权增长，才会使公司不会战略溃败。

⑦ 识别贡献者的手段：唯有按贡献，按当前绩效或战略贡献。

⑧ 已经在很多个国家推行分红股，就是同等股权，这个已经实施了。现在对非中国籍员工建立了递延奖金的激励机制，今年公司会在这个基础上推出与虚拟受限股收益相挂钩的利益分享权计划作为对非中国籍员工的长期激励措施，这个制度将覆盖到所有的驻外机构。

⑨ 批准成为奋斗者不一定能享受到什么东西。同意申请就是给你献身机会，就是冲锋在前，退守在后。批准不批准并不重要，不因为批准了就等于一定要享受权利，你有了这个门槛的条件，但不等于你就可以享受，还要看你的现实表现。

⑩ 以前的配股由我签字就行了，有些人多配了，有些人少配了。对于少配了的，我赔礼道歉。对于多配了的，希望你能理解我，你能不能自己减退一点，使得社会平和一点。过去二十年就是这样走过来的，永远都会有错误。在我们体系、制度、方法不完善的时候，难免犯了很多错误。我作为老班子犯了很多错误，我今天来纠正这些错误。我负责把我过去的错误纠正了。

⑪ 公司的老员工很多，对老员工配股配得多一点，建议老员工适当降一点股份，这样的话对努力奋斗的、绩效优秀的新员工是一种激励。华为需要这种自我牺牲精神，如果这能形成一种机制，老员工能在自己冲不动的时候，为了公司的可持续发展而主动申请将自己的股票降下来，分配给更多的、优秀的、有冲劲的员工，华为将会长胜不衰。

⑫ 要敢于在待遇上拉开差距，让优秀员工多拿钱，股票多配一些。我们的公司不需要完人，我们需要能做出贡献的人。（2011年）

强调项目奖、过程奖、及时奖

任正非说，要强调过程奖、及时奖。比如应有50%幅度的过程奖在年终前发完，没有发完的，到年终就不发了，不给你了。这样逼各部门得及时奖。我们强调项目奖、过程奖、及时奖。

利益分配机制从授予制改为获取分享制

任正非强调，华为的利益分配机制要由授予制改为获取分享制，要由获取收益的单位组织利益分配，而不是由机关来评价后授予各单位奖金。

华为能从当年三十门四十门模拟交换机的代理商走到今天，没有将军的长远眼光我们就不能走到今天。为什么我们后继就产生不了将军呢？是文化机制问题，考核机制问题。所以我们这次在广州召开的组织结构改革会上吵了一下午。胡厚崑最后说了一句话：我们的利益机制要从"授予"改成"获取"，授予就是我们上面来评，该你多少钱该他多少钱，大家都希望多拿钱。以后我们改成"获取""分享"。就是我们整个考核机制要倒过来，以利益为中心。为什么我们机关这么庞大，是因为机关来分钱，机关先给自己留一块，自己发得好好的，工资也涨得好好的，剩下的让阿富汗的弟兄们分，结果他们也拿不到多少。那这样的话，就是一种不能鼓励产生英雄的机制，不能产生战略的机制，所以我们现在要调整过来。（2012年）

分掉每年利润

华为轮值CEO徐直军在接受媒体采访时称，华为每年都将利润100%分掉，用以回报员工。同时也是激励员工继续奋斗，因为下一年不奋斗就没有利润分享了。不分，利润留存下来也有问题，留下来就意味着资本增值，意味着资本投入，新员工配股的成本就高，回报就低了。华为希望员工逐步走向富裕，而不是一夜暴富。

我们没有融资要求，只有一个流动资金贷款。我们努力做的是：使我们流动资金贷款来自全球，而不仅是中国。我们每年把利润都分掉了，我们也跟任总商量过能不能有一年不分，只要一年不分就马上有二十多亿美元，可充当流动资金，但任总主张要分。分是从激励员工的角度，不分是从财务的角度。我们这几年净利润100%分掉，赚多少分多少。去年利润为什么低，其实是有意的。前年利润赚得多了，因为2008、2009年的金融危机，我们投资收紧了，所以2010年利润赚得太多，每股2.98元。去年，我们进了2.8万人，研发投资比前年多了9.5亿美元，汇兑损失比前年也多了5.5亿美元。这两块就多支出了15亿美元，所以利润就低了。我们确实要控制利润，不能太高，也不能太低。太高了分了之后，员工的期望提高了，自从前年分了2.98元之后，家属天天就想着2.98元，去年分了1.46元，家属就有意见。我们不能把员工的期望吊得这么高。（2012年）

在薪酬包范围内可以灵活地设计激励制度，鼓励好儿女上战场

任正非强调，各代表处在薪酬包范围内可以灵活地设计激励制度，目的是鼓励优秀人才敢于冲锋，创造卓越绩效，带动整个代表处取得好的业绩。

我认为只要是在你们薪酬包的范围内，在激励设计方面你们是有自由度的，不要等公司。可以找几个代表处，先来做试点。你看巴西我就做试点。巴西是很困难的，多年扭转不了亏损。但是我在巴西就提出来，选了五六个人出来，项目做得很好，破格提拔，然后就激活了整个巴西的组织，士气大增。财务说上半年他们这样做了以后，成绩很好。今年当年扭亏，年底还要破格涨二三十个优秀分子。你看巴西改变了，它这几年慢慢进入正轨，可能过几年就把历史亏损扭转了。所以说大家要想一想你们要创造一种方式，鼓励大家上战场，上战场完蛋就完蛋，死了就是英雄，爹妈享福了；不死就是将军，爹妈也享福了；就是胆小鬼也可以回家，能和老婆天天在一起，也很幸福。你看，哪一条路都是好路啊，没有"自古华山一条路"的事情，你们人力资源可以多条路走，只要能激活组织，只要能产生价值。（2013年）

没有当期贡献就没有薪酬包，没有战略贡献就不能提拔

任正非强调，华为要通过虚拟考核评价战略贡献，以抢占战略高地。根据当期产粮多少来确定基本评价（KPI），根据对土壤未来肥沃的改造来确定战略贡献，两者要兼顾，没有当期贡献就没有薪酬包，没有战略贡献就不能提拔。

我们认为，还是根据产粮食多少来确定基本评价（KPI），根据对土壤未来肥沃的改造程度，来确定战略贡献。比如，根据销售收入＋优质交付所产生的共同贡献，拿薪酬包；若没有做出战略贡献，不能被提拔。我们现在的KPI也包含了很多战略性贡献，战略贡献要搞KPI，我也同意，但要单列，战略KPI和销售收入KPI不能一致。将来公司所有指标都要关注到抢粮食，关注到战略指标。

我们原来的虚拟考核方法很好，可以继续沿用。举例：我们有68个战略制高地、200多个战略机会点，抢占战略高地要靠能力提升、靠策划、靠方法，不完全靠激励。当然，激励也是应该的。虽然做了战略高地，但若利润是负值，乘以任何系数都没用，因此还是至少要实现薄利，不要简单地说"未来如何赚钱"，即使未来赚钱，也是破坏了今天的战略平衡。设定的战略目标，有销售收入浮动的比例。

战略机会点攻入进去了，不允许降价做恶性竞争，但是允许多花钱，比如可以派两个少将去。BG重心是销售收入，既想卖东西，又想抢占战略高地，是虚拟考核；区域考核的是盈利和战略，即使薄利，也是盈利。当BG和区域的诉求完全不

一致时，由区域说了算。（2014年）

让拉车的比坐车的人拿得多

任正非强调，华为要落实获取分享制，管理好员工的分配结构，关注到公司的每个角落，让人人都能分享到公司成长的收益。要让拉车的比坐车的人拿得多，同时还要区分时间段，拉车人在拉车时比不拉车的时候要拿得多。优秀员工要加大激励力度，基层员工也要获得社会可比的薪酬竞争力。

在进行公司员工薪酬水平与社会水平对比时，高级干部要去掉股票分红，基层员工要去掉加班工资，再做薪酬激励的社会对比，这样才能建立合理的薪酬激励对标管理。员工的货币资本所得（指员工获得虚拟受限股所带来的收益）管理要考虑员工过去的劳动回报，在当时历史条件下做出的贡献，不能用今天来否定过去；而员工的人力资本所得（指员工获得的工资性薪酬、年度奖金和TUP等累计的总收益）管理更多要看现实表现。

要管理好员工人力资本所得和货币资本所得的分配结构，货币资本所得保持合理收益即可，其他收益全部给人力资本所得，我们不能通过股票大量分红来过度保障退休员工的收益，而是要切实保障作战队伍获得大量的机会。（2014年）

"获取分享制"应成为公司价值分配的基本理念

任正非强调，"获取分享制"应成为公司价值分配的基本理念，敢于开展非物质表彰，导向冲锋，激发员工活力，公司就一定会持续发展。

有了合理的资本/劳动分配比例、劳动者创造新价值这几点，那么分钱的方法就出来了，敢于涨工资。这样人力资源改革的胆子就大一些，底气就足一些。

所有细胞都被激活，这个人就不会衰落。拿什么激活？血液就是薪酬制度。社会保障机制是基础，上面的获取分享制是一个个的发动机，两者确保以后，公司一定会持续发展。"先有鸡，才有蛋"这就是我们的假设。因为我们对未来有信心，所以我们敢于先给予，再让他去创造价值。只要我们的激励是导向冲锋，将来一定会越来越厉害。（2014年）

持续优化员工持股制度

华为员工持股制度在实践中一直被不断优化，2011 年以来主要进行了如下改革：

① 2011 年 7 月，华为持股工会发布《关于 2011 年虚拟受限股交款具体操作的通知》，明确员工认购虚拟股的资金需要全部自筹，商业银行停止贷款。

② 2011 年 10 月，华为董事会秘书处又发出《关于员工提前偿还银行助业贷款及 2012 年配股交款相关事宜的通知》，规定银行贷款需在 2012 年 7 月前全部还清，在 2011 年申请的内部借款也必须在 2012 年 4 月 30 日前偿还。

③ 2012 年 4 月，华为公司提出，在 2012 年 4 月底之前，持股员工如果不能还清银行贷款或内部协调借款，华为控股工会将会回购员工手中所持的华为股票，回购价格为每股 5.42 元。自愿申请由华为控股工会回购部分虚拟受限股的期限为 2012 年 4 月 15 日到 5 月 15 日。

④ 2013 年，华为推出"时间单位计划"（Time Unit Plan）的外籍员工持股计划，2014 年在中国区全面推广。

全球推行 TUP 持股计划，激励新老员工共同奋斗

2013 年，华为推出"时间单位计划"（Time Unit Plan）的外籍员工持股计划，2014 年在中国区全面推广。该计划以 5 年为一个周期，每年根据员工的岗位及级别、绩效，给员工分配一定数量的期权，期权不需要员工花钱购买。

举例说明 TUP 如何实施：假如 2014 年某人获得 TUP 的授予资格，配了 10000 个单位，虚拟面值假如为 1 元。

2014 年（第一年），没有分红权；

2015 年（第二年），获取 10000×1/3 分红权；

2016 年（第三年），获取 10000×2/3 分红权；

2017 年（第四年），全额获取 10000 个单位的 100% 分红权；

2018 年（第五年），在全额获取分红权的同时，另外进行升值结算，如果面值升值到 5 元，则第五年获取的回报是：全额分红 +10000×（5-1）。同时对这 10000 个 TUP 单位进行权益清零。

整体而言，完成虚拟有限股制度到 TUP 计划的全员性的过渡是一个巨大的工程，实际操作上会碰到很多困难。但是，从长远发展来看，该计划有利于解决虚拟股制度设计所带来的问题：随着工作年限的提高、职位的晋升，财富已经越来越集中在华为的中层手中，导致基层员工无法公平分享利益。

华为希望通过在全公司范围内逐步实施 TUP，将共同奋斗、共同创造、共同分享的文化落到实处。

① 提高工资、奖金等短期激励手段的市场定位水平，增强对优秀人才获取和保留的竞争力；
② 丰富长期激励手段（逐步在全公司范围内实施 TUP）；
③ 消除"一劳永逸、少劳多获"的弊端；
④ 长期激励覆盖到所有华为员工。（2013 年总裁办邮件 240 号）

截至 2014 年年底，华为公司员工持股计划参与人数为 82471 人，占有公司总股本的 98.6%；任正非作为公司个人股东也参与了员工持股计划，所占股份约 1.4%。

华为的虚拟股本质上是分享制，不是股份制，其核心是员工通过持股实现知识资本化，激励优秀员工将个人的价值实现与公司的长远发展有机结合，形成二者共同发展、互相促进的良性循环。

员工培养：鼓励基层员工"干一行、爱一行、专一行"

鼓励基层员工"干一行、爱一行、专一行"

任正非强调，基层员工要在自己很狭窄的范围内，干一行、爱一行、专一行，而不再鼓励他们从这个岗位跳到另一个岗位。

基层员工和干部允许在很小的一个面上有弹性的流动和晋升。跨领域的我不赞成，比如初级秘书，我们建个初级秘书池，让一些优秀文员可以通过一定的考核方式进入这些资源池。同样资源池有很多标准的，通过一定时间，业务骨干可以考进和晋升到这个资源池里，以备可能被别的部门选用，这比推荐公平。不要僵化地以学历为中心，有学历的人不一定比有实践的人更能干、更聪明。我们公司不能形成唯学历论，必须要以实际能力来衡量。不强调 13~15 级的干部人人都可能成为战略家和领袖。"之"字形成长在高级管理干部和一部分综合型专家中是适用的，现在已经开始这种继任计划。（2011 年）

以真战实备的方式，来建立后备队伍

任正非指出，内部人才市场、战略预备队的建设，是公司转换能力的一个重要方式。要以真战实备的方式，来建立后备队伍。

内部人才市场，是寻找加西亚与奋斗者的地方，而不是落后者的摇篮。内部人才市场促进的流动，不仅让员工寻找自己最适合发挥能量的岗位，也是促进各部门主管改进管理的措施，流动就焕发出生命力。

公司要逐步通过重装旅、重大项目部、项目管理资源池这些战略预备队，来促进在项目运行中进行组织、人才、技术、管理方法及经验的循环流动。从项目的实现中寻找更多的优秀干部、专家，来带领公司的循环进步。（2013年）

公司要鼓舞正气上升，让英雄辈出，千军万马上战场

任正非要求，华为道德遵从委员会的主要职责是发现好人，而不是帮助落后的人。华为大学的主要职责是给好人赋能，帮助他们成为优秀的干部。公司要鼓舞正气上升，让英雄辈出，千军万马上战场。

道德遵从委员会主要职责是发现好人。不要把主要职责变成帮助落后的人。对干部监督，首先你们要相信干部是好人，帮助他如何去作战，别去触犯高压线。华大的责任是给好人赋能，教人如何当"官"。我们过去关心的是制度运行中不出问题，现在应更多关注治理之后的结果能否有活力、和谐，能否激发大家干事业的精神。

不能首先设定这是坏人，然后去监控他。我们并不是要真正抓一个干部出来点点火，然后高兴"你看我又抓了一个出来"，总体还是不希望公司有干部违规行为。昨天你违了规，赶快搭个楼梯，下楼洗个澡，把脏东西洗干净。很快就到12月底了，你们有做了假账的，赶快向公司坦白，在座大多数人都可能做过假账、填过假数据。我们认为做假账是一种工作行为的错误，不能完全说是品德行为的错误，说清楚就轻装上阵，扛着机关枪继续上战场，准备当英雄去。子公司董事会、监事会、审计部，要善于发现这些人在前进。（2014年）

艰苦地区出英雄，让英雄走向将军之路

任正非强调，艰苦地区出英雄，要给英雄赋能，让英雄走向将军之路。

片联要加快选拔优秀的、有眼光的、有见解的人,加快赋能培训,西非就是一个炼炉,到那里去炼一炼,出来也是准将,有谁不愿意去西非呢?

他们的考核基线,与北京、上海不一样,放宽你们一些考核基线,你们出成绩的机会就多了。既然你们赚钱多,可以给你们一些政策,薪酬包改变要快,职级提升也要快。当然,你们想当"官",我可以理解,但华为的"官"只有一个统一标准,你们应该加快循环赋能。公司民主选举"明日之星",如果别的地区部表彰20%,那你们可以表彰多一些,这次可以先试点。(2014年)

合理提拔、使用干部,目的是为了作战胜利

任正非强调,在干部使用上,目的是为了作战胜利,除了胜利,没有其他目的。

无论资历、年龄,我对所有人的看法都是一致的。公司破格提拔了一些干部,是把他们作为标杆,让标准向右看齐。凭什么攻下"上甘岭"的人不能当连长?我们以前说要用会带兵的人,这次我盯着把人力资源提纲中"会带兵的人"改掉了。山头都已被他攻下,还说他不会带兵?不会带兵,给他派一个"赵刚"去。互联网时代是英雄辈出的时代,因为学习容易了。过去你要看标准,要背几背篓上前线,一张一张翻;而现在看标准,不仅可以翻电子件,还可以检索相关条文组合在一起看。年轻人总结经验的进步速度在加快,后生也是可畏的。华为大学那么多表格,读懂这些表格,拿去两个站点实践,也就明白了,不也才二三十岁吗,怎么就不能提拔起来?(2014年)

充分利用类似微信的平台,加强技能经验共享,提高作战队伍能力

任正非提出,华为要充分利用类似微信的平台,加强技能经验共享,提高作战队伍能力。

我支持公司内部开放,不要怕资料被人偷走,我们的队伍比别人厉害,他搞到一两支枪炮有什么用?而且即使去保密,也不一定都能防范住,反而导致自己的作战队伍能力不行。可以建立公司内部类似微信的平台,有授权的人员才能使用,不对外开放。

如在战略预备队这个圈里,所有内容全开放,大家可以下载资料、交朋友……用户按不同战场分类,通过内部圈联络起来,其实也是一个信息安全圈。他自己建立了一个作战圈,可以横跨拉丁美洲、欧洲等,因为公司下载到的是同一种表格,

他不知道如何使用，在朋友圈里发个求助，对他作战能力提升有帮助。(2014年)

有工作的地方，就要有精英

任正非强调，在华为的每个阶层、每个职位类别都要有精英。有工作的地方，就要有精英。

精英我们不要理解为仅仅是金字塔塔尖的一部分，而是存在于每个阶层、每个类别。有工作的地方，就有精英。做面条有面条精英，焊接精英、咖啡精英、支付精英、签证精英、仓库精英等。我们的政策要覆盖激励所有精英，形成组织合力，千军万马搞好质量，提高效率，增加效益。(2016年)

坚持每年从应届生中招收不少于5000~6000人的新生力量

任正非强调，华为要坚持每年从应届生中招收不少于5000—6000人的新生力量，不让华为的作战梯队有断代的问题。

"蓬生麻中，不扶自直"，"80后""90后"是有希望的一代，"蚊子龙卷风""牵手""被绑匪树立的'楷模'"……不是一代将星在闪烁吗？(2016年)

允许部分"狈类"员工存在

任正非认为，年轻人不仅仅要有血性，也要容许一部分人温情脉脉，工作慢条斯理，执着认真，做好"狈"的工作，"一切为了胜利"是华为共同的心愿。这就是"狼狈"合作的最佳进攻组织。

员工考核：对基层员工实行绝对考核

360度调查要主要看优点

任正非强调，360度调查的主要目的是找成绩，发现优秀干部，而不是为了寻找问题和缺点。

我为什么对360度调查提出意见呢，我认为不是你的调查方法有问题，是你的评价和分析方法有问题。360度调查是寻找每一个人的成绩，每一个人的贡献，当然也包括寻找英雄，寻找将军的。而不是单纯地去寻找缺点，寻找问题的。360度调查是调查他的成绩的，看看他哪个地方最优秀，如果有缺点的话，看看这个缺点的权重有多少，这个缺点有多少人反映，看看这个人是不是能改进。而不是说我抓住一个缺点我们就成功了，我们用这种形而上学的方法，最终会摧毁这个公司的。（2011年）

对基层员工实行绝对考核

任正非强调，对基层员工的管理方法要区别于高端员工，基层员工实行绝对考核。

末位淘汰是从西点军校学来的，它的目的是用来挤压队伍，形成领袖的。比如你们五个人都是90来分，去掉一个最低分，就往上挤，明年就是91分了，下一年91分再去掉一个最低分，就92分了……高端员工要去做领袖，逼着他优秀了，还要更优秀。不能指望基层员工一下子就去做领袖。我们实行ABC评价的目的之一是为了选拔领袖，不能为了选拔领袖进行全员挤压。我们360度考核也是为了寻找贡献者的，怎么会变成了专门去找缺点呢？我们又不是婆婆。我们对基层员工的管理方法和对高端员工的管理方法一定要有区别，基层员工首先要各尽所能，按劳分配，多劳多得。我们现在对基层员工使用与管理干部同样的管理方法是不合适的，当然责任不在你们，在我。

我们在慧通率先取消了ABC评定的比例限制，实行基准线考核。达到基准线我们就认同你。这样做的好处，就是大家团结去做工作，一起努力把工作做好后，人人有份。而不是你好了，我就不能好了，这样小组就会不团结。为了使基层员工不惰怠、求进步，这个基准线应该是变化的，我们每年根据上一年进步的平均幅度，对基准线做一次调整，调整幅度要很小。要有百分之七八十的员工能成为优良员工的水平为基准线。大家向前走，一走基准线就提高了。（2012年）

基层员工的绝对考核要扩大A的比例

任正非指出，基层员工的考核要强调收益分享、风险分担，团结多数人，促进创造更好绩效。

绝对考核的目的是团结多数人。只有团结多数人，这个社会才能进步，我们就是要实行这样一个制度。如果优秀员工占少数,优秀员工就是被攻击的对象,他们很孤立,不敢大胆地伸张正义。优秀员工占多数,落后的占少数,落后在这里就没有土壤了,他们就必须进步。(2012年)

基层员工考核的维度和要素不能太多,主题要突出

任正非强调,对基层员工的考核,劳动成果放在第一位,劳动技能放在第二位。基层员工要"爱一行、干一行、专一行"。基层员工考核的维度和要素不能太多,主题要突出。

既然你们把劳动成果放第一位,劳动技能放第二位,态度就要淡化,因为态度是个虚的东西。所以说,概括地考核劳动态度就容易偏左,过去形式主义还是占了很大的比例。要把劳动态度具体化,比如说按时上下班、上班时间专心本职工作等,抓住几个关键点就行。

要讲"爱一行、干一行、专一行"。你进这一行时就要爱这一行,公司不鼓励流动,不鼓励老换工作岗位。"之"字形成长是为了培养将军的,炊事班长上了巡洋舰,还是上了航空母舰,对他的未来没什么区别,换来换去有什么区别呢?当然,在所在部门人之间,相处不合适,适当换一下部门、岗位是可以理解的,但去新岗位得接受新的职位标准的考核,实行异岗异薪。

考核的维度和要素不能太多,主题要突出。过去一搞三十多项,就成了循规蹈矩的人。我们不是要把员工管成乖孩子,我们是要让员工为公司提供价值贡献。我们主要的考核目标和要素,是从价值贡献上考核,其他的考核干什么呢?(2012年)

基层员工考核指标基线要逐步小幅提升

任正非强调,绝对考核要横向、全面展开,但基准标准线的进步幅度不要太大、步步高。

我认为绝对考核今年要敢于铺开,铺开后有问题再调节,在实践中改变。有的地方指标高了,可以降下来,我们可以步步高,不要一次搞那么高嘛。每年的变化度不要大,例如,2%、3%,合理就行。如果急躁冒进,基线提得过快,可能会使考核机制崩溃,老员工不接受。因为人力进步的速度,社会进步的速度没有那么快。不要一下子做过了,我们要团结多数人,牵引少数人。我们认为华为公司积极的人是多数人。

这一次先主要针对12级及以下的员工，13、14级这次先不实施，包括新进公司两年以内工龄的员工，也先不实施，那个又复杂一点。但我们要研究绝对考核的适用范围。(2012年)

逐步实施岗位职级循环晋升，激发各单位争当先进

任正非提出，华为以后有少部分优秀人员，没岗位但允许有个人职级，要看重这些人有使命感、创造力。如果脱岗定级的问题现在找不到合适方法来操作，就把优秀人员的岗位职级先调整了，然后他自己再去人岗匹配，程序还是不变，这个机制可以叫作"岗位职级循环晋升"。

如原来20级的组织，其中做得优秀的那30%可以转到21级，每三年转一圈，做得好的才动。每年拿30%优秀部门来评价，如果明年这个岗位还在先进名单里，就更先进了，还要涨。落后的没涨，就会去争先进，争先进的最后结果，我们把钞票发出去了，而且主要发给优秀单位。

实行全球P50标准工资的人员范围应该还要向下覆盖。若当公司出现危机时，不是一两百人就能够救公司的。具体如何操作法，扩大到多大规模，我不知道。(2014年)

非物质激励：应该让多数人变成先进

敢于表彰，促使员工的长期自我激励

任正非强调，要扩大英雄的激励比例，要采用独特的方式对英雄进行非物质激励，要敢于表彰，要促使员工进行长期自我激励。

第一，非物质激励就是要把英雄的盘子划大，毛泽东说"遍地英雄下夕烟"。现在我们要把英雄先进比例保持60%~70%，剩下30%~40%，每年末尾淘汰，走掉一部分。这样逼着大家前进。

第二，敢于花点钱做一些典礼，发奖典礼上的精神激励，一定会有人记住的，这就是对他长期自我激励。

美军海军学院的毕业典礼很独特，在方尖塔上涂满猪油，让大家爬这个塔，大

家一层层地攻,欢庆这个典礼。华为大学也要构思一个华为自己的典礼形式,不要总是扔帽子。(2014年)

非物质激励应该是让多数人变成先进,让大家看到机会,拼命去努力

任正非认为,非物质激励主要要管理好机会激励、思想激励。非物质激励应该是让多数人变成先进,让大家看到有机会,拼命去努力。

如果只有少数人先进,被孤立起来,其实他内心是很恐惧的。我认为金牌奖比例还是太少,华为绝大多数人是先进人物和优秀分子,愿意发钱就发钱,即使发个奖章也好。思想激励不仅是指建立正确思想,还要听得进批评,否则将来公司都听不进批评,都以"世界老大"自居,这是不行的。(2014年)

通过表彰"金牌员工"等多种方式,进一步丰富非物质激励

华为激励员工的方式丰富多样,物质上采取高工资、实施获取分享制奖金制度、TUP员工持股计划等方式激励全体员工。精神上,采取表彰"金牌员工""蓝血十杰""明日之星"等非物质方式,充分发扬其艰苦奋斗精神。

金牌奖是公司授予员工的最高荣誉,旨在奖励为公司持续商业成功做出突出贡献的团队和个人。2014年金牌个人奖比例从0.5%调整至1%(100∶1),1546名金牌个人及424个金牌团队(共计6594人)获得表彰。截至2015年7月,华为全球共民主评选出第一届"明日之星"36058名(中方员工29257人)。

图20-3 华为总裁任正非与2014年金牌员工代表合影

IT与知识管理：面向未来构建IT架构

任正非认为，企业要先工业化，再信息化，最后智能化。中国的工业现在还没有走完自动化，还有很多工业连半自动化都做不到。这个时候提工业4.0，超前了社会实际，最后会成为夹心饼干。大部分的中国企业应该还处在工业化阶段，太超前的口号可能会损害一些产业。

加强网络安全和用户隐私保护

任正非指出，今日网络覆盖的程度前所未有，客户不仅需要网络安全可靠的运行，也要求各种数据安全地存储于网络的各个节点。因此，保护客户信息资产和客户隐私，变得空前急迫和重要。

我们要加强网络安全和用户隐私保护。今日网络覆盖的程度前所未有，客户不仅需要网络安全可靠的运行，也要求各种数据安全地存储于网络的各个节点。因此，保护客户信息资产和客户隐私，变得空前急迫和重要。无论遇到什么挑战，我们都要竭尽所能为客户网络的安全稳定运行提高保障支持。华为在网络安全和用户隐私保护方面上要对公众、政府、客户做出重要承诺，承担企业责任。我们将采取各项措施，合法、合规地推动用户隐私保护工作。（2014年）

加强知识共享，提高研发效率与效益

在2014年的知识管理大会上，徐直军提出："华为公司最大的浪费就是经验的浪费。"由此可见，知识管理对华为而言具有很大的价值！

知识管理的需求最早来源于研发。早在十几年前，华为使用Notes办公平台时，研发内部在Notes有BBS论坛，知识共享做得较好。2008年，公司在研发区做了Hi 3MS。在非研发领域，知识分享的呼声也越来越高。于是MKTG牵头做了一个Connect社区，鼓励共享。

2010年年底，软件子公司的知识管理诉求很强烈。于是，华为请安永专门讲怎么做知识管理。他们拿了咨询报告向公司高层汇报，因为牵涉到很多的IT，华为成立了公司级的知识管理项目群。

知识管理项目做了两三年以后，取得了明显的成效，这里举两个例子：一是2012年研发5600T产品团队做试点发现：与之前的版本相比，衡量质量缺陷的指标大幅度下降；二是某个测试用例的开发，原来要 90 分钟才能开发，后来只需 10 分钟就能开发，效率大大提升。

面向未来构建 IT 构架，建设更高效、敏捷的下一代 IT 系统

华为轮值 CEO 郭平指出，华为要面向未来构建 IT 架构，建设更高效、敏捷的下一代 IT 系统。IT 吸引是华为做生意的主干系统，IT 就是华为的生意。

90 年代中期，华为引入 Oracle ERP 时，它还是第一个"开放式"的 ERP 系统。2003 年，我们升级 OracleR11 时，它是划时代的新系统。最近，IT 同事告诉我 Oracle 可能没有新版本了！在这个剧变的时代，云计算、大数据牵引着 IT 架构的变化，带来商业模式的变革。对华为的 IT 部门来说，我们一定要构建面向未来的 IT 构架。以前 IBM 顾问跟我们说 IT 是业务支撑系统，而今我们可以说 IT 已经深入到华为的每一个角落，IT 系统是我们做生意的主干系统，IT 就是我们的生意。（郭平，2014 年）

先工业化，再信息化，最后智能化

任正非认为，企业要先工业化，再信息化，最后智能化。大部分的中国企业应该还处在工业化阶段，太超前的口号可能会损害一些产业。

我们应该走进新的未来时代，这个时代叫人工智能。首先，我们要强调工业自动化。工业自动化了以后，才可能走进信息化。只有信息化后，才能智能化。中国走向信息化，我认为还需要努力。

中国的工业现在还没有走完自动化，还有很多工业连半自动化都做不到。这个时候，我们提出了类似工业 4.0 的方案，超前了社会实际，最后会成为"夹心饼干"。(2015 年)

做流程 IT 以及进行的变革方案，目标是提高有效产出、提升公司效率

华为轮值 CEO 郭平说，华为公司做流程 IT 以及进行的变革方案，目标是提高有效产出、提升公司效率。

我们对流程 IT 的期望或定位是什么？流程 IT 是华为公司走向规范化非常重要

的一个手段。1998年引进IBM的时候，当时公司是游击队做法，没有一个可复制成功的流程体系，也没有一套完整的研发体系，靠个人英雄主义，靠运气。项目经理称职，就能推出一个高质量的产品，如果项目经理不行，或者前端市场研究做得不对，那产品失败的概率就非常高，就像坐过山车一样。所以流程的重要作用是使公司的经营可预期、透明可管理，整体上保证了公司的一致性。流程是要被遵从的，遵从以后就不会靠掷骰子或抽签，业务成功是可预计的。同时流程遵从不是说我形式遵从了流程就完事了，还要在流程各个节点承担起相应的责任和最终的结果。（郭平，2015年）

知识产权管理：依法保护知识产权，创新才会低成本

任正非认为，只有具有良好的知识产权保护制度，人们才会忘我地去创新。没有知识产权保护，创新的冲动就会受抑制。要依靠一个社会大环境来保护知识产权，依靠法律保护知识产权，创新才会是低成本。

没有知识产权保护，创新的冲动就会受抑制

任正非认为，只有具有良好的知识产权保护制度，人们才会忘我地去创新。没有知识产权保护，创新的冲动就会受抑制。

在美国有严格的知识产权保护制度，你是不能抄的，你抄了就罚你几十亿美金。这么严格的保护制度，谁都知道不能随便侵犯他人。实际上保护知识产权是我们自己的需要，而不是别人用来打压我们的手段，如果认识到这一点，几十年、上百年后我们国家的科技就有希望了。但是科技不是一个急功近利的问题，一个理论的突破，构成社会价值贡献需要二三十年。雅各布突破CDMA的时候是20世纪60年代。我们怎么能一看到高通赚钱了，就感慨怎么我们不是高通呢？（2012年）

依法保护知识产权，创新才会是低成本

任正非认为，要依靠一个社会大环境来保护知识产权，依靠法律来保护知识产权，创新才会是低成本。

我们要依靠一个社会大环境来保护知识产权。依靠法律保护创新才会是低成本。其实我们原来是保护不了的，那时，我们把软件截成一段一段地藏到我们的芯片里面，拿到美国去加工，间接地利用美国的知识产权保护来保护了我们的知识产权。

我们称这个战略，叫软件硬化。为了做这些弯弯绕的事情来保护自己，为此我们多了好几千人，每年多花几亿美金，比别人成本高。其实有时候也保护不了。随着我们越来越前沿，公司对外开放、对内开源的政策，已经进入了一个新的环境体系。

过去二三十年，人类社会走向了网络化；未来二三十年是信息化，这个时间段会诞生很多伟大的公司，诞生伟大公司的基础就是保护知识产权。否则就没有机会，机会就是别人的了。（2015 年）

起诉摩托罗拉侵权达成和解

华为与摩托罗拉自 2000 年就开始合作，摩托罗拉可以以摩托罗拉品牌转售华为的产品，但是这些产品基本上是在华为完成研发与生产的。华为通过摩托罗拉的渠道与品牌进入美国市场，华为的产品也为摩托罗拉贡献了相当部分的销售额。通过多年的密切合作，摩托罗拉掌握了华为许多比较核心的机密。

2010 年 7 月，诺基亚西门子宣布收购摩托罗拉的无线网络业务资产。华为与诺西在多个领域有直接竞争，因此与摩托罗拉交涉希望不将华为知识产权和商业秘密转移给诺西。

2011 年 1 月 24 日，华为正式向美国北伊利诺伊州联邦法院起诉摩托罗拉，旨在阻止摩托罗拉非法向诺基亚西门子网络转移华为自主研发的知识产权。美国法院颁布了临时限制令，禁止摩托罗拉将华为的任何机密信息透露给诺基亚西门子网络。2 月 22 日，法院就华为公司起诉摩托罗拉公司和诺基亚西门子公司一案正式做出裁决，禁止摩托罗拉公司向诺基亚西门子公司转移华为公司的保密信息。4 月 13 日，双方达成和解，摩托罗拉向华为支付转让费用，华为有力保护了公司的知识产权。

起诉中兴通讯侵权获胜

2011 年 4 月 28 日，以侵犯公司数据卡、LTE 专利和商标权的名义，正式在德国、法国和匈牙利对中兴通讯提起法律诉讼。4 月 29 日下午，中兴通讯发表反诉声明称，在中国针对华为侵犯中兴第四代移动通信系统（LTE）若干重要专利递交诉状。

工信部介入调停，分别约谈华为与中兴相关人员无果。5 月 16 日，德国法庭发出一项禁令，不允许中兴通讯在德国销售使用华为商标的无线调制解调器，保护了华为的知识产权成果。

与爱立信续签全球专利交叉许可协议

2016年1月14日，华为与爱立信续签全球专利交叉许可协议。该协议覆盖了两家公司包括GSM、UMTS及LTE蜂窝标准在内的无线通信标准相关基本专利。根据协议，双方都许可对方在全球范围内使用自身持有的标准专利技术，华为自2016年起将基于实际销售情况向爱立信支付许可费。

友商兴衰：强者恒强，弱者恒弱

在全球引领阶段，华为的友商由运营商领域扩展到企业市场和消费者市场领域，在每个领域能与其直面竞争的"友商"数量基本上不超过三个。但是随着其进入领域的增多，总体"友商"数量越来越多，华为已经发展到几乎与欧美主要ICT企业"全面为敌"的地步！

在运营商、企业网和消费者终端三大BG，华为当前的主要友商如图20-4所示。

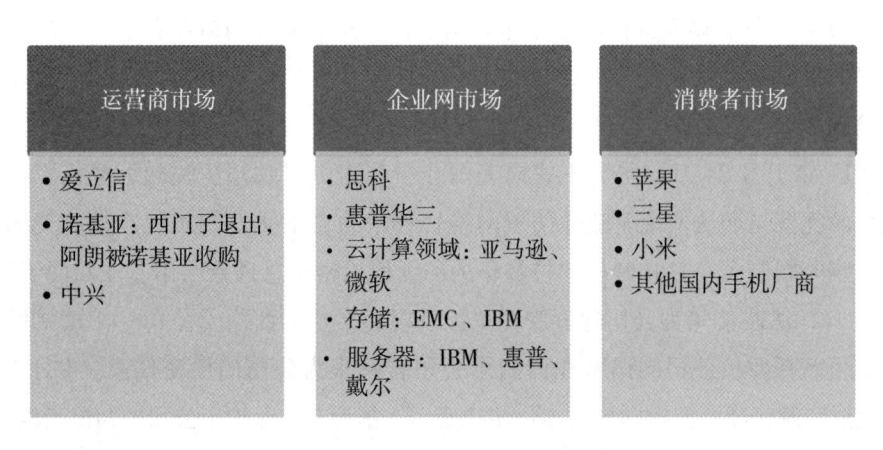

运营商市场	企业网市场	消费者市场
• 爱立信 • 诺基亚：西门子退出，阿朗被诺基亚收购 • 中兴	• 思科 • 惠普华三 • 云计算领域：亚马逊、微软 • 存储：EMC、IBM • 服务器：IBM、惠普、戴尔	• 苹果 • 三星 • 小米 • 其他国内手机厂商

图20-4 华为三大业务领域主要友商

在运营商用户领域，华为主要友商为爱立信、诺基亚、中兴。爱立信一直都是华为追赶和超越的对象。2011年以来，爱立信收入增长缓慢。2013年，华为营业收入超越爱立信，成为全球排名第一的电信运营商设备供应厂商，但是爱立信一直是华为强劲的竞争对手。诺基亚先后并购了诺西、阿朗的通信业务，曾经的四巨头成为"四合一"的企业，整体经营情况不容乐观。中兴是中国本土与华为一起成长起来的友商，但年收入不及华为的1/3，与华为差距越来越大。

在企业用户市场领域，思科一直是华为追赶的对象，在高端路由器和交换机领域，思科仍占据全球主导地位。随着华为进入云计算、存储和服务器等领域，亚马逊、微软、谷歌、EMC、IBM、惠普和戴尔等美国巨头相继成为华为新的强有力的"友商"。

在消费者用户市场，华为通过2011年—2015年的持续发力，在手机市场领域奠定了自己国内第一、全球第三的市场地位。接下来华为赶超的目标是苹果和三星。

在营业收入方面，2015年华为总体收入已经超越思科、爱立信、诺基亚和中兴等二十多年来一直"相伴相随"的主要友商。

表20-1 华为主要友商营收情况（亿美元）

	2011年	2012年	2013年	2014年	2015年
华为	324	354	395	465	640
思科	432	460	486	471	492
爱立信	329	359	353	293	290
阿朗	203	195	190	159	——
诺西	181	184	175	154	——
中兴	137	134	123	131	153

在营业利润上，华为与思科仍有较大差距，但已经远远超越爱立信、诺西、阿朗以及中兴等主要友商。

表20-2 华为主要友商净利润情况（亿美元）

	2011年	2012年	2013年	2014年	2015年
华为	18.5	24.7	34.4	45	57
思科	64.9	80.4	99.8	78.5	89.8
爱立信	18.3	9.3	18.9	20.3	16
阿朗	15.1	-18.5	-17.8	-0.95	——
诺西	3.1	2.7	0.55	14.2	——
中兴	3.3	-4.5	2.2	4.2	5.7

历经 28 年的艰苦奋斗，华为从零起步，成为全球通信设备厂商的领先者，这样的成长速度在全球商业史上非常罕见。更加令人钦佩的是，华为并没有止步于已经在运营商市场上取得的领先地位，相继在企业市场和消费者市场发力，向更多"友商"的阵地发起冲击，鹿死谁手，尚未可知！

综观华为全球引领阶段的友商兴衰，呈现了弱肉强食、强者恒强、弱者恒弱的局面。笔者总结本阶段友商兴衰的如下要点，供大家参考借鉴：

① **厚积才能薄发，罗马城不是一日建成的**。华为之所以能够在通信市场成为全球领导者，与其聚焦的、持续的、高强度的投入密不可分。华为的成功是几十年如一日的水滴石穿的结果，正如任正非所言的是傻"执着"的结果。同样，爱立信、思科、苹果的持续领先也是长期的、专注的积累的结果。任何投机取巧的、急功近利的机会主义行为都难以长久，这样的企业可能能够赢得几场战斗，但不太可能赢得"整场战争"。手机行业的"山寨"行为就是机会主义的很好写照。

② **"垄断"企业才能长期获得高额利润**。本文所指的"垄断"是指在社会主义市场经济条件下由于企业具备其他企业难以模仿和追赶的核心能力而形成的"自然垄断"，并非通过行政手段产生的垄断。比如思科在高端路由器、交换机市场的长期垄断，苹果在消费电子产品方面的长期垄断，微软在电脑操作系统上的长期垄断，谷歌在搜索引擎方面的长期垄断。比如思科的利润率长期保持在 20% 左右。这些企业通过在技术、产品研发方面的持续高强度投入取得领先的市场地位，并且长期保持领先，拥有产品的定价权，从而形成强者恒强的局面。

③ **要么领先，要么消亡，企业没有第三条路可走**。这句话看起来比较绝对，但是实际上道出了企业经营的真谛和市场竞争之残酷。在通信设备市场上，一度领先的诺基亚、朗讯、阿尔卡特、北电由于未能保持持续领先地位，沦落为一家"四合一"企业。在手机市场，三星未能战胜苹果取得领先地位。中国本土曾经的"巨大中华"，已经只剩下"中华"了。

④ **简单的合并不能增强企业核心竞争力**。诺基亚与西门子的通信业务合并组成诺西，阿尔卡特与朗讯的通信业务合并组成阿朗，然后诺基亚并购诺西，最后诺基亚并购阿朗，昔日的全球通信市场四巨头终于组成了一家"四合一"的企业。然而无论是二合一还是四合一，企业的核心竞争力并没有显著提升，企业的财务状况也很不理想。由此可以看出，规模并不一定等于竞争力，以短期财务报表好看为导向的并购从长期来看可能会对企业造成很大伤害。联想多次并购 IBM 相关业务也不是成功的并购案例。

⑤ **互联网思维、商业模式创新等不是企业持续成功的关键要素**。一些企业不将主要精力用在洞察客户需求、开发超出客户期望的产品上，而是人云亦云地沉湎于

互联网＋、商业模式创新等虚幻的时髦概念之中不能自拔。这些机会主义导向、赚快钱导向的企业最终几乎无一例外都是丧失了成长机会、亏光了自有资本和投资人的钱。2010年以来甚嚣尘上的"互联网思维"很可能会沦为昙花一现的闹剧。一家没有深厚的人才、管理、技术和市场等积累的企业就如同建立在沙滩上的大厦，建得越高，倒得越快。企业如同人或树木一样，不能拔苗助长，不能违背基本的成长规律。

⑥ **多元化不是企业有效的成长战略**。华为始终坚持在通信主航道进行持续投入，不为外界各种诱惑所动，即使成长到数千亿元规模还坚持"针尖战略"，这是华为从零起步走向全球领先的根本原因。爱立信、思科、苹果、谷歌等保持持续成长的企业都是专注的企业，而非多元化企业。三星公司在消费电子领域落后于苹果，与其多元化战略不无关系。一个企业家穷其一生都很难将一个产业做到全球领先，何况涉足多个领域呢？

本章小结

在全球引领阶段,华为管理开始由国际化走向全球化,在全球招揽人才,在全球开展业务,对全球各个事业部、研究所、地区部、代表处等进行有效管理。任正非不希望"企业家的生命成为企业的生命",因此在流程化管理和接班制度等方面进行持续优化。

全球引领阶段是华为管理比较成熟和有效的阶段,华为的诸多管理举措均值得广大创新型企业学习、借鉴。

① **事业部管理**:采用事业部制,简化组织结构,提升运作效率;企业同时面向三类客户,没有成功先例,但既然做出了决策,就要勇往直前;不同业务要有不同管理方法;要在不同事业部之间共享技术、人才、管理经验、品牌和市场等资源;战略性业务要做大做强,辅助性业务要盈利。

② **轮值 CEO 制度**:通过轮值 CEO 制度,实现团队接班;家族成员永不接班;年龄并不一定是退休的必然因素;接班人应该不是为权力、金钱来接班,而是为理想接班。

③ **创新管理心得**:有效的研发与创新管理体系是公司持续成功创新的保障;要同步做芯片、器件研发才能实现领先;要进入有技术壁垒的需要进行深度研发投资的领域。

④ **客户需求管理**:产品研发是需求驱动,而非技术驱动;由倾听客户需求,走向和客户共同碰撞出需求;找到价值规律,实现商业成功。

⑤ **基础研究**:基础研究应该聚焦在应用层面;分段选择不同模式做基础研究;做基础研究要宽容"歪瓜裂枣"式的人才。

⑥ **合作研发**:与大学、客户建立联合实验室或者联合创新中心,贴近客户需求,加快研发速度。

⑦ **研发组织建设**:由金字塔式组织模式走向"铁三角"模式;推行"班长的战争",把责任和权力授予一线组织;让听得到炮声的人呼唤炮火,呼唤得到炮火。

⑧ **人力资源政策**:吸引优秀人才共同奋斗,防止怠惰;将公司建设成为吸引优秀人才共同奋斗,分享价值的平台;在全球各个领域吸纳全球高端人才,实现前沿科学技术的突破。

⑨ **薪酬政策**:要"减人、增产、涨工资";按贡献拿待遇,不能按工龄拿待遇;强调项目奖、过程奖、及时奖,反对年终奖;利益分配机制从授予制改为获取分享制,拉开奋斗者与普通劳动者的收入差距;分掉每年利润;全球推行 TUP 持股计

划，激励新老员工共同奋斗。

⑩ **员工培养**：员工要"干一行，爱一行，专一行"；以真战实备的方式，来建立后备队伍；艰苦地区出英雄，让英雄走向将军之路；有工作的地方，就要有精英。

⑪ **员工考核**：对基层员工实行绝对考核；绝对考核要扩大 A 的比例；考核的维度和要素不要太多，主题要突出。

⑫ **非物质激励**：应该让多数人成为先进，让大家看到机会，拼命去努力；敢于表彰，促使员工的长期自我激励；通过多种方式，丰富非物质激励。

⑬ **IT 与知识管理**：企业要先工业化，再信息化，最后智能化；企业不要过早提工业 4.0 口号，太超前的口号可能会损害一些产业；加强网络安全和用户隐私保护；加强知识共享，提高研发效率与效益；做流程 IT 以及进行的变革方案，目标是提高有效产出、提升公司效率。

⑭ **知识产权管理**：只有具有良好的知识产权保护制度，人们才会"忘我"地去创新；没有知识产权保护，创新的冲动就会受抑制；要依靠一个社会大环境来保护知识产权，依靠法律保护知识产权，创新才会是低成本。

本篇总结

2011年—2015年，华为在运营商业务方面超越爱立信，成为全球规模最大的电信设备供应商；在企业业务方面，华为市场份额虽然与思科相比还有很大差距，但在技术和产品的先进性方面已能与思科相提并论；在消费者业务方面，华为快速崛起，成为智能手机市场中国第一、全球第三的重要玩家。华为2015年营业收入达到640亿美元，其中手机业务贡献销售收入200亿美元。华为正在崛起成为一家在运营商业务、企业业务和消费者业务三方面排头并进的全球引领者。

华为能否成功问鼎所进入的各项业务？能否持续保持全球引领地位？笔者总结了华为实现并保持全球引领地位的多项"关键成功要素"，供大家参考：

① **聚焦主航道，坚持针尖战略**。华为强调创新要有边界，要以管道为核心，业务发展不能偏离主航道，不能进行无关多元化的发散发展。华为坚持对"针尖"大小的领域实施持续的"饱和攻击"，以取得领先地位为战略目标。如果华为在哪天迷失了"主航道"，放弃了"针尖战略"，则很可能丧失领先地位，走向衰败和消亡。

② **进入多个相关领域，抢占战略机会点**。单一业务很难做大规模，也容易出现发展风险。世界级的企业应该有较大的业务"宽度"，同时要在进入的领域取得业务"深度"，能够抢占战略机会点，形成领先地位。华为相继进入了运营商业务、企业业务和消费者业务，总体年营业收入超越了业务单一的爱立信和思科。华为手机业务快速崛起，具有"再造一个华为"的增长潜力。

③ **实行大事业部制，不同业务采取不同管理方法**。华为在发展20多年，年营业收入超过300亿美元后才正式采取事业部制。而且，华为采取的是大事业部制，将整体业务分为运营商、企业和消费者等三大部分。华为没有过早采取事业部制以及采取的是大事业部制的主要原因是华为的业务相关度高，人才和技术等的互用性好，这样可以充分发挥现有人才、技术和经验等的优势，快速进入新的业务领域。比如华为企业业务和消费者业务的人才主要是来自于运营商业务，而不是另起炉灶从社会招聘。同时，正是由于各块业务已经具有相当大的规模，各块业务的客户对象、销售模式、人才要求、关键技术等已经具有相当大的差异性，华为才正式采用事业部制，对不同业务采取不同管理方法。

④ **实行轮值CEO制，解决好接班人问题**。公司决策机制及接班人问题一直是困扰企业持续发展的关键问题。一些企业老板"一言堂"导致多次重大决策错误，企业一再丧失发展机遇，最终走向衰败和消亡。一些企业简单地让自己的直系亲属

"富二代"接班，由于后代的接班意愿、经营能力及敬业精神等缺乏，企业也走向衰落。还有的企业由于找不到合适的接班人，老板一直亲力亲为，战斗到生命最后一刻，导致"企业家的生命成为企业的生命"。华为采取轮值 CEO 制度较好地解决了接班人的代际传承问题。任正非宣布自己的亲属永不接班也消除了企业内外的疑虑。当然，任正非正式退休后华为的轮值 CEO 制度运行的有效性还有待观察。

⑤ **突破前沿科学技术，力争在思想上创新，成为标准制定者。**要成为市场的全球引领者，前提是技术和产品要成为全球引领者，要成为技术和产品的全球标准制定者。要成为产品的全球标准制定者，就要在产品设计的思想上创新，做"颠覆性的产品"，而颠覆性产品需要在全球延揽优秀人才，进行基础技术研究，突破前沿科学技术。苹果公司就是因为在思想上创新而成为 MP3、iPad、智能手机、笔记本电脑等多个产品领域的全球标准制定者，进而成为富可敌国的全球创新引领者。华为有望在多个领域实现前沿科学技术突破，成为标准制定者，最终成为真正意义上的全球引领者。

⑥ **布局全球市场，推进全球本地化管理。**大规模需要大市场，大市场需要全球本地化有效管理。企业只有面向全球市场，不满足国内或区域市场才有可能成为真正的全球引领者。华为通过运营商业务的拓展已经在全球一百七十多个国家和地区建立起了代表处，这为企业业务和消费者业务的全球拓展奠定了坚实的基础。同时，华为通过推进有效的全球本地化管理，降低运营成本，提升市场拓展深度和广度。

⑦ **面向市场一线优化全球组织模式。**全球化企业管理不但有地理距离、时差和语言不同等的影响，更有文化、员工素养和管理水平等的差异。僵化、官僚、低效的管理很容易导致客户满意度下降，运营成本大幅上升，企业经营效益下滑。为了及时、有效、准确响应客户需求，华为建立"让听得见炮声的人呼唤炮火"的前方指挥后方的决策机制，建立"铁三角"客户服务组织模式，派驻"少将连长"到一线指挥作战。这样的全球组织模式能大大提高客户满意度、降低公司运营成本，公司能够获得更多的、更为优质的客户订单。

⑧ **持续优化价值分配体系。**有竞争力的、公平的、可持续的激励机制是一个企业必须面对和解决好的基本问题。"分好钱"一直是华为创立以来的关键成功要素。华为一直注重拉开奋斗者与一般劳动者之间的收入分配差距，华为通过股权激励骨干员工长期艰苦奋斗，通过"获取分享制"更为公平地分配价值，通过在全球实施 TUP 股权激励计划让回报向在岗奋斗者倾斜。任正非个人股权由 100% 稀释到不到 2%，体现了企业家的分享精神。华为股东全是员工，没有"只投钱不干活"的外部股东，体现了公司对劳动者价值贡献的尊重和认可。

⑨ **强化各级干部梯队培养。**企业人员越多，越需要合格的各级优秀干部进行领

导和管理。华为每年新增几千上万名员工，必须能够源源不断地为各个岗位培养和输送合格的干部。华为成立华为大学给各级干部循环"赋能"，任正非每年讲话中几乎都有对干部培养和管理的指导意见，华为强调到基层一线、艰苦地区锻炼和培养干部。华为强调干部的梯级培养，培养一批具有大视野的思想家和战略家，培养一批能够攻下战略机会点的指挥官，培养大批能够在一线冲锋陷阵的"少将连长"。

⑩ **建立全球统一的财经管理体系，实现账实相符**。企业持续成长的前提是持续盈利，全球化企业很可能由于财务管理不善而导致亏损和消亡。对于全球化企业而言，总部很难及时、准确、全面知晓各个国家代表处每天发生的业务情况，很难做到"账实相符"。华为花了8年的时间导入和完善IFS全球财经管理系统，向各个代表处派驻CFO和财经人员，对全球各个代表处的合同和资金等进行统一管理，要求各个代表处成为利润中心。华为对全球各个代表处进行统一的财经管理，不但能够及时有效监控各个代表处的运行情况和盈亏情况，而且可以最大限度地减少内部腐败，纯洁干部员工队伍。

⑪ **让企业文化在全球生生不息**。企业文化是将全体员工凝聚在一起的核心抓手，一个企业如果没有清晰的、一致的、与时俱进的、积极向上的、能够代际传承的企业文化，企业很可能会成为一盘散沙，失去持续前行的动力。随着华为全球化的扩展，华为在各个国家和地区招收的本地化员工越来越多，而且员工分布越来越广，华为企业文化的传承遇到诸多挑战和困难。华为新员工培训时重点灌输"奋斗文化"，华为要求员工主动到艰苦地区工作，华为不提拔没有一线工作经验的员工当干部，华为要求各级干部做奋斗的典范，华为的物质激励重点向奋斗者倾斜，华为的非物质激励也是导向奋斗和冲锋。华为持续通过各种有效方式，让"以客户为中心、以奋斗者为本、持续艰苦奋斗"的企业文化在全球员工中代代相传，生生不息。

⑫ **将现有优势耗散掉，形成新的优势**。企业优势积累容易产生怠惰，容易忽视危机，容易自以为是，企业辉煌的顶点往往会成为衰亡的起点。华为主动将现有优势耗散掉，形成新的优势，以保证企业能够持续、健康、稳健成长。华为将每年利润都分掉，让大家每年都要有赚钱的压力。华为每年以10%以上的收入投入到新技术、新产品的研发，也是为了耗掉现有优势，形成新的优势。华为不满足于在运营商业务方面的全球领先地位，提出在手机等业务上要赶超苹果、三星，要"再造一个华为"，也是为了耗散掉现有优势，形成新的优势。

附录：华为全球引领阶段发展大事记

年份	年销售收入（亿元）	员工总数	华　为	友　商
2011	2039	13.8万	成立四大事业部；实行轮值CEO制度；成立2012实验室；以5.3亿美元收购华赛	爱立信剥离手机业务；思科裁员1.29万人
2012	2202	14.6万	基层员工实施绝对考核；利益分配机制从授予制改为获取分享制；提出"力出一孔，利出一孔"；开展项目管理和知识管理变革；华为终端总部落户东莞松山湖	爱立信宣布裁员1550人
2013	2390	15万多	提出"聚焦战略，简化管理，提高效益"的年度目标；任正非提出华为10年内不上市，家族成员永不接班；在英国伦敦成立全球财务风险控制中心	华为年营业收入首次超过爱立信；诺基亚收购诺西；微软收购诺基亚手机业务
2014	2870	16万多	提出坚持主航道的针尖战略；智能手机跻身全球第一阵营；全球推行TUP持股计划	思科宣布裁员6000人
2015	3950	17万多	成为全球最大通信设备企业；提出手机领域要赶超苹果，5年内终端收入超越1000亿美元的目标	爱立信与思科合作5G业务；爱立信宣布裁员2100人；诺基亚收购阿朗；罗卓克接任钱伯斯思科CEO职位，钱伯斯留任董事长；中兴年营业收入首次突破1000亿元；华为年收入大幅超越思科；清华紫光收购惠普持有的华三通信

结语　华为会不会一直傻下去

　　一个企业长治久安的基础是接班人承认公司的核心价值观，并具有自我批判的能力。

——任正非（1998年）

经过28年的艰苦奋斗，华为实现了创业阶段的梦想，成为了一家"国际化的大公司"，全球通信市场"三分天下有其一"。华为并没有止步，正在向1000亿美元级的全球引领企业迈进！

前面四篇分别介绍了华为在艰难创业阶段、国内领先阶段、国际先进阶段和全球引领阶段的产品创新、经营理念、企业文化、战略思想和管理举措，大家可以分别研读各阶段内容，也可以按照主题将各阶段内容串起来研读。比如要了解华为的经营理念，大家可以通读四个阶段华为的经营理念章节，也可以重点了解华为在某个发展阶段的经营理念。

最后，笔者试图对全书进行一个总结，抛砖引玉，供大家参考。总结分为三个部分：

① **向华为学什么**：总结华为最值得创新型企业学习的有效做法，也可以理解为总结华为的"关键成功要素"，供各创新型企业学习、借鉴。

② **华为友商兴衰启示**：总结华为持续成功的友商的有效做法，总结华为走向衰败的友商的主要教训，与华为持续成功创新进行对照。

③ **华为会不会一直傻下去**：基于企业兴衰成败的关键要素，"预测"导致华为倒下的各种可能原因，期待华为能够持续坚持自我批判，成为基业长青的企业，成为我们持续学习的创新标杆。华为如果倒下，一定是在一个或者多个方面开始"聪明"起来了，没有坚持傻下去！

如果华为能够持续傻下去，能够坚持已经被实践证明的有效做法，能够持续坚持自我批判，能够避免重犯各个友商走向衰败的错误，那么华为就有很大可能从胜利走向胜利，甚至除了胜利，已经无路可走！

向华为学什么

从根本上说，华为的持续成功之道可以归结为两个方面：具有强烈企业家精神的创始人和规范有效、与时俱进的管理体系。创始人要"想干"，管理体系要保证"能干好"。不如华为发展快速和稳健的企业，要么创始人不如任正非"想干"，要么管理体系不如华为有效，要么两者都不如华为。"想干"是前提，"能干好"是保证。

扩展一些看，笔者归纳了华为28年年营业收入从零增长到近4000亿元的10条持续成功之道，供大家参考。从总结的各条，我们都可以看出华为创始人任正非及干部员工队伍的傻！更具体的华为最佳实践做法，大家可以深入研读各相关章节。

（1）有一个志向远大、持之以恒、领导力强、善于自我批判、善于学习、勤奋务实的创始人。

对于一家创业公司而言，企业发展史很大程度上就是企业创始人的成长史。创始人的追求、性格、能力、从业经历等很大程度上决定了创业公司的文化、走向、能走多久、能走多远。与人的基因对人的命运的决定性影响一样，对于企业而言，企业创始人就好比企业的"基因"，"基因"的特质很大程度上"先天"决定了企业的命运。从1987年44岁创立华为至今，28年来创始人任正非始终是华为的实际控制人，始终是华为的舵手和领袖，始终是华为的最后决策者。包括董事长孙亚芳、三位轮值CEO在内的各位高管的声望、影响力是无法与任正非相提并论的。可以说，没有任正非，就没有今天的华为！

企业创始人可以成就一个企业，也可能毁灭一个企业。正如任正非所言："企业家的生命可能会成为企业的生命"，企业的生命随着企业家生命的终结而终结！古今中外、历朝历代，国家、民族的命运与帝王将相的"能干"与否紧密相关。近200年来的企业发展史也不断在上演"富不过三代"的悲喜剧。这些，我们可以从本书总结的华为各个友商的兴衰史得到证明。很小的企业可能快速崛起，如思科、谷歌等；很大的企业可能快速衰落，如朗讯、北电、阿尔卡特等。

华为正在试图打破"企业家的生命就是企业的生命"这一魔咒。华为认为只要后续管理者能够始终坚持"以客户为中心，持续艰苦奋斗，持续自我批判"的核心价值观，华为就不会倒下。但这只是假设。华为的后续各代管理者能够始终坚持以客户为中心吗？能够始终坚持艰苦奋斗吗？能够始终坚持自我批判吗？正如同一个家族一样，后续各代能够始终坚持"家训"吗？正如同一个国家一样，"法治"真正能够代替"人治"吗？"后任正非时代"华为的最大挑战就是接班人的选择与华为核心价值观的传承。轮值CEO制度的真正有效性需要在"后任正非时代"才能得到真正验证。

（2）进入了一个大市场（电信设备），而且这个大市场是不断增长的。

一个企业能长多大，客观上取决于其所进入市场的规模和成长性，主观上取决于企业在竞争中获取市场份额大小的能力。市场规模很小，企业不可能长大；市场规模没有成长性，企业不可能持续增长。华为之所以能够在不到30年的时间内成长为年收入近4000亿元的企业，与进入了电信设备这个规模巨大、持续成长的市场密切相关。华为之所以提出要在2020年总收入超过1500亿美元、消费者业务五年内争取达到1000万美元的目标，提出营业收入要在5年内从200亿美元增长到1000亿美元，都是基于电信设备、手机市场还会持续增长，还有很大增长空间的判断。

当然，企业进入一个市场可能是主动决策的结果，也可能是被动选择的结果，可能会有一些"运气"成分。与人生之路一样，是人选择了路，还是路选择了人，有时候还真说不清楚，有很多机缘巧合的可能性。任正非也说，华为进入电信设备行业是误打误撞，是为了企业和自己"活下去"被动进入的。要是一开始就知道电信设备行业技术门槛如此之高、竞争如此之激烈、发展变化速度如此之快，以任正非当时的经历、实力和能力是不可能主动进入的。由此也可以看出，很多企业家创业不一定是"精心规划"的结果，有时是机缘巧合，有时是误打误撞，有时是只想赚点钱养家糊口，"活下去"！任正非开始创业时也只是想"活下去"，解决一家老小的生计问题。电信设备市场"三分天下有其一""要成为国际化大公司"的"远大理想"是在1995年成功"活下来"之后提出的。可见随着对一个行业市场的深入了解，企业家对企业发展的目标和方向才会逐渐明晰，追求高远目标也才会更有底气和自信，也才会有追随者信服。

外因通过内因起作用，决定一家企业最终命运的还是企业的能力和实力。华为开始创业时，进入交换机市场的企业有数百家，最后都灰飞烟灭了。如今只剩下"中华"还在全球通信厂商第一阵营。而且中兴与华为的差距越来越大。华为进入了规模和成长性都很大的市场，在强手如林的激烈竞争中，先后超越了国内、国际的绝大部分"友商"，成为全球市场引领者，这背后的持续成长之道正是本书研究的关键。这正说明，进入一个规模和成长性大的市场是企业持续成长的必要条件，而保证企业超越主要"友商"、实现持续快速成长的"经营之道"才是真正值得我们探究和学习的。"打铁还需自身硬"，"博傻"式地进入一个"很有前景"的市场并不能保证企业的成功！这也能解释为什么一个规模巨大的市场里"玩家"很多，但"胜出者"寥寥。

（3）持续高薪延揽、激励能干、肯干的人才。

人才是企业最宝贵的财富，得人才者得天下！作为一家知识密集型科技企业，华为各个岗位都需要足够多的、专业的、敬业的员工去做好各项极具挑战性的工作。"能干"才能将事情做好，"肯干"才能持续做好尽可能多的事。

华为通过开出远高于市场同类岗位的薪酬吸引优秀人才加盟，优秀人才加盟后又通过奖金和股权等方式留住优秀人才。2015年华为17万名员工中有8万以上（40%以上）是研发人员，有5万以上（30%以上）是市场人员。这样的员工数量和员工比例在中国科技企业中独占鳌头，在全球科技企业中也是凤毛麟角。具有足够多的优秀的研发人才，华为才能实现技术领先，源源不断地开发出具有市场竞争力的创新产品。具有足够多的优秀的市场人才，华为才能从国内市场走向全球市场，将产品和服务提供给全球一百七十多个国家（地区）的客户。一个具有卓越的产品研发能力和卓越的市场拓展能力的企业，再加上卓越的企业管理能力，怎么能不走向全球引领地位呢？

在让"能干"的员工"肯干"方面，工资、奖金和股权等物质激励是华为非常重要的、基础的激励手段。此外，华为的企业文化和管理制度也起到了重要的导向和控制作用。华为的企业文化强调"以客户为中心""艰苦奋斗"和"自我批判"，并且各级管理者以身作则、率先垂范，对员工起到了很好的导向和引领作用，起到了"蓬生麻中，不扶自直"的同化作用。华为各个领域规范的、IT化的、端到端的流程和制度则对员工的行为起到了指导、监督和控制作用，让员工想捣乱、想犯错误、想不作为、想低效工作都很难。可见，企业文化引导、物质激励和有效管理是吸引优秀人才、留住优秀人才、让优秀人才充分发挥潜能，做出巨大贡献的三大关键抓手。

（4）持续坚持以市场需求为导向的高研发投入。

任正非在创业之初即深刻认识到，一个企业要持续经营，一要把握客户，二要控制货源。把握客户即企业要有源源不断的能带来收入的客户群，控制货源即企业要能够源源不断地为客户提供具有市场竞争力的产品和服务。简而言之，把握客户就是要拓展市场，控制货源就是要研发产品。因此，华为在这两个方面投入了全公司70%以上的人员，一手抓市场，一手抓产品，两手一起抓，长抓不懈！

在产品研发方面，华为有以下做法值得我们学习：

① **敢于投入**。任正非认为，创新投入有风险，不投入风险更大。只有敢于投入，才有机会赶超主要竞争对手，才有机会在激烈的市场竞争中胜出。后发企业只有投入比先发企业更大、更持久，才有可能持续生存下去。高投入高回报，低投入低回报，没投入没回报。种瓜得瓜，种豆得豆！

② **持续坚持研发大投入**。华为从创立以来，坚持每年10%以上的营业收入和40%以上的人员比例投入研发，每年研发费用花不完相关领导要问责。这样数十年如一日的大规模投入成就了华为，华为由模仿、追赶走向了引领。

③ **产品研发要对商业化成功负责**。华为在创业之初就认识到，作为科技型企业，技术领先非常重要，但是技术是为产品市场成功服务的。只有赚钱的产品才是好产品，不赚钱的产品实际上是耗费企业的资源。任正非要求华为的研发人员不要成为去拿诺贝尔奖的科学家，而要成为"科学家商人"，要将企业研发与纯粹的科学研究区别开。

④ **以市场需求为导向研发产品**。华为强调，产品研发一定要需求驱动，而不能技术驱动。技术是为实现客户需求服务的，不能为实现客户需求做出贡献的技术对企业而言都是无价值的、是浪费公司资源。只有满足客户需求，让客户满意的产品才是好产品。技术很先进、功能很多、性能很强但客户不需要的产品不是好产品。

⑤ **产品研发要聚焦主航道，不受短期的、非战略性机会诱惑**。华为近30年一

直聚焦于电信设备领域，没有投资房地产，也没有大量投资并购非相关产业，主要通过投资于内部产品开发实现"有机增长"。华为通过对准一个大的战略机会领域，聚集资源，持续不断地实施饱和攻击，走向了全球引领地位。

⑥ **重视技术预研和基础研究**。科技企业不能技术驱动，但是技术很重要，技术是实现产品功能和性能，满足客户需求的手段。提前进行技术预研，产品就有可能率先进入市场"机会窗"，获得由先发优势带来的高额利润。在由追赶走向引领后，华为加大了基础研究的力度，通过在芯片、算法、材料和操作系统等领域的基础研究，逐步成为行业的标准制定者和市场引领者。

（5）采取"狼狈"组合强投入拓展所有市场，不放弃一个目标客户。

对于企业成长来说，产品创新能力是前提，市场拓展能力是保证。产品做不好，市场拓展能力再强最后也会劳而无功，甚至坏了企业口碑。同样，产品做得好，但市场拓展能力不强，也会影响产品的销量和企业的成长速度，酒香也怕巷子深。华为创业初期，面对的是极其强势的电信运营商客户和"神一样"的国际通信巨头竞争对手，而自身既无品牌影响力，又无规模和实力，只能通过坚持不懈的艰苦奋斗，一点一滴地"侵蚀"友商的"地盘"。

综观华为各发展阶段的市场拓展做法，总结如下要点供参考：

① **强力投入市场拓展工作**。华为将市场拓展工作放在与产品创新同等重要的地位，从创业之初就投入巨大人力进行市场拓展工作。华为管理层高度重视市场拓展，创始人任正非身先士卒，走遍了全球每个市场，拜访了大量运营商客户。华为现任董事长孙亚芳和几位轮值CEO都有拓展市场和管理市场的经历。董事长孙亚芳入职华为最初的职位就是长沙办事处主任。

② **采取"农村包围城市"策略，避实就虚，一点一滴"蚕食"友商"地盘"**。基于自身的品牌知名度、产品质量和资金实力，华为在国内、国际市场拓展都是避开主要友商的锋芒，从主要友商不关注的或者无暇顾及的非主流市场、非主流客户起步，逐步进入主流市场，逐步成为主流客户的战略合作伙伴。华为国内市场拓展从农村、县乡市场逐步走向省市和中心城市市场，国际市场拓展从亚非拉等发展中国家市场逐步走向欧美等发达国家市场。

③ **不放弃任何一个目标市场和目标客户**。华为在目标市场和目标客户的拓展上具有"战略耐心"，不管近期有否订单，坚持不懈，持续跟进，不抛弃，不放弃。华为6年坚守俄罗斯市场、艰难拓展北美市场等事例就很好地说明了华为对目标市场和目标客户的坚守。通过数十年如一日的长期坚守和开拓，华为已经成为在全球一百七十多个国家（地区）都有客户和业务的真正意义上的"全球化大公司"。

④ **建立普遍客户关系**。华为强调要与客户中各个层面的人员都搞好关系，不能

短视地只注重与客户决策者、客户高层建立友好关系。大客户决策越来越偏向集体决策,与客户中产品和服务的决策者、采购者、使用者、维护者和影响者都要建立长期、友好的关系。

⑤ **培育和建立强有力的市场干部队伍**。华为非常注重市场干部队伍建设。在度过生存期后,任正非即要求市场部由游击队转向正规军,由麻雀战转向阵地战。1996年华为发起市场部干部集体大辞职,调整了一批不能胜任岗位需求的办事处主任,希望"凤凰展翅再飞翔"。1999年华为发起市场部正职集体大辞职,调整了一批不能胜任岗位需求的各区域市场一把手,期待"烧不死的鸟"成为"凤凰"。

⑥ **挑选优秀市场人员拓展海外市场**。在拓展海外市场初期,直接从各海外市场当地招聘市场人员证明是不成功的。华为随即采取"撒豆成兵"策略,从国内各办事处选派优秀市场人员"投放"海外各个国家市场。这些市场人员虽然一开始可能语言不通、不熟悉当地风土人情,但是带来了华为敢打硬仗、敢啃硬骨头的"狼性"精神。事实证明,华为在进入海外市场初期选派国内优秀市场人员奔赴海外的做法是正确的、是成功的。这些市场人员将华为艰苦奋斗的精神带到了全世界,并且在世界各地生根发芽,茁壮成长。

⑦ **以真诚、优质服务获取客户信任**。在品牌知名度、成功案例和产品品质均不如人的情况下,华为与客户交朋友,通过真诚感动客户,获取渗透机会。通过优质服务弥补产品品质不足,解除客户后顾之忧,赢得客户信任。

⑧ **不同产品、不同客户采取不同营销模式**。华为创立初期以运营商客户为主,主要采取人员直接营销方式建立客户关系,获取客户订单。随着企业客户和消费者客户成为华为的重要客户,华为的营销模式也在与时俱进,持续优化。华为企业业务主要采取渠道代理模式,通过代理商拓展客户,坚持"被集成战略"。华为消费者业务采取的营销模式更为多样。初期手机业务主要为电信运营商定制,通过电信运营商渠道进行销售。2011年以来,华为采用自主品牌销售手机,营销模式包括自建终端形象店、渠道销售以及"华为商城"网上销售等。随着越来越面对企业和个人客户,华为也开始从神秘、低调走向公开、"高调",主动接受媒体采访,大量投放广告。

(6)持续优化运营与交付管理,坚持高质量、准交、服务好、运作成本低,优先满足客户需求。

产品创新是"做出好卖的产品",市场拓展是"将好卖的产品卖出去",而运营与交付则是"将好卖的产品交付给客户并将钱收回来"。产品创新、市场拓展、运营与交付共同构成了企业日常经营管理最重要、最基础的三大职能。

华为从创业之初就非常重视产品的运营与交付管理,持续优化供应链管理、采购管理、仓储管理、物流管理、生产管理、质量管理和成本管理等运营与交付管理的主要方面。华为的客户分布在全球一百七十多个国家和地区，客户类型包括电信运营商、企业和个人消费者，产品品类成千上万种，如果没有规范、有效和高效的运营与交付管理体系，是不可能按时、按质、按量、低成本地交付各个客户订单的。

笔者将华为在不同发展阶段的主要运营与交付管理举措总结如下，供参考：

在艰难创业阶段，华为在1995年就提出要建立世界一流的生产体系，开始大规模推行ISO9000流程体系，提出物料采购要向国际化大公司看齐。

在国内领先阶段，华为通过推动ISC变革，建立起了世界一流的供应链体系。华为高起点、大手笔进行生产布局，硬件与软件同步建设，改造生产工艺体系，提高生产质量和生产效率。1996年华为开始开展QC和5S活动，推行精益生产，在超大规模销售的基础上建立敏捷生产体系。华为提出质量是企业的自尊心，推动质量管理和质量保证体系与国际接轨，持续提供符合质量标准和顾客满意的产品。

在国际先进阶段，华为持续规范运营与交付管理，持续提高效率，降低成本。华为公司聘请德国国家应用研究院（FhG），系统规范生产管理和质量体系，聘请IBM刚退休的资深采购总裁做采购部总裁，系统规范采购管理。通过借助外部顾问，华为的生产管理、质量体系和采购管理在较短的时间内达到了国际先进水平。2006年，华为聘请日本新技术公司作为精益改革顾问，深入研究精益生产理论和丰田生产系统。推行精益生产模式后，华为有效提升了生产效率，控制了生产成本，并增加了公司利润，进一步增强了公司在国内外市场的竞争优势。

在全球引领阶段，结合全球交付的现状，华为提出要逐步减少区域中心仓库二次分拣式生产，将采购政策调整为"质量为先"，而不是价格优先。华为严控代工风险，只选最优供应商。华为提出，质量是华为与供应商合作的基础。

（7）重视管理，大投入聘请业界最佳的咨询公司，以绩效改善度量管理规范的有效性。

在管理方面，华为与其他企业最大的不同就是非常重视管理，敢于在管理规范和管理改进方面进行持续的大投入。华为认识到，企业之间的竞争最终是管理水平的竞争，提高管理水平的"捷径"就是与业界最佳的咨询公司合作，快速将咨询公司的管理知识转化为企业的管理能力。可以说，与业界最佳的咨询公司合作，持续规范管理、持续提升管理水平是华为公司的"关键成功要素"。管理能力已经成为华为公司的核心竞争力。这与很多企业不重视管理，不愿意在管理上进行投入，依靠创始人和各级管理者的"经验"进行管理形成了鲜明的对比。这也是这些企业"长不大""活不长"的核心原因。试想一下，如果华为没有及时规范组织管理、研发管理、供应链管理、生产管理、订单管理和财经管理，还会有现在17万人的华为吗？华为是不是早就土崩瓦解、分崩离析了？

以下是华为借助"外脑"规范的主要管理方面：

1998年，华为发布和推行《华为公司基本法》，明确公司发展目标、方向、策略，统一干部员工思想认识。

同年，华为花费4800万美元与IBM合作，导入IPD体系（集成产品开发体系），系统规范企业研发与创新管理。IPD体系从1998年正式启动到2002年所有研发项目导入IPD体系运行，前后历时5年。

1999年，华为与IBM合作导入ISC体系（集成供应链管理），系统规范采购、库存管理、生产制造、产品交付和售后服务等环节的管理。该项目1999年启动，2003年结束，前后历时5年。

2000年，华为与美国Hay公司合作，规范公司薪酬和绩效管理体系。

2005年，华为与美国Hay公司合作，建立领导力素质模型，培养面向全球发展的领导者。

2007年，华为与IBM合作，导入IFS财经体系，建立面向全球市场的端到端的、规范的、高效的财经管理体系。该变革项目到2014年结束，前后历时8年。

（8）坚持辩证、创新的经营理念，不走寻常路。

理念决定决策，决策决定行动，行动决定结果。对于一家企业而言，企业创始人及管理团队的经营理念很大程度上决定了这家企业会走向何方，会走多远，会走多久。企业经营理念是企业家对于为什么要经营企业，企业是什么以及应该如何经营企业的观点与看法。如果企业负责人认为企业经营的目的就是尽可能快、尽可能多地赚钱，那么企业的决策很可能会导向短期行为和机会主义，最终的结果很可能是不但没有赚到钱，而且老本也亏光了。如果企业负责人认为经营企业的主要目的是做成一件人家没做过，或者没做好的事，得到客户和社会的认可，那么企业经营就会有长远看法，就会想尽办法洞察和满足客户需求，虽然没想着赚多少钱但最终赚了不少钱。作为企业创始人和经营者的任正非，既是创新企业家，也是商业思想家，还是管理哲学家。经营理念是"道"，管理方法是"术"，任正非领导华为公司持续在明"道"优"术"。

华为公司的经营理念和管理方法明显体现了"中道西术""中魂西智"的特点。华为公司的经营理念以东方哲学为主，华为公司的管理方法主要师法西方现代管理理论。华为经营理念体现了辩证、正反、奇正、消长、平衡、中庸、灰度等哲学思想，华为管理方法强调可度量、可重复、可移植、可优化。上条列出的各种流程管理方法都是向西方公司学习的。任正非的经营理念主要来自于中国哲学、毛泽东思想以及战争理论等。这样中西结合、兼容并蓄、不走极端、不计宗派的实用主义

"华为管理"，正是华为从与诸多中外友商的激烈竞争中脱颖而出，从胜利走向胜利的根本原因。这也是"华为管理"引起越来越多中外学者浓厚研究兴趣的主要原因。

通过以下总结的华为主要经营理念，可以看到华为经营理念的辩证性、创新性和实用性：

① **对企业生死存亡的看法**：愈挫愈奋，屡败屡战；变危机为机遇；未雨绸缪，准备过冬棉袄；要么领先，要么灭亡，没有第三条路可走；除了进步，我们已无路可走；管理与服务的进步决定企业的生死存亡；欲生先置于死地，主动远离舒适区；只有瞄准业界最佳才有生存的余地；企业活下去的两个要素：一是客户，二是货源；企业要一直活下去，不要死掉；企业的生命不应是企业家的生命；由于优秀，所以死亡；若天天思考的都是失败，则会对成功视而不见；成功的背后是牺牲；危机来临时，要想办法活下去；越困难时越要看到希望；越在困难时越要看到光明的前途；搞死自己是自杀，把大家都搞死了，是杀人；在过剩时代，谁多一口气，谁就能活下来；胜利的曙光就是活下去；挣大钱死得快，挣小钱不用死；繁荣的背后充满着危机；在最好、最繁荣的时候讨论华为的崩溃和衰退；公司越强大会越困难；华为还没有成功，华为离成功还很远。

② **对企业发展的看法**：内部机制对企业发展起决定性的作用；先生产，后生活；创新投入有风险，不投入风险更大；创新是发展的不竭动力，不创新才是最大的风险；越不敢投入，越没有未来；要敢于走别人没有走过的路，寻求对未知领域研究的突破；坚持理性的客户需求导向；年度研发经费用不完，要问责；掌握核心，开放周边，在自主开发基础上广泛开放合作；既要抓销售额，也要抓回款；在国内市场暂时不景气时，要大力拓展国际市场，东方不亮西方亮，黑了南方有北方；不从事任何分散公司资源和高层管理者精力的非相关多元化经营；在国内确立领导地位的基础上进军国际市场；不追求利润最大化，追求成为世界级领先企业；没有规模，就没有低成本；只有保持合理的增长速度，才能永葆活力；要顺势而为，不要与趋势为敌；面对未来的风险，要以规则的确定来对付结果的不确定性；不离开传统去盲目创新，坚持"鲜花插在牛粪上"；要建立开放系统，不要"自主创新"；创新应该是有边界的，不是无边界的；最好的防御是进攻，要敢于打破自己的优势；要进攻自己，逼自己改进；华为走的路都是爬北坡的路；聚焦，不多元化。

③ **对企业管理的看法**：一个不善于总结的公司是不会有什么前途的；在管控的基础上授权；通过自我批判，强力推行管理变革；事业部既要开放，又要有效控制；既要变革，又要保持稳定；在严格控制下进行变革；管理有效性决定企业成败；要小步快走地持续改进，而不要大跃进；小改进，大奖励；大建议，只鼓励；"从心

所欲不逾矩"就是自由；组织效率取决于管理短板；外延的基础是内涵的做实；既要规范管理，也要持续创新；既要精细化管理，也要扩张；要持续优化，不要让小震形成大震；要抓高质量基础上的低成本；要容忍反对意见，任何层面都要容许有蓝军存在；"蓝军"要想尽办法来否定"红军"；前方指挥后方作战；变革不要走极端，要有灰度；困难时期不要亏待同盟军，要让同盟军活过冬天；要分掉每年利润；要将现有优势耗散掉，形成新的优势；持续优化管理，防止过度管理；用规则的确定性来对付结果的不确定；需要辩证看问题，不能走极端。

④ **对竞争的看法**：要成为大公司，才能与大公司竞争；通过内部"红军"与"蓝军"的相互碰撞完善产品线规划；可以与竞争对手合作开发新产品，共同降低成本；向竞争对手学习，竞争对手是企业的良师益友；要与友商合作，要以土地换和平；品牌不是宣传出来的，是打出来的；企业间的竞争本质上是管理水平的竞争；追赶容易，领队不容易；不要自己被自己颠覆；最大的敌人就是我们自己。

⑤ **对人才培养的看法**：科技企业发展主要靠人，而不是资源；坚决不让绩效优秀的人吃亏，让绩效优秀的人先富起来，使千百人争做绩效优秀的人；不搞终身雇用制，但可终身雇用；以物质利益为基准，是建立不起一个强大的队伍的；华为最大的优势和劣势都是年轻；"要脸"的干部不是好干部；不犯错误的干部不是好干部；高层要做势，基层要做实；越是困难时期，越要磨炼队伍；在艰苦地区培养干部；在逆境中产生将军；铁军是打出来的，兵是爱出来的；干部无私就是最大的"自私"；正职与副职要形成"狼狈"组合；各级干部要理解"深淘滩、低作堰"的深刻哲学；培养先进员工，劝退后进员工；要减轻员工非主业务的负担；不要集中精力去改正缺点；要理解、支持"歪瓜裂枣"式的人才；做事要充满霸气，做人一定要谦卑；华为给员工的好处就是"苦"。

（9）具有敏锐的战略眼光，未雨绸缪，提前预警，应对风险与危机，有效把握公司发展节奏。

任何企业的经营如同航行在大海中的船只一样，有风平浪静之时，也会有惊涛骇浪之日，甚至会有触礁沉没之险。在大海平静的表面下，往往是激流涌动，无一刻太平。企业家要视经营风险和危机为常态，要将经营风险和危机纳入"例行工作"进行管理，而不能当成偶然发生的"例外事件"处理。企业家如果能够提前洞察和预见可能的经营风险与危机，就可以早做准备，积极应对，减少风险和危机对企业的影响。当然，最重要的还是通过企业制度和流程的建设，尽可能规避风险和危机。正如任正非所说，要通过规则的确定性对付结果的不确定性。任正非认为，华为的成功在于踩准了发展的节奏，在每个阶段基本上都做好了应该做的正确的事。踩准节奏不是靠运气，而是靠企业家的战略眼光和洞察力。

在 2000 年互联网泡沫危机中，朗讯、阿尔卡特、北电等曾经风光一时的电信设备巨头纷纷快速衰落，最终沦落到合并或破产的境地。任正非在 2001 年发出"华为的冬天"即将到来的呐喊，要求华为人准备好"过冬棉袄"。华为为在"冬天"活下来采取了以下"过冬"举措：

① 华为 2001 年卖掉非核心业务安圣电气获得 60 亿元"过冬"资金。

② 任正非要求市场部门减少签约，狠抓回款。

③ 实施"内部创业计划"，裁撤部分员工，将员工转变为公司的代理商、经销商。

④ 任正非要求全体员工迎接挑战，苦练内功，迎接春天的到来。任正非提出"活下来是我们真正的出路"。

（10）通过及时有效的讲话，对公司施加有效的影响，既能抓住要点，又能切实可行。

任正非曾说，自己主要是通过讲话，通过思想对公司进行管理。愿意认真阅读其讲话的员工就会成长比较快。任正非也希望将其讲话向社会传播，以期对社会有价值，为社会做出贡献。笔者对任正非及华为管理团队 1994 年—2016 年公开的二百多篇共计一百多万字的讲话稿进行了系统梳理。笔者认为，任正非的讲话是最值得各位企业家学习的，大家可以从其原汁原味的讲话中感悟到任正非的经营理念、管理思想和人格魅力。这也是笔者花费巨大精力写作本书的主要原因。

任正非在华为不同发展阶段的讲话都是有感而发，都是针对华为当时存在的主要经营管理问题的。任正非讲话是华为管理团队行动的起点，通过行动落实讲话精神，达成管理改善目标。通过内部邮件方式给全体员工发送任正非讲话稿，能够让分布在全球一百七十多个国家和地区的全体员工及时了解公司最高管理层的意图、要求和期望，便于统一全体员工的思想、认识和行动，尽可能避免曲解、误解和延误。

除了新闻通稿之类的讲话，任正非的讲话稿都是自己亲自撰写的，并且经过反复斟酌和多次修改。任正非的讲话既旁征博引，又通俗易懂；既立意深远，又贴近现实。任正非不断思考企业"如何活下去"，并将自己的思考心得进行总结，以讲话稿的方式与公司管理层及员工沟通，在企业经营实践中检验自己观点和思路的正确性，通过持续自我批判不断优化、升华经营理念。正如任正非所言，一个不善于总结的公司是不可能有什么前途的。换个说法其实就是，一个不善于总结的企业家带领的企业是不可能有什么前途的！任正非正是通过每年发布数篇讲话稿的方式不断从实践中总结和提炼华为的经营理念和管理方法，指引华为公司披荆斩棘，乘风破浪，走向全球引领地位。

华为友商兴衰启示

企业是由多人组成的组织。由多人组成的组织的寿命往往活不过一个人的寿命。据美国《财富》杂志报道，美国中小企业平均寿命不到 7 年，大企业平均寿命不足 40 年。而中国中小企业的平均寿命仅 2.5 年，集团企业的平均寿命仅 7~8 年！美国每年倒闭的企业约十万家，而中国每年倒闭的企业有 100 万家，是美国的 10 倍。不仅企业的生命周期短，能做强做大的企业更是寥寥无几。现在中国人均寿命在 70 岁以上，与人相比，大部分企业在幼儿期、少年期就已经"夭折"了！是外部环境所限，还是自身"基因"缺陷？

基于对华为及其各个友商兴衰的研究，可以看到很小的企业可能快速成长，成为参天大树，比如思科和华为；很大的企业也可能轰然倒下，走向衰亡，比如北电。持续成长的企业一定是持续"做对了"很多事情，而走向衰亡的企业也一定是一次或者多次"做错了"一些事情。追求持续成功的企业要学习持续成功企业的"最佳实践做法"，要避免重犯走向衰亡企业犯过的错误。笔者分别总结华为各友商的成功做法和所犯的错误，供参考。

（1）持续成功企业如思科、爱立信等的有效做法。

① **聚焦少数领域构建持续领先优势**。思科自成立以来一直聚焦数据通信领域，在技术和产品方面都领先研发，大幅拉开与主要竞争对手的差距，形成强者恒强的局面。爱立信虽然涉足的领域比较广，但在电信运营商系统设备领域一直通过大规模持续投入保持领先地位。至今，这两大友商仍然是华为需要持续赶超的对象。2015 年，思科和爱立信强强联手、展开合作，华为将面临更大的竞争压力。

② **快速改正错误，避免企业崩溃**。2007 年—2009 年，思科花巨资并购了多家大型企业，过度扩张导致企业利润快速下滑。思科在 2010 年大幅放缓了并购步伐，并通过适当裁员等方式顺利渡过了金融危机。

③ **危机来临时及时、果断有效应对**。受互联网泡沫危机影响，2001 年第一季度思科巨幅亏损，股票市值在 45 天内跌去了 90%。思科迅速采取裁员 18%、控制成本和谨慎并购等手段，在 2013 年实现了大幅盈利，重新走上快速成长之路。在 2000 年的互联网泡沫危机中，爱立信也同样遭遇重创，在高速增长 10 年后陷入亏损。2001 年第一财季，爱立信推出了降低运营成本和提高效率的"成本控制计划"，并实行了"瘦身行动"。另一方面，为了应对市场和行业的变化，爱立信开始了市场战略的调整，聚焦核心业务，剥离非核心业务。

（2）从走向衰亡的华为友商如朗讯、阿尔卡特、北电等可以总结出如下导致企业走向衰亡的错误做法。

① **多领域、无关多元化发展不是企业有效的成长战略**。诺基亚20世纪80年代的盲目多元化导致企业严重亏损，聚焦手机和通信业务后创造辉煌。华为始终坚持在通信主航道进行持续投入，不为外界各种诱惑所动，即使成长到数千亿元规模还坚持"针尖战略"，这是华为从零起步走向全球领先的根本原因。爱立信、思科、苹果、谷歌等保持持续成长的企业都是专注的企业，而非多元化企业。三星公司在消费电子领域落后于苹果，与其多元化战略不无关系。一个企业家穷其一生都很难将一个产业做到全球领先，何况涉足多个领域呢？

② **缺乏企业家精神的企业终将走向衰亡**。一个企业如果没有一个人（或者一群人）将企业的生命视同自己的生命，为企业的发展殚精竭虑，那么这样的企业终将会成为一盘散沙，走向衰败和消亡。西方职业经理"控制"的企业同样由于企业家精神的缺失而走向衰亡，如北电等就是这样的典型。被职业经理"控制"的企业很可能为了迎合资本市场股价的上涨而减少对未来的投入、做高利润，甚至财务造假，以获得个人股票和期权等收益。

③ **不能及时预见和有效应对重大危机会导致企业"崩盘"**。危难见水平，在困难时期就可看出谁在"裸泳"。很多国际通信巨头在2000年互联网泡沫破灭前夜达到了"辉煌的顶峰"，股价创历史新高，比如朗讯、北电。但是当网络泡沫破灭后，朗讯、北电网络的股价暴跌，经营出现巨额亏损。正所谓要使其灭亡，先使其疯狂！这些企业一是在危机到来之前缺乏警惕，过于狂热；二是在危机发生之后缺乏有效应对措施，从而走向衰败。

④ **疯狂并购不是企业有效增长方式**。思科（曾）也由于过度并购而产生亏损，不良并购通常会带来以下问题：现金流枯竭、整合困难、回报远低于并购前承诺。通过自主研发创新产品的"有机增长"才是企业良性增长的主要方式。华为主要是有机增长，联想主要是并购增长，大家可以看到现在两家企业的盈利能力以及发展前景的巨大差异。国内一些上市公司从股市上融了几个亿、几十个亿的资金后就开始大搞并购，偏离、放弃甚至改变了企业的主营业务，企业创始人沉湎于资本游戏，热衷于公司"市值管理"。这些做法很可能是在重复很多西方公司走向毁灭的老路！

⑤ **技术偏执是创新型企业的大敌**！摩托罗拉由于技术偏执投巨资搞铱星卫星手机系统走向衰败，作为"手机发明者"的手机霸主地位让位于客户需求导向的诺基亚。北电网络由于片面追求技术领先，走错方向，并且一错再错，濒临破产。华为、中兴、思科、爱立信等以市场需求为导向的企业则持续、快速成长。技术是手段，通过产品创新实现商业成功才是目标！很多技术创业者很容易走向技术偏执而不能自拔，导致创业失败。

⑥ **财务造假是自取灭亡。**华为作为一家非上市企业，从2006年开始公开企业年报。华为公司非常注重财务管理规范，非常看重财务人员的道德水准。华为认为诚信是企业最大的财富。

⑦ **过度依赖单一产品和（或）单一市场的企业风险巨大。**UT斯达康成败皆因小灵通，随着小灵通市场的兴起企业快速崛起，随着小灵通市场的萎缩企业走向衰落。华为在运营商市场布局了全系列产品，同时在企业市场和消费者市场也逐步介入。这样不但增强了抗风险能力，而且也为成为持续稳健增长的大公司奠定了基础。

⑧ **有法律和道德风险的创业难以成功。**港湾网络的短暂崛起和快速被老东家华为"绞杀"说明，从企业离职的创业者最好不要选择和老东家直面竞争。利用先前从业企业的技术、商业秘密、客户关系创业，甚至从先前从业企业挖人，不但有道德风险，更有可能被追究法律责任，在"江湖"上也不一定有好名声。

⑨ **简单的合并不能增强企业核心竞争力。**诺基亚与西门子的通信业务合并组成诺西，阿尔卡特与朗讯的通信业务合并组成阿朗，然后诺基亚并购诺西，最后诺基亚并购阿朗，昔日的全球通信市场四巨头终于组成了一家"四合一"的企业。然而无论是二合一还是四合一，企业的核心竞争力并没有显著提升，企业的财务状况也很不理想。这些合并只是延缓了死亡，并没有发挥一加一大于二的效应，并没有帮助这些企业成功存活。由此可以看出，规模并不一定等于竞争力，以短期财务报表好看为导向的并购从长期来看可能会对企业造成很大伤害。企业之间合并不是简单的合并财务报表这么简单，牵涉到价值观、文化、地域、组织模式、管理模式等诸多方面，可以说真正成功的案例非常鲜见。

⑩ **在快速发展变化的行业，一旦落后很难再有东山再起的机会。**在高新技术行业，3～5年可以完成一代产品的更新换代，一代跟不上，下一代就更跟不上。比如说某企业移动网络的3G没跟上，4G就很难有机会，5G更跟该企业没关系了。因此，高新技术企业之间的竞争是逆水行舟，不进则退，进步慢了也是退步。正如任正非所言，在高新技术行业企业要么领先，要么死亡，没有第三条路可走！

⑪ **"路径依赖"是阻碍企业持续创新的大敌。**"路径依赖"是指固守以前的成功，认为以前的成功做法可以持续下去。"路径依赖"的企业对环境、技术、市场、客户需求以及竞争对手等的巨大变化视而不见，或者反应迟缓，等到反应过来时已经为时过晚，大势已去。比如诺基亚固守功能手机的辉煌，对苹果智能手机的出现反应迟缓，最终由手机市场的全球领导者沦落为被微软收购的命运。诺基亚固守功能机市场、柯达固守胶片相机市场等都是"路径依赖"导致企业走向衰落的典型案例。世易时移，变化宜矣！

⑫ **互联网思维、商业模式创新等不是企业持续成功的关键要素。**一些企业不将

主要精力用在洞察客户需求、开发超出客户期望的产品上,而是人云亦云地沉湎于"互联网+"、商业模式创新、电商等虚幻的时髦概念之中不能自拔。这些机会主义导向、赚快钱导向的企业最终几乎无一例外都是丧失了成长机会、亏光了自有资本和投资人的钱。2010年以来甚嚣尘上的"互联网思维"很可能会沦为昙花一现的闹剧。一家没有深厚的人才、管理、技术和市场等积累的企业就如同建立在沙滩上的大厦,建得越高,倒得越快。企业如同人或树木一样,不能拔苗助长,不能违背基本的成长规律。企业不应成为缺乏自我判断能力的"傻猪",更不应成为不停寻找"风口"的看起来很"聪明"的猪!

华为会不会一直傻下去?

与人一样,企业再长寿也会有倒下的那一天。企业所能做的是尽可能活得长久一些,活得健康一些。从整个社会来说,适者生存、优胜劣汰是自然法则,无可避免。但是,过多的企业倒下,或者企业过早倒下,对整个社会而言是一种资源浪费。员工失业或者员工频繁地转换工作,对社会稳定和家庭幸福都是有害无益的。任正非希望,企业的生命不要成为企业家的生命。也就是说,企业的生命不应该随着创业企业家生命的终止而终结,最好能够一代一代地健康传承下去。

华为能否成为基业长青的企业?作者认为关键取决于华为会不会一直傻下去,会不会一直坚持28年来的成功实践,一直坚守持续成功的"傻基因"。如果华为哪天在一个或者多个方面不再傻了,变得"聪明"起来了,那华为离走向衰亡也就不远了。

综观近一百年来的全球企业发展史,结合对华为及其友商兴衰成败的研究,笔者在此善意地斗胆"预测"华为可能不再傻的N个方面,期待能够对华为的持续健康发展起到些许警示作用,对众多创新型企业的持续稳健成长也能有所裨益。

① **华为创始人任正非自己不再傻了**:任正非持续在位,骄傲自满,自以为是,**故步自封,或者瞎指挥**。2016年,任正非已经72岁"高龄",即使延期退休也早已过了退休年龄,但现在的华为仍然在任正非的强力掌控之中。作为"40后"的任老先生能否与时俱进,能否持续自我批判,能否持续引领以"80后""90后"为骨干的全球将近20万名员工从胜利走向胜利?这一疑问只有时间能够回答。

② **华为管理团队不再傻了**:任正非真正退休后缺乏强有力的领导者,**管理层内耗严重**。至今,任正非在华为的威信和影响力无人能够匹敌。任正非退休后可能形成"权力真空",缺乏有足够威信和能力的、强有力的领导者带领华为继续大步向前。高层领导者、区域和事业部管理者、部分任正非家族成员之间可能会引发长期

的权利争斗，形成严重内耗。管理层严重内耗带来的结果是决策错误、决策迟缓、决策不能有效执行，最终导致企业发展"失速"，企业发展停顿或走向衰亡。

③ **华为干部员工不再傻了**：**华为干部员工自傲自负，官僚化严重**。随着华为在全球的竞争对手越来越少，华为在多个领域登顶全球，华为领导层和各个层面的干部员工会不会滋生和蔓延骄傲情绪？会不会听不进客户和合作伙伴的意见？会不会形成门难进、脸难看、事难办的衙门官僚作风？会不会失去客户和合作伙伴的尊重和信任？从上到下的自傲和官僚化会使华为背离其成功法宝——核心价值观，不再坚持以客户为中心，不再坚持艰苦奋斗，不再坚持自我批判。

④ **华为决策不再傻了**：**误判方向并且一意孤行**。一些企业创始人或者高层管理者以赌博心态进入投入巨大的、没有前景的技术、产品开发领域，并且一意孤行，拒绝回头，最终导致企业耗尽资金，走向衰亡。在高新技术企业，由于技术偏执而走向衰亡的案例比比皆是。摩托罗拉由于投入耗资巨大的铱星卫星项目而元气大伤。华为能否始终坚持基于客户需求导向的创新？能否及时进行决策纠错？正如任正非所言，跟路容易，领路不容易！华为在领路过程中难免不走错方向，关键是要能够及时发现"此路不通"，及时"止损"和"转向"，避免由于决策失误而引致企业元气大伤！

⑤ **华为投入不再傻了**：**不再聚焦，进入非相关多元化领域**。聚焦一直是企业有效的战略，一直是思科、爱立信、苹果、华为等持续卓越公司的成功之道。任正非说，华为的成功之道就是持续聚焦电信业务这个主航道，采取"针尖战略"，聚集资源，数十年如一日持续对准一个口子实施饱和攻击，最终走上了全球领先地位。在接下来的数年、数十年内，华为还会持续坚持"针尖战略"吗？会不会为了增长而进入与电信不相关的领域？会不会成为电信运营商？会不会搞房地产？这些问题的答案取决于后续管理团队能否坚守华为的经营理念，能否坚守华为的经营战略。

⑥ **华为增长方式不再傻了**：**盲目大幅并购，消化不良**。朗讯1997年—1999年连续3年疯狂并购，为互联网危机中由盛转衰埋下了祸根。华为创立28年来主要通过自主产品研发实现了持续、健康、快速的"有机增长"。如果后续华为不再将内生式的"有机增长"作为核心增长战略，而是像朗讯一样通过大规模并购实现增长，那也很可能成为"大而不强"的企业，最终走向衰亡。

⑦ **华为融资方式不再傻了**：**上市后企业被资本控制，管理层失去决策权**。虽然华为反复宣称短期内不会上市，也不会引入外部投资者，但世事难料，后续将会发生什么谁都不好说。如果华为上市或者引入外部投资者，可能会出现华为一直担心的两种不良后果。一是华为管理层中会诞生成千上万名千万富翁、亿万富翁，这些管理者中可能会有一部分离开华为自主创业或者加盟其他企业；可能会有一部分虽

然还留在华为但会变得怠惰，失去艰苦奋斗的动力。各级管理骨干的离职或者怠惰会对华为的持续发展产生重大消极影响。另一方面，华为可能会被资本控制，内部管理层可能会失去企业决策权，正如同万科的股权之争一样。代表资本意志的投资人可能会改变华为的发展方向，可能会改变企业的决策机制，可能会调整管理团队，可能会注重短期盈利表现而轻视长期研发强投入。这些将给华为的发展带来很大的不确定性。

  大智若愚，大巧若拙！
  大舍大得，小舍小得，不舍不得！
  期待华为一直傻下去，期待有千千万万的企业成为大大小小的傻华为！

附 录

附录 1

创立华为前的任正非

> 我确实是由于幼稚，才走向通信行业的。20 世纪 80 年代末，由于退伍而走向打工，因打工不顺利才走向创业的。
>
> ——任正非（2008 年）

阅读思考

◇任正非的哪些经历对创业成败有重大影响？
◇具备哪些品格的人更有可能创业成功？
◇主动创业还是被动创业更有可能成功？
◇创业年龄与创业成败有重大关联吗？什么年龄和阅历后开始创业比较好？为什么？

任正非的父亲母亲

任正非的爷爷任三和是浙江省浦江县任店村人，经营一家火腿店，当时任家家道殷实，至今在当地还留有雕梁画柱的四合院。父亲任摩逊生于 1910 年，与兄妹们都在火腿店打杂，没有进学堂读书。但任摩逊自幼聪慧，希望能去读书学习，最终他执着的读书信念打动了任老爷，准许他去上学。

读书期间，任摩逊的成绩名列前茅，1931 年考上了北平民大经济系，大学时学习刻苦。1934 年，因父母相继病逝、家中经济出现困难，还差一年未读完大学时，任摩逊回到家乡的浙江定海水产职业学校任教。1936 年，任摩逊在南京农业职中任教。1937 年抗日战争全面爆发后，任摩逊在广州 412 工厂（兵工厂）担任会计。由于战争即将波及华南，任摩逊跟随兵工厂迁到了广西融水。抗战期间，任摩逊与几个朋友在业余时间开了一家生活书店，组织了"七·七"读书会，从事抗日爱国活动。

1944年抗日战争胜利在即，任摩逊跟随兵工厂迁到贵州桐梓，与任正非母亲程远昭相识结婚。当时，程远昭17岁刚高中毕业，嫁给任摩逊后当年在贵州安顺地区镇宁县山区生下了老大任正非，共育有二子五女。任摩逊在浦江老家还曾娶过两任夫人，第一任夫人在分娩时去世，第二任夫人吴氏育有一子一女。任摩逊在贵州定居后，坚持每月寄10元生活费给老家吴氏。

任正非的父亲和母亲一生都献给了贵州山区的教育事业。抗战胜利后，任摩逊先后在贵州的黔江、镇远、关岭、豫章等中学任教。1949年，任摩逊跟随解放军剿匪部队进入贵州少数民族山区，筹建一所民族中学——镇宁民族中学，并担任中学校长。1958年，任摩逊加入了中国共产党，担任都均民族师范学校校长。1961年—1976年，任摩逊担任黔南师专和黔南中学教师进修学校校长。1965年，因曾在国民党兵工厂担任会计，任摩逊被关入牛棚。1977年，任摩逊得到平反，先后担任过都匀三中校长（1977年—1979年）、都匀一中校长兼副书记（1979年—1981年）、都匀政协副主席（1981年—1985年）等职务。母亲程远昭是一名普通乡村教师，教学责任心很强，后来通过自学成为都匀一中的高级数学教师，她的学生有不少是省地级干部和优秀专家。

华为创立后，任正非把已经退休的父母接到深圳生活。创业早期，任正非经济条件有限，父母经常拿出微薄的退休金补贴日常生活。公司发展壮大后，由于任正非工作很忙无暇照顾父母，他们转去昆明的女儿家定居。

1995年6月，任正非父亲任摩逊6月因全身衰竭去世，享年85岁。

2001年1月8日，任正非母亲程远昭在昆明因车祸去世，享年74岁。母亲出车祸时，任正非正在陪同国家领导访问伊朗，接到纪平的电话后，他经过多次中转深夜才赶到昆明。任正非十分悔恨没能及时给母亲打电话，并回忆起母亲无私的慈爱之心：

我真后悔没有在伊朗给母亲一个电话。7日胡锦涛接见我们8个随行的企业负责人，我汇报了二三分钟，说到我是华为公司的时候，胡副主席伸出4个指头，说四个公司之一。我本想把这个好消息告诉妈妈，说中央首长还知道我们华为。但我没有打，因为以前不管我在国内、国外给我母亲电话时，她都唠叨："你又出差了""非非你的身体还不如我好呢""非非你的皱纹比妈妈还多呢""非非你走路还不如我呢，你年纪轻轻就这么多病""非非，糖尿病参加宴会多了，坏得更快呢，你心脏又不好"。我想伊朗条件这么差，我一打电话，妈妈又唠叨，反正过不了几天就见面了,就没有打。而这是我一生中最大的憾事。由于时差,我只能在中国时间8日上午一早打,告诉她这个喜讯,如果我真打了,拖延她一二分钟出门,也许就躲过了这场灾难。这种悔恨的心情,真是难以形容。

听妹妹说,母亲去世前二月,还与妹妹说,她存有几万元,以后留着救哥哥,他总不会永远都好。母亲在被车撞时,她身上只装了几十元钱,又未装任何证件,是作为无名氏被110抢救的。中午吃饭时,妹妹、妹夫发现她未回来,四处寻找,才知道遇车祸。可怜天下父母心,一个母亲的心多纯。(2001年)

2013年6月26日,任正非在深圳接见了来自母校贵州都匀一中校长胡立军一行,在母校110周年校庆筹备之际,任正非表示愿意从以下三个方面帮助学校发展:

① 请世界一流的建筑设计大师帮助完成母校的建设规划;希望通过建筑大师的参与,提升都匀一中的文化内涵和品牌影响力。

② 愿意尽快抽出时间,聘请功勋科学家或国内知名院士为母校的"校门石"题词,为"人文一中"的建设注入新的精神内涵。

③ 从2013年起,设立"摩逊—远昭教育基金",每年给学校10万元图书费加强图书馆建设,先试行五年。

图1 2013年任正非在深圳接见母校贵州都匀一中胡校长一行

青少年时代的任正非

任正非父亲任摩逊热爱读书，稍有空闲就给孩子们讲一些科学家和文化名人的故事，鼓励孩子们努力学习。任正非兄妹七个，家里九口人全靠父母微薄的工资生活，父亲还要给老家的家眷（任摩逊原配夫人及两个子女）寄生活费，家境十分窘迫。即使如此，任正非父母还是坚持让7个孩子都上学读书。每到开学，父母就很发愁几个孩子上学费用，经常要到处借钱。

刚解放的时候，任正非父亲已经是中学校长，任家炒菜有盐，都成为了富人的标志。三年自然灾害期间，为了保证每个人都能活下来，任家每餐实行严格的分饭制。当时任正非正在念高中，经常在饥饿中度过，难以专心读书，在高二时还补考了。高三复习阶段，有时饿得实在受不了，任正非就用米糠和野菜在锅里烙着吃。高考复习的最后三个月，任正非母亲经常早上悄悄塞给他一个玉米饼，让他安心复习。

任正非在《我的父亲母亲》一文中回忆了这段艰难的岁月：

我们兄妹七个，加父母共九人。全靠父、母微薄的工资来生活，毫无其他来源。本来生活就十分困难，儿女一天天在长大，衣服一天天在变短，而且都要读书，开支很大，每个学期每人交2~3元的学费，到交费时，妈妈每次都发愁。与勉强可以用工资来解决基本生活的家庭相比，我家的困难就更大。我经常看到妈妈月底就到处向人借3~5元钱度饥荒，而且常常走了几家都未必借到。直到高中毕业我没有穿过衬衣，有同学看到很热的天，我穿着厚厚的外衣，说让我向妈妈要一件衬衣，我不敢，因为我知道做不到。我上大学时妈妈一次送我两件衬衣，我真想哭，因为，我有了，弟妹们就会更难了。我家当时是2~3人合用一条被盖，而且破旧的被单下面铺的是稻草。文革造反派抄家时，以为一个高级知识分子、专科学校的校长家，不知有多富，结果都惊住了。上大学我要拿走一条被子，就更困难了，因为那时还实行布票、棉花票管制，最少的一年，每人只发0.5米布票。没有被单，妈妈捡了毕业学生丢弃的几床破被单缝缝补补，洗干净，这条被单就在重庆陪伴我度过了五年的大学生活。（2001年）

任正非小时候生长在贵州的一个少数民族边缘小镇（镇宁县），在小镇读了小学和中学，随父亲工作变动，到了很小一个城市（都匀市）读中学，然后考上大学。任正非父母都是中、小学教师，虽然他们没有给子女宽裕的物质生活条件，但在子女的教育上付出非常大。

小时候，妈妈给我们讲希腊大力神的故事，我们崇拜得不得了。少年不知事的时期我们崇拜上李元霸、宇文成都这种盖世英雄，传播着张飞"杀"（争斗）岳飞的荒诞故事。在青春萌动的时期，突然敏感到李清照的千古情人是力拔山兮的项羽。至此"生当作人杰，死亦为鬼雄"又成了我们的人生警句。当然这种个人英雄主义，也不是没有意义，它迫使我们在学习上争斗，成就了较好的成绩。（2011年）

2013年，任正非在接受法国记者采访时说，我认为自己从来都很乐观，无论身处什么样的环境，我都很快乐，因为我不能选择自己的处境。包括小时候很贫穷，我也认为自己很快乐，因为当时我也不知道别人的富裕是什么样的。直到40多岁以后，我才知道有那么好吃的法国菜。

大学时代的任正非

1963年，任正非考上了重庆建筑工程学院（现并入重庆大学），就读暖通专业。1965年，任正非读大二时，父亲因国共合作抗日期间曾经担任国民党军工厂的会计被关进了牛棚，弟弟妹妹们的入学资格一次次被取消，其他弟妹有些高中、初中、高小、初小都未读完。1967年，任正非扒火车回家，因没有车票中途被推下火车，步行十几里半夜才到家。父母见到儿子虽然很高兴，但是担心他受到牵连影响前途，第二天一大早就让任正非赶回学校。父亲脱下了自己唯一的一双旧皮鞋交给儿子，临走时叮嘱道："记住，知识就是力量，别人不学，你要学，不要随大流。以后有能力了要帮助弟妹。"

大学的时候正好是文化大革命，大家都不去工作，任正非不愿意混日子，就自学电子技术。任正非当时听了个关于计算机方面的讲座，完全听不懂，但给了他启发，给了他人生方向。任正非记住了父亲的嘱托，大学期间刻苦学习科学技术文化知识，自学完了电子计算机、数字技术、自动控制，以及高等数学、逻辑、哲学和三门外语等课程，没有荒废学业。

父亲叮嘱任正非帮助弟妹，他作为兄长一直尽心尽力照顾他们。即使在华为创立初期非常艰难的情况下，仍然把父母和弟弟妹妹等家人接到身边一起生活。

我的青、少年时代是生长在中苏友谊的蜜月时代，当时全中国都在宣传苏联的今天就是我们的明天。电影、文学作品都是对苏联建设的描写，受到了太多的苏联文化的熏陶。保尔·柯察金、冬妮亚、丽达、卓雅与舒拉、古丽雅，一直在引导着我的成长。去年我还专门去购买了"教育诗"的录影带来观看,马卡连柯一代一代的奋斗,使俄罗斯人民有很好的文化素质与教养。怀抱着《钢铁是怎样炼成的》,我走完了充满梦想的青年时代。(1996 年)

《战争论》中有一句很著名的话:要在茫茫的黑暗中,发出生命的微光,带领着队伍走向胜利。任正非说,这句话对他个人的鼓舞是非常大的。

大家都知道,在文革中,我个人受到挫折比别人大得多,根本就看不清楚未来的前途,也看不清楚光明……不管是来自家庭的社会影响,还是个人的努力奋斗,还是来自社会。但是那个时候我是靠自己把电子计算机、数字技术、自动控制等自学完的,虽然我那时看不到任何光明的。我家人也开玩笑说,没什么用的东西也这么努力学,真是很佩服、感动。由于结交了一些西安交大的老师,这些老师经常给我一些油印的书看。我也是在那个时代熬出来的,如果我没有在那个时代看到光明,荒废了那个时代,我就不可能在今天这个时代站起来。(2002 年)

任正非的军旅生涯

1968 年,任正非大学毕业后应征入伍,成为一名基建工程兵。由于大学的刻苦学习,任正非在部队中迅速表现出良好的技术素养,有多项技术发明创造,两次填补国家空白,历任技术员、工程师、副所长(技术副团级)等职。但是受父亲"影响",虽然他的部下多次获奖,任正非从未受过任何嘉奖(除了"学毛标兵"),这培养了他淡泊名利、低调处事的心理素质。任正非后来回忆说,自己大学没入了团,当兵多年没入了党,处处都处在人生逆境,个人很孤立。

任正非说,他当兵具有一定的偶然性。当时中国解决不了人们的穿衣问题,国家就让一些具有大学文化程度的人,到施工部队去学习。所以任正非就是在那个时候走入了部队。任正非后来回忆说,自己觉得进部队比不进部队要好,哪怕那个地方很艰苦,没吃的,但是自己觉得也是挺好的。

任正非当兵期间所做的第一个工程是法国公司的化纤成套设备工程,项目在中国的东北辽阳市。任正非在那里从这个工程开始一直到建完生产,然后才离开。任正非从事石油裂解开始的油头 8 个装置的自动控制工作,当时有几百个法国专家在现场指导工作,他们教了任正非化工自动控制知识。

1977 年父亲平反后,任正非入了党,各种荣誉也接踵而至。1978 年,33 岁的任正非参加了全国科学大会,后来又出席了中国共产党的第十二次全国代表大会,并与中央领导合影。

在《我的父亲母亲》一文中,任正非如此描述这段经历:

> 文化大革命中,无论我如何努力,一切立功、受奖的机会均与我无缘。在我领导的集体中,战士们立三等功、二等功、集体二等功,几乎每年都大批涌出,而唯我这个领导者,从未受过嘉奖。我也从未有心中的不平,我已习惯了我们不应得奖的平静生活,这也是我今天不争荣誉的心理素质培养。粉碎"四人帮"以后,生活翻了个儿,因为我两次填补过国家空白,又有技术发明创造,合乎那时的时代需要,突然一下子"标兵、功臣……"部队与地方的奖励排山倒海式地压过来,我这人也热不起来,许多奖品都是别人去代领回来的,我又分给了大家。
>
> 1978年3月我出席了全国科学大会,6000人的代表中,仅有150多人在35岁以下,我33岁。我也是军队代表中少有的非党人士。在兵种党委的直接关怀下,部队未等我父亲平反,就直接去为查清我父亲的历史进行外调,否定了一些不实之词,并把他们的调查结论,也寄给我父亲所在的地方组织。我终于加入了中国共产党。后来1982年又出席了党的第十二次全国代表大会。父亲把我与党中央领导合影的照片,做了一个大大的镜框,挂在墙上,全家都引以为自豪。(2001年)

任正非认为,即使得不到认同,也应该为了目标和理想而奋斗。在人生的激励中,更重要的是自我激励。任正非的青年时代,到艰苦的地方工作,并且抓紧时间学习、提高,与他的同学相比,拉开了很大的距离。

中国改革开放后,国家要裁减军队,要裁减非战斗部队,比如铁道兵和基建工程兵,任正非就脱下军装,转业到了深圳工作。

> 我们军区建设完这个工厂,正好国家就改革开放了。国家改革开放了就不需要这么多军人,我们那个时候还是很舍不得离开的,但是中央给我们保证,你们的政治、经济待遇不变。我们想这样好,我们还拿了一百多块钱。
>
> 后来到深圳,我们才发现打工妹都二百多块钱了,我们才一百多块钱,我们就要求跟深圳的工资一样,就开始融入这个社会了。(2015年)

部队转业后的任正非

1982年,38岁的任正非从部队转业,来到了刚改革开放的深圳,在当时最好的企业之一——南海石油深圳开发服务公司工作，在其下属的一家电子公司担任副总经理。

由于对一场商业陷阱缺乏防备，任正非被骗了二百多万元。当时内陆城市的月均工资还不到 100 元，按购买力计算不亚于今天的 1 亿元。迫不得已，任正非离开工作两年的南油集团，成为失业人员。

做华为，并不是在我意想之中的行为，因为我们在 20 世纪 80 年代初期，中国军队大精简，我们是集体被裁掉了。我们总要走向社会，总要生产，我们军人最大的特点就是，不懂什么叫作市场经济。我们觉得，赚人家的钱这是很不好意思的事情，怎么能赚人家的钱呢？

第二个就是，给人家钱，人家就应该把货给我们，我们先把钱给人家有啥不可以的，人都要彼此信任。这就是军队的行为，是不适应市场经济的。所以，我刚到深圳的时候，其实就犯了错误，我那个时候是一个国企、20 几个人小公司的副经理，有人说可以买到电视机，我说好，我们就去买，我们把钱给人家，但这个电视机说没有了，啥也没有。

这样我就开始要追回这些款，追这些款的过程是很痛苦的，并且我们上级并不认同我们，觉得你们乱搞，不给我们钱，让我们自己去追。追的过程当中，我就没有办法，没有任何人帮忙。我就把所有的法律书读了一遍。从法律书中，我悟出来市场经济两个道理：一个就是客户，一个就是货源，中间的交易就是法律。（2015 年）

1984 年，任正非开了一家电子公司，结果只能勉强在生存线上挣扎。再次失业后，上有退休的父母要赡养，下有一对儿女要抚养，还要照顾 6 个弟弟妹妹，任正非的生活非常窘迫。工作的失意加上家庭矛盾等一系列问题的爆发，任正非的小家庭也随之解体。生活的重压逼得任正非无路可走，为了活下去，他再次走上了创业之路。

创立华为

1987 年，任正非与另外 5 位创始人凑了 21000 元，正式注册成立了华为公司，员工共有 14 人，6 位创始人均分公司股权。

从起步到我们走向高科技，我觉得这也是天方夜谭，1987 年出了一个文件，就是要推广民营高科技，但是，这个文件要求五个股东，要求 21000 块钱。这个也是极难的,就凑啊凑啊,凑出来。我们那个时候,感觉不到民营和国企有什么区别。我们实在太小了,国有企业的脚指头缝都足够宽,我们就像走在马六甲海峡一样,两边都靠不着岸,根本没有感觉到和他们竞争有压力。(2015年)

任正非说,当时注册公司时取名"华为"并非刻意为之,具有很大的随意性。

我们当初注册公司时,起不出名字来,看着墙上"中华有为"标语响亮就拿来起名字了,有极大的随意性。华为这个名字应该是起得不好。因为"华为"的发音是闭口音,不响亮。所以十几年来我们内部一直在争议要不要改掉华为这个名字,大家认为后面这个字应该是开口音,叫得响亮。最近我们确定华为这个名字不改了。(2013年)

1988年,华为正式营业。为了节省成本,公司租用了南油新村的南油大厦A区16栋的居民楼办公。当时,租用写字楼一个月要好几千元,而居民楼则最多三四百元。创业期,任正非和员工们都吃住在公司,一起加班熬夜,同甘共苦。

图2　华为创业时的办公场所(南油大厦A区16栋居民楼)

初创的华为没有明确的发展方向，开始做的是贸易生意，还卖过减肥药。当时交换机处于卖方市场、极度稀缺，装电话需要送礼、走关系还要排队特批。因此，代理商只要拿到香港交换机的代理权，卖到内地就可以获利100%。一次偶然的机会，经辽宁省农话处的一位处长介绍，华为开始代理香港鸿年公司的用户交换机，走上了代理电信设备的创业之路。

任正非说，那个时候就是错误地以为电信产业大，好干，就糊里糊涂地进入电信了。进去后才知道电信最难干，它的产品太标准了，对小公司是一种残酷。但是华为退不出来了，因为一开业一点钱都没有了。退出来就什么钱都没有了，生活怎么过，小孩怎么养活。退出来，再去"养猪"的话，没钱买小猪，没钱买猪饲料。因此也不可能改行了，只好硬着头皮在电信行业前行。任正非后来回顾说，"华为是由于无知，才走上通信产业的"。

我确实是由于幼稚，才走向通信行业的。20世纪80年代末，由于退伍而走向打工，因打工不顺利才走向创业的。当时，认为通信市场如此之大，以为我们做一点点总会有机会的。恰恰是这种无知无畏，我们才敢踩上这条不归路。走上这条路后，才知道通信市场如此之狭窄，技术要求如此之苛刻，竞争如此之激烈。通信市场需求量虽如此大，客户却很少，而这些采购巨额数量的客户，水平之高，也是小公司难以适应的。通信产品技术上要求如此苛刻，是因为电信网络是全程全网，任何一小点缺陷，就构成与全球数十亿用户无法准确连接；当时通信产品技术含量高，利润高，导致世界上所有的大电子公司都聚焦在上面竞争，实际上是寡头之间的竞争。我们当时就像一只蚂蚁，站在大象脚下，在喊要长得与它一样高，现代堂吉诃德。

20世纪80年代初，我对市场经济一窍不通，也受了一些严重的挫折，在挫折中学习了许多国际法方面的东西。用一年多的时间学习了许多法律。从法律中悟出了市场的运行机制，它对一个企业来讲有两件重要的事情，一是客户，二是货源。政府的管制就是管制这两者的交易必须在法律框架及协议基础上运行。这两个要素中，客户是不可控制的，也不能够控制的。企业唯一的可能就是控制货源。公司成立之初，那时刚刚开始实行社会主义市场经济，倒买倒卖是主要的一种获利方式，在倒买倒卖的一片风声中，我们不合时宜地走向科研，自己做产品，自己做货源，这就是我走向创业时的初衷。确实是逆流而上，逆水行舟的困难有多少，只有自己心中清楚。(2008年)

2013年，在接受媒体采访时，任正非谈到了当时流行出国热，自己为什么没有

出国的原因:

第一,我有老婆小孩,他们要吃饭、上学,总不能留学两年不管他们吧!第二,我本人英文不好,我自学英文要花很长时间。又要挣钱又要补习英文对我来说是很困难的。因此我目光短浅一点,没有出国。(2013年)

附录2

以创新为核心竞争力
为祖国百年科技振兴而奋斗

——2016年5月30日任正非在全国科技创新大会上的讲话

从科技的角度来看,未来二三十年人类社会将演变成一个智能社会,其深度和广度我们还想象不到。越是前途不确定,越需要创造,这也给千百万家企业公司提供了千载难逢的机会。我们公司如何去努力前进,面对困难重重,机会和危险也重重,不进则退。如果不能扛起重大的社会责任,坚持创新,迟早会被颠覆。

一、大机会时代,一定要有战略耐性

人类社会的发展,都是走在基础科学进步的大道上的。而且基础科学的发展,是要耐得住寂寞的,板凳不仅仅要坐十年冷,有些人一生寂寞。华为有八万多研发人员,每年研发经费中,约20%~30%用于研究和创新,70%用于产品开发。很早以前我们就将销售收入的10%以上用于研发经费。未来几年,每年的研发经费会逐步提升到100亿~200亿美元。

华为这些年逐步将能力中心建立到战略资源的聚集地区去。现在华为在世界建立了26个能力中心,还在逐年增多,聚集了一批世界级的优秀科学家,他们全流程地引导着公司,这些能力中心自身也在不断发展中。

华为现在的水平尚停留在工程数学、物理算法等工程科学的创新层面,尚未真正进入基础理论研究。

随着逐步逼近香农定理、摩尔定律的极限。而对大流量、低时延的理论还未创造出来,华为已感到前途茫茫,找不到方向。华为已前进在迷航中。重大创新是无人区的生存法则,没有理论突破,没有技术突破,没有大量的技术积累,是不可能产生爆发性创新的。

华为正在本行业逐步攻入无人区,处在无人领航、无既定的规则、无人跟随的困境。华为跟着人跑的"机会主义"高速度,会逐步慢下来,创立引导理论的责任已经到来。

华为过去是一个封闭的人才金字塔结构,我们已炸开金字塔尖,开放地吸取"宇宙"能量。加强与全世界科学家的对话与合作,支持同方向科学家的研究,积极地参加各种国际产业与标准组织、各种学术讨论,多与能人喝咖啡,从思想的火花中感知发展方向。有了巨大势能的积累、释放,才有厚积薄发。

内部对不确定性的研究、验证,正实行多路径、多梯次的进攻,密集弹药,饱和攻击。"蓝军"也要实体化。并且,不以成败论英雄。从失败中提取成功的因子,总结、肯定、表扬使探索持续不断。

对未来的探索本来就没有"失败"这个名词。不完美的英雄也是英雄。并鼓舞人们不断地献身科学,不断地探索,使"失败"的人才经验继续留在我们的队伍里,我们会更成熟。

我们要理解"歪瓜裂枣",允许"黑天鹅"在我们咖啡杯中飞起来。创新本来就是有可能成功,也有可能失败。我们也要敢于拥抱颠覆。鸡蛋从外向内打破是煎蛋,从里面打破飞出来的是孔雀。现在的时代,科技进步太快,不确定性越来越多,我们也会从沉浸在产品开发的确定性工作中,加大对不确定性研究的投入,追赶时代的脚步。

我们鼓励我们几十个能力中心的科学家,数万专家与工程师加强交流,思想碰撞,一杯咖啡吸收别人的火花与能量,把战略技术研讨会变成一个"罗马广场",一个开放的科技讨论平台,让思想的火花燃成熊熊大火。

公司要具有理想,就要具有在局部范围内抛弃利益计算的精神。重大创新是很难规划出来的。固守成规是最容易的选择,但也会失去大的机会。

我们不仅仅是以内生为主,外引也要更强。我们的俄罗斯数学家,他们更乐意做更长期、挑战很大的项目,与我们勤奋的中国人结合起来;日本科学家的精细,法国数学家的浪漫,意大利科学家的忘我工作,英国、比利时科学家领导世界的能力……会使我们胸有成竹地在2020年销售收入超过1500亿美元。

二、用最优秀的人去培养更优秀的人

用什么样的价值观就能塑造什么样的一代青年。蓬生麻中,不扶自直。奋斗,创造价值是一代青年的责任与义务。

我们处在互联网时代,青年的思想比较开放、活跃、自由。我们要引导和教育,也要允许一部分人快乐地度过平凡一生。

现在华为奋斗在一线的骨干,都是"80后""90后"特别是在非洲,中东疫情、战乱地区、阿富汗、也门、叙利亚……"80后""90后"是有希望的一代，近期我们在美国招聘优秀中国留学生（财务），全部都要求去非洲，去艰苦地区，华为的口号是"先学会管理世界，再学会管理公司"。

我们国家百年振兴中国梦的基础在教育，教育的基础在老师。教育要瞄准未来，未来社会是一个智能社会，不是以一般劳动力为中心的社会，没有文化不能驾驭。若这个时期同时发生资本大规模雇用"智能机器人"，两极分化会更严重。这时，有可能西方制造业重回低成本，产业将转移回西方，我们将空心化，即使我们实现生产、服务过程智能化，需要的也是高级技师、专家、现代农民……因此，我们要争夺这个机会，就要大规模地培养人。

今天的孩子，就是二三十年后冲锋的博士、硕士、专家、技师、技工、现代农民……代表社会为人类去做贡献。因此，发展科技的唯一出路在教育，也只有教育。我们要更多关心农村教师与孩子。让教师成为最光荣的职业，成为优秀青年的向往，用最优秀的人去培养更优秀的人。

这次能够在大会上发言，对华为也是一次鼓励和鞭策，我们将认真领会习近平总书记、李克强总理重要讲话和这次大会的精神，进一步加强创新，提升核心竞争力，为祖国百年科技振兴而不懈奋斗。

致　　谢

任何人类进步的取得，都是基于前人的工作。一本书籍的写作，更是与前人的工作及周边亲友的关心与支持密不可分。

首先要感谢华为创始人任正非先生及全体华为人。全体华为人数十年如一日艰苦奋斗成就了今日世界级的华为，使得我们有了一个值得深入研究的创新企业案例。任正非先生对企业经营思想通过讲话稿的方式的及时总结，使得我们的研究更具深度。华为给我们带来的不只是高品质的产品和服务，更有科技企业如何持续成功创新的经营理念和管理实践。

其次，我要感谢多位管理学教授和专家，是他们的悉心指导和无私分享使我在创新管理研究和创新管理咨询服务之路上已经走了10年，并且还将坚定不移地继续走下去。他们分别是复旦大学的项保华教授，天津大学的李敏强教授，浙江大学的吴晓波教授，华为国际咨询委员会资深顾问田涛老师（《下一个倒下的会不会是华为》作者之一），清华大学的陈劲教授，北京大学的蔡剑教授，中国科学院大学的霍国庆教授、孙玉麟教授。

再次，我要特别感谢知行信的创新咨询客户和创新培训学员。正是他们对创新管理最佳实践的孜孜以求，激励作者深入研究各种创新管理方法和包括华为在内的多个创新标杆企业的创新实践。在与咨询客户和培训学员的长期相互交流之中，我也收获颇丰，所谓"教学相长"。

在此，我还要特别感谢知行信创新研究员祝瑶女士。她在华为相关资料的收集和整理方面持续进行了长达3年的耐心、细致的工作，本书各篇"产品创新"章节主要由祝瑶女士执笔写作。

企业管理出版社的孙庆生社长、尤颖主任为本书的出版倾注了大量心血，在此深表谢意！你们的专业水准、敬业精神令人钦佩，和你们合作是非常愉悦的体验！

最后，我要感谢家人无微不至的关爱和对我阶段性"沉湎"于书籍写作的宽容！

主要参考文献

[1] 成海清. 产品创新管理：方法与案例［M］. 北京：电子工业出版社，2011.

[2] 任正非典型讲话集：知行信顾问团队整理.

[3] 华为官网：http：//www. huawei. com/cn/，最后访问时间2016. 5. 26

[4] 张利华. 华为研发（第2版)［M］. 北京：机械工业出版社，2013.

[5] 田涛. 下一个倒下的会不会是华为（第 2 版） ［M］. 北京：中信出版社，2015.

[6] 赵凡禹，燕君. 任正非正传［M］. 武汉：华中科技大学出版社，2010.

[7] 杨少龙. 华为靠什么［M］. 北京：中信出版社，2014.

[8] 程东升，刘丽丽. 华为真相［M］. 北京：当代中国出版社，2004.

[9] 司辉. 华为的研发与创新［M］. 深圳：海天出版社，2012.

[10] ［美］德鲁克著，蔡文燕译. 创新与企业家精神［M］. 北京：机械工业出版社，2007.